SOBRE EL NACIONALISMO

ERIC HOBSBAWM

SOBRE EL NACIONALISMO

Edición e introducción a cargo de Donald Sassoon

CRÍTICA

Obra editada en colaboración con Editorial Planeta - España

Título original: *On Nationalism*

Eric Hobsbawm

Bajo el sello editorial CRÍTICA M.R.
Avenida Presidente Masarik núm. 111,
Piso 2, Polanco V Sección, Miguel Hidalgo
C.P. 11560, Ciudad de México
www.planetadelibros.com.mx
www.paidos.com.mx

Primera edición impresa en España: octubre de 2021
ISBN: 978-84-9199-348-3

Primera edición impresa en México: junio de 2022
ISBN: 978-607-569-298-2

Impreso en los talleres de Impregráfica Digital, S.A. de C.V.
Av. Coyoacán 100-D, Valle Norte, Benito Juárez
Ciudad De Mexico, C.P. 03103
Impreso en México-*Printed in Mexico*

INTRODUCCIÓN
Donald Sassoon

A Eric Hobsbawm no le gustaba el nacionalismo. Como escribió en 1988 en una carta dirigida a un historiador nacionalista de izquierdas: «Sigo estando en la curiosa posición de rechazar, desconfiar, desaprobar y temer al nacionalismo allá donde exista, quizá aún más que en la década de 1970, si bien reconozco su enorme fuerza, que se debe aprovechar para progresar, si ello es posible. Y a veces lo es. No podemos dejar que la derecha monopolice la bandera. Pueden lograrse algunas cosas movilizando los sentimientos nacionalistas… Sin embargo, yo no puedo ser nacionalista ni tampoco, en teoría, ningún marxista lo puede ser».[1]

Su antinacionalismo no resulta sorprendente. Era un judío que se oponía al sionismo; un británico que nació en Egipto en el año de la Revolución rusa. Su abuelo era polaco. Su madre, vienesa. Su padre nació en Inglaterra. Sus padres se casaron en Suiza. Su esposa, Marlene, nació en Viena y creció en Mánchester. Él se crio en Viena y Berlín, y era un muchacho cuando los nazis llegaron al poder, una experiencia que le produjo una impresión imperecedera. En su autobiografía escribió que Berlín hizo de él un marxista y comunista de por vida, un proyecto político que, admitió, había fracasado totalmente. «El sueño de la Revolución de Octubre —escribió— sigue habitando en algún lugar dentro de mí… Lo he abandonado, o mejor dicho rechazado, pero no lo he borrado.»[2] La suya no fue una infancia feliz: su padre falleció cuando él tenía doce años, y su madre, cuando tenía catorce.

Es casi como si el término «cosmopolita desarraigado» hubiera sido acuñado para él, de no ser por el hecho de que era muy inglés en sus maneras, aunque un inglés que dominaba cinco idiomas. Con estos antecedentes, no es de extrañar que se acercase al saber convencional —incluyendo la historiografía convencional—, con una buena dosis de escepticismo.

En esta recopilación de los escritos de Hobsbawm sobre el nacionalismo, vemos algunas de sus consideraciones históricas críticas sobre este asunto tan controvertido, lo cual es más relevante que nunca, ya que nos encontramos en el umbral de una era en la que internet y la globalización del capital amenazan con borrar muchas fronteras nacionales mientras que, en parte como reacción, el nacionalismo parece resurgir con renovadas fuerzas.

Los historiadores, explicaba Hobsbawm, «tienen una responsabilidad para con los hechos históricos en general, y a la hora de criticar el abuso político-ideológico de la historia en particular».[3] Si se me permite la expresión, él poseía un poderoso detector de «disparates»; una herramienta esencial en una profesión en la que una inteligencia crítica es tan importante como el buen juicio y la erudición. Hobsbawm reunía todas estas características.

No cabe duda de que le producía cierto placer —aún puedo ver su sonrisa traviesa— señalar que esto del nacionalismo, al que por lo general se considera un asunto antiguo, es, en realidad, algo bastante reciente: ya se trate del certamen de los Jocs Florals (Juegos Florales), reinstaurados en Cataluña en 1859, bajo el lema *Patria, Fides, Amor* (Patria, Fe, Amor), en una época en la que el nacionalismo catalán no se centraba en la cuestión lingüística, o bien de su equivalente galés, el *Eisteddfodau*, recuperado ese mismo año, aunque el galés no se normativizó hasta el siglo XX. (Véase «¿Todas las lenguas son iguales?», en esta compilación.)

La historia cuestiona las creencias hasta un punto que no tiene parangón en otras disciplinas. Sostener que la Tierra no está en el centro del universo y que el Sol no gira a su alrededor, o que nuestros ancestros eran monos, puede resultar desestabilizador para las religiones abrahámicas, pues la ciencia parece invalidar las historias aceptadas relativas a la creación, pero, en nuestros tiempos, la mayoría de las religiones han aprendido a soportar la ciencia. Sea como fuere, para la mayoría de la gente —no toda—, que el Sol gire alrededor de la Tierra o al contrario no tiene mayor importancia. La vida sigue. La propia identidad no se ve amenazada. Pero que en la era moderna —es decir, desde el siglo XIX— se nos diga que Italia o Alemania son naciones recientemente «inventadas»; que Clodoveo, «el primer rey cristiano de Francia», nació en Bélgica —que por aquel entonces no existía—, y que no hablaba francés, como tampoco lo hacía Carlomagno; que Pakistán fue «inventado» en la década de 1930 —Hobsbawm menciona irónicamente, y más de una vez, un popular libro titulado *Five Thousand Years of Pakistan*, escrito por el arqueólogo británico Mortimer Wheeler—, puede resultar inquietante para quienes aprendieron todas estas cosas en la escuela y para quienes la identidad nacional es importante. Y hoy las identidades, y no solo las identidades nacionales, son más importantes que nunca.

Hobsbawm es igualmente cáustico con los sionistas que «pasan de puntillas sobre los últimos 1.800 años para volver a los últimos habitantes combatientes de Palestina». Las personas pueden identificarse como judías aunque no vivan en el mismo territorio, no hablen la misma lengua, no sigan los mismos rituales religiosos —o ninguno—, no tengan los mismos antecedentes históricos ni la misma cultura, etc. Para él, «ningún historiador serio de las naciones y el nacionalismo puede ser un nacionalista político comprometido». Y, por ejemplo, dudaba de que un sionista pudiera escribir «una historia de los judíos verdaderamente seria».[4] Los nacionalistas creen que las naciones han existido desde tiempo inmemorial. El cometido de los historiadores consiste en refutar tales afirmaciones.

Los mejores historiadores siempre han sido conscientes de los peligros de la creación de mitos. Tucídides, en el primer capítulo de su *Historia de la guerra del Peloponeso*, escribió que, en una época tumultuosa, «las antiguas historias de hechos transmitidos por la tradición, pero escasamente confirmadas por la experiencia, de repente dejan de ser increíbles».

Hobsbawm también era perfectamente consciente del poder de la historia. Le gustaba mucho decir que hubo una época en la que pensaba, a modo de consuelo, que los historiadores, a diferencia de los arquitectos y los ingenieros civiles, no podían causar desastres. Con el tiempo, admitió que se había dado cuenta de que la historia, en manos de los nacionalistas, podía causar más muertes que los constructores incompetentes. De ahí la responsabilidad que recae sobre los historiadores, ya que, como solía escribir: «Los historiadores somos al nacionalismo lo que los cultivadores de amapolas son a los adictos a la heroína: proporcionamos la materia prima esencial para el mercado». O variantes de esta afirmación: «La historia es la materia prima de las ideologías nacionalistas, étnicas o fundamentalistas, de la misma manera que las amapolas son la materia prima de la adicción a la heroína».[5]

A continuación, añadiría: «Las naciones sin un pasado son una contradicción en términos, porque el pasado legitima. Lo que hace a una nación es el pasado, lo que justifica a una nación contra las demás es el pasado, y los historiadores son las personas que lo producen. Por tanto, mi profesión, que siempre se ha mezclado con la política, se convierte en un componente esencial del nacionalismo. Más incluso que los etnógrafos, filólogos y otros proveedores de servicios étnicos y nacionales que, por lo general, también han sido movilizados».

Esto nunca le llevó a condenar el nacionalismo y el patriotismo como algo simplemente absurdo. Podemos comprobar el esfuerzo que realizó para comprender el fenómeno —a diferencia de muchos otros autores de izquierdas—, leyendo el texto que escribió durante la guerra de las Malvinas. En un artículo publicado en *Marxism Today* (en esta recopilación), aceptó que la reivindicación argentina de esas islas, que los llevó a invadirlas en 1982, era absurda, puesto que ningún argentino había vivido allí jamás. Asimismo señaló que el gobierno británico se ocupaba muy poco de esas islas y que, en realidad, la mayoría de los británicos nunca había oído hablar de las Malvinas hasta la invasión argentina. No obstante, cuando esta se produjo, muchos en el Reino Unido se sintieron verdaderamente indignados, mostraron su patriotismo, y cantaron «Rule Britannia» en vez del himno oficial, el no nacionalista y tambien no democrático «Dios salve a la reina», que implora a Dios que «disperse a sus enemigos» y no a nuestros enemigos, esperando que en su «largo reinado... defienda nuestras leyes», en vez de esperar que seamos nosotros los que las defendamos.

En aquella época, muchas personas de izquierdas estaban consternadas e incluso sorprendidas por semejante estallido de nacionalismo británico. No así Hobsbawm: «Cualquier persona de izquierdas que no sea consciente de este arraigado sentimiento y de que este no es una creación de los medios de comunicación... debería reconsiderar seriamente su capacidad para analizar la política». Y, como historiador, recordó a sus lectores que el patriotismo no es algo que se pueda ignorar, y que no debe dejarse en manos de la derecha. No estar de acuerdo con algo no nos da derecho a no intentar comprenderlo.

El punto de partida de Hobsbawm era la relativamente reciente construcción del nacionalismo y de la idea de nación. Lo consideraba (véase *La era de la revolución*) un fenómeno básicamente europeo. En el siglo XIX había muy poco nacionalismo en América Latina, y el que existía era obra de las élites patricias, mientras que las masas católicas seguían pasivas, casi tanto como la población indígena. No podemos hablar de una conciencia colombiana o venezolana, al menos no en la primera mitad del siglo XIX y probablemente no hasta el siglo XX. Sin embargo, Japón era una excepción: la restauración Meiji de 1868, cuyo objetivo era resistir al colonialismo europeo y construir una potencia japonesa, fue el síntoma de que el problema nacional había alcanzado al Lejano Oriente (*La era del capital*), aunque incluso allí era obra de las élites. En gran medida, el nacionalismo fuera de Europa fue una consecuencia del poder imperial europeo.

A finales del siglo XVIII hubo una especie de nacionalismo norteamericano, pero este tenía que ver con liberarse de Inglaterra y poco en común con su versión actual. La guerra civil se libró para preservar la unidad de la nación. Si la secesión del Sur hubiese tenido éxito, reflexiona Hobsbawm, probablemente hubiera dado lugar a «una orgullosa nación sureña».[6]

En Europa, el nacionalismo fue el producto de las «revoluciones duales», la Revolución francesa y la Revolución Industrial británica. Algunos, como el historiador Elie Kedourie —que definió el nacionalismo como una religión política—, sugirieron que la invención del nacionalismo podía remontarse hasta algunos pensadores de la Ilustración alemana como Immanuel Kant y Johann Gottlieb Fichte como respuesta a la ocupación napoleónica del territorio alemán. El que alguien se identificase como «alemán» antes de la unificación de Alemania era, en el mejor de los casos, una identificación cultural y lingüística —aunque muchos hablaban diversos dialectos alemanes—. Así, los habitantes germanohablantes del Imperio austrohúngaro pudieron pensarse a sí mismos como «alemanes» y también como austríacos y católicos. La identidad alemana moderna se desarrolló en la época de Bismarck como consecuencia de las guerras contra los daneses (1864), los austríacos (1866), los franceses (1870), y la instauración del Reich alemán. Los «verdaderos» nacionalistas estaban consternados porque lo consideraban la solución de la *Kleindeutschland* (la pequeña Alemania), prefiriendo con mucho la *Grossdeutschland* (la gran Alemania), que hubiera incluido a todos los germanohablantes, incluyendo a los austríacos. Para demostrar lo reciente que es el nacionalismo alemán, Hobsbawm relató las ceremonias celebradas en las escuelas alemanas en 1895-1896 con motivo del 25.º aniversario de la unificación alemana.[7] De manera bastante parecida, los ciudadanos estadounidenses, muchos de los cuales, a finales del siglo XIX, no tenían una identidad nacional común, fueron «estadounidensizados» mediante un proceso similar que les inculcó una serie de rituales, como el 4 de Julio o el Día de Acción de Gracias, en los que se conmemoraba una América que les había precedido.

No obstante, las ideas nacionalistas se afianzaron en las décadas posteriores a la Revolución francesa. No fue necesariamente un movimiento revolucionario, si bien, en la época, la mayoría de los nacionalistas solían pertenecer a las élites liberales. En realidad, el persistente atractivo del nacionalismo ha sido su adaptabilidad. En la Rusia zarista, uno podía ser un eslavófilo reaccionario y contrario a la modernización y, a partir de ahí, un ferviente partidario de la Santa Rusia que intentaba mantener a raya al odiado Occidente. O bien podía tratarse de un patriota revolucionario cuyo objetivo era aliviar el sufrimiento «del pueblo» causado por el gobierno reaccionario y clerical, o liberar a la madre patria del gobierno extranjero. Sin embargo, durante gran parte del siglo XIX, el nacionalismo tendió a identificarse con el liberalismo. Luego, se lo asoció principalmente con la derecha patriótica,[8] y más adelante, en el siglo XX, el nacionalismo fue mucho más una bandera de la extrema derecha —siendo sus ejemplos más obvios el fascismo y el nazismo—, aunque en la década de 1930 los comunistas españoles y franceses también ondearon la bandera nacional. Durante la segunda guerra mundial, los combatientes de la resistencia de izquierdas lucharon contra los ocupantes extranjeros en nombre de la nación y trataron de traidores a los colaboracionistas con los nazis. La ausencia de una ideología nacionalista estable continuó después de 1945: los movimientos descolonizadores podían ser patrióticos y socialistas; Fidel Castro y el Che Guevara libraron la Revolución cubana con lemas como «Patria o muerte», al igual que, décadas después, lo hizo Hugo Chávez en Venezuela, que añadió la palabra «socialismo».

En la Europa del siglo XIX, la gente «corriente», es decir, básicamente los campesinos, apenas eran conscientes de ser polacos o italianos (o irlandeses o húngaros). Los segmentos de población más tradicionales, atrasados o pobres fueron los últimos en ser captados por el nacionalismo, aunque finalmente fueron concienciados por sus cada vez más nutridas cohortes de intelectuales, burgueses y baja nobleza; en otras palabras, por las clases ilustradas. Estas fueron las que, al menos inicialmente, construyeron el nacionalismo. Por lo general, el nacionalismo precedió a la nación, a un estado potencial o real, pero necesitaba un criterio ideológico y, en la Europa de mediados del siglo XIX, este criterio tendía a ser radical, liberal, democrático e incluso revolucionario.[9] Los nacionalistas checos, polacos, finlandeses o irlandeses no querían volver a alguna monarquía antigua o a un estado de cosas primitivo. Todos ellos se consideraban víctimas, ya fuera de los ingleses, los rusos o de los austríacos. Se sentían diferentes. La lengua importaba, pero la mayoría de los irlandeses hablaba inglés, muchos finlandeses hablaban sueco, pocos italianos hablaban italiano. Lo más importante es que se consideraban víctimas, que culpaban «al otro» de cualquier apuro en la que se encontrasen. La esperanza que les unía era la creencia en que las cosas solo mejorarían si se separaban, si eran autónomos, más independientes —podemos ver hasta qué punto estos sentimientos son modernos, pues resurgieron durante el referéndum del Brexit celebrado en el Reino Unido en 2016.

En la Europa de mediados del siglo XIX los nacionalistas querían ser progresistas y modernos, aunque a menudo recopilaban mitos y canciones populares: «Los mitos y la inventiva son esenciales para las políticas de la identidad…».[10] Italia y Alemania nunca habían existido como Estados, pero los nacionalistas alemanes e italianos consideraban que, para ser modernos, para ser como las naciones que envidiaban (por lo general Gran Bretaña y Francia), necesitaban tener su propio país. De ahí que Hobsbawm distinguiera entre la ideología del nacionalismo y las maneras en las que esta ideología fue empleada para servir a un objetivo político, el de la construcción de un Estado que fuese un «Estado nación». Por último, esas construcciones necesitaban los instrumentos de las instituciones estatales que impusieran la uniformidad nacional: empleo público, escuelas estatales que enseñasen la lengua «nacional» y, a menudo, el reclutamiento obligatorio.[11] Es fácil imaginarse a un campesino siciliano reclutado por el ejército italiano en 1915, apenas consciente de ser italiano, hablando solo un dialecto, a quien le proporcionaron un uniforme, y a quien le daba las órdenes en italiano —en realidad, un «dialecto» toscano— un oficial piamontés, pidiéndole que disparara, bajo la bandera «nacional», a unos soldados austríacos en una frontera alpina que a duras penas sabía que existía.

No obstante, el papel principal en la construcción del nacionalismo corría a cargo de la educación primaria. Entre 1870 y 1914, explicó

Hobsbawm, el número de maestros de educación primaria en Suecia se triplicó, y en Noruega el aumento fue prácticamente igual. En los Países Bajos, el número de niños en las escuelas de primaria se dobló; en el Reino Unido se triplicó. En Francia, la educación primaria se hizo obligatoria en 1882. Su función no solo era la de alfabetizar y enseñar aritmética a los alumnos, sino también transmitir los valores nacionales: «Has de estar orgulloso de tu país» era la base educativa de las escuelas primarias. Este sigue siendo el objetivo que desean algunos: en Gran Bretaña, Michael Grove, cuando fue secretario de Estado de Educación, se lamentaba de que en el currículum de Historia no se hacía suficiente hincapié en Churchill, algunos victorianos eminentes y en «Gran Bretaña y su Imperio». «Este menosprecio a nuestro pasado se tiene que acabar», dijo, quejándose de que «el enfoque que actualmente damos a la historia impide que los niños tengan la oportunidad de escuchar la historia de nuestra isla».[12]

No obstante, la nación no es algo meramente construido desde arriba. Se desarrolla de manera desigual entre clases sociales y regiones. Debe apelar a personas que tienen algo en común. Hobsbawm se resiste a trazar un camino unívoco, si bien indica que suele producirse una fase inicial «cultural-literario-folclórica»; una fase en la que intelectuales románticos como Johann Gottfried Herder desempeñaron una función importante. A ellos les siguieron un pequeño grupo de nacionalistas entusiastas con un programa político concreto de construcción nacional, personas como Adam Mickiewicz en Polonia, Giuseppe Mazzini en Italia, Daniel O'Connell en Irlanda y Lajos Kossuth en Hungría. En la década de 1890, incluso en el seno de Estados nación bien consolidados presenciamos el crecimiento de movimientos separatistas nacionales como el movimiento Joven Gales organizado por David Lloyd George, el futuro primer ministro liberal, o el Partido Nacionalista Vasco.

Paradójicamente, en la época de su construcción, es decir, en el siglo XIX, hay muy poca producción teórica sobre el nacionalismo. Una excepción posible es John Stuart Mill, quien, en sus *Consideraciones sobre el gobierno representativo* ofreció una descripción hasta cierto punto tautológica aunque no incorrecta del nacionalismo:

> Puede decirse que las nacionalidades están constituidas por la reunión de hombres atraídos por simpatías comunes, que no existen entre ellos y otros hombres, simpatías que les impulsan a obrar de concierto mucho más voluntariamente que lo harían con otros; a desear vivir bajo el mismo gobierno; y a procurar que este gobierno sea ejercido por ellos exclusivamente o por algunos de entre ellos.

Naturalmente, explica Mill, esto solo funciona en el caso de las naciones «civilizadas», y debemos admitir que, en la época en la que escribió, la identidad nacional existía principalmente —aunque no con exclusividad—, en Europa y Norteamérica.

Después, Mill añade que el sentimiento de nacionalidad puede tener varias causas, como «la raza y el origen», la lengua, la religión, un territorio o un enemigo común. Añadió que «es condición generalmente necesaria de las instituciones libres, que los límites de los Estados deben coincidir en lo principal con los de las nacionalidades». En otras palabras: una nación, un Estado. Que un nacionalista es alguien que piensa que él o ella es parte de una nación era axiomático para Mill, y aunque se trata, como Hobsbawm escribió, de un «concepto difuso», y el de Mill es un argumento un tanto circular, pues solo nos ofrece una guía *a posteriori* de lo que es una nación. Una primera hipótesis de trabajo perfectamente razonable es que lo único que el nacionalismo necesita es que «un grupo de individuos suficientemente grande... se consideren a sí mismos miembros de una nación». Si esto es así, tenemos una nación. Algo puede unir a esos individuos: vivir en la misma región, hablar la misma lengua, pertenecer a un «grupo étnico» igualmente indefinible que está siendo perseguido por otros. Hasta aquí no hay mucha diferencia entre el marxista Hobsbawm y el liberal Mill. Pero Mill añadió que «el motivo más poderoso de todos es la identidad de antecedentes políticos; la posesión de una historia nacional». Para Hobsbawm —y para muchos historiadores—, una historia nacional no es algo dado: los individuos pueden identificarse como miembros de una nación aunque no vivan en el territorio, no hablen la misma lengua ni compartan la misma cultura.

El otro gran pensador decimonónico británico que abordó la cuestión del nacionalismo —que lo «teorizó» sería decir demasiado—, fue lord Acton. Acton, un católico liberal, discrepaba de los nacionalistas que pretendían hacer del principio del nacionalismo el fundamento de la construcción de los Estados. En el pasado, explicaba, el objetivo del malestar social era volver a un estado de cosas anterior. A partir de la Revolución francesa, las masas querían algo nuevo —un mundo nuevo— y esto era peligroso. El principio de nacionalidad había «convertido un derecho latente en una aspiración, y un sentimiento en una reivindicación política, convirtiéndose en «el auxiliar más poderoso de la revolución».[13]

El único teórico del siglo XIX con el que Hobsbawm se identifica, en una cita que repite a lo largo de toda su obra sobre el nacionalismo, es Ernest Renan, quien, en su famosa conferencia de 1882 en la Sorbona, *Qu'est-ce qu'une nation?* («¿Qué es una nación?»), la definió como una «gran solidaridad constituida por la idea común de los sacrificios hechos en el pasado y los que habrá que hacer en el futuro». Pero este pasado, añadió inquietantemente, solía ser un pasado ficticio porque daba por supuesto el «olvido» (*l'oubli*), añadiendo que «el error histórico es un factor crucial en la creación de una nación, razón por la cual el progreso en los estudios históricos a menudo constituye una amenaza a la nación».[14] Hobsbawm interpretó que esto significaba que «los errores históricos constituyen una parte esencial del ser una nación», señalando que «la profesión de historiador consiste en desmantelar tales mitologías, a menos de que estén satisfechos —y me temo que los historiadores nacionales suelen estarlo— siendo los siervos de los ideólogos».[15]

Renan dijo también que «la existencia de una nación es como un plebiscito diario», significando con ello que la unidad nacional debe ser construida y reconstruida constantemente. Así, aunque la nación es obra de una élite, sin el apoyo popular sería prácticamente imposible desarrollar una nación y una amplia conciencia nacional. Naturalmente, los nacionalistas no solo querían celebrar una nación que se sostuviera como tal, sino que querían que la nación se transmutase en un Estado soberano, con la idea de que el Estado encarnaba al pueblo, algo muy distinto de los antiguos Estados, encarnados en un soberano. Los nuevos soberanos del siglo XIX se adornaron con la pátina de la legitimidad, así que mientras que la reina Victoria era la monarca del Reino Unido y el zar era el zar de todas las Rusias, Napoleón fue el emperador de los franceses, Leopoldo I fue el primer rey de los belgas, y Jorge I de Grecia —hijo de un príncipe alemán y nacido en Copenhague—, fue llamado rey de los helenos. Nietzsche vio todo esto claramente en 1881, cuando, alarmado por la combinación del Estado y del pueblo, exclamó, en su *Así habló Zaratustra*:

> ¿El Estado? ¿Qué es eso? ¡Bien! Abridme ahora los oídos, pues voy a deciros mi palabra sobre la muerte de los pueblos. Estado se llama el más frío de todos los monstruos fríos. Es frío incluso cuando miente; y esta es la mentira que se desliza de su boca: «Yo, el Estado, soy el pueblo».[16]

En el siglo XIX, otros autores, como Arthur Schopenhauer, criticaron el nacionalismo sin explicarlo: «La forma más baja de orgullo es el orgullo nacional… cualquier tonto miserable, que no tiene en el mundo nada de lo que pueda enorgullecerse, se refugia en este último recurso, vanagloriarse de la nación a la que pertenece».[17]

Para Hobsbawm el hecho de que, en el siglo XIX, el nacionalismo fuese privativo de las clases ilustradas no implica que, en algunos casos, también entre las clases populares existieran sentimientos de pertenencia a algo que podríamos denominar una nación. En esa época, los rusos se consideraban rusos, y ello incluía a muchos ucranianos y bielorrusos, hoy defensores acérrimos de su identidad nacional. Muchos franceses se «sentían» franceses, al igual que algunos ingleses, pero no así los italianos, todavía. Sin embargo, tales identidades debían mucho al territorio, a la religión o a la lengua. Alguien podía considerarse alemán sin pensar en una Alemania unida, y uno podía considerar que Yorkshire era su tierra natal, sin pretender por ello que Yorkshire fuese independiente ni considerar que era una nación.

Al margen de la religión, la identidad principal, en las sociedades preindustriales, tenía que ver en gran medida con el pueblo o la región —donde la gente hablaba un dialecto similar—. Las migraciones, que aumentaron de modo espectacular durante el siglo XIX, seguían suponiendo desarraigarse del propio pueblo o ciudad, no del propio país. Los venecianos que emigraron a Estados Unidos en, digamos, la década de 1880, podían anhelar volver a Venecia, pero no a «Italia» —un Estado que no fue creado hasta 1861—. Italia debió haber sido para ellos un término relativamente vacío, pero, paradójicamente, los locales los consideraban «italianos» porque en aquellas tierras tan lejanas no se distinguía entre Venecia e Italia.[18] De manera que nuestros venecianos llegarían a ser más «italianos» en el extranjero que si hubieran permanecido en su tierra, aunque en su caso la reciente adquisición de una conciencia «nacional» no fue inspirada o construida por los nacionalistas, sino por «los otros», del mismo modo que el antisemitismo convertiría a judíos laicos y no practicantes en «verdaderos» judíos y quizá incluso en sionistas. Un enemigo común ayuda a los nacionalistas, pero quienes lucharon en los Balcanes contra el Imperio otomano antes de la primera guerra mundial no combatieron por una nación yugoslava —que entonces no existía—, sino contra lo que consideraban un opresor. Lo mismo podría decirse respecto de los sijs contra los británicos de la Compañía de las Indias Orientales en 1845 o 1846.

Las rebeliones de los campesinos contra el gobierno extranjero no pueden calificarse de nacionalistas, porque a los combatientes solo les unía la conciencia de estar oprimidos, la xenofobia —la suya o la de los demás—, y el apego a una tradición antigua, a su «verdadera fe» y a un vago sentido de identidad étnica.

Hobsbawm admite que quizá los griegos fueron la excepción a la regla en su lucha por la independencia en la década de 1820. Y debido a esa excepción, un «valeroso» pueblo (cristiano) que luchaba contra los musulmanes (los turcos otomanos), pudo ganarse también las simpatías de los filohelenos de toda Europa, entre los que se contaban Shelley, Byron (que murió en Grecia), Leigh Hunt, Thomas Moore y Jeremy Bentham, si bien la lucha de los griegos contra los turcos tenía tanto una dimensión religiosa como nacional.

En todas partes el nacionalismo tenía poca base popular. Según Hobsbawm, la idea de que durante las guerras napoleónicas existía entre los alemanes un fuerte sentimiento «nacional» era «mitología patriótica». El no darse cuenta de que la gente carecía de espíritu patriótico propiamente dicho es lo que causó la práctica imposibilidad de movilizar al campesinado alrededor de la idea de nación en toda Europa. Consideremos el caso de Carlo Pisacane, un patriota italiano seguidor de Mazzini quien, en 1857, zarpó con veintisiete hombres rumbo a Sapri, en el sur de Italia, con la intención de dirigir a sus habitantes contra las autoridades de lo que entonces era el reino de Nápoles. Pisacane no solo fracasó miserablemente, sino que los lugareños, creyendo que eran bandidos, vencieron a los «invasores» y mataron a Pisacane y a casi todos sus camaradas.

Los campesinos podían movilizarse contra los impuestos, contra los terratenientes, contra los judíos, pero no por la «patria». Los campesinos vascohablantes mostraron poco entusiasmo por el nacionalismo vasco (el Partido Nacionalista Vasco solo fue fundado en 1894), que en gran medida era un movimiento urbano de clase media.[19] Rumanía se constituyó en fases, principalmente debido al Congreso de Berlín de 1878, pero la historia oficial atribuye mucho mayor protagonismo a los propios rumanos, aunque el campesinado rumano nunca se movilizó por su espíritu nacionalista. Cuando los campesinos rumanos se rebelaron, en 1907, fue porque su situación económica empeoró debido, en parte, a la caída del precio internacional del trigo a finales del siglo XIX —ocasionada por la mayor productividad de los granjeros estadounidenses—. Esta revuelta campesina contra los impuestos, reprimida con brutalidad, adoptó al principio una forma específicamente antisemita, puesto que una gran proporción de los arrendatarios de las fincas o *arendași* —en origen, prestamistas que compraban tierras—, eran judíos.[20] El patriotismo tuvo muy poco que ver con la revuelta.

En la que se consideraba la era del nacionalismo —que Hobsbawm sitúa entre 1870 y 1914—, surgieron relativamente pocos Estados nuevos: Alemania en 1870; Italia en 1861 —aunque en 1870 tuvo lugar una posterior unificación con Roma como capital, y la absorción del Tirol del Sur y Trieste una vez concluida la primera guerra mundial—; después Montenegro, Bulgaria y Serbia, que fueron reconocidas como Estados en 1878; Rumanía, que se convirtió en un reino de pleno derecho en 1881; y Noruega, que se separó de Suecia en 1905. Ninguno de estos países nació a consecuencia de un levantamiento popular ni de un movimiento nacionalista de masas.

Puede que el nacionalismo no fuera muy debatido por los académicos liberales del siglo XIX, supuestamente el siglo del nacionalismo, pero tampoco los socialistas le dedicaron mucha atención. Hobsbawm menciona alguna de las excepciones: Karl Kautsky, Rosa Luxemburgo y, más adelante, Otto Bauer. Fue prácticamente ignorado por Marx y Engels —quien, como es sabido, había instado a todos los trabajadores del mundo a unirse—, así como por Plejánov y Lenin. Cierto es que, en 1913, Stalin escribió su insustancial *El marxismo y la cuestión nacional*, en el que enumeraba las características distintivas de una nación: una lengua común, un territorio común, una vida económica común y una estructura psicológica común. Muchas «naciones» anteriores a 1913, como España, Italia y Suiza hubieran incumplido al menos uno de estos requisitos. Sin embargo, en general, la izquierda en su conjunto era «internacionalista» solo en el sentido de apoyar a quienes luchaban por una causa acorde con sus postulados. Por lo demás, organizaciones como la Segunda Internacional y, posteriormente, la Internacional Comunista se basaban en Estados. Incluso la Rusia revolucionaria reconoció a las «naciones», y con la Declaración de los derechos para los pueblos de Rusia, de noviembre de 1917, estableció, al menos formalmente, los derechos de los pueblos de lo que fue el Imperio zarista a la secesión y a formar Estados separados, de ahí la constitución de las repúblicas soviéticas en 1922, que llegaron a ser quince en 1940 con la absorción de las repúblicas bálticas y Moldavia.

El uso del término «nacionalismo» se popularizó a lo largo del siglo XX, estancándose temporalmente durante la segunda guerra mundial, lo que Hobsbawm denomina «el apogeo del nacionalismo». En sus escritos de la década de 1990 y, por tanto, antes de la actual explosión del término, creía que el nacionalismo había perdido importancia, que ya no era un programa político global como lo fue en el siglo XIX. Quizá erróneamente, creía que los Estados nación estaban en retirada y que estos serían absorbidos por la nueva reestructuración supranacional del planeta. Tal vez fue demasiado optimista cuando concluyó su *Naciones y nacionalismos* dando por supuesto que el apogeo del fenómeno del nacionalismo había quedado atrás: «La lechuza de Minerva que lleva la sabiduría, dijo Hegel, levanta el vuelo en el crepúsculo. Es una buena señal que en estos momentos esté volando en círculos alrededor de las naciones y el nacionalismo».[21] Y ciertamente, en la década de 1970 no previó o no supo prever que el nacionalismo galés y escocés, que abordó de manera un poco displicente, llegarían a ser tan importantes unas décadas después (véase el ensayo sobre la franja celta, en esta compilación).

En las dos últimas décadas, los usos del término «nacionalismo» han aumentado vertiginosamente con la creciente marea de partidos nacionalistas, casi en paralelo con el creciente uso del término «globalización». Como Hobsbawm escribió de manera premonitoria, «la paradoja del nacionalismo fue que al formar su propia nación creó de forma automática cl antinacionalismo de quienes se veían obligados a elegir entre la asimilación y la inferioridad».[22]

En el siglo XIX, el nacionalismo consistía principalmente en unir regiones en Estados más grandes que fueron llamados naciones. En el siglo XX, sobre todo después de 1945, los movimientos nacionalistas tradicionales ya no estaban en favor de la unificación —como Alemania e Italia en el siglo XIX—, sino que más bien se decantaban por la separación. El movimiento secesionista empezó con el desmoronamiento de los imperios del siglo XIX. El fin del Imperio zarista originó el nacimiento de Polonia, Finlandia y las tres repúblicas bálticas; el del Imperio austrohúngaro, el de Austria, Hungría, Checoslovaquia y el reino de los eslavos meridionales (Yugoslavia después de 1945); el Imperio otomano quedó reducido a Turquía. La tendencia hacia la secesión continúa hasta el presente. Algunas han tenido éxito: por ejemplo, Bangladés de Pakistán, Kosovo de Serbia y Sudán del Sur de Sudán; otras han fracasado —hasta ahora—, por ejemplo Biafra, Katanga y Kurdistán. Tras la fragmentación de la Unión Soviética y de Yugoslavia se crearon más Estados, todos ellos supuestamente coincidentes con naciones, aunque el Reino Unido, Bélgica y España, entre otros, han reconocido «naciones» dentro de sus fronteras (Escocia, Gales, Flandes, Valonia, Cataluña, etc.); naciones que podrían escindirse, creando más Estados. En la actualidad, la principal organización internacional de Estados se denomina, de manera engañosa, «Naciones» Unidas, pero es una organización de Estados: como Hobsbawm dijo una vez, no podríamos llamarla «Estados Unidos»...

Hobsbawm señaló que, en el siglo XIX, existía un prejuicio, incluso entre los nacionalistas, contra la atomización de Estados en mininaciones. Los pequeños principados alemanes o las repúblicas centroamericanas eran objeto de bromas; «balcanización» era un insulto. Sin embargo, hoy consideramos que los Estados, por pequeños que sean, son totalmente viables.[23] Después de 1918, muchos austríacos no creían que su pequeña república alpina pudiera ser viable una vez separada del Imperio austrohúngaro, y estaban a favor de unirse a Alemania, un parecer que muy pocos austríacos compartirían hoy. Y nadie considera que Singapur, con la mitad de población que Moscú, no sea viable. Por el contrario, es uno de los Estados más ricos del mundo.

Hobsbawm hizo suyas las palabras de Benedict Anderson en su notable *Comunidades imaginadas*, en la que «nación» se define como:

> [...] una comunidad política imaginada, e imaginada como inherentemente limitada y soberana. Es imaginada porque incluso los miembros de la nación más pequeña no conocerán jamás a la mayoría de sus compatriotas, no los verán ni oirán siquiera hablar de ellos, pero en la mente de cada uno vive la imagen de su comunión... [La nación] se imagina como comunidad porque, independientemente de la desigualdad y la explotación que puedan prevalecer en cada caso, la nación se concibe siempre como una camaradería profunda, horizontal. En última instancia, es

> esta fraternidad la que ha permitido, durante los últimos dos siglos, que tantos millones de personas maten y, sobre todo, que estén dispuestas a morir por estas imaginaciones tan limitadas.[24]

Hobsbawm emplea esta cita para definir a los Estados modernos en los que, al menos desde finales del siglo XIX, los habitantes se han imaginado a sí mismos —con la considerable ayuda de las instituciones estatales y las organizaciones políticas— como individuos vinculados por la lengua, la cultura y la etnicidad, una invitación permanente a deshacerse de «los otros» mediante la «limpieza étnica». Esto es lo que hace que el concepto de «una única identidad étnica, cultural o de otro tipo, exclusiva e invariable, sea un peligroso factor de lavado de cerebros».[25] Una única lengua nacional, añade, solo llega a ser importante cuando los ciudadanos corrientes adquieren cierta importancia. En las sociedades preindustriales, el dialecto que hablase un campesino era irrelevante. Una lengua única es importante cuando hay un Estado fuerte, una burocracia, y se ha creado una lengua escrita. Por esta razón Turquía, bajo el dirigente nacionalista Kemal Atatürk, adoptó el alfabeto romano en 1929, pese a que los turcos habían empleado el alfabeto árabe durante siglos, y Rumanía cambió sus propios caracteres cirílicos por los romanos solo cuando se convirtió en un Estado soberano, en 1863.[26] El vietnamita se escribía en una variante de los caracteres chinos. La escritura actual, con caracteres romanos, fue ideada en el siglo XVI por misioneros que confiaban en que ello les ayudaría a aprender la lengua.

Nada de esto era importante cuando la amplia mayoría de la población era analfabeta. La homogeneidad lingüística nacional en las zonas multiétnicas y multiculturales no solo evoluciona, sino que se consigue mediante la obligatoriedad, la expulsión o el genocidio masivo. Como Hobsbawm explicó, Polonia, que en 1939 tenía un tercio de la población clasificada como no polaca, llegó a tener una abrumadora mayoría de habla polaca solo porque su población alemana fue expulsada hacia el Oeste, sus habitantes lituanos, bielorrusos y ucranianos fueron separados para pasar a formar parte de la Unión Soviética en el

Este, y su población judía, cuya lengua era el yidis, había sido asesinada por los nazis. Esto es lo que convirtió a Polonia en una nación relativamente homogénea en la que se hablaba una sola lengua.

La idea de que cada nación debería tener su propia lengua es un factor «explosivo», porque no tiene en cuenta que, históricamente, es bastante normal que existan diferentes lenguas dentro de los límites de un mismo Estado, como es el caso actualmente en muchos países como Bélgica, España, Suiza, Canadá y la India. Ni siquiera los nacionalistas irlandeses fueron capaces de lograr que la amplia mayoría de los irlandeses hable gaélico (la Liga Gaélica no fue fundada hasta 1893), y los judíos sionistas empezaron a hablar una lengua, el hebreo, que solo habían empleado para fines religiosos, e incluso entonces fue necesario inventar el término hebreo para «nacionalismo».[27] «Una vez más —escribió Hobsbawm—, el sionismo ofrece el ejemplo extremo» de un programa nacionalista prestado que no tenía precedentes en, o conexión orgánica con, la verdadera tradición que ha proporcionado al pueblo judío permanencia, cohesión y una identidad indestructible durante varios milenios.[28] El factor clave en la creación de una lengua nacional fue el poder político.

Hasta los monarcas europeos del siglo XIX tuvieron que aceptar el principio del nacionalismo, aunque muchos de ellos no «pertenecían» totalmente a la nación que gobernaban. Los hijos de la reina Victoria tuvieron un padre alemán; la madre del zar Nicolás era danesa, y la esposa de este, alemana; el primer rey de Grecia procedía de Baviera; la madre del káiser Guillermo II era hija de la reina Victoria; la madre de Víctor Manuel II, primer rey de Italia, era austríaca; su hijo, Amadeo, se convirtió en rey de España, su hija en reina de Portugal y su nieto, el rey Víctor Manuel III, se casó con Elena de Montenegro. Las familias reales europeas eran verdaderamente cosmopolitas, «ciudadanas de ninguna parte». Esto siguió siendo así hasta hace poco: el marido de la reina Isabel II, el príncipe Felipe, nació en Corfú, su madre fue un princesa alemana (Alicia de Battenberg), y su padre, miembro de la casa de Schleswig-Holstein, era hijo del rey Jorge I de Grecia y de Olga Konstantínovna, de la familia rusa de los Romanov. Pero llegó a su fin con la actual familia real británica: los cuatro hijos de la reina Isabel II se casaron con personas británicas, aunque dos de sus nietos contrajeron matrimonio con extranjeras (una canadiense y una estadounidense). Es probable que a Hobsbawm le hubiera parecido aún más paradójico que, aparte de lo que ha quedado de las familias aristocráticas del siglo XIX, el único elemento inequívocamente cosmopolita en el mundo de hoy no sea la izquierda internacionalista que abrazó en la década de 1930, sino el capitalismo internacional, libre de recorrer el mundo a voluntad, con Facebook sumando más «miembros» que el islam o el catolicismo y con internet uniendo lo que, en palabras de «La Internacional», es el género humano.

Primera parte

EL NACIONALISMO EN LA HISTORIA

Capítulo 1

DENTRO Y FUERA DE LA HISTORIA*

Es un honor para mí inaugurar el presente curso académico de la Universidad Centroeuropea. Por otra parte, siento algo extraño al tener que ser yo quien se encargue de llevar a cabo tal misión, ya que, a pesar de pertenecer a la segunda generación de una familia de ciudadanos británicos, también me considero centroeuropeo. De hecho, mi condición de judío me convierte en el miembro típico de la diáspora que protagonizaron los pueblos de Europa central. Mi padre llegó a Londres procedente de Varsovia y mi madre era vienesa, lo mismo que mi esposa, quien, todo hay que decirlo, ahora se expresa en italiano mejor que en alemán. De pequeña, mi suegra hablaba en húngaro y sus padres fueron dueños de una tienda en Herzegovina durante los años que vivieron bajo la antigua monarquía austrohúngara. Una vez, en la época en que aún había paz en aquella desafortunada zona de los Balcanes, mi esposa y yo fuimos a Mostar para tratar de averiguar dónde estaba ubicada. En aquellos tiempos, yo mismo solía mantener contactos con algunos historiadores húngaros. De ahí que me presente ante ustedes como un forastero que, de un modo indirecto, también forma parte del grupo. A todo esto, ustedes se preguntarán qué me propongo decirles.

Pues bien, hay tres cosas de las que me gustaría hablarles.

* Esta ponencia fue presentada en la Universidad Centroeuropea de Budapest como discurso de apertura del curso académico 1993-1994.

La primera se refiere a Europa central y oriental. El mero hecho de ser oriundos de la zona —como creo que es el caso de la mayoría de los presentes—, los convierte a ustedes en ciudadanos de una serie de países que se encuentran hoy en una situación doblemente incierta. No estoy diciendo que los habitantes del centro y el este de Europa tengan el monopolio de la incertidumbre. Es muy probable que en la actualidad esta sea más universal que nunca. Sin embargo, en el horizonte de ustedes se alzan más nubes que en el de los demás. A lo largo de mi vida, he sido testigo de cómo la guerra asolaba todos los países de esta parte del continente y posteriormente los he visto convertirse en objeto de sucesivas conquistas, ocupaciones, liberaciones y nuevas invasiones. Ninguno de los Estados conserva las fronteras que tenía en el momento de mi nacimiento. Solo seis de los veintitrés países que hoy componen el mapa que se extiende entre Trieste y los Urales existían cuando yo nací, o habrían llegado a existir de no haber sido ocupados antes por uno u otro ejército: Rusia, Rumanía, Bulgaria, Albania, Grecia y Turquía, ya que ni la Austria ni la Hungría que surgieron en 1918 eran comparables a la Hungría de la época de los Habsburgo ni a Cisleitania. Algunos Estados se crearon al finalizar la primera guerra mundial y otros muchos han ido surgiendo a partir de 1989. Entre cllos, hay algunos quc cn ningún otro momcnto de la historia habían alcanzado el rango de Estado en el moderno sentido de la palabra o que solo habían llegado a disfrutar de él durante un corto período de tiempo —uno o dos años en algunos casos o una o dos décadas en otros— para después perderlo. Entre los que lo han recuperado figuran los tres Estados bálticos, Bielorrusia, Ucrania, Eslovaquia, Moldavia, Eslovenia, Croacia o Macedonia, por no mencionar otros situados más hacia el este. He asistido al nacimiento y la muerte de algunos de ellos, como Yugoslavia y Checoslovaquia. En cualquier ciudad de Europa central es muy corriente encontrar a personas mayores que han tenido de manera consecutiva documentos de identidad expedidos por tres Estados distintos. Un habitante de Leópolis o de Chernitvtsí que tenga una edad similar a la mía ha vivido bajo cuatro Estados, sin contar las ocupaciones sufridas durante la guerra. Es muy posible que un ciudadano de Mukáchevo haya pertenecido a cinco, si decidimos incluir en la lista la breve autonomía concedida a la Rutenia subcarpática en 1938. Puede que en épocas más civilizadas, pongamos por caso 1919, le estuviera permitido elegir la ciudadanía que prefiriese, pero, a partir de la segunda guerra mundial, lo más probable es que se viera obligado a salir del país por la fuerza o que tuviera que integrarse en el nuevo Estado en contra de su voluntad. ¿De dónde son los centroeuropeos y los europeos del Este? ¿Quiénes son? Es esta una pregunta de gran importancia que muchos de ellos llevan mucho tiempo formulándose y para la cual no han encontrado todavía una respuesta satisfactoria. En algunos países se trata de una cuestión de vida o muerte, y en la mayor parte de ellos no solo afecta, sino que también puede llegar a determinar en gran medida, la situación legal y las opciones vitales de sus habitantes.

Sin embargo, existe otro tipo de incertidumbre de carácter más colectivo. El bloque de naciones situadas en el centro y el este de Europa forma parte de una zona del mundo a la que desde 1945 los diplomáticos y los expertos de las Naciones Unidas vienen refiriéndose mediante el uso de elegantes eufemismos como «subdesarrollado» o «en vías de desarrollo», es decir, o relativamente pobre y atrasado o absolutamente pobre y atrasado. En muchos sentidos, la línea que separa ambas Europas no es demasiado nítida, más bien podríamos hablar de una cima o cordillera principal del dinamismo económico y cultural europeo con dos laderas que descienden, respectivamente, hacia el este y el oeste. Dicha cadena montañosa comienza en la Italia septentrional y atraviesa los Alpes hasta el norte de Francia y los Países Bajos y se prolonga más allá del canal de la Mancha hasta Inglaterra. Su trazado coincide con el de las rutas comerciales del Medievo, con los mapas que muestran la distribución de la arquitectura gótica y con las cifras de los PIB de las diferentes áreas que componen la Comunidad Europea. De hecho, la zona en cuestión sigue siendo actualmente la espina dorsal de la Comunidad. Sin embargo, existe una frontera histórica que separa la Europa «avanzada» de la Europa «subdesarrollada», y que hay que situar aproximadamente en el centro del Imperio de los Habsburgo. Sé que, en este tipo de asuntos, la gente se muestra muy susceptible. Liubliana se considera más próxima al centro del mundo civilizado que, pongamos por caso, Skopie, y Budapest opina lo mismo respecto a Belgrado. Lo último que desea el actual gobierno de Praga es que le llamen «centroeuropeo», por miedo a que el contacto con el Este que el adjetivo sugiere pueda llegar a contaminarlo. De ahí que insista en que el país pertenece exclusivamente a Occidente. No obstante, lo que trato de decir es que ninguna región o Estado de Centroeuropa o de Europa del Este ha pensado en sí mismo como tal centro. Todos han buscado en otra parte el modelo que hay que seguir para ser avanzados y modernos; y sospecho que esto mismo es lo que le ocurrió a la culta clase media de Viena, Budapest y Praga, que optó por volver los ojos hacia París y Londres del mismo modo en que los intelectuales de Belgrado y Ruse habían dirigido antes la mirada hacia Viena. Sin embargo, de acuerdo con la mayoría de los parámetros que suelen aplicarse en estos casos, la actual República Checa y algunas zonas de lo que hoy es Austria formaban parte en su día del área industrial más avanzada de Europa y, desde un punto de vista cultural, Viena, Budapest y Praga no tenían motivo alguno para sentirse inferiores a otras ciudades.

La historia dc los paíscs atrasados a lo largo dc los siglos XIX y XX es la historia de los esfuerzos que hicieron por ponerse al nivel del mundo desarrollado por medio de diversas estrategias de imitación. El Japón del siglo XIX tomó a Europa como modelo y, una vez acabada la segunda guerra mundial, Europa occidental decidió imitar la economía norteamericana. A grandes rasgos, la historia de Europa central y oriental se resume en una sucesión de intentos fallidos que tenían como meta la adopción de distintos modelos foráneos. En el período que se abrió en 1918, con un mapa de Europa plagado de naciones de nuevo cuño, el modelo de referencia era la democracia occidental y el liberalismo económico. El presidente Wilson —¿ha recuperado la estación central de Praga el nombre que un día llevó en honor suyo?— era el santo patrón de la zona, con excepción de los bolcheviques, que iban por libre. (En realidad, ellos también seguían modelos importados como Rathenau y Henry Ford.) La cosa no funcionó y el modeló fracasó política y económicamente en los años veinte y treinta. La Gran Depresión acabó por arruinar la democracia plurinacional incluso en Checoslovaquia. Durante un breve período de tiempo, algunos de estos países adoptaron o flirtearon con el modelo fascista, que parecía estar llamado a ser la historia del gran éxito económico y político de la década de los treinta. (Tenemos cierta tendencia a olvidar que, en muchos sentidos, la Alemania nazi consiguió superar la Gran Depresión con notable éxito.) El intento por integrarse en un gran sistema económico alemán tampoco funcionó, ya que Alemania fue derrotada.

En la etapa posterior a 1945, la mayoría de los países de la zona escogieron, o fueron obligados a escoger, el modelo bolchevique, que, en esencia, era un sistema ideado para modernizar las economías atrasadas de tipo agrario por medio de una revolución industrial planificada. Esta es la razón de que nunca tuviera una excesiva repercusión en lo que es hoy la República Checa y en lo que hasta 1989 fue la República Democrática Alemana, si bien es verdad que su incidencia fue mayor en el resto de la zona, incluida la URSS. No hace falta que les hable sobre las carencias y defectos que presentaba el sistema desde un punto de vista económico, y que al final acabaron por conducirlo al desastre, ni sobre los regímenes políticos cada vez más insoportables que instauró en Europa central y Europa del Este. Tampoco necesito recordarles los increíbles sufrimientos que causó a los pueblos de la antigua URSS, sobre todo durante la edad de hierro de Iósif Stalin. A pesar de todo —y aunque sé que a muchos de ustedes no les gustará lo que voy a decir—, creo que fue lo que mejor funcionó desde el desmembramiento de las monarquías ocurrido en 1918. Para el ciudadano medio de los países más atrasados de la región, como Eslovaquia o gran parte de la península balcánica, aquella fue probablemente la mejor época de su historia. El colapso se debió a la progresiva rigidez e inoperancia económica del sistema y, sobre todo, a su probada incapacidad para generar novedades o para aplicarlas al ámbito de la economía, por no mencionar la represión ejercida sobre la creación intelectual. Por otra parte, fue imposible ocultar a los habitantes de la zona que el nivel de progreso material alcanzado por otras naciones era superior al registrado en los países socialistas. Dicho de otra manera, la causa del fracaso estuvo tanto en la actitud de indiferencia u hostilidad que mostraban los ciudadanos como en la pérdida de confianza de los propios regímenes respecto a los objetivos que se habían marcado. No obstante, se mire como se mire, lo cierto es que el sistema se vino abajo de manera estrepitosa entre 1989 y 1991.

¿Qué ocurre en la actualidad? Pues que hay un nuevo modelo que todo el mundo se ha apresurado a copiar, y que implica la adopción de la democracia parlamentaria en la esfera política y de formas extremas del capitalismo de libre mercado en el ámbito de la economía. En su forma actual, no se trata todavía de un modelo propiamente dicho, sino más bien de una reacción contra lo sucedido en épocas anteriores. Si se le concede la oportunidad de desarrollarse, es posible que acabe echando raíces y se convierta en algo más viable. Sin embargo, aunque así fuera, a la luz de la historia desde 1918 es poco probable que esta región consiga entrar, salvo contadas excepciones, en el club de las naciones «realmente» avanzadas y modernas. Las consecuencias de imitar al presidente Reagan y a la señora Thatcher han sido decepcionantes incluso en aquellos países que no se han visto asolados por la guerra, el caos y la anarquía. Debo añadir que la aplicación del modelo de Reagan y Thatcher tampoco ha producido resultados demasiado brillantes en sus países de origen, para decirlo de un modo mesurado y típicamente inglés.

Así pues, en general, los habitantes del centro y el este de Europa continuarán viviendo en unos países descontentos con su pasado, probablemente bastante desilusionados de su presente y llenos de dudas respecto a su futuro. Esta situación entraña un gran peligro, ya que la gente no tardará en buscar a alguien a quien echar la culpa de sus fracasos e inseguridades. Los movimientos e ideologías que tienen más posibilidades de sacar partido de este clima emocional no son, al menos en esta generación, los que desean la vuelta a una versión remozada de la etapa anterior a 1989, sino los inspirados en la intolerancia y el nacionalismo xenófobo. Como siempre, lo más fácil es culpar de todo a los extranjeros.

Con esto llego al segundo punto de mi exposición, que, aparte de constituir el argumento central de la misma, también está relacionado de un modo más directo con la actividad universitaria o al menos con aquellas tareas que a mí personalmente me interesan más por mi condición de historiador y profesor de universidad. Porque la historia es la materia prima de la que se nutren las ideologías nacionalistas, étnicas y fundamentalistas, del mismo modo que las adormideras son el elemento que sirve de base a la adicción a la heroína. El pasado es un factor esencial —quizá el factor más esencial— de dichas ideologías. Y cuando no hay uno que resulte adecuado, siempre es posible inventarlo. De hecho, lo más normal es que no exista un pasado que se adecue por completo a las necesidades de tales movimientos, ya que, desde un punto de vista histórico, el fenómeno que pretenden justificar no es antiguo ni eterno, sino totalmente nuevo. Esto es válido tanto para las diferentes formas que en la actualidad adopta el fundamentalismo religioso —el Estado islámico del ayatolá Jomeini data tan solo de principios de los años setenta— como para el nacionalismo contemporáneo. El pasado legitima. Cuando el presente tiene poco que celebrar, el pasado proporciona un trasfondo más glorioso. Recuerdo haber visto en alguna parte un estudio acerca de la antigua civilización de las ciudades del valle del Indo titulado *Five Thousand Years of Pakistan* («Cinco mil años de Pakistán»). Antes de 1932-1933, momento en que algunos líderes estudiantiles inventaron el nombre, Pakistán ni siquiera existía como concepto. No se convirtió en una reivindicación política firme hasta 1940 y, como Estado, su creación se remonta tan solo a 1947. Las pruebas de que exista una relación entre la civilización de Mohenjo-Daro y los actuales gobernantes de Islamabad son tan escasas como las que se tienen acerca de una posible conexión entre la guerra de Troya y el gobierno de Ankara, que reivindica el retorno del tesoro del rey Príamo de Troya descubierto por Schliemann, aunque solo sea para mostrarlo a la luz pública en una primera exposición. Sin embargo, lo cierto es que «cinco mil años de Pakistán» suena mejor que «cuarenta y seis años de Pakistán».

En estas circunstancias, los historiadores se encuentran con que han de interpretar el inesperado papel de actores políticos. Antes pensaba que la historia, a diferencia de otras disciplinas como, por ejemplo, la física nuclear, al menos no le hacía daño a nadie. Ahora sé que puede hacerlo y que existe la posibilidad de que nuestros estudios se conviertan en fábricas clandestinas de bombas como los talleres en los que el IRA ha aprendido a transformar los abonos químicos en explosivos. Esta situación nos afecta de dos maneras: en general, tenemos una responsabilidad con respecto a los hechos históricos y, en particular, somos los encargados de criticar todo abuso que se haga de la historia desde una perspectiva político-ideológica.

No hace falta que me extienda en el comentario de la primera de estas responsabilidades. De no ser por dos circunstancias totalmente nuevas, ni siquiera la mencionaría. Una es la actual tendencia de los novelistas a basar la trama de sus obras en hechos reales en vez de en argumentos imaginarios, con lo cual se desdibuja la frontera que separa la realidad histórica de la ficción. La otra es el gran auge que están experimentando las modas intelectuales «posmodernas» en las universidades occidentales, especialmente en los departamentos de literatura y antropología; en ellas subyace la idea de que todos los «hechos» a los que se presupone una existencia objetiva no son sino meras creaciones mentales: en resumen, que no hay una diferencia clara entre la realidad y la ficción. Sin embargo, la diferencia existe, y es fundamental que los historiadores —incluso aquellos de nosotros que son más radicalmente antipositivistas— sean capaces de distinguir entre ambas. El historiador no puede inventar los hechos que estudia. O Elvis Presley está muerto o no lo está. Hay una forma de responder a dicha pregunta de un modo inequívoco, y es tomando como punto de partida las pruebas existentes, siempre que, como sucede en algunos casos, se disponga de pruebas fidedignas. El gobierno turco, que niega ser el autor del intento de genocidio de los armenios ocurrido en 1915, tiene razón o no la tiene. Partiendo de un discurso histórico riguroso, la mayoría de nosotros rechazaría cualquier intento de negar la matanza, aunque ni hay un modo inequívoco de poder elegir entre las diferentes formas de interpretar el fenómeno ni es posible encuadrarlo adecuadamente en el contexto más amplio de la historia. Hace poco, los zelotes hindúes destruyeron una mezquita en Ayodhya, con el pretexto de que había sido erigida en contra de la voluntad del pueblo hindú por el conquistador mogol Babur en un emplazamiento especialmente sagrado, considerado como lugar de nacimiento del dios Rama. Mis colegas y amigos de las universidades de la India publicaron un estudio en el que se demostraba: a) que, hasta el siglo XIX, a nadie se le había ocurrido que Ayodhya pudiera ser el lugar de nacimiento de Rama, y b) que casi con toda seguridad la mezquita no se construyó en tiempos de Babur. Me gustaría poder decir que el trabajo ha contribuido en gran medida a frenar el ascenso del partido que provocó el incidente, pero al menos estas personas cumplieron con su deber como historiadores, para bien de los que saben leer y que tanto ahora como en el futuro se encuentran expuestos a la propaganda de la intolerancia. Cumplamos también con el nuestro.

Son contadas las ideologías de la intolerancia que se basan en simples mentiras o invenciones de las que no existe la menor prueba. Después de todo, es cierto que hubo una batalla de Kosovo en 1389, que los guerreros serbios y sus aliados fueron derrotados por los turcos, y que este hecho dejó profundas huellas en la memoria del pueblo serbio, lo cual no implica que pueda servir para justificar la opresión de los albaneses, que en la actualidad forman el 90 por ciento de la población de la zona, ni la pretensión serbia de que la tierra les pertenece por derecho propio. Dinamarca no reclama la extensa área del este de Inglaterra que los daneses colonizaron y gobernaron antes del siglo XI, conocida desde entonces como la «Danelaw», y cuyas poblaciones llevan nombres que, desde un punto de vista filológico, siguen siendo daneses.

El mal uso que la ideología suele hacer de la historia se basa más en el anacronismo que en la mentira. El nacionalismo griego le niega a Macedonia incluso el derecho a llamarse así, aduciendo que, en realidad, se trata de una región griega que forma parte de un Estado nación griego, es de suponer que desde que el padre de Alejandro Magno, que era rey de Macedonia, se convirtió en soberano de los territorios griegos de la península balcánica. Como todo lo relacionado con Macedonia, esta dista mucho de ser una simple cuestión académica, pero un intelectual griego tendrá que ser muy valiente para atreverse a afirmar que, desde un punto de vista histórico, es una tontería. En el siglo IV a. C. no existía ningún Estado nación griego ni ninguna otra entidad política que pudiera denominarse así; el Imperio macedónico no se parecía en nada a un Estado nación griego o a cualquiera de los modernos, sea este griego o no, y, en todo caso, lo más probable es que los antiguos griegos vieran a sus gobernantes macedonios como bárbaros, y no como griegos, concepción esta que también aplicarían después a los romanos, aunque, sin duda, eran demasiado educados o prudentes para confesarlo. Históricamente, Macedonia es una mezcla tan inextricable de etnias —no en vano los franceses llamaron así a la ensalada de frutas— que cualquier intento de identificarla con una nacionalidad concreta por fuerza ha de estar equivocado. Para ser justos, por este mismo motivo habría que rechazar los planteamientos más extremistas del nacionalismo macedonio y todas aquellas publicaciones croatas que pretenden convertir a Zvonimir el Grande en el antepasado del presidente Tudjman. Sin embargo, es difícil plantar cara a los inventores de una historia nacional de manual, aunque hay algunos historiadores en la Universidad de Zagreb, a los que estoy orgulloso de poder contar entre mis amigos, que han tenido suficientes agallas para hacerlo.

Estos y otros muchos intentos de sustituir la historia por el mito y la invención no son simples bromas pesadas de tipo intelectual. Después de todo, tienen el poder de decidir lo que se incluye o no en los libros de texto, algo de lo que eran plenamente conscientes las autoridades japonesas cuando insistieron en que en las escuelas del país debía darse una versión aséptica de la intervención japonesa en China. Hoy día, el mito y la invención son fundamentales para la política de la identidad a través de la que numerosos colectivos que se definen a sí mismos de acuerdo con su origen étnico, su religión o las fronteras pasadas o presentes de los Estados tratan de lograr una cierta seguridad en un mundo incierto e inestable diciéndose aquello de «somos diferentes y mejores que los demás». Ambas cosas son motivo de inquietud en las universidades, porque las personas que formulan tales mitos e invenciones son personas cultas: maestros laicos y religiosos, profesores de universidad (espero que no muchos), periodistas, productores de radio y televisión. Lo más seguro es que en la actualidad la mayoría de ellos hayan pasado por una u otra universidad. No les quepa la menor duda. La historia no es una memoria atávica ni una tradición colectiva. Es lo que la gente aprendió de los curas, los maestros, los autores de libros de historia y los editores de artículos de revista y programas de televisión. Es muy importante que los historiadores recuerden la responsabilidad que tienen y que consiste ante todo en permanecer al margen de las pasiones de la política de la identidad incluso si las comparten. Después de todo, también somos seres humanos.

El grado de trascendencia que puede llegar a tener el tema queda ilustrado en un reciente artículo del escritor israelí Amos Elon sobre el modo en que el genocidio de los judíos a manos de Hitler se ha transformado en un mito legitimador de la existencia del Estado de Israel. Más aún: durante los años en que la derecha ocupó el poder, se convirtió en una especie de fórmula ritual de afirmación de la identidad y la superioridad del Estado israelí y, junto a Dios, en un elemento esencial del conjunto oficial de creencias nacionales. Elon, que describe con todo detalle la evolución de la transformación sufrida por el concepto de «Holocausto» afirma —siguiendo al recién nombrado ministro de Educación del nuevo gobierno laborista israelí— que es necesario separar la historia de los mitos, los rituales y la política nacional. Como no soy israelí —aunque sí judío—, prefiero no opinar al respecto. Sin embargo, como historiador, lamentablemente no he podido dejar de fijarme en una de las observaciones que hace Elon y es la de que las aportaciones más destacadas que se han hecho a la historiografía académica sobre el genocidio, sean o no judíos sus autores, o bien no han sido traducidas al hebreo, como es el caso de la gran obra de Hilberg o, si lo han sido, han visto la luz con considerable retraso, y a veces con declaraciones de descargo de responsabilidad por parte de las editoriales. La historiografía seria del genocidio no ha minimizado en absoluto aquella tragedia incalificable. Simplemente, discrepaba del mito legitimador.

A pesar de todo, esta misma historia nos permite concebir ciertas esperanzas, porque es un ejemplo de cómo la historia mitológica o nacionalista es criticada desde dentro. Me doy cuenta de que la historia de la creación del Estado de Israel dejó de escribirse para servir básicamente como propaganda nacional o como defensa de la causa sionista unos cuarenta años después de que el país comenzara su andadura. He observado que esto mismo ocurrió con la historia irlandesa. Aproximadamente medio siglo después de que la mayor parte de Irlanda lograra la independencia, los historiadores irlandeses dejaron de escribir la historia de su isla en términos de la mitología del movimiento de liberación nacional. En la actualidad, la historia irlandesa, tanto en la república como en el norte, atraviesa un momento de esplendor porque ha conseguido liberarse a sí misma. Esta sigue siendo una cuestión cargada de riesgos e implicaciones políticas. La historia que se escribe hoy día rompe con una antigua tradición que se ha mantenido desde los fenianos hasta el IRA, y que continúa luchando con armas y bombas en nombre de los viejos mitos. Pero el hecho de que haya una nueva generación que ha alcanzado la madurez y está en condiciones de distanciarse de las pasiones que acompañaron aquellos períodos tan trascendentales y traumáticos de la historia de sus países es un signo de esperanza para los historiadores.

Sin embargo, no podemos estar esperando a que las generaciones se sucedan. Debemos oponer resistencia a la formación de mitos nacionales, étnicos o de cualquier otro tipo, mientras se encuentren en proceso de gestación. Al hacerlo no ganaremos en popularidad: Tomáš Masaryk, fundador de la República Checoslovaca, no se hizo demasiado popular cuando entró en la política como el hombre que probó, con gran pesar pero sin la menor vacilación, que los manuscritos medievales en que se basaba buena parte del mito nacional checo no eran más que falsificaciones. Pero hay que hacerlo, y espero que así lo hagan aquellos de ustedes que sean historiadores.

Esto es todo lo que deseaba decirles acerca del deber del historiador. Sin embargo, antes de terminar, me gustaría recordarles algo más. El hecho de ser estudiantes de esta universidad les convierte a ustedes en personas privilegiadas. Lo más probable es que, como alumnos que son de una institución ilustre y prestigiosa, gozarán, si así lo quieren, de una posición social destacada, tendrán mejores carreras y ganarán más dinero que otra gente, aunque nunca tanto como un próspero hombre de negocios. Lo que deseo recordarles es algo que me dijeron a mí cuando empecé a enseñar en la universidad. «Aquellos por los que estás aquí —me dijo mi propio profesor— no son estudiantes tan brillantes como tú. Son estudiantes mediocres con mentes faltas de imaginación que se licencian sin pena ni gloria con un aprobado justito y cuyos exámenes dicen todos las mismas cosas. Los que son realmente buenos pueden cuidar de sí mismos, aunque disfrutarás enseñándoles. Pero son los otros los que de verdad te necesitan».

Esto es aplicable no solo a la universidad, sino también al mundo. Los gobiernos, la economía, las escuelas, todo lo que forma parte de la sociedad, no existe para beneficio de unas minorías privilegiadas. Estamos capacitados para cuidar de nosotros mismos. Existe por el bien de las personas comunes y corrientes, que no son especialmente inteligentes ni interesantes (a menos, claro está, a que nos enamoremos de una de ellas), ni tienen demasiada cultura, ni demasiado éxito ni parecen destinadas a tenerlo: en resumen, personas que no son nada del otro mundo. Existe por las personas que, a lo largo de la historia, solo han entrado en ella como individuos con entidad propia al margen de las comunidades a las que pertenecían por la constancia que ha quedado de su paso en las actas de nacimiento, matrimonio y defunción. La única sociedad en la que merece la pena vivir es aquella que haya sido diseñada para ellos, no para los ricos, los inteligentes, los excepcionales, aunque esa sociedad en la que merece la pena vivir deba reservar un espacio y un margen de acción para dichas minorías. Sin embargo, el mundo no ha sido creado para nuestro disfrute personal ni hemos venido a él por tal motivo. Un mundo que pretenda que esa es su razón de ser no es un buen mundo ni debería ser un mundo perdurable.

Capítulo 2

EL NACIONALISMO EN LA ERA DE LA REVOLUCIÓN

> Cada pueblo tiene su misión especial con la que cooperará al cumplimiento de la misión general de la humanidad. Esa misión constituye su nacionalidad. La nacionalidad es sagrada.
>
> GIUSEPPE MAZZINI,
> Acta de Hermandad de la «Joven Europa», 1834

> Día llegará [...] en el que la sublime Germania se alzará sobre el pedestal de bronce de la libertad y la justicia, llevando en una mano la antorcha de la Ilustración, que difundirá los destellos de la civilización por los más remotos rincones del mundo, y en la otra, la balanza del árbitro. Los pueblos le suplicarán que resuelva sus querellas; esos pueblos que ahora nos muestran que la fuerza es el derecho y nos tratan a patadas con la bota de su desprecio.
>
> PHILIPP JAKOB SIEBENPFEIFFER (1832)

I

Después de 1830, el movimiento general en favor de la revolución se escindió. Un producto de esa escisión merece especial atención: los movimientos nacionalistas.

Los movimientos que simbolizan mejor estas actividades fueron los llamados «Jóvenes», fundados o inspirados por Giuseppe Mazzini inmediatamente después de la Revolución de 1830: la «Joven Italia», la «Joven Polonia», la «Joven Suiza», la «Joven Alemania» y la «Joven Francia» (1831-1836) y la similar «Joven Irlanda» de la década de 1840, antecesora de la única organización duradera y triunfante inspirada en el modelo de las fraternidades conspiradoras de principios de siglo, los fenianos o Fraternidad Republicana Irlandesa, más conocida por su arma ejecutiva: el ejército republicano irlandés. En sí, dichos movimientos carecían de una gran importancia; solo la presencia de Mazzini habría bastado para garantizar su total ineficacia. Simbólicamente son de extrema importancia, como lo indica la adopción por los sucesivos movimientos nacionalistas de etiquetas tales como «Jóvenes checos» o «Jóvenes turcos». Señalan la desintegración del movimiento revolucionario europeo en segmentos nacionales. Sin duda, cada uno de esos segmentos nacionales tenía los mismos programas políticos, estrategia y táctica que los otros, e incluso la misma bandera —casi invariablemente tricolor—. Sus miembros no veían contradicción entre sus propias peticiones y las de otras naciones, y en realidad aspiraban a la hermandad de todas, simultaneada con la propia liberación. Por otra parte, todos tendían a justificar su primordial interés por su nación adoptando el papel de un mesías para todas. A través de Italia, según Mazzini, y de Polonia, según Mickiewicz, los dolientes pueblos del mundo alcanzarían la libertad; una actitud perfectamente adaptable a las políticas conservadoras e incluso imperialistas, como lo atestiguan los eslavófilos rusos con sus pretensiones de hacer de la Santa Rusia una Tercera Roma, y los alemanes, que llegaron a decir que el mundo pronto sería salvado por el espíritu germánico. Desde luego, esta ambigüedad del nacionalismo procedía de la Revolución francesa. Pero en aquellos días solo había una gran nación revolucionaria, lo que hacía considerarla como el cuartel general de todas las revoluciones y la fuerza motriz indispensable para la liberación del mundo. Mirar hacia París era razonable; mirar hacia una vaga «Italia», «Polonia» o «Alemania» (representadas en la práctica por un puñado de emigrados y conspiradores) solo tenía sentido para los italianos, los polacos y los alemanes.

Si el nuevo nacionalismo hubiera quedado limitado a los miembros de las hermandades nacional-revolucionarias, no merecería mucha más atención. Sin embargo, reflejaba también fuerzas mucho más poderosas que emergían en sentido político en la década 1830-1840, como resultado de la doble revolución. Las más poderosas de todas eran el descontento de los pequeños terratenientes y campesinos y la aparición en muchos países de una clase media y hasta de una baja clase media nacional, cuyos portavoces eran casi siempre los intelectuales.

El papel revolucionario de esa clase quizá lo ilustren mejor que nadie Polonia y Hungría. En ambos países los grandes magnates y terratenientes encontraban posible y deseable el entendimiento con el absolutismo y los gobernantes extranjeros. Los magnates húngaros eran en general católicos y estaban considerados pilares de la sociedad y la corte de Viena; solo muy pocos se unirían a la Revolución de 1848. El recuerdo de la vieja Rzeczpospolita hacía pensar a los nobles polacos, pero las más influyentes de sus facciones casi nacionales —el grupo de los Czartoryski que ahora operaba desde la lujosa emigración del Hotel Lambert en París— siempre habían favorecido la alianza con Rusia y seguían prefiriendo la diplomacia a la revuelta. Económicamente eran lo bastante ricos para gastar a manos llenas e incluso para invertir mucho dinero en la mejora de sus posesiones y beneficiarse de la expansión económica de la época. El conde Széchenyi, uno de los pocos liberales moderados de su clase y paladín del progreso económico, dio su renta de un año para la nueva Academia de Ciencias húngara —unos 60.000 florines—, sin que tal donación influyera poco ni mucho en su tren de vida. Por otra parte, los numerosos pequeños nobles pobres a quienes su nacimiento distinguía de los campesinos —de cada ocho húngaros, uno tenía la condición de hidalgo— carecían de dinero para hacer provechosas sus propiedades y de inclinación a hacer la competencia a los alemanes y los judíos de la clase media. Si no podían vivir decorosamente de sus rentas o la edad les impedía las oportunidades de las armas, optaban —si no eran muy ignorantes— por las leyes, la administración u otro oficio intelectual, pero nunca por una actividad burguesa. Tales nobles habían sido durante mucho tiempo la ciudadela de la oposición al absolutismo y al gobierno de los magnates y los extranjeros en sus respectivos países, resguardados (como en Hungría) tras la doble muralla del calvinismo y de la organización territorial. Era natural que su oposición, su descontento y sus aspiraciones a más ventajas para su clase se fusionaran ahora con el nacionalismo.

Las clases negociantes que surgieron en aquel período eran, paradójicamente, un elemento un poco menos nacionalista. Desde luego, en las desunidas Alemania e Italia, las ventajas de un gran mercado nacional unificado eran evidentes. El autor de «Deutschland über alles» (Alemania sobre todos los demás) cantaba al

jamón y las tijeras, las botas y las ligas,
la lana y el jabón, los hilados y la cerveza,[1]

por haber logrado lo que el espíritu de nacionalidad no había sido capaz de lograr: un genuino sentido de unidad nacional a través de la unión aduanera. Sin embargo, no es probable, dice, que los navieros de Génova —que más tarde prestarían un gran apoyo financiero a Garibaldi— prefirieran las posibilidades de un mercado nacional italiano a la vasta prosperidad de su comercio por todo el Mediterráneo. Y en los grandes imperios multinacionales, los núcleos industriales o mercantiles que crecían en las diferentes provincias podían protestar contra la discriminación, pero en el fondo preferían los grandes mercados que ahora se les abrían a los pequeños de la futura independencia nacional. Los industriales polacos, con toda Rusia a sus pies, participaban poco en el nacionalismo de su país. Cuando Palacky proclamaba en nombre de los checos que «si Austria no existiese habría que inventarla», no se refería solo al apoyo de la monarquía contra los alemanes, sino que expresaba también el sano razonamiento económico del sector más avanzado económicamente de un grande y de otra forma retrógrado imperio. A veces, los intereses de los negocios se ponían a la cabeza del nacionalismo, como en Bélgica, donde una fuerte comunidad industrial, recientemente formada, se consideraba, aunque no está muy claro que tuviesen razones para ello, en situación poco ventajosa bajo el dominio de la poderosa comunidad mercantil holandesa, a la cual había sido sometida en 1815. Pero este era un caso excepcional.

Los grandes partidarios del nacionalismo mesocrático en aquella etapa eran los componentes de los estratos medio y bajo de los profesionales, administrativos e intelectuales, es decir, las clases «educadas». (Estas clases, naturalmente, no eran distintas de las clases de negociantes, especialmente en los países retrógrados en donde los administradores de fincas, notarios, abogados, etc., figuraban entre los acumuladores de riqueza rural.) Para precisar: la vanguardia de la clase media nacionalista libraba su batalla a lo largo de la línea que señalaba el progreso educativo de gran número de «hombres nuevos» dentro de zonas ocupadas antaño por una pequeña élite. El progreso de escuelas y universidades da la medida del nacionalismo, pues las escuelas y, sobre todo, las universidades se convirtieron en sus más firmes paladines. El conflicto entre Alemania y Dinamarca sobre Schleswig-Holstein en 1848 y luego en 1864 fue precedido por el conflicto de las universidades de Kiel y de Copenhague sobre el asunto a mediados de la década de 1840.

Este progreso era sorprendente, aunque la cantidad total de «educados» siguiera siendo escasa. El número de alumnos en los liceos estatales franceses se duplicó entre 1809 y 1842, aumentando con particular rapidez bajo la monarquía de julio, pero todavía en 1842 no llegaba a los 19.000. (El total de muchachos que recibían la segunda enseñanza[2] entonces era de unos 70.000.) Hacia 1850, Rusia contaba con unos 20.000 alumnos de segunda enseñanza para una población total de 68 millones de almas.[3] El número de estudiantes universitarios era, naturalmente, menor, aunque tendía a aumentar. Es difícil comprender que la juventud académica prusiana, tan agitada por la idea de la liberación después de 1806, consistiera en 1805 en poco más de 1.500 muchachos; que el Politécnico, la ruina de los Borbones restaurados en

1815, enseñara a un total de 1.581 jóvenes entre 1815 y 1830, es decir, a poco más de cien por año. La importancia revolucionaria de los estudiantes en 1848 nos hace olvidar que en todo el continente europeo, incluidas las antirrevolucionarias islas británicas, no había probablemente más de 40.000.[4] Como es natural, este número aumentó. En Rusia, el número de estudiantes creció de 1.700 en 1825 a 4.600 en 1848. Y aunque no hubiese aumentado, la transformación de la sociedad y las universidades les daba una nueva conciencia de sí mismos como grupo social. Nadie se acuerda de que en 1789 había unos 6.000 estudiantes en la Universidad de París, porque no tomaron parte como tales en la revolución.[5] Pero en 1830 posiblemente nadie habría pasado por alto semejante número de estudiantes.

Las pequeñas élites pueden operar con idiomas extranjeros, pero cuando el cuadro de alumnos aumenta, el idioma nacional se impone, como lo demuestra la lucha por el reconocimiento lingüístico en los estados indios desde 1940. Por eso, el momento en que se escriben en la lengua nacional los primeros libros de texto o los primeros periódicos, o cuando esa lengua se utiliza por primera vez para fines oficiales, supone un paso importantísimo en la evolución nacional. En la década 1830-1840 este paso se dio en muchas grandes zonas europeas. Las principales obras de astronomía, química, antropología, mineralogía y botánica checas se escribieron o terminaron en esa década. En Rumanía fueron los libros de texto escolares los primeros en sustituir el griego vulgar por el rumano. El húngaro fue adoptado como idioma oficial de la Dieta húngara en vez del latín en 1840, aunque la Universidad de Budapest, controlada desde Viena, no abandonaría las lecciones en latín hasta 1844. (La batalla por el uso del húngaro como idioma oficial se libraba intermitentemente desde 1790.) En Zagreb, Gai publicaba su *Gaceta Croata* (más tarde *Gaceta Nacional Iliria*) desde 1835, en la primera versión literaria de lo que antes había sido un mero complejo de dialectos. En países que llevaban mucho tiempo poseyendo un idioma nacional oficial, el cambio no pudo ser apreciado tan fácilmente, aunque es interesante que, después de 1830, el número de libros alemanes publicados en Alemania fue por primera vez superior al 90 por ciento sobre los latinos y franceses; el de libros franceses después de 1820 había quedado reducido a menos del 4 por ciento.[6] Por lo general, la expansión de las publicaciones nos da un índice comparativo. Así, en Alemania, el número de libros publicados en 1821 fue casi el mismo que en 1800 —unos 4.000 al año—. Sin embargo, en 1841 había llegado a los 12.000 títulos.[7] A principios del siglo XVIII, solo un 60 por ciento de los títulos publicados en Alemania estaban en alemán; desde entonces la proporción había aumentado considerablemente.

Desde luego, la gran masa de europeos y de no europeos permanecía sin instruir. En realidad, excepto los alemanes, los neerlandeses, los escandinavos, los suizos y los ciudadanos de los Estados Unidos, ningún pueblo podía considerarse alfabetizado en 1840. Muchos de ellos pueden considerarse totalmente analfabetos, como los eslavos meridionales, que tenían menos de un 0,50 por ciento letrado en 1827 (incluso mucho más tarde solo el 1 por ciento de los reclutas dálmatas del ejército austríaco sabía leer y escribir), o los rusos, que tenían un 2 por ciento en 1840, mientras que otros muchos eran casi analfabetos, como los españoles, los portugueses (que al parecer tenían escasamente 8.000 niños en las escuelas después de la guerra peninsular) y los italianos, salvo los lombardos y piamonteses. Incluso en Inglaterra, Francia y Bélgica, había de un 40 a un 50 por ciento de analfabetos en 1840-1850.[8] El analfabetismo no impedía la existencia de una conciencia política, pero a pesar de ello no se puede decir que el nacionalismo de nuevo cuño fuese una masa poderosa, excepto en países ya transformados por la doble revolución: en Francia, en Inglaterra, en Estados Unidos y en Irlanda, que dependía política y económicamente de Inglaterra.

Identificar el nacionalismo con la clase letrada no es decir que las masas, por ejemplo rusas, no se consideraran «rusas» cuando se enfrentaban con algo o alguien que no lo fuera. Sin embargo, para las masas, en general, la prueba de la nacionalidad era todavía la religión: los españoles se definían por ser católicos, los rusos por ser ortodoxos. Pero aunque tales confrontaciones se hacían cada vez más frecuentes, seguían siendo raras, y ciertos géneros de sentimiento nacional, como el italiano, eran más bien totalmente ajenos a la gran masa del pueblo, que ni siquiera hablaba el idioma nacional literario, sino muchas veces un *patois* casi ininteligible. Incluso en Alemania, la mitología patriótica había exagerado mucho el grado de sentimiento nacional contra Napoleón, pues Francia era muy popular en la Alemania occidental, sobre todo entre los soldados a los que utilizaba libremente.[9] Las poblaciones ligadas al papa o al emperador podían manifestar resentimientos contra sus enemigos, que bien podían ser los franceses, pero esto no suponía sentimiento alguno de conciencia nacional ni respondía a un deseo de Estado nacional. Además, el hecho de que el nacionalismo estuviera representado por las clases medias y acomodadas, era suficiente para hacerlo sospechoso a los hombres pobres. Los revolucionarios radical-democráticos polacos trataban insistentemente —como los carbonarios del sur de Italia y otros conspiradores— de atraer a sus filas a los campesinos, con el señuelo de una reforma agraria. Su fracaso fue casi total. Los aldeanos de Galitzia se opusieron en 1846 a los revolucionarios polacos, aun cuando estos proclamaran la abolición de la servidumbre, prefiriendo asesinar a los conspiradores y confiar en los funcionarios del emperador.

El desarraigo de los pueblos, tal vez el fenómeno más importante del siglo XIX, iba a romper este viejo, profundo y localizado tradicionalismo. No obstante, sobre la mayor parte del mundo, hasta 1820-1830, apenas se producían movimientos migratorios, salvo por motivos de movilización militar o hambre, o en los grupos tradicionalmente migratorios como los de los campesinos del centro de Francia, que se desplazaban para trabajos estacionales al norte, o los artesanos viajeros alemanes. El desarraigo significa, por eso, no la forma apacible de nostalgia que sería la enfermedad psicológica característica del siglo XIX (reflejada en innumerables canciones populares), sino el agudo y lacerante *mal du pays* o *mal de coeur* explicado clínicamente por primera vez por los médicos a propósito de los viejos mercenarios suizos en países extranjeros. Las quintas de las guerras revolucionarias lo revelaron, sobre todo, entre los bretones. La atracción de los lejanos bosques nórdicos era tan fuerte que hizo a una joven sierva estoniana abandonar a sus excelentes patronos, los Kuegelgen, en Sajonia, con los que era libre, para volver a la servidumbre en su país natal. Los movimientos migratorios, de los cuales la emigración a Estados Unidos supone el índice más alto, crecieron mucho desde 1820, aunque no alcanzarían grandes proporciones hasta la década 1840-1850, en la que tres cuartos de millón de personas cruzaron el Atlántico Norte (casi tres veces más que en la década anterior). Aun así, la única gran nación migratoria, aparte de las islas británicas, era Alemania, que solía enviar a sus hijos como colonos campesinos a Europa oriental y a América, como artesanos móviles por todo el continente y como mercenarios a todas partes.

De hecho, solo se puede hablar de un movimiento nacional occidental organizado de forma coherente antes de 1848, basado auténticamente sobre las masas y que incluso gozaba de la inmensa ventaja de su identificación con la portadora más fuerte de tradición: la Iglesia. Este movimiento fue el movimiento irlandés de revocación dirigido por Daniel O'Connell (1785- 1847), un abogado demagogo de origen campesino y pico de oro, el primero —y hasta 1848 el único— de esos carismáticos líderes populares que marcan el despertar de la conciencia política en las masas antes retrógradas. (Las únicas figuras que se le pueden comparar antes de 1848 fueron Feargus O'Connor [1794-1855], otro irlandés que simbolizó el cartismo en Gran Bretaña, y quizá Louis Kossuth [1802-1894], quien pudo haber adquirido algo de su posterior prestigio entre las masas antes de la Revolución de 1848, aunque su reputación en ese decenio como paladín de la pequeña aristocracia y más tarde su canonización por los historiadores nacionalistas hagan difícil ver con claridad los comienzos de su carrera.) La Asociación Católica de O'Connell, que ganó el apoyo de las masas y la confianza (no del todo justificada) del clero en la victoriosa lucha por la emancipación católica (1829), no se relacionaba en ningún sentido con la clase media, que era, en general, protestante y anglo-irlandesa. Fue un movimiento de campesinos y de la más modesta clase media existente en la depauperada isla. El Libertador llegó a su liderazgo por las sucesivas oleadas de un movimiento masivo de revolución agraria, la principal fuerza motriz de los políticos irlandeses a lo largo del tremendo siglo. Este movimiento estaba organizado en sociedades secretas terroristas que ayudaron a romper el provincialismo de la vida irlandesa. Sin embargo, su propósito no era ni la revolución ni la independencia nacional, sino el establecimiento de una moderada autonomía de la clase media irlandesa por acuerdo o por negociación con los *whigs* ingleses. En realidad, no se trataba de un nacionalismo, y menos aún de una revolución campesina, sino de un tibio autonomismo mesocrático. La crítica principal —y no sin fundamento— que han hecho a O'Connell los nacionalistas irlandeses posteriores (lo mismo que los más radicales nacionalistas indios criticaron a Gandhi, que ocupó una posición análoga en la historia de su país) es la de que pudo haber sublevado a toda Irlanda contra Inglaterra y deliberadamente se negó a hacerlo. Pero esto no modifica el hecho de que el movimiento que lideraba fuera un movimiento de masas de la nación irlandesa.

II

Fuera del área del moderno mundo burgués, existían también algunos movimientos de rebelión popular contra los gobiernos extranjeros —entendiendo por estos más bien los de diferente religión que los de nacionalidad diferente— que algunas veces parecen anticiparse a otros posteriores de índole nacional. Tales fueron las rebeliones contra el Imperio turco, contra los rusos en el Cáucaso y la lucha contra la usurpadora soberanía británica en y por los confines de la India. No conviene considerarlos del todo como nacionalismo moderno, aunque en algunas zonas pobladas por campesinos y pastores armados y combativos, organizados en clanes e inspirados por caciques tribales, bandidos-héroes y profetas, la resistencia al gobernante extranjero —o mejor, al no creyente— pudo tomar la forma de verdaderas guerras populares, a diferencia de los movimientos nacionalistas de minorías selectas en países menos homéricos. Ahora bien, la resistencia de los mahrattas (un grupo feudal y militar hindú) y la de los sijs (una secta religiosa militante) frente a los ingleses en 1803-1818 y 1845-1849, respectivamente, tenían poco que ver con el subsiguiente nacionalismo indio y produjeron distintos efectos.[10] Las tribus caucásicas, salvajes, heroicas y violentísimas, encontraron en la puritana secta islámica de los muridistas un lazo de unión temporal contra los invasores rusos, y en Shamil (1797-1871) un jefe de gran talla; pero hasta la fecha no existe una nación caucasiana, sino solo un cúmulo de pequeñas poblaciones montañesas en pequeñas repúblicas soviéticas. (Los georgianos y los armenios, que han formado naciones en sentido moderno, no estuvieron incluidos en el movimiento de Shamil.) Los beduinos, barridos por sectas religiosas puritanas como la wahhabi en Arabia y la sanusí en lo que hoy es Libia, luchaban por la simple fe de Alá y la vida sencilla de los pastores, alzándose contra la corrupción de los pachás y las ciudades, así como contra los impuestos. Pero lo que ahora conocemos como nacionalismo árabe —un producto del siglo XX— procede de las ciudades y no de los campamentos nómadas.

Incluso las rebeliones contra los turcos en los Balcanes, especialmente entre las apenas sojuzgadas poblaciones montañesas del sur y del oeste, no pueden ser interpretadas en modernos términos nacionalistas, aunque los poetas y los combatientes —que a menudo eran los mismos, como los obispos poetas y guerreros de Montenegro— recordaban las glorias de héroes casi nacionales como el albanés Skanderbeg y tragedias como la derrota serbia en Kosovo en las remotas luchas contra los turcos. Nada era más natural que rebelarse, donde era necesario o deseable, contra una administración local o un debilitado Imperio turco. Pero nada como el común atraso económico unió a los que ahora conocemos por yugoslavos, todavía sometidos al Imperio turco, aunque el concepto de Yugoslavia más que a los que combatían por la libertad se debiera a los intelectuales de Austria-Hungría.[11] Los montenegrinos ortodoxos, nunca sometidos, combatían a los turcos; pero con igual celo luchaban contra los infieles católicos albaneses y los infieles, pero firmemente eslavos, bosnios musulmanes. Los bosnios se sublevaron contra los turcos, cuya religión compartían en su mayoría, con tanta energía como los ortodoxos serbios de la boscosa llanura danubiana, y con más violencia que los «viejos serbios» de la zona fronteriza albanesa. El primero de los pueblos balcánicos que se alzó en el siglo XIX fue el serbio, dirigido por un heroico tratante de cerdos y bandolero llamado Jorge el Negro (1760-1817), pero la fase inicial de ese alzamiento (1804-1807) no protestaba contra el gobierno turco, sino, por el contrario, en favor del sultán contra los abusos de los gobernantes locales. En la primitiva historia de la rebelión montañesa en los Balcanes occidentales, pocas cosas indican que los serbios, albaneses, griegos, etc., no se hubieran conformado con aquella especie de principado autónomo no nacional que implantó algún tiempo en el Epiro el poderoso sátrapa Alí Pachá, llamado el León de Yánina (1741-1822).

Única y exclusivamente en un caso, el constante combate de los clanes de pastores de ovejas y héroes-bandidos contra un gobierno real se fundió con las ideas nacionalistas de la clase media y de la Revolución francesa: en la lucha de los griegos por su independencia (1821-1830). No sin razón, Grecia sería en adelante el mito y la inspiración en todas partes de nacionalistas y liberales. Pues solo en Grecia todo un pueblo se alzó contra el opresor en una forma que podía identificarse con la causa de la izquierda europea. Y, a su vez, el apoyo de esa izquierda europea, encabezada por el poeta Byron, que moriría allí, sería una considerable ayuda para el triunfo de la independencia griega.

La mayoría de los griegos eran semejantes a los demás clanes y campesinos-guerreros de la península balcánica. Pero una parte de ellos constituía una clase mercantil y administrativa internacional, establecida en colonias o comunidades minoritarias por todo el Imperio turco y hasta fuera de él, y la lengua y las altas jerarquías de la Iglesia ortodoxa, a la que la mayor parte de los pueblos balcánicos pertenecían, eran griegas, encabezadas por el patriarca griego de Constantinopla. Funcionarios griegos, convertidos en príncipes vasallos, gobernaban los principados danubianos (la actual Rumanía). En un sentido, todas las clases educadas y mercantiles de los Balcanes y el área del mar Negro y Levante estaban helenizadas por la naturaleza de sus actividades. Durante el siglo XVIII esta helenización prosiguió con más fuerza que antes, debiéndose, en gran parte, a la expansión económica, que también amplió la esfera de actividades y los contactos de los griegos del exterior. El nuevo y floreciente comercio de cereales del mar Negro se relacionaba con los centros mercantiles italianos, franceses e ingleses y fortalecía sus lazos con Rusia; la expansión del comercio balcánico llevaba a los comerciantes griegos o helenizados a la Europa central. Los primeros periódicos en lengua griega se publicaron en Viena (1784-1812). La periódica emigración y asentamiento de campesinos rebeldes reforzaba las comunidades exiliadas. Fue entre esta dispersión cosmopolita donde las ideas de la Revolución francesa —liberalismo, nacionalismo y los métodos de organización política por sociedades secretas masónicas— enraizaron. Rigas (1760-1798), jefe de un primitivo y oscuro movimiento revolucionario, posiblemente panbalcánico, hablaba francés y adaptó «La Marsellesa» a las circunstancias helénicas. La Filikí Etería —sociedad secreta y patriótica principal responsable de la revuelta de 1821— fue fundada en 1814 en el nuevo gran puerto cerealista ruso de Odesa.

Su nacionalismo era, en cierto modo, comparable a los movimientos de élites de Occidente. Esto explica el proyecto de promover una rebelión por la independencia griega en los principados danubianos bajo el mando de magnates locales griegos; las únicas personas que podían llamarse griegas en aquellas miserables tierras de siervos eran los señores, los obispos, los mercaderes y los intelectuales, por lo que, naturalmente, el alzamiento fracasó por completo (1821). Sin embargo, por fortuna, la Etería había conseguido también la afiliación de los bandoleros-héroes, los proscritos y los jefes de clan de las montañas griegas (especialmente en el Peloponeso), con mucho más éxito, después de 1818, que los carbonarios del Mediodía de Italia que intentaron una proselitización similar de sus bandidos locales. Es dudoso que cualquier cosa parecida a nacionalismo moderno significara mucho para aquellos klephts, aunque muchos de ellos tenían sus «escribientes» —el respeto y el interés por las personas cultas era una reliquia del antiguo helenismo— que redactaban manifiestos con fraseología jacobina. Si defendían algo era el viejo carácter de una península en la que el papel del hombre había sido convertirse en héroe, y la proscripción en las montañas para resistir a cualquier gobierno y enderezar la suerte de los campesinos era el ideal político universal. Para las rebeliones de hombres como Kolokotronis, bandido y traficante de ganado, los nacionalistas de tipo occidental daban una dirección panhelénica, más bien que de escala puramente local. A su vez, ellos les proporcionaban esa cosa única y terrible: el alzamiento en masa de un pueblo armado.

El nuevo nacionalismo griego se bastaba para ganar la independencia, aunque la combinación de la dirección de la clase media, la desorganización «kléphtica» y la intervención de las grandes potencias produjera una de esas caricaturas del ideal liberal occidental que llegarían a ser tan frecuentes en América Latina. Pero también daría el paradójico resultado de reducir el helenismo a la Hélade, creando o intensificando con ello el nacionalismo latente de los demás pueblos balcánicos. Mientras ser griego había sido poco más que la exigencia profesional del ortodoxo balcánico culto, la helenización hizo progresos. Pero cuando significó el apoyo político a la Hélade, retrocedió incluso entre las asimiladas clases letradas balcánicas. En este sentido, la independencia griega fue la condición esencial preliminar para la evolución de otros nacionalismos balcánicos.

Fuera de Europa es difícil hablar de nacionalismo. Las numerosas repúblicas sudamericanas que sustituyeron a los desgarrados Imperios español y portugués (para ser exactos, Brasil se convirtió en un Imperio independiente que duró desde 1816 hasta 1889), y cuyas fronteras reflejaban con frecuencia muy poco más que la distribución de las haciendas de los grandes que habían respaldado más o menos las rebeliones locales, empezaron a adquirir intereses políticos y aspiraciones territoriales. El primitivo ideal panamericano de Simón Bolívar (1783-1830), de Venezuela, y de San Martín (1778- 1850), de Argentina, era imposible de realizar, aunque haya persistido como poderosa corriente revolucionaria a lo largo de todas las zonas unidas por el idioma español, lo mismo que el panbalcanismo, heredero de la unidad ortodoxa frente al islam, persistió y persiste todavía hoy. La vasta extensión y variedad del continente, la existencia de focos independientes de rebelión en México (que dieron origen a la América Central), Venezuela y Buenos Aires, y el especial problema del centro del colonialismo español en el Perú, que fue liberado desde fuera, impusieron una automática fragmentación. Pero las revoluciones latinoamericanas fueron obra de pequeños grupos de patricios, soldados y afrancesados, dejando pasiva a la masa de la población blanca, pobre y católica, y a la india, indiferente y hostil. Tan solo en México se consiguió la independencia por iniciativa de un movimiento popular agrario, es decir, indio, en marcha bajo la bandera de la Virgen de Guadalupe, por lo que seguiría desde entonces un camino diferente y políticamente más avanzado que el resto de América Latina. Sin embargo, incluso en las capas latinoamericanas más decisivas políticamente, sería anacrónico en nuestro período hablar de algo más que del embrión —colombiano, venezolano, ecuatoriano, etc.— de una «conciencia nacional».

Algo semejante a un protonacionalismo existía en varios países de la Europa oriental, pero, paradójicamente, tomó el rumbo del conservadurismo más bien que el de una rebelión nacional. Los eslavos estaban oprimidos en todas partes, excepto en Rusia y en algunas pocas plazas fuertes balcánicas; pero, como hemos visto, a sus ojos los opresores no eran los monarcas absolutos, sino los terratenientes germanos o magiares y los explotadores urbanos. Ni el nacionalismo de estos permitía un puesto para la existencia nacional eslava: incluso un programa tan radical como el de los estados unidos germánicos propuesto por los republicanos y demócratas de Baden (en el suroeste de Alemania) acariciaba la inclusión de una República ilírica (compuesta por Croacia y Eslovenia) con capital en la italiana Trieste, una morava con su capital en Olomouc, y una bohemia con sede en Praga.[12] De aquí que la inmediata esperanza de los nacionalistas eslavos residiera en los emperadores de Austria y Rusia. Varias versiones de solidaridad eslava expresaban la orientación rusa y atraían a los eslavos rebeldes —hasta a los polacos antirrusos— especialmente en tiempos de derrota y desesperación como después del fracaso de los levantamientos de 1846. El «ilirianismo» en Croacia y el moderado nacionalismo checo expresaban la tendencia austríaca, por lo que recibían el deliberado apoyo de los Habsburgo, dos de cuyos principales ministros —Kolowrat y el jefe de policía Sedlnitzky— eran checos. Las aspiraciones culturales croatas fueron protegidas desde 1830, y en 1840 Kolowrat propuso lo que más adelante resultaría tan práctico en la Revolución de 1848: el nombramiento de un militar croata como jefe de Croacia, con facultades para controlar las fronteras con Hungría, para contrarrestar a los turbulentos magiares.[13] Por eso, ser un revolucionario en 1848 equivalía a oponerse a las aspiraciones nacionales eslavas; y el tácito conflicto entre las naciones «progresivas» y «reaccionarias» influiría mucho en el fracaso de las revoluciones de 1848.

En ninguna parte se descubre nada que semeje nacionalismo, pues las condiciones sociales para ello no existen. De hecho, algunas de las fuerzas que habían de producir más tarde el nacionalismo se oponían en aquella época a la alianza de tradición, religión y pobreza de las masas, alianza que ofrecería la más potente resistencia a la usurpación de los conquistadores y explotadores occidentales. Los elementos de una burguesía local que aumentaban en los países asiáticos lo hacían al amparo de los explotadores extranjeros, de los que muchos eran agentes, intermediarios o dependientes. Un ejemplo de esto es la comunidad parsi de Bombay. Incluso cuando el educado e «ilustrado» asiático no era un comprador o un insignificante servidor de un gobernante o de una firma extranjera —situación no muy diferente a la de los griegos residentes en Turquía—, su primera obligación política era «occidentalizar», es decir, introducir las ideas de la Revolución francesa y de la modernización científica y técnica en su pueblo frente a la resistencia unida de los gobernantes tradicionales y los tradicionales gobernados —situación no muy diferente a la de los señores jacobinos de la Italia meridional—. Por ello, se veía doblemente separado de su pueblo. La mitología nacionalista ha ocultado a menudo este divorcio, en parte suprimiendo los vínculos entre el colonialismo y la clase media autóctona, en parte prestando a una resistencia antiextranjera prematura los colores de un movimiento nacionalista posterior. Pero en Asia, en los países islámicos e incluso en África, la unión entre intelectuales y nacionalismo, y entre ambos y las masas, no se efectuaría hasta el siglo XX.

Así pues, el nacionalismo en el este fue el producto de la conquista y la influencia occidentales. Este lazo es, quizá, más evidente en el único país plenamente oriental en el que se pusieron los cimientos del que —además del irlandés— iba a ser el primer movimiento nacionalista colonial moderno: Egipto. La conquista de Napoleón introdujo ideas, métodos y técnicas occidentales, cuyo valor reconocería muy pronto un hábil y ambicioso soldado local, Mohamed Alí. Habiendo adquirido poder y virtual independencia de Turquía en el confuso período que siguió a la retirada de los franceses, y con el apoyo de estos, Mohamed Alí logró establecer un eficaz y occidentalizado despotismo con la ayuda técnica extranjera, francesa principalmente. Entre 1820 y 1830, muchos europeos izquierdistas ensalzaron al autócrata ilustrado, y le ofrecieron sus servicios, cuando la reacción en sus países parecía demasiado desalentadora. La extraordinaria secta de los sansimonianos, fluctuante entre la defensa del socialismo y el desarrollo industrial por obra de banqueros e ingenieros, le dio temporalmente su ayuda colectiva y preparó sus planes de desarrollo económico. También pusieron los cimientos del canal de Suez (obra del sansimoniano Lesseps) y de la fatal dependencia de los gobernantes egipcios de grandes empréstitos negociados por grupos de estafadores europeos en competencia, que convirtieron Egipto primero en un centro de rivalidad imperialista y después, de rebelión antiimperialista. Pero Mohamed Alí no era más nacionalista que cualquier otro déspota oriental. Su occidentalización, no sus aspiraciones o las de su pueblo, puso los cimientos para un ulterior nacionalismo. Si Egipto conoció el primer movimiento nacionalista en el mundo islámico y Marruecos uno de los últimos, fue porque Mohamed Alí —por razones geopolíticas perfectamente comprensibles— estaba en los principales caminos de la occidentalización, y el aislado y autosellado Imperio jerifiano del extremo occidental del islam ni lo estaba ni intentó estarlo. El nacionalismo, como tantas otras características del mundo moderno, es hijo de la doble revolución.

Capítulo 3

LA CONSTRUCCIÓN DE NACIONES EN LA ERA DEL CAPITAL

Pero ¿qué [...] es una nación? ¿Por qué Holanda es nación, en tanto que no lo son Hannover y el Gran Ducado de Parma?

ERNEST RENAN, «¿Qué es una nación?»,
lectura en la Sorbona,1882

¿Qué es lo nacional? Cuando nadie entiende una palabra del idioma que hablas.

JOHANN NESTROY, *Haeuptling Abendwind*, 1862

Si un gran pueblo no cree que la verdad solo se encuentra en él, [...] si no cree que únicamente él está dotado y destinado para elevar y salvar a los demás con su verdad, se transformará enseguida en material etnográfico y no será un gran pueblo [...] Una nación que pierde esta creencia deja de ser nación.

FIÓDOR DOSTOYEVSKI, *Los endemoniados*, 1871-1872

I

Si las políticas internacional e interior se hallaban estrechamente entrelazadas durante este período, el nexo que las vinculaba de manera más obvia era lo que nosotros llamamos «nacionalismo», pero que hacia la mitad del siglo XIX aún se conocía como «el principio de la nacionalidad». ¿De qué trataron las políticas internacionales entre 1848 y la década de 1870? La tradicional historiografía occidental lo dudó muy poco: de la creación de una Europa de Estados nación. Quizá existiera considerable incertidumbre en cuanto a la relación entre esta faceta de la época y otras que evidentemente estuvieron conectadas con ella, como, por ejemplo, el progreso económico, el liberalismo, tal vez incluso la democracia; pero no hubo ninguna vacilación respecto a la función central de la nacionalidad.

¿Y cómo iba a haberla? Sea lo que fuere 1848, la «primavera de los pueblos», también fue claramente, y en especial en términos internacionales, una afirmación de la nacionalidad, o mejor dicho, de nacionalidades rivales. Alemanes, italianos, húngaros, polacos, rumanos y los demás afirmaron su derecho a ser Estados independientes y unificados uniendo a todos los miembros de sus naciones contra los gobiernos opresores, al igual que hicieron checos, croatas, daneses y otros, aunque con crecientes recelos sobre las aspiraciones revolucionarias de naciones mayores que parecían excesivamente dispuestas a sacrificarse. Francia era ya un Estado nacional independiente y, a pesar de ello, nacionalista.

Las revoluciones fracasaron, pero las mismas aspiraciones dominaron la política europea de los siguientes veinticinco años. Como hemos visto, esas aspiraciones se satisficieron realmente de una forma u otra, aunque, desde luego, por medios no revolucionarios o solo marginalmente revolucionarios. Francia volvió a ser una caricatura de «gran nación» bajo una caricatura del gran Napoleón; Italia y Alemania se unieron bajo los reinos de Saboya y Prusia; Hungría logró la propia dirección estatal mediante el Compromiso de 1867; Rumanía se convirtió en Estado por fusión de los dos «principados danubianos». Solo Polonia, que no había tomado parte adecuada en la Revolución de 1848, fracasó en su intento de conseguir la independencia o la autonomía por la insurrección de 1863.

En el extremo oeste de Europa, así como en el extremo sureste, se impuso por la fuerza el «problema nacional». Los fenianos lo provocaron en Irlanda en forma de insurrección radical, apoyados por millones de conciudadanos a los que apretaba el hambre y el odio de Gran Bretaña a Estados Unidos. La crisis endémica del plurinacional Imperio otomano adquirió la forma de sublevaciones por parte de los diversos pueblos cristianos que durante tanto tiempo habían estado bajo su dominio en los Balcanes. Grecia y Serbia eran ya independientes, aunque todavía mucho más pequeñas de lo que creían que debían ser. Rumanía obtuvo la independencia a finales de la década de 1850. Las insurrecciones populares de principios de la década de 1870 precipitaron otra crisis turca interior e internacional, lo que conseguiría la independencia para Bulgaria al final de la década y aceleraría la «balcanización» de los Balcanes. La llamada «cuestión oriental», aquella permanente preocupación de los ministros del Exterior, se planteaba ahora primariamente en la forma de cómo volver a dibujar el mapa de la Turquía europea entre un incierto número de nuevos Estados de inciertas dimensiones que pretendían y creían ser «naciones». Y un poco más hacia el norte los problemas internos del Imperio de los Habsburgo eran incluso más patentemente aquellos de sus nacionalidades constituyentes, varias de las cuales —y en potencia todas ellas— presentaron demandas que iban desde una suave autonomía cultural a la secesión.

Hasta fuera de Europa era dramáticamente visible la construcción de naciones. ¿Qué fue la guerra civil norteamericana sino el intento de mantener la unidad de la nación norteamericana contra el desperdigamiento? ¿Qué fue la restauración Meiji sino la aparición de una nueva y orgullosa «nación» en el Japón? Era prácticamente innegable que «la construcción de naciones», según lo denominó Walter Bagehot (1826-1877), se estaba produciendo en todo el mundo y era característica dominante de la época.

La cosa era tan obvia que apenas se investigó la naturaleza del fenómeno: «No podemos imaginarnos a aquellos para quienes es una dificultad: "Sabemos lo que es cuando no nos lo preguntas", pero es imposible explicarlo o definirlo con mucha rapidez»,[1] y pocos creían que lo necesitaban. ¿Seguro que el inglés sabía lo que era ser inglés, y que el francés, el alemán, el italiano o el ruso no tenían dudas de su identidad colectiva? Quizá no, pero en la época de la construcción de naciones se creía que esto implicaba la lógica, necesaria y deseable transformación de las «naciones» en Estados nación soberanos, con un territorio coherente definido por el área que ocupan los miembros de una «nación», que a su vez la definen su historia pretérita, su cultura común, su composición étnica y, de modo creciente, su «lenguaje». Sin embargo, no hay nada lógico en esta implicación. Si es innegable y tan vieja como la historia la existencia de grupos diferentes de hombres que se distinguen de otros grupos por la diversidad de criterios, no lo es, en cambio, que impliquen lo que el siglo XIX consideraba como tener «categoría de nación». Aún sucede menos que estén organizados en Estados territoriales del tipo del siglo XIX, y no digamos nada de los Estados coincidentes con «naciones». Estos fueron fenómenos históricos relativamente recientes, si bien algunos Estados territoriales más antiguos, como Inglaterra, Francia, España, Portugal y quizá incluso Rusia, se podían haber definido como «Estados nación» sin que por ello fuera un absurdo. Hasta como programa general, la aspiración de formar Estados nación a partir de no Estados nación fue un producto de la Revolución francesa. Consecuentemente, debemos distinguir con mucha claridad entre la formación de naciones y el «nacionalismo», en cuanto que esto tuvo lugar en nuestro período, y la creación de Estados nación.

El problema no fue meramente analítico, sino práctico. Porque, sin contar al resto del mundo, Europa se hallaba dividida en «naciones» sobre cuyos Estados o aspiraciones de fundar Estados había, adecuada o inadecuadamente, pocas dudas, y en aquellos otros territorios sobre los cuales había gran incertidumbre. La mejor forma de determinar las primeras era el hecho político, la historia institucional o la historia cultural de lo literario. Francia, Inglaterra, España y Rusia eran indudablemente «naciones» porque tenían Estados identificados con lo francés, lo inglés, etc. Hungría y Polonia eran naciones porque dentro incluso del Imperio de los Habsburgo existió un reino húngaro como entidad autónoma, y hubo durante mucho tiempo un Estado polaco hasta que fue destruido a finales del siglo XVIII. Alemania era nación por dos razones: primera, debido a que sus numerosos principados, si bien nunca se unieron en un Estado territorial, formaron durante mucho tiempo el llamado «Sacro Imperio Romano de la Nación Alemana» y siguieron formando la Federación alemana, y segunda, porque todos los alemanes cultos compartían el mismo lenguaje y la misma literatura escritos. Por su parte, Italia, aunque nunca fue entidad política, contaba quizá con la más antigua cultura literaria común de su minoría selecta.[2] Y así sucesivamente.

El criterio «histórico» de categoría de nación implicaba, pues, la importancia decisiva de las instituciones y cultura de las clases gobernantes o minorías selectas preparadas, suponiendo que estas se identificaran o no fueran demasiado incompatibles con el pueblo común. Sin embargo, el argumento «ideológico» a favor del nacionalismo era muy distinto y mucho más radical, democrático y revolucionario. Se basaba en el hecho de que, sea lo que fuere lo que dijera la historia o la cultura, los irlandeses eran irlandeses y no ingleses, los checos, checos y no alemanes, los finlandeses no eran rusos, y ningún pueblo debía ser explotado y gobernado por otro. Se podrían buscar o inventar argumentos históricos para apoyar esta demanda —siempre pueden descubrirse—, pero, en esencia, el movimiento checo no se basó en la pretensión de restaurar la corona de san Wenceslao, ni el irlandés en la abrogación de la Unión de 1801. El fundamento de esta actitud de separación no era necesariamente «étnico», en el sentido de existir unas diferencias físicas o incluso lingüísticas de pronta identificación. A lo largo de nuestro período los movimientos de los irlandeses (la mayoría de los cuales hablaba ya inglés), los noruegos (cuyo idioma literario no era muy distinto del danés) o los finlandeses (cuyos nacionalistas eran de habla sueca y finlandesa) no provocaron ninguna cuestión fundamentalmente lingüística. Si el problema era cultural, no se trataba de la «alta cultura» de la que poco poseían varios de los pueblos en cuestión, sino de la cultura oral —cantos, baladas, epopeyas, etc., costumbres y formas de vida de «lo folclórico»— del pueblo común, o sea, el campesinado a efectos prácticos. La primera etapa del «florecimiento nacional» pasaba invariablemente por la adquisición, recuperación y acumulación de orgullo debidas a esta herencia folclórica. Pero, en sí misma, esta circunstancia no era política. Quienes lo promovían eran casi siempre miembros cultos de la clase dirigente extranjera o minoría selecta, como, por ejemplo, los pastores luteranos alemanes o los caballeros intelectuales del Báltico que reunieron el folclore y las antigüedades del campesinado letón o estonio. Los irlandeses no eran nacionalistas porque creían en los duendes.

Más adelante expondremos por qué y hasta qué punto eran nacionalistas. Lo significativo aquí es que la típica nación «ahistórica» o «semihistórica» era también una nación «pequeña», y esto hacía que el nacionalismo del siglo XIX tuviera que enfrentarse a un dilema que rara vez se ha reconocido. Porque los defensores del «Estado nación» no solo afirmaban que debía ser nacional, sino que también debía ser «progresivo», es decir, capaz de desarrollar una economía viable, una tecnología, una organización estatal y una fuerza militar; esto es, tenía que ser por lo menos moderadamente grande. De hecho, iba a ser la unidad «natural» del desarrollo de la sociedad moderna, liberal, progresiva y burguesa de facto. La «unificación», igual que la «independencia», era su principio, y allá donde no existían argumentos históricos para la unificación —al contrario de, por ejemplo, Italia y Alemania—, se formulaba como programa cuando era factible. No hay en absoluto evidencias de que los eslavos balcánicos se hayan considerado nunca miembros de la misma nación, pero los ideólogos nacionalistas que surgieron en la primera mitad del siglo pensaron en una «Iliria» apenas más real que la de Shakespeare, en un Estado «yugoslavo» que uniría a serbios, croatas, eslovenos, bosnios, macedonios y otros, quienes, para no decir más, aún hoy demuestran que su nacionalismo yugoslavo se halla en conflicto con sus sentimientos como croatas, eslovenos, etc.

El paladín más elocuente y típico de la «Europa de las nacionalidades», Giuseppe Mazzini (1805-1872), propuso en 1857 un mapa de su Europa ideal;[3] consistía meramente en once uniones de este tipo. Está claro que su idea de «Estados nación» era muy distinta de la de Woodrow Wilson, quien presidió el nuevo y sistemático trazado del mapa europeo conforme a los principios nacionales de Versalles en 1919-1920. Su Europa consistía en 26 o (incluyendo a Irlanda) 27 Estados soberanos, y según el criterio de Wilson se podían haber completado con unos cuantos más. ¿Qué les iba a pasar a las naciones pequeñas? Sencillamente, tendrían que integrarse de modo federal o de otra manera en los Estados nación viables, con o sin alguna autonomía aún indeterminada, aunque esto parecía eludir la advertencia de Mazzini en el sentido de que el hombre que propusiera la unión de Suiza con Saboya, el Tirol alemán, Carintia y Eslovenia difícilmente podría criticar al —digamos— Imperio de los Habsburgo por hollar el principio nacional.

El argumento más simple de aquellos que identificaban los Estados nación con el progreso era la negación del carácter de naciones «reales» a los pueblos pequeños y atrasados, o argüir que el progreso los debía reducir a meras idiosincrasias provinciales dentro de las naciones «reales» más grandes, o incluso hacerlos desaparecer por la asimilación a algún *Kulturvolk*. Esta teoría no parecía ser irrealista. Después de todo, la incorporación de los habitantes de Mecklemburgo a Alemania como miembros no les apartó de hablar un dialecto que estaba más cerca del holandés que del buen alemán y que no podía entender ningún bávaro, y por la misma causa los eslavos de Lusacia no dejaron de aceptar —como siguen haciendo hoy— un Estado básicamente alemán. La existencia de los bretones y parte de los vascos, catalanes y flamencos, sin contar a los hablantes del provenzal y de la langue d'oc, fue perfectamente compatible con la nación francesa de la que formaban parte, y si los alsacianos crearon problemas fue únicamente debido a que otro gran Estado nación, Alemania, se disputó su alianza. Por otro lado, se dieron ejemplos de pequeños grupos lingüísticos cuya culta minoría selecta consideraba sin melancolía la futura desaparición de su lengua. Gran cantidad de galeses se resignaron a ello a mediados del siglo XIX y algunos hasta lo aprobaron como medio de facilitar la penetración del progreso en una región atrasada.

En tales argumentos se apreciaba un fuerte elemento de desigualitarismo y quizá aún uno mayor de indicio especioso. Algunas naciones —las grandes, las «avanzadas», las establecidas, y ciertamente la del ideólogo— se hallaban destinadas por la historia a prevalecer o —si el ideólogo prefería la fraseología darwiniana— a vencer en la lucha por la existencia; con otras, en cambio, no ocurría lo mismo. Sin embargo, esto no debe interpretarse simplemente como una conspiración de algunas naciones para oprimir a otras, aunque tampoco podría censurarse a los portavoces de las naciones no reconocidas por pensar así. Ya que el argumento se dirigía por igual contra los idiomas y culturas regionales de la nación y contra los intrusos, aparte de que no pretendía necesariamente su desaparición, sino solo su degradación del estatus de «idioma» al de «dialecto». Cavour no negó el derecho de los saboyanos a hablar en una Italia unida su lengua —más cercana al francés que al italiano—: él mismo la hablaba al tratar casi siempre cuestiones internas. Cavour y otros nacionalistas italianos insistieron meramente en que solo debía haber un idioma y un medio de instrucción oficial, el italiano, y que los demás deberían ser secundarios. Por este motivo ni los sicilianos ni los sardos insistieron en su categoría de nación autónoma, y su problema se pudo redefinir como «regionalismo». La fricción solo era políticamente significativa cuando un pequeño pueblo pretendía la categoría de nación, como sucedió con los checos en 1848 al rehusar sus portavoces la invitación de los liberales alemanes a participar en el parlamento de Fráncfort. Los alemanes no negaban que existieran checos. Solo constataban, con toda propiedad, que los checos cultos leían y escribían alemán, compartían la elevada cultura alemana y (impropiamente), por lo tanto, eran alemanes. El hecho de que la minoría selecta checa hablara también checo y compartiera la cultura del pueblo local era, por lo visto, políticamente insignificante, al igual que las actitudes del pueblo común en general y del campesinado en particular.

En consecuencia, enfrentados a las aspiraciones nacionales de los pueblos pequeños, los ideólogos de la «Europa nacional» tenían tres elecciones: podían negar su legitimidad o su existencia en conjunto, podían reducirlos a movimientos en pro de la autonomía regional, y podían aceptarlos como realidades innegables, pero ingobernables. Los alemanes tendieron a elegir la primera alternativa con pueblos como los eslovenos, y los húngaros con los eslovacos.[4] Cavour y Mazzini prefirieron la segunda para el movimiento irlandés. Nada es más paradójico que su fallo en adaptar al modelo nacionalista el movimiento nacional sobre cuya base masiva no podía haber duda concebible. Políticos de todas las clases se sintieron obligados a aceptar la tercera alternativa para los checos, cuyo movimiento nacional, si bien no vislumbraba entonces la independencia total, no pudo ya ser discutido después de 1848. Por supuesto, donde era posible no se prestaba ninguna atención a tales movimientos. Difícilmente se preocupaba ningún extranjero de advertir que varios de los Estados «nacionales» más antiguos eran, en realidad, plurinacionales (por ejemplo, Gran Bretaña, Francia, España), ya que los galeses, los escoceses, los bretones, los catalanes, etc., no planteaban ningún problema internacional y —con la posible excepción de los catalanes— tampoco suscitaban dificultades significativas en la política interior de sus países.

II

Existía, pues, una diferencia fundamental entre el movimiento para fundar Estados nación y el «nacionalismo». El uno era un programa encaminado a construir una estructura política con pretensiones de estar fundamentada en el otro. No hay duda de que muchos de los que se creían «alemanes» para algunos fines, no pensaban en que esto implicara un único Estado alemán, un Estado alemán específico, y mucho menos un Estado que, como decía la canción, incluyera a todos los alemanes que vivían en el territorio limitado por los ríos Mosa, en el oeste, y Niemen, en el este, los estrechos marítimos de Dinamarca (el cinturón), en el norte, y el río Adigio, en el sur. Por ejemplo, Bismarck habría negado que su rechazo de este programa de una «Alemania más grande» significara que él no era un Junker alemán y prusiano, amén de servidor del Estado. Él era alemán, pero no alemán nacionalista, probablemente ni siquiera «pequeño alemán» nacionalista por convicción, aunque fue quien realmente unificó el país (con la exclusión de las áreas del Imperio austríaco que habían pertenecido al Sacro Imperio Romano y la inclusión de los territorios que Prusia había conquistado a Polonia y que nunca habían formado parte de ella). Un caso extremo de divergencia entre el nacionalismo y el concepto de Estado nación fue Italia, cuya mayor parte se unificó bajo el rey de Saboya en 1859-1860, 1866 y 1870. Había que remontarse a la antigua Roma para descubrir el precedente histórico de administración única de todo el territorio comprendido entre los Alpes y Sicilia, al que Metternich definió con toda justicia como «mera expresión geográfica». En el momento de la unificación, en 1860, se calculó que no más del 2,5 por ciento de sus habitantes hablaba realmente el italiano para los fines ordinarios de la vida, mientras que el resto hablaban idiomas tan distintos que a los maestros de escuela que envió el Estado italiano a Sicilia en la década de 1860 se les tomó equivocadamente por ingleses.[5] Es probable que en aquella fecha un porcentaje mucho mayor, mas no obstante aún una modesta minoría, pensaran que en primer lugar eran italianos. No es extraño que Massimo d'Azeglio (1792-1866) exclamara en 1860: «Hemos hecho Italia; ahora debemos hacer italianos».

Sin embargo, sea cual fuere su naturaleza y programa, los movimientos que representaban «la idea nacional» crecían y se multiplicaban. No representaron con frecuencia —ni siquiera de modo apreciable— lo que hacia principios del siglo XX se convirtió en la versión modelo (y extrema) del programa nacional, o sea, la necesidad para cada «pueblo» de un Estado independiente, territorial y lingüísticamente homogéneo, secular, y casi con toda probabilidad del parlamento republicano.[6] No obstante, todos ellos propugnaban cambios políticos más o menos ambiciosos, y esto es lo que les hacía «nacionalistas». Estos son los que nosotros debemos considerar ahora, evitando el anacronismo de la sapiencia *a posteriori* y la tentación de confundir las ideas de los dirigentes nacionalistas más vociferantes con las que sostenían en realidad sus seguidores.

No debemos pasar por alto la sustancial diferencia que existía entre los nacionalismos viejos y nuevos, puesto que los primeros no solo incluían las naciones «históricas» que aún no poseían sus propios Estados, sino aquellas que contaban con ellos desde mucho tiempo atrás. ¿En qué medida sintieron los británicos el nacionalismo británico? No gran cosa, a pesar de la virtual ausencia en esta etapa de movimientos a favor de la autonomía galesa y escocesa. Había un nacionalismo inglés, pero las naciones más pequeñas de la isla no lo compartían. Los emigrantes ingleses a Estados Unidos estaban orgullosos de su nacionalidad y, por lo tanto, eran reacios a adoptar la ciudadanía norteamericana, pero los emigrantes galeses y escoceses no tenían la misma fidelidad. Al poder seguir siendo tan orgullosamente galeses y escoceses con la ciudadanía norteamericana como con la británica, se naturalizaban libremente. ¿En qué medida sintieron el nacionalismo francés los miembros de *la grande nation*? No lo sabemos, pero las estadísticas de evasión del reclutamiento a principios del siglo sugieren que algunas regiones del oeste y del sur —y no digamos nada del caso especial de los corsos— consideraban que el servicio militar obligatorio era una desagradable imposición en vez de un deber nacional del ciudadano francés. Como sabemos, los alemanes tenían distintos pareceres respecto a las dimensiones, la naturaleza y la estructura del futuro Estado alemán unido, pero ¿a cuántos de ellos les preocupaba de verdad la unificación alemana? Se acepta en general que no a los campesinos alemanes, ni siquiera en la Revolución de 1848, cuando predominaba en la política la cuestión nacional. Estos fueron países en los que el nacionalismo y el patriotismo masivo apenas puede negarse, y demuestran lo imprudente que es dar por sentada su universalidad y homogeneidad.

En la mayoría de las demás naciones, sobre todo en las nacientes, solo el mito y la propaganda se daban por supuestos a mediados del siglo XIX. En ellas, y después de su fase sentimental y folclórica, el movimiento «nacional» tendía a ser político, con el surgimiento de grupos de mandos más o menos grandes dedicados a «la idea nacional», publicaciones de diarios nacionales y otra literatura, organizadores de sociedades nacionales, intentos de establecer instituciones educativas y culturales, y diversas actividades más claramente políticas. Pero, en general, en esta etapa al movimiento le faltaba aún apoyo serio por parte de la masa de la población. Este provenía principalmente de la capa intermedia que existía —aunque con dudas— entre las masas y la burguesía o aristocracia local, y especialmente de los ilustrados: maestros, los niveles más bajos de la clerecía, pequeños comerciantes y artesanos, y la clase de hombres que habían ascendido tanto como les fue posible siendo hijos de un estrato campesino subordinado en una sociedad jerarquizada. Por último, los estudiantes procedentes de algunas facultades, seminarios y escuelas superiores de mentalidad nacional les proporcionó un conjunto ya formado de militantes activos. Desde luego en las naciones «históricas» que para resurgir como Estados necesitaban poca cosa, salvo la eliminación del gobierno extranjero, la minoría selecta local —burguesía acomodada en Hungría y Polonia, burócratas de la clase media en Noruega— proporcionaba unos mandos más inmediatamente políticos y a veces una base mayor al nacionalismo (véase el capítulo 2 de esta compilación, «El nacionalismo en la era de la revolución»). En conjunto, esta fase de nacionalismo finaliza entre 1848 y la década de 1860 en el norte, el oeste y el centro de Europa, si bien muchos de los pueblos más pequeños del Báltico y los eslavos empezaban prácticamente a entrar en ella.

Por causas obvias, los sectores más tradicionales, atrasados o pobres de un pueblo eran los últimos en participar en tales movimientos: obreros, siervos y campesinos, quienes seguían la senda trazada por las minorías selectas «educadas». La fase de un nacionalismo masivo, que por tanto caía normalmente bajo la influencia de organizaciones de la nacionalista capa media liberal-democrática —excepto cuando la contrarrestaban partidos obreros y socialistas independientes—, tenía una cierta correlación con el desarrollo político y económico. En los territorios checos comenzó en la Revolución de 1848, decayó en la década absolutista de 1850, pero creció enormemente durante el rápido progreso económico de la de 1860, cuando las condiciones políticas eran también más favorables. Por entonces una nativa burguesía checa había adquirido suficiente riqueza para fundar un eficaz banco checo e incluso instituciones tan onerosas como un Teatro Nacional en Praga (que se abrió de modo provisional en 1862). Además, organizaciones culturales masivas como los clubs gimnásticos Sokol (1862) se extendían ahora por todas las zonas rurales y las campañas políticas posteriores al Compromiso austrohúngaro se presentaron mediante una serie de vastas manifestaciones de masas al aire libre —alrededor de 140, con una participación aproximada de 1,5 millones en 1868-1871—[7] que, incidentalmente, ilustran la novedad y el «internacionalismo» cultural de los movimientos nacionales de masas. A falta de un nombre propio para designar tales actividades, los checos utilizaron en un principio el término «mitin», tomándolo del movimiento irlandés que intentaron copiar. Los franceses y españoles se apropiaron también de la palabra «mitin» para las manifestaciones masivas de la clase obrera, pero probablemente tomada de la experiencia inglesa. Sin embargo, y como recuerdo a los husitas del siglo XV, ejemplo natural para la militancia nacional checa, pronto se inventó un nombre adecuado y tradicional: el de «tabor». A su vez, este término lo adoptaron los nacionalistas croatas para sus manifestaciones, si bien los husitas no tuvieron relevancia histórica para ellos.

Este tipo de nacionalismo de masas era nuevo, y muy distinto del nacionalismo de minoría selecta o de clase media de los movimientos italianos y alemanes. Por otro lado, existía desde mucho tiempo atrás otra forma de nacionalismo masivo: más tradicional, más revolucionario y más independiente de las clases medias locales, aunque solo fuera porque estas no tenían una gran consecuencia económica y política. Pero ¿podemos calificar de «nacionalistas» las rebeliones de campesinos y montañeses contra el gobierno extranjero, cuando únicamente les unía la conciencia de opresión, la xenofobia y una vinculación a la vieja tradición, a la verdadera fe y a un vago sentido de identidad étnica? Solo cuando se hallaban vinculados por una u otra razón a los modernos movimientos nacionales. Podría discutirse si existía esa posibilidad de vinculación en el sureste de Europa, donde tales sublevaciones destruyeron mucho del Imperio turco, particularmente en la década de 1870 (Bosnia, Bulgaria), aunque es innegable que dieron lugar a Estados independientes (Rumanía, Bulgaria) que pretendieron ser nacionales. Como mucho, podríamos hablar de un protonacionalismo a semejanza del de los rumanos, que eran conscientes de la diferencia de lenguaje que tenían con los eslavos, húngaros y alemanes que los rodeaban; o del de los eslavos conscientes de una cierta «calidad de eslavo», que los intelectuales y políticos de nuestro período trataron de desarrollar en ideologías de paneslavismo. E incluso entre ellos es probable que el sentimiento de solidaridad de los cristianos ortodoxos con el gran ortodoxo imperio de Rusia fuera la fuerza que le proporcionó realidad en este período. El paneslavismo interesaba tanto a los políticos conservadores e imperiales de Rusia, a quienes ofrecía la ampliación de la influencia rusa, como a los de los pueblos eslavos más pequeños del Imperio de los Habsburgo, a quienes ofrecía un poderoso aliado y quizá también, aunque más remota, la esperanza de formar una gran nación «propia» en vez de un conjunto de naciones pequeñas al parecer inviables. (El paneslavismo revolucionario y democrático del anarquista Bakunin podría omitirse por utópico.) Por esa causa tropezó con la fortísima oposición de la izquierda, que consideraba a Rusia como principal baluarte de la reacción internacional.

Sin embargo, uno de dichos movimientos era incuestionablemente nacional: el irlandés. La Hermandad Republicana Irlandesa («fenianos»), con su todavía superviviente Ejército Republicano Irlandés (IRA), fue la descendiente lineal de las secretas fraternidades revolucionarias del período anterior a 1848 y la organización de su género de más larga vida. El masivo apoyo rural a los políticos nacionalistas no era realmente nuevo, ya que la combinación irlandesa de conquista extranjera, pobreza, opresión y gran parte de la clase de terratenientes angloprotestantes impuesta al campesinado irlandés y católico movilizaba al menos político. En la primera mitad del siglo los dirigentes de estos movimientos de masas pertenecían a la (pequeña) clase media irlandesa y su propósito —al que había apoyado la única organización nacional efectiva, la Iglesia— había sido la consecución de un moderado acuerdo con los ingleses. Las novedades que presentaban los fenianos, quienes por primera vez se manifestaron como tales a finales de la década de 1850, eran su absoluta independencia de los moderados de la clase media, que su apoyo provenía enteramente de las masas populares —incluso de sectores del campesinado, a pesar de la abierta hostilidad de la Iglesia—, y que eran los primeros en emprender un programa de total independencia de Inglaterra basado en la insurrección armada. Pese a su nombre, derivado de la mitología heroica de la vieja Irlanda, su ideología no era en absoluto tradicional, si bien su nacionalismo secular e incluso anticlerical no puede ocultar el hecho de que para la masa de los irlandeses fenianos el criterio de nacionalidad era —y aún es— la fe católica. Su incondicional concentración en una república irlandesa obtenida por la lucha armada sustituyó a cualquier programa social, económico e incluso de política interior, y su heroica leyenda de pistoleros y mártires rebeldes ha sido hasta nuestros días demasiado poderosa para aquellos que quisieron formular uno. Esta es la «tradición republicana» que perdura en la década de 1970 y que ha resurgido en la guerra civil del Ulster en el IRA «Provisional». La presteza de los fenianos por aliarse con revolucionarios socialistas, y la de estos por reconocer el carácter revolucionario del fenianismo, no debiera alentar grandes ilusiones.

Pero tampoco deberíamos subestimar la novedad y el significado histórico de un movimiento cuyo apoyo financiero provenía de las masas de obreros irlandeses a los que empujaba el hambre y el odio de Inglaterra a Estados Unidos, cuyos reclutas procedían de proletarios irlandeses emigrados a Norteamérica e Inglaterra —apenas había obreros industriales en lo que ahora es la república irlandesa—, de jóvenes campesinos y peones de hacienda de los antiguos baluartes del «terrorismo agrario» irlandés, cuyos mandos eran de esta última clase, y de la capa más baja de oficinistas revolucionarios, cuyos dirigentes consagraban su vida a la insurrección. Se trataba de la anticipación de los movimientos revolucionarios nacionales de los países subdesarrollados en el siglo xx. Le faltaba, sin embargo, la esencia de la organización socialista del trabajo, o quizá simplemente la inspiración de la ideología socialista que convertiría en fuerza formidable en este siglo la combinación de liberación nacional y transformación social. No había socialismo en ninguna parte, y mucho menos organización socialista en Irlanda, y los fenianos que también eran revolucionarios sociales, en especial Michael Davitt (1846-1906), tuvieron únicamente éxito en manifestar de modo explícito en el Land League la siempre implícita relación que existía entre el nacionalismo masivo y el descontento de la masa agraria; y aun esto no se consiguió hasta después del final de nuestro período, durante la gran depresión agraria a finales de las décadas de 1870 y 1880. El fenianismo era nacionalismo masivo en la época del liberalismo triunfante. Poco podía hacer aparte de rechazar a Inglaterra y demandar, mediante la revolución, la total independencia para un pueblo oprimido, confiado en que se resolvieran así los problemas de pobreza y explotación. Y ni siquiera lograron este objetivo con efectividad, porque a pesar de la abnegación y heroísmo de los fenianos, sus aisladas insurrecciones (1867) e invasiones (por ejemplo, de Canadá desde Estados Unidos) fueron dirigidas con notable incompetencia y, como es habitual en tales operaciones, sus dramáticos «golpes» solo consiguieron una publicidad temporal; en ocasiones mala publicidad. Cierto es que generaron la fuerza que iba a obtener la independencia para la mayor parte de la Irlanda católica, pero no generaron nada más, dejaron el futuro de esa Irlanda a los moderados de la clase media, los ricos hacendados y los comerciantes de pueblo de un pequeño país agrario que se harían cargo de su herencia.

Aunque el caso irlandés siguió siendo único, no hay duda de que en nuestro período el nacionalismo fue cada vez más una fuerza masiva, al menos en los países poblados por blancos. Aun cuando el *Manifiesto comunista* fue menos irrealista de lo que se supone con frecuencia, al declarar que «los trabajadores no tienen patria», es probable que avanzara a través de la clase obrera *pari passu* con conciencia política, aunque solo fuera porque la tradición de la misma revolución era nacional (como en Francia) y debido a que los dirigentes e ideólogos de los nuevos movimientos laborales se hallaban hondamente implicados en la cuestión nacional (como en casi todas partes en 1848). En la práctica, la alternativa a una conciencia política «nacional» no era un «internacionalismo de la clase obrera», sino una conciencia subpolítica que todavía funcionaba a una escala mucho menor que la del Estado nación. Por otro lado, eran pocos los hombres y mujeres de la izquierda política que hacían elecciones claras entre lealtades nacionales y supranacionales como la causa del proletariado internacional. En la práctica, el «internacionalismo» de la izquierda significaba solidaridad y apoyo para aquellos que luchaban por la misma causa en otras naciones y, en el caso de los refugiados políticos, la disposición a participar en la lucha allá donde se encontraran. Pero, como demuestran los ejemplos de Garibaldi, Cluseret de la Comuna de París (quien ayudó a los fenianos en Norteamérica) y numerosos combatientes polacos, esta actitud no era incompatible con las vehementes creencias nacionalistas.

Podría significar asimismo la negativa a aceptar las definiciones del «interés nacional» expuestas por algunos gobiernos y otros. Sin embargo, los socialistas alemanes y franceses que en 1870 se unieron a la protesta contra la «fratricida» guerra franco-prusiana no eran insensibles al nacionalismo según lo veían «ellos». La Comuna de París obtuvo tanto apoyo del patriotismo jacobino de París como de las consignas de emancipación social, y los marxistas socialdemócratas alemanes de Liebknecht y Bebel obtuvieron gran parte del suyo por su llamamiento al nacionalismo radical-democrático de 1848 contra la versión prusiana del programa nacional. Más que el patriotismo alemán, lo que ofendió a los obreros alemanes fue la reacción; y uno de los aspectos más inaceptables de esta era que denominaba a los socialdemócratas *Vaterlandslose Gesellen* («camaradas sin patria»), con lo que les negaba el derecho a ser no solo trabajadores, sino buenos alemanes. Y, naturalmente, para la conciencia política era casi imposible dejar de definirse de una u otra manera nacionalmente. El proletariado, al igual que la burguesía, existía solo conceptualmente como realidad internacional. De hecho, existía como conjunto de grupos a los que definía su Estado nacional o diferencia étnico-lingüística: británica, francesa o, en los Estados plurinacionales, alemana, húngara o eslava. Y comoquiera que al «Estado» y la «nación» se les suponía una coincidencia en la ideología de aquellos que establecían las instituciones y dominaban la sociedad civil, la política en términos de Estado implicaba la política en términos de nación.

III

Pero a pesar de los poderosos sentimientos y —a medida que las naciones se convertían en Estados o viceversa— lealtades nacionales, la «nación» no era un desarrollo espontáneo, sino elaborado. No se trataba simplemente de una novedad histórica, aunque representaba las cosas que los miembros de algunos grupos humanos muy antiguos tenían en común o creían tener en común frente a los «extranjeros». Tenía que ser realmente construida. De ahí la crucial importancia de las instituciones que podían «imponer» uniformidad nacional, lo que significaba primeramente el Estado, sobre todo la educación pública, los puestos de trabajo públicos y el servicio militar en los países que habían adoptado el reclutamiento obligatorio. Había reclutamiento obligatorio en Francia, Italia, Alemania, Bélgica y la Hungría austríaca. Los sistemas educativos de los países desarrollados se extendieron sustancialmente a lo largo de este período a todos los niveles. De acuerdo con las normas modernas, el número de estudiantes universitarios siguió siendo extraordinariamente modesto. Sin contar los estudiantes de teología, Alemania iba en cabeza al final de la década de 1870 con casi 17.000, seguida muy de lejos por Italia y Francia con 9.000 a 10.000 cada una y Austria con unos 8.000.[8] No aumentó gran cosa, salvo por la presión nacionalista y en Estados Unidos, donde se estaban multiplicando las instituciones dedicadas a la educación superior. La educación secundaria se desarrolló con las clases medias, aunque —al igual que la burguesía superior a la que iban destinadas— siguieron siendo instituciones muy de la minoría selecta, salvo de nuevo en Estados Unidos, donde los «institutos» públicos empezaron su carrera de triunfo democrático. (En 1850 solo había un centenar de ellos en toda la nación.) En Francia, la proporción de los que emprendían la educación secundaria ascendió de uno por cada 35 (1842) a uno por cada 20 (1864): pero los graduados de secundaria —por término medio unos 5.500 anuales en la primera mitad de la década de 1860— supusieron solo uno por cada 55 o 60 de la enseñanza obligatoria, si bien se mejoraba la situación de 1840, cuando habían supuesto únicamente uno por cada 93. La mayoría de los países se hallaban situados en alguna parte de las comprendidas entre los países totalmente preeducativos o totalmente restrictivos como Gran Bretaña con sus 25.000 muchachos en 225 establecimientos puramente privados denominados de modo erróneo «escuelas públicas» y los alemanes ávidos de educación, cuyos «gimnasios» contenían quizá un cuarto de millón de alumnos en la década de 1880.

Sin embargo, el mayor progreso se produjo en las escuelas primarias, cuyo objetivo, por consenso general, no era solo enseñar los rudimentos del alfabeto y la aritmética, sino, quizá todavía más, imponer a sus pupilos los valores de la sociedad (moralidad, patriotismo, etc.). Se trataba del sector de la educación que había descuidado con anterioridad el Estado secular, y su desarrollo se hallaba estrechamente vinculado al progreso en la política de las masas, hecho que atestigua el establecimiento en Gran Bretaña del sistema público de educación primaria tres años después de la Ley de Reforma de 1867 y la vasta extensión del sistema en la primera década de la Tercera República Francesa. El progreso era en verdad sorprendente: entre 1840 y la década de 1880, la población de Europa creció un 33 por ciento, pero el número de niños que iba al colegio aumentó un 145 por ciento. Hasta en Prusia, donde abundaban los colegios, el número de escuelas primarias aumentó más del 50 por ciento entre 1843 y 1871. Por otro lado, no hay que achacar únicamente al atraso educativo de Italia que el incremento más rápido en la población escolar durante nuestro período se produjera allí: el 460 por ciento. En los quince años siguientes a la unificación se dobló el número de los niños de escuela primaria.

Es indudable que estas instituciones fueron cruciales para los nuevos Estados nación, ya que solo a través de ellos el «idioma nacional» (generalmente construido antes mediante esfuerzos privados) pudo de verdad convertirse en el idioma hablado y escrito del pueblo, al menos para algunos fines. De ahí también la crucial importancia que tuvieron para los movimientos nacionales en su lucha por la obtención de la «autonomía cultural», o sea, para controlar la parte destacada de las instituciones estatales, por ejemplo, alcanzar la instrucción escolar en el uso administrativo del idioma. La cuestión no afectaba a los analfabetos, quienes aprendían su dialecto de sus madres, ni tampoco a los pueblos minoritarios, que se adaptaban «en bloque» al idioma dominante de la clase dirigente. Los judíos europeos se contentaban con conservar sus lenguas nativas —el yidis, derivado del alemán medieval, y el ladino, procedente del español medieval— como *Mame-Loschen* («lengua madre») para uso privado, comunicándose con sus vecinos gentiles en el idioma preciso y, si se aburguesaban, abandonando su vieja lengua y adoptando la de la aristocracia y clase media que los rodeaba: inglés, francés, polaco, ruso, húngaro, pero especialmente el alemán. Sin embargo, los judíos de esta época no eran nacionalistas, y su fallo en conceder importancia a una lengua «nacional», así como su falta de territorio nacional, introdujo en muchos la duda de que ellos pudieran ser una «nación». Se creó un movimiento para desarrollar el yidis y el ladino en lenguas literariamente uniformes; en el primer caso se inició a mediados de siglo, y posteriormente lo continuaron los movimientos judíos revolucionarios (marxistas), no el nacionalismo judío (el sionismo). Por otra parte, la cuestión era vital para la clase media y las cultas minorías selectas que surgían de los pueblos atrasados o subalternos. Era a estas a las que les molestaba especialmente el acceso privilegiado a los puestos prestigiosos e importantes que tenían los habitantes nativos de la lengua «oficial»; aun cuando —como ocurría con los checos— su mismo bilingüismo obligatorio les proporcionara ventaja sobre los alemanes monolingües de Bohemia. ¿Por qué iba a tener un croata que aprender italiano, idioma de una pequeña minoría, si quería ser oficial de la armada austríaca?

Y, sin embargo, a medida que se fueron formando los Estados nación, a medida que se fueron multiplicando los puestos y las profesiones públicas de la civilización progresiva, a medida que la educación escolar se fue generalizando, sobre todo a medida que la emigración fue urbanizando los pueblos rurales, estos resentimientos encontraron una resonancia general en aumento. Porque las escuelas y las instituciones, al imponer un idioma de instrucción, imponían también una cultura, una nacionalidad. En las zonas de establecimiento homogéneo esto no tenía importancia: la Constitución austríaca de 1867 reconoció la educación elemental en la «lengua del país». Pero ¿por qué los eslovenos o los checos, que emigraban hasta entonces a las ciudades alemanas, se veían forzados a hacerse alemanes como precio por aprender a leer y escribir? Exigieron el derecho a tener sus propias escuelas aun cuando eran minorías. ¿Y por qué los checos y eslovenos de Praga o Liubliana, después de reducir a la mayoría alemana a una pequeñísima minoría, tuvieron que enfrentarse a nombres de calles y normas municipales escritas en un idioma extranjero? La política de la mitad austríaca del Imperio de los Habsburgo estaba llena de complejidades porque el gobierno se veía obligado a pensar como plurinacional. Pero ¿qué decir de otros gobiernos que para magiarizar, germanizar o italianizar sistemáticamente utilizaban la escolaridad, esa poderosísima arma formadora de las naciones sobre las que pretendían apoyarse? La paradoja del nacionalismo se hallaba en que, al formar su propia nación, creaba automáticamente el contranacionalismo de aquellos a quienes forzaba a elegir entre la asimilación y la inferioridad.

La era del liberalismo no captó esta paradoja. En efecto, no comprendió que el «principio de la nacionalidad», que ella había aprobado, se considerara a sí mismo tangible y en determinados casos activamente apoyado. Los observadores contemporáneos no dudaron en suponer —o en actuar como si lo supusieran— que las naciones y el nacionalismo se hallaban aún muy lejos de estar formados y eran maleables. La nación norteamericana, por ejemplo, se basaba en el supuesto de que al emigrar a través del océano muchos millones de europeos abandonarían sus patrias y todas las pretensiones de estatus oficial para sus lenguas y culturas nativas. Estados Unidos (o Brasil, o Argentina) no serían plurinacionales, sino que absorberían en su nación a los inmigrantes. Y esto es lo que aconteció en nuestro período, aun cuando las comunidades inmigrantes no perdieron su identidad en el «crisol» del nuevo mundo, sino que siguieron siendo o incluso llegaron a ser consciente y orgullosamente irlandeses, alemanes, suecos, italianos, etc. Las comunidades de inmigrantes quizá constituyeran fuerzas nacionales de importancia en sus países de origen, como ocurría con los irlandeses norteamericanos para la política de Irlanda; pero en Estados Unidos, por ejemplo, solo tenían gran significado para los candidatos a las elecciones municipales. Por su misma existencia, los alemanes en Praga proporcionaron los problemas políticos más trascendentales al Imperio de los Habsburgo; sin embargo, los alemanes en Cincinnati o Milwaukee no presentaron las mismas dificultades en Estados Unidos.

Consecuentemente, el nacionalismo parecía seguir siendo de fácil manejo en un marco de liberalismo burgués y compatible con este. Se pensaba que un mundo de naciones sería un mundo liberal, y un mundo liberal se compondría de naciones. Con todo, el futuro iba a demostrar que la relación entre ambos no era así de simple.

Capítulo 4

BANDERAS AL VIENTO EN LA ERA DEL IMPERIO

«Scappa, che arriva la patria» (Huye, que viene la patria.)

Una campesina italiana a su hijo

Su lenguaje se ha hecho complejo, porque ahora leen. Leen libros o de cualquier forma aprenden a leer en los libros [...] La palabra y el idioma del lenguaje literario sirven y la pronunciación que sugiere su ortografía tiende a prevalecer sobre el uso local.

H. G. WELLS, *Anticipations*, 1902

El nacionalismo [...] ataca la democracia, destruye el anticlericalismo, combate el socialismo y mina el pacifismo, el humanitarismo y el internacionalismo [...] Declara abolido el programa del liberalismo.

ALFREDO ROCCO, *What is Nationalism and What Do the Nalionalists Want?*, 1914

I

Si el surgimiento de los partidos obreros fue una consecuencia importante de la política de democratización, también lo fue la aparición del nacionalismo en la política. No era en sí mismo un fenómeno nuevo. Sin embargo, en el período 1880-1914, el nacionalismo protagonizó un extraordinario salto hacia delante, transformándose su contenido ideológico y político. El mismo léxico revela la importancia de esos años. En efecto, el término *nacionalismo* se utilizó por primera vez en las postrimerías del siglo XIX para definir grupos de ideólogos de derechas, en Francia e Italia, a quienes gustaba agitar la bandera nacional contra los extranjeros, los liberales y los socialistas y que se mostraban partidarios de la expansión agresiva de su propio Estado, rasgo que había de ser característico de esos movimientos. Fue también en este período cuando la canción «Deutschland über alles» sustituyó a las composiciones rivales para convertirse en el himno nacional alemán. El término «nacionalismo», aunque originalmente designaba tan solo una versión reaccionaria del fenómeno, demostró ser más adecuado que la torpe expresión «principio de nacionalidad», que había formado parte del vocabulario de la política europea desde 1830, y, por tanto, se aplicó a todos los movimientos para los cuales la «causa nacional» era primordial en la política: es decir, para todos aquellos que exigían el derecho de autodeterminación, en último extremo, el derecho de formar un Estado independiente. Tanto el número de esos movimientos —o cuando menos el de los líderes que afirmaban hablar en su nombre— como su significado político aumentaron en gran medida en el período que estudiamos.

La base del «nacionalismo» de todo tipo era la misma: la voluntad de la gente de identificarse emocionalmente con «su» nación y de movilizarse como checos, alemanes, italianos o cualquier otra cosa, voluntad que podía ser explotada políticamente. La democratización de la política, y en especial las elecciones, ofrecieron amplias oportunidades para movilizarlos. Cuando los Estados actuaban así hablaban de «patriotismo» y la esencia del nacionalismo original «de derechas» que apareció en los Estados nación ya existentes, era reclamar el monopolio del patriotismo para la extrema derecha política y, en consecuencia, calificar a todos los demás grupos de traidores. Ese fenómeno era nuevo, ya que durante la mayor parte del siglo XIX el nacionalismo se había identificado con los movimientos liberales y radicales y con la tradición de la Revolución francesa. Pero, por lo demás, el nacionalismo no se identificaba necesariamente con ninguna formación del espectro político. Entre los movimientos nacionales que no tenían todavía su propio Estado había unos que se identificaban con la derecha o con la izquierda, mientras que otros eran indiferentes a ambas. Por otra parte, como ya hemos indicado, había movimientos, y no eran de los menos importantes, que movilizaban a hombres y mujeres sobre una base nacional, pero, por así decirlo, de forma accidental, porque su primera preocupación era la liberación social. Si es cierto que en este período la identificación nacional era, o llegó a ser, un factor importante en la política de los Estados, es totalmente erróneo considerar que la causa nacional era incompatible con cualquier otra. Claro que los políticos nacionalistas y sus adversarios afirmaban que la causa nacional excluía a todas las demás, del mismo modo que si uno lleva un sombrero excluye la posibilidad de llevar otro al mismo tiempo. Pero como lo demuestra la experiencia histórica, eso no era así. En el período que estamos estudiando, era perfectamente posible ser, al mismo tiempo, un revolucionario marxista con conciencia de clase y un patriota irlandés, como James Connolly, que sería ejecutado en 1916 por encabezar la Alzamiento de Pascua en Dublín.

Ahora bien, dado que, en los países donde se había impuesto la política de masas, los partidos tenían que competir por el mismo conjunto de seguidores y partidarios, estos se veían obligados a realizar elecciones excluyentes entre sí.

Los nuevos movimientos obreros, que apelaban a sus seguidores potenciales sobre la base de la identificación de clase, no tardaron en comprender ese hecho, dado que se vieron compitiendo, como ocurrió muchas veces en territorios multinacionales, contra otros partidos que pedían al proletariado y a los socialistas potenciales que les apoyaran en tanto que checos, polacos o eslovenos. De ahí su preocupación por la «cuestión nacional» desde el momento en que se convirtieron en movimientos de masas. El hecho de que prácticamente todos los teóricos marxistas importantes, desde Kautsky y Rosa Luxemburgo, pasando por los austromarxistas, hasta Lenin y el joven Stalin, participaran en los apasionados debates que se desarrollaron sobre este tema en el período que estudiamos, indica la urgencia y la importancia del problema.[1]

Allí donde la identificación nacional se convirtió en una fuerza política, constituyó, por tanto, una especie de sustrato general de la política. Esto hace extraordinariamente difícil definir sus múltiples expresiones, incluso cuando especificaban ser nacionalistas o patrióticas. Como veremos, en el período que estudiamos, la identificación nacional alcanzó una difusión mucho mayor y se intensificó la importancia de la cuestión nacional en la política. Sin embargo, más trascendencia tuvieron los importantes cambios que experimentó el nacionalismo político, preñados de profundas consecuencias para la marcha del siglo XX.

Hay que mencionar cuatro aspectos de ese cambio. El primero fue la aparición del nacionalismo y el patriotismo como una ideología de la que se adueñó la derecha política. Ese proceso alcanzaría su máxima expresión en el período de entreguerras, en el fascismo, cuyos antepasados ideológicos hay que encontrar aquí. El segundo de esos aspectos es el principio, totalmente ajeno a la fase liberal de los movimientos nacionales, de que la autodeterminación nacional, incluyendo la formación de Estados soberanos independientes, podía ser la aspiración no solo de algunas naciones susceptibles de demostrar una viabilidad económica, política y cultural, sino de todos los grupos que afirmaran ser una «nación». La diferencia entre los viejos y los nuevos supuestos queda ilustrada por la que existe entre las doce amplias entidades que constituían «la Europa de las naciones», según Giuseppe Mazzini, el gran profeta del nacionalismo decimonónico, en 1857 (véase el capítulo 3 de esta compilación, «La construcción de naciones en la era del capital»), y los veintiséis Estados —veintisiete si incluimos a Irlanda— que surgieron como consecuencia del principio de autodeterminación nacional enunciado por el presidente Wilson al finalizar la primera guerra mundial. El tercer aspecto era la tendencia creciente a considerar que «la autodeterminación nacional» no podía ser satisfecha por ninguna forma de autonomía que no fuera la independencia total. Durante casi todo el siglo XIX, la mayor parte de las peticiones de autonomía no tenían esa dimensión. Finalmente, hay que mencionar la novedosa tendencia a definir la nación en términos étnicos y, especialmente, lingüísticos.

Antes de mediados del decenio de 1870 había Estados, sobre todo en la porción occidental de Europa, que se consideraban representantes de «naciones» (por ejemplo, Francia, el Reino Unido o los nuevos Estados de Alemania e Italia) y otros que, aunque basados en algún otro principio político, se consideraba que representaban al cuerpo central de sus habitantes sobre unas bases que podían tomarse de algún modo como nacionales (este era el caso de los zares, que gozaban de la lealtad del gran pueblo ruso en tanto que gobernantes rusos y ortodoxos). Con la excepción del Imperio de los Habsburgo y, tal vez, del Imperio otomano, las numerosas nacionalidades existentes en los Estados constituidos no planteaban un grave problema político, sobre todo una vez que se produjo la creación de un Estado, tanto en Alemania como en Italia. Ciertamente, no hay que olvidar a los polacos, divididos entre Rusia, Alemania y Austria, pero que nunca perdían de vista el restablecimiento de una Polonia independiente. No hay que olvidar tampoco, en el Reino Unido, a los irlandeses. Había también diversos núcleos de nacionalidades que, por una u otra razón, se encontraban fuera de las fronteras del Estado nación a la que habían preferido pertenecer, aunque solo algunas de ellas planteaban problemas políticos; por ejemplo, los habitantes de Alsacia-Lorena, anexionada por Alemania en 1871. (Niza y Saboya, entregadas a Francia en 1860 por lo que iba a ser el Estado italiano, no mostraban signos importantes de descontento.)

Sin duda alguna, el número de movimientos nacionalistas se incrementó considerablemente en Europa a partir de 1870, aunque lo cierto es que se crearon muchos menos Estados nacionales nuevos durante los cuarenta años anteriores al estallido de la primera guerra mundial que en los cuarenta años que precedieron a la formación del Imperio alemán, y aquellos que se crearon no tenían gran importancia: Bulgaria (1878), Noruega (1907), Albania (1913). Los Estados establecidos o reconocidos internacionalmente en 1830-1871 incluían a Alemania, Italia, Bélgica, Grecia, Serbia y Rumanía. El llamado «compromiso» de 1867 significaba también la concesión de una amplia autonomía a Hungría por parte del Imperio de los Habsburgo.

Había ahora «movimientos nacionales» no solo entre aquellos pueblos considerados hasta entonces como «no históricos» —es decir, que nunca habían tenido un Estado, una clase dirigente y una élite cultural independientes—, como fineses y eslovacos, sino también entre pueblos en los que nadie había pensado hasta entonces, con excepción de los entusiastas del folclore, como los estonios y macedonios. También en el seno de otros Estados nación establecidos mucho tiempo antes, las poblaciones regionales comenzaron a movilizarse políticamente como «naciones»; esto ocurrió en Gales, donde en la década de 1890 se organizó un movimiento de la Joven Gales bajo el liderazgo de un abogado local, David Lloyd George, que daría mucho que hablar en el futuro, y de España, donde se formó un Partido Nacionalista Vasco en 1894. Aproximadamente en esos mismos años Theodor Herzl inició el movimiento sionista entre los judíos, para los que hasta entonces había sido desconocido y carente de sentido el tipo de nacionalismo que ese movimiento representaba.

Muchos de esos movimientos no tenían todavía gran apoyo entre aquellos en cuyo nombre decían hablar, aunque la emigración masiva aportaba a muchos de los miembros de las comunidades atrasadas el poderoso incentivo de la nostalgia para identificarse con lo que habían dejado atrás y abría sus mentes a las nuevas ideas políticas. De todas maneras, adquirió mayor fuerza la identificación de las masas con la «nación» y el problema político del nacionalismo comenzó a ser más difícil de afrontar tanto para los Estados como para sus adversarios no nacionalistas. Probablemente, la mayor parte de los observadores del escenario europeo desde comienzos de la década de 1870 pensaban que, tras el período de la unificación de Italia y Alemania y el compromiso austrohúngaro, el «principio de nacionalidad» sería menos explosivo que antes. Incluso las autoridades austríacas, cuando se les pidió que incluyeran en el censo una pregunta sobre la lengua (medida recomendada por el Congreso Internacional de Estadística de 1873), no se negaron a hacerlo, aunque no mostraron gran entusiasmo al respecto. No obstante, pensaban que había que dejar pasar el tiempo necesario para que se enfriaran los ánimos nacionalistas de los diez años anteriores. Consideraban que eso ya habría ocurrido para el momento de realizar el nuevo censo de 1880. Difícilmente podrían haberse equivocado de forma más espectacular.[2]

Ahora bien, lo que resultó importante a largo plazo no fue tanto el grado de apoyo que concitó la causa nacional entre este o aquel pueblo como la transformación de la definición y el programa del nacionalismo. En la actualidad estamos tan acostumbrados a una definición étnico-lingüística de las naciones que olvidamos que, en esencia, esa definición se inventó a finales del siglo XIX. Sin entrar a analizar en profundidad esta cuestión, baste recordar que los ideólogos del movimiento irlandés no comenzaron a vincular la causa de la nación irlandesa con la defensa del gaélico hasta poco tiempo después de la fundación de la Liga Gaélica en 1893; que fue en ese mismo período cuando los vascos situaron su lengua en la base de sus reivindicaciones nacionales —como un factor distinto y que nada tenía que ver con sus fueros, privilegios institucionales, históricos—; que los apasionados debates sobre si el macedonio es más parecido al búlgaro que al serbocroata fueron los últimos argumentos utilizados para decidir a cuál de esos dos pueblos debían unirse. En cuanto a los judíos sionistas, fueron aún más lejos al identificar a la nación judía con el hebreo, una lengua que los judíos no habían utilizado para la vida cotidiana desde los días del cautiverio de Babilonia, si es que la habían utilizado alguna vez. Acababa de ser inventada (en 1880) como una lengua de uso cotidiano —diferente de la lengua sagrada o ritual, o de una lingua franca culta— por un hombre que comenzó el proceso de dotarla de un vocabulario adecuado, inventando un término hebreo para «nacionalismo», y esa lengua se aprendía más como un signo de compromiso sionista que como medio de comunicación.

No significa esto que hasta entonces la lengua no hubiera sido un aspecto importante en la cuestión nacional. Era un criterio de nacionalidad entre muchos otros; y, en general, cuanto menos destacado ese criterio, más fuerte la identificación de las masas de un pueblo con su colectividad. La lengua no era un campo de batalla ideológico para aquellos que simplemente la hablaban, aunque solo fuera porque era prácticamente imposible ejercer el control sobre la lengua que las madres utilizaban para hablar con sus hijos, los maridos con sus esposas y los vecinos entre sí. La lengua que hablaban la mayor parte de los judíos, el yidis, no tenía ninguna dimensión ideológica hasta que la adoptó la izquierda no sionista y a la mayoría de los judíos no les importaba que muchas autoridades (incluyendo las del Imperio de los Habsburgo) se negaran incluso a aceptarla como una lengua distinta. Fueron muchos millones los que decidieron convertirse en miembros de la nación norteamericana, que, sin duda, no tenía una base étnica única, y aprendieron inglés impulsados por la necesidad y la conveniencia, sin que en sus esfuerzos por hablar la lengua intervinieran las ideas del alma nacional o la continuidad nacional. El nacionalismo lingüístico fue una creación de aquellos que escribían y leían la lengua y no de quienes la hablaban. Las «lenguas nacionales», en las que descubrían el carácter fundamental de sus naciones, eran, muy frecuentemente, una creación artificial, pues habían de ser compiladas, estandarizadas, homogeneizadas y modernizadas para su utilización contemporánea y literaria, a partir del rompecabezas de los dialectos locales o regionales que constituían las lenguas no literarias tal como eran hablabas. Las grandes lenguas nacionales escritas de los Estados nación o de las culturas cultivadas habían pasado esa fase de compilación y «corrección» mucho antes: el alemán y el ruso en el siglo XVIII, el francés y el inglés en el siglo XVII, el castellano y el italiano incluso antes. Para la mayor parte de las lenguas de los grupos lingüísticos reducidos, el siglo XIX fue el período de las grandes «autoridades», que fijaron el vocabulario y el uso «correcto» de su idioma. En el caso de algunas otras lenguas —el catalán, el vasco, las lenguas de los países bálticos—, ese proceso se produjo en torno al cambio de los siglos XIX y XX.

Las lenguas escritas están estrechamente —aunque no necesariamente— vinculadas con los territorios e instituciones. El nacionalismo, que se convirtió en la versión habitual de la ideología y el programa nacionales, era en principio territorial, pues su modelo básico era el Estado territorial de la Revolución francesa. Una vez más, el sionismo constituye el ejemplo extremo, porque era un proyecto que no tenía precedente en —ni conexión orgánica con— la tradición que había dado al pueblo judío su permanencia, cohesión e indestructible identidad durante varios milenios. El sionismo exigía la adquisición de un territorio, habitado por otro pueblo —para Herzl ni siquiera era necesario que ese territorio tuviera conexión histórica alguna con los judíos—, así como una lengua que no habían hablado desde hacía varios milenios.

La identificación de las naciones con un territorio exclusivo provocó tales problemas en amplias zonas del mundo afectadas por la emigración masiva, e incluso en aquellas otras que no conocieron el fenómeno migratorio, que se elaboró una definición alternativa de nacionalidad, muy en especial en el Imperio de los Habsburgo y entre los judíos de la diáspora. El nacionalismo era considerado aquí como un fenómeno inherente no a un fragmento concreto del mapa en el que se asentaba un núcleo determinado de población, sino a los miembros de aquellos colectivos de hombres y mujeres que se consideraban pertenecientes a una nacionalidad, con independencia del lugar donde vivían. En su calidad de tales, gozarían de «autonomía cultural». Los defensores de las teorías geográfica y humana de «la nación» se enzarzaron en agrias disputas, sobre todo en el seno del movimiento socialista internacional y, también, en el caso de los judíos, entre sionistas y bundistas. Ninguna de las dos teorías era totalmente satisfactoria, si bien la humana era más inofensiva. Desde luego, esa teoría no llevó a sus defensores a crear primero un territorio para luego obligar a sus habitantes a adoptar la forma nacional adecuada; es decir, como afirmaba Pilsudski, líder de la nueva Polonia independiente después de 1918: «Es el Estado el que hace la nación y no la nación al Estado».[3]

Desde el punto de vista sociológico, tenía razón, sin duda. No es que los hombres y mujeres —con la excepción de algunos pueblos nómadas o de la diáspora— no estuvieran profundamente enraizados en un lugar al que llamaban «patria», sobre todo teniendo en cuenta que durante la mayor parte de la historia la gran mayoría de la población pertenecía al sector con raíces más profundas de toda la humanidad, aquellos que vivían de la agricultura. Pero ese «territorio patrio» en nada se parecía al territorio de la nación moderna. La «patria» era el centro de una comunidad «real» de seres humanos con relaciones sociales reales entre sí, no la comunidad imaginaria que crea un cierto tipo de vínculo entre miembros de una población de decenas —en la actualidad incluso de centenares— de millones. El mismo vocabulario demuestra este hecho. En español, el término «patria» no fue sinónimo de «España» hasta finales del siglo XIX. En el siglo XVIII solo significaba el lugar o aldea donde nacía una persona.[4] *Paese* en italiano («país») y «pueblo» en español significan tanto aldea como el territorio nacional de sus habitantes. El nacionalismo y el Estado aplicaron los conceptos asociados de familia, vecino y suelo patrio a unos territorios y poblaciones de un tamaño y escala tales que convirtieron a esos conceptos en simples metáforas.

Pero naturalmente, con el declive de las comunidades reales a las que estaba acostumbrada la gente —aldea y familia, parroquia y barrio, gremio, confraternidad y muchas otras—, declive que se produjo porque ya no abarcaban, como en otro tiempo, la mayor parte de los acontecimientos de la vida y de la gente, sus miembros sintieron la necesidad de algo que ocupara su lugar. La comunidad imaginaria de «la nación» podía llenar ese vacío.

Se vio vinculada, inevitablemente, a ese fenómeno característico del siglo XIX que es el «Estado nación». En efecto, en el terreno de la política, Pilsudski tenía razón. El Estado no solo creaba la nación, sino que «necesitaba» crear la nación. Los gobiernos llegaban ahora directamente a cada ciudadano de sus territorios en la vida cotidiana, a través de agentes modestos pero omnipresentes, desde los carteros y policías hasta los maestros y, en muchos países, los empleados del ferrocarril. Podían exigir el compromiso personal activo de los ciudadanos varones, más tarde también de las mujeres, con el Estado: de hecho, su «patriotismo». En ese período cada vez más democrático, la autoridad no podía confiar ya en que los distintos órdenes sociales se sometieran de manera espontánea a sus superiores en la escala social en la forma tradicional, ni tampoco en la religión tradicional como garantía eficaz de obediencia social, y necesitaba unir a los súbditos del Estado contra la subversión y la disidencia. «La nación» era la nueva religión cívica de los Estados. Constituía un nexo que unía a todos los ciudadanos con el Estado, una forma de conseguir que el Estado nación llegara directamente a cada ciudadano, y era al mismo tiempo un contrapeso frente a todos aquellos que apelaban a otras lealtades por encima de la lealtad del Estado: a la religión, a la nacionalidad o a un elemento étnico no identificado con el Estado, tal vez sobre todo a la clase. En los Estados constitucionales, cuanto más intensa fue la participación de las masas en la política a través de las elecciones, más posibilidades existían de que esas voces fueran escuchadas.

Además, incluso los Estados no constitucionales comenzaron a comprender la fuerza política que residía en la posibilidad de apelar a sus súbditos sobre la base de la nacionalidad —una especie de llamamiento democrático sin los peligros de la democracia—, así como sobre la base de su obligación de obedecer a las autoridades sancionadas por Dios. En la década de 1880, el zar de Rusia, enfrentado con las agitaciones revolucionarias, comenzó a aplicar la política que le había sido sugerida en vano a su abuelo en el decenio de 1830, de basar su gobierno no solo en los principios de la autocracia y la ortodoxia, sino también en la nacionalidad: es decir, en apelar a los rusos en tanto que rusos.[5] Desde luego, en cierto sentido, prácticamente todos los monarcas del siglo XIX se vieron obligados a utilizar un disfraz nacional, pues casi ninguno de ellos era nativo del país que gobernaba. Los príncipes y princesas, alemanes en su mayoría, que se convirtieron en monarcas o en monarcas consortes de Inglaterra, Grecia, Rumanía, Rusia, Bulgaria o cualquier otro país, pagaron tributo al principio de nacionalidad convirtiéndose en británicos (como la reina Victoria) o griegos (como Otto de Baviera) o aprendiendo otra lengua que hablaban con acento extranjero, y ello aunque tenían mucho más en común con los otros miembros del sindicato internacional de príncipes —o más bien diríamos familia, ya que todos ellos estaban emparentados— que con sus propios súbditos.

Lo que hacía que el nacionalismo de Estado fuera aún más fundamental era que la economía de una era tecnológica y la naturaleza de su administración pública y privada exigía una educación elemental de masas, o cuando menos que estuvieran alfabetizadas. El siglo XIX fue el período en que se eclipsó la comunicación oral cuando se amplió la distancia existente entre la autoridad y los súbditos y cuando la emigración masiva separó incluso a las madres y a los hijos, a los novios y a las novias a una distancia de varios días de viaje. Desde el punto de vista del Estado, la escuela presentaba otra ventaja fundamental: podía enseñar a los niños a ser buenos súbditos y ciudadanos. Hasta el triunfo de la televisión, ningún medio de propaganda podía compararse en eficacia con las aulas.

Podemos afirmar, pues, que desde el punto de vista de la educación, el período 1870-1914 fue por encima de todo la era de la escuela primaria en la mayor parte de los países europeos. El número de maestros se incrementó notablemente incluso en aquellos países que ya estaban bien escolarizados. Se triplicó en Suecia y aumentó casi otro tanto en Noruega. Al mismo tiempo, otros países relativamente atrasados avanzaron. El número de alumnos de escuelas primarias se duplicó en los Países Bajos; en el Reino Unido (que no tenía sistema educativo público antes de 1870) se triplicó y en Finlandia aumentó en trece veces. Incluso en los Balcanes, con un alto índice de analfabetismo, el número de niños de las escuelas elementales se cuadruplicó, mientras que el de maestros se triplicaba. Pero un sistema educativo nacional, es decir, organizado y supervisado por el Estado, exigía una lengua nacional de instrucción. Así, la educación se unió a los tribunales de justicia y a la burocracia (véase el capítulo 3 de esta compilación, «La construcción de naciones en la era del capital») como fuerza que hizo de la lengua el requisito principal de nacionalidad.

Así pues, los Estados crearon, con celo y rapidez extraordinarios, «naciones», es decir, patriotismo nacional y, al menos, para determinados objetivos, ciudadanos homogeneizados desde el punto de vista lingüístico y administrativo. La República Francesa convirtió a los campesinos en franceses. El reino de Italia, siguiendo el lema de D'Azeglio (véase el capítulo 3 de esta compilación) desplegó todos sus esfuerzos, que se saldaron con éxito relativo, para «hacer italianos» a través de la escuela y el servicio militar, después de «haber hecho Italia». En Estados Unidos, el conocimiento del inglés se convirtió en requisito para obtener la ciudadanía norteamericana y, desde finales del decenio de 1880, se comenzó a introducir un auténtico culto en la nueva religión cívica —la única permitida en una Constitución agnóstica— en forma de un ritual diario de homenaje a la bandera en todas las escuelas norteamericanas. Por su parte, el Estado húngaro intentó por todos los medios convertir en magiares a sus habitantes multinacionales y el ruso trató de conseguir la rusificación de sus nacionalidades menores, es decir, intentó otorgar a su lengua el monopolio de la educación. Allí donde el factor multinacional estaba suficientemente reconocido como para permitir que la educación elemental, e incluso secundaria, se realizara en otra lengua vernácula —como en el Imperio de los Habsburgo—, la lengua estatal gozaba de una ventaja decisiva en los niveles más elevados del sistema. De ahí la importancia, para aquellas nacionalidades que no estaban encamadas en un Estado, de la lucha por conseguir su propia universidad, como en Bohemia, Gales o Flandes.

En cuanto al nacionalismo de Estado, real o —como en el caso de los monarcas— inventado por cuestión de conveniencia, era un arma estratégica de dos filos. Si es verdad que movilizaba a una parte de la población, alienaba a otra, a aquellos que no pertenecían, o no querían pertenecer, a la nación identificada con el Estado. En resumen, contribuyó a definir las nacionalidades excluidas de la nacionalidad oficial separando a aquellas comunidades que, por la razón que fuera, oponían resistencia a la lengua y la ideología oficiales.

II

Pero ¿por qué se resistían algunos, cuando muchos otros no lo hacían? Después de todo, los campesinos —y todavía más sus hijos— podían obtener importantes ventajas si se convertían en franceses, y lo mismo se puede decir de todos aquellos que adquirían una lengua importante de cultura y progreso profesional además de su propio dialecto o su lengua vernácula. En 1910, el 70 por ciento de los inmigrantes alemanes en Estados Unidos, que desde 1900 llegaron allí con un promedio de 41 dólares en el bolsillo, eran ya ciudadanos norteamericanos que hablaban inglés, aunque desde luego no tenían intención alguna de dejar de hablar el alemán y de sentirse alemanes.[6] (En realidad, muy pocos Estados intentaron realmente interrumpir la vida privada de las lenguas y culturas minoritarias, siempre que estas no desafiaran la supremacía pública del Estado nación oficial.) Muchas veces, se daba el caso de que la lengua no oficial no podía competir eficazmente con la lengua oficial, excepto en temas de religión, poesía y sentimiento comunitario o familiar. Por muy sorprendente que nos pueda parecer en la actualidad, había apasionados nacionalistas galeses que asumían que su lengua celta ocupara un papel secundario en la centuria del progreso y algunos que incluso aceptaban la eutanasia natural de su lengua. Eran muchos los que decidían emigrar no de un territorio a otro, sino de una a otra clase, trayecto que podía implicar muy bien un cambio de nación o, como mínimo, un cambio de lengua. La Europa central se llenó de nacionalistas alemanes con nombres eslavos y de magiares cuyos nombres eran traducción literal del alemán o adaptaciones de nombres eslovacos. La nación estadounidense y la lengua inglesa no fueron las únicas que, en la era del liberalismo y la movilidad, hicieron una invitación más o menos pública de adhesión. Eran muchos los que se sentían felices de aceptar esas invitaciones, tanto más cuanto que no se les exigía que rechazaran su origen. Durante la mayor parte del siglo XIX, la «asimilación» no fue ni mucho menos un término negativo, era lo que muchos esperaban conseguir, sobre todo aquellos que aspiraban a integrarse en las clases medias.

Una razón inequívoca que indujo a determinados miembros de algunas nacionalidades a negarse a «asimilarse» era que no se les permitía convertirse en miembros de pleno derecho de la nación oficial. El caso extremo es el de las élites nativas en las colonias europeas, educadas en la lengua y la cultura de los países colonialistas para que pudieran administrar las colonias en beneficio de los europeos, pero que desde luego no eran tratadas como iguales. Antes o después tenía que estallar un conflicto en esos lugares, sobre todo si tenemos en cuenta que la educación occidental les proveía de una lengua específica para articular sus reivindicaciones. ¿Por qué tendrían que celebrar los indonesios el centenario de la liberación de los Países Bajos de las manos de Napoleón?, escribía un intelectual indonesio en 1913 (en holandés). Si él hubiera sido neerlandés, «no realizaría una celebración de independencia en un país en el que se ha arrebatado a su pueblo la independencia».[7]

Los pueblos coloniales eran un caso extremo, pues desde el principio estaba claro que, dado el racismo de la sociedad burguesa, la asimilación no habría de convertir a las gentes de piel oscura en ingleses, belgas u neerlandeses «reales», por mucho que tuvieran tanto dinero, sangre noble y tantas cualidades para los deportes como la nobleza europea, como ocurría en el caso de muchos rajás indios educados en Inglaterra. Pero incluso en los territorios habitados por blancos, se daba una flagrante contradicción entre la oferta de asimilación sin límites para todo aquel que demostrara su disposición y capacidad para integrarse en el Estado nación y el rechazo de algunos grupos en la práctica. Esto resultaba especialmente dramático para aquellos que habían supuesto hasta entonces, con argumentos plausibles, que no existían límites a lo que podía conseguir la asimilación: los judíos de clase media occidentalizados y cultivados. Esta es la razón por la que el caso

Dreyfus en Francia, que no fue otra cosa sino el sacrificio de un oficial francés por ser judío, produjo una reacción de horror tan intensa, no solo entre los judíos, sino también entre todos los liberales, y desembocó directamente en la aparición del sionismo, nacionalismo judío basado en un estado territorial.

Los cincuenta años anteriores a 1914 fueron un período típico de xenofobia y, por tanto, de reacción nacionalista ante ella porque —incluso dejando al margen el colonialismo global— fue una era de movilidad y migración masivas y, sobre todo durante los decenios de la depresión, de tensiones sociales abiertas u ocultas. Por poner un solo ejemplo, en 1914 unos 3,6 millones (o casi el 15 por ciento de la población) había abandonado para siempre el territorio de Polonia, sin contar otro medio millón de emigrantes estacionales «anuales».[8] La consecuente xenofobia no procedió únicamente desde abajo. Sus manifestaciones más inesperadas, que reflejaban la crisis del liberalismo burgués, procedieron de las clases medias instaladas, que, de hecho, no era probable que llegaran nunca a conocer el tipo de personas que se asentaron en el Lower East Side de Nueva York o que vivían en las barracas de los recolectores de Sajonia. Max Weber, gloria de la intelectualidad burguesa alemana sin prejuicios, engendró un sentimiento tan intenso en contra de los polacos —de cuya importación masiva de mano de obra barata acusaba correctamente a los terratenientes alemanes—, que en el decenio de 1890 entró a formar parte de la ultranacionalista Liga Pangermana.[9] El prejuicio racial sistematizado contra «los eslavos, mediterráneos y semitas» en Estados Unidos se dio entre los nativos blancos, en especial entre las clases media y alta protestantes y anglófonas, que inventaron incluso en este período su propio mito heroico nativista del *cowboy* anglosajón —y afortunadamente no agremiado— de los grandes espacios abiertos, tan diferentes de los peligrosos hormigueros de las grandes ciudades cada vez más pobladas. Los tres miembros de la élite nororiental impulsores fundamentalmente de este mito —que, por cierto, creó el pueblo más responsable de la cultura y vocabulario de los vaqueros, los mexicanos— fueron Owen Wister (autor de *El Virginiano*, 1902), el pintor Frederic Remington (1861-1909) y el que luego sería presidente, Theodore Roosevelt.[10]

De hecho, para esta burguesía, el aflujo de extranjeros pobres dramatizaba y simbolizaba los problemas planteados por el proletariado urbano en expansión, y en ellos se conjugaban las características de los «bárbaros» internos y externos, que amenazaban con acabar con la civilización tal como la conocían las gentes respetables. También dramatizaban, en ningún sitio como en Estados Unidos, la aparente incapacidad de la sociedad para hacer frente a los problemas de un cambio precipitado y el imperdonable pecado de las nuevas masas de no aceptar la posición superior de las viejas élites. Fue en Boston, centro de la burguesía tradicional blanca, anglosajona y protestante, educada y rica, donde se fundó la Liga para la Restricción de la Emigración en 1893. Desde el punto de vista político, la xenofobia de las clases medias fue, casi con toda seguridad, más eficaz que la xenofobia de la clase obrera, que era un reflejo de las fricciones culturales existentes entre sectores próximos y del temor a la competencia por el puesto de trabajo por parte de una mano de obra que cobraba bajos salarios. Eso fue así excepto en un sentido. Fue la presión de la clase obrera la que, de hecho, excluyó a los extranjeros de los mercados de trabajo, pues en el caso de los empresarios el incentivo para importar mano de obra barata era casi irresistible. En los casos en que el elemento extranjero quedó totalmente excluido, como ocurrió con las prohibiciones planteadas a los inmigrantes que no fueran de raza blanca en California y Australia, y que se impusieron en los decenios de 1880 y 1890, esas medidas no provocaron enfrentamientos nacionales ni locales, lo cual, naturalmente, sí podía acontecer cuando se discriminaba a un grupo ya asentado, caso de los africanos en la Sudáfrica blanca o de los católicos en el norte de Irlanda. Sin embargo, la xenofobia de la clase obrera raramente fue muy eficaz antes de 1914. Considerando el fenómeno en conjunto, lo cierto es que la mayor oleada migratoria que se ha producido en la historia provocó escasas agitaciones contra la inmigración de mano de obra extranjera incluso en Estados Unidos, y en mucho casos, como en Argentina y Brasil, no se produjo agitación alguna.

De todas formas, quienes inmigraban a países extranjeros sentían que se despertaban en ellos sentimientos nacionalistas, tuvieran que sufrir o no la xenofobia local. Los polacos y eslovacos tomaron conciencia de su condición de tales no solo porque una vez que abandonaban sus aldeas natales no podían considerarse ya como pueblos que no necesitaban ninguna definición, y no solo porque los Estados a los que se incorporaban les imponían una nueva definición, clasificando a aquellos que hasta entonces se habían considerado sicilianos o napolitanos, o incluso nativos de Luca o Salerno, como «italianos» a su llegada a Estados Unidos. Necesitaban su comunidad para encontrar ayuda. ¿De quién podían esperar ayuda aquellos inmigrantes que comenzaban a vivir una vida nueva, extraña y desconocida, excepto de los parientes y amigos, de gentes del viejo país? (Incluso aquellos que emigraban de una región a otra dentro del mismo país solían mantenerse unidos.) ¿Quién podía incluso comprender su lengua, sobre todo en el caso de la mujer, cuya actividad doméstica le hacía más difícil superar el monolingüismo? ¿Quién podía conseguir que dejaran de ser simplemente un contingente de extranjeros para convertirse en una comunidad excepto alguna institución como su Iglesia, que, aunque en teoría universal, en la práctica era nacional, porque sus sacerdotes procedían del mismo entorno que las congregaciones de fieles y los sacerdotes eslovacos tenían que hablarles en eslovaco, no importa cuál fuera la lengua en que celebraban la misa? Así, «la nacionalidad» se convirtió en un tejido real de relaciones personales más que en una comunidad simplemente imaginaria, por el solo hecho de que al encontrarse alejados de la patria, cada esloveno tenía una conexión personal potencial con los demás eslovenos cuando se encontraban.

Además, si había que organizar de alguna forma a esas poblaciones en las nuevas sociedades en que se encontraban, había que hacerlo de manera que permitiese la comunicación. Como hemos visto, los movimientos obreros y socialistas eran internacionalistas y soñaban incluso, como en otro tiempo los liberales, con un futuro en que todos hablarían una sola lengua, sueño que todavía sobrevive en algunos grupos reducidos de esperantistas. Como Kautsky mantenía todavía en 1908, llegaría finalmente un día en que todo el conjunto de la humanidad culta se fusionaría en una sola lengua y nacionalidad.[11] Pero, entretanto, tenían que afrontar el problema de la torre de Babel: los sindicatos de las fábricas de Hungría podrían verse obligados a realizar los llamamientos de huelga en cuatro lenguas distintas.[12] No tardaron en descubrir que las organizaciones formadas por nacionalidades mixtas no funcionaban bien a menos que sus miembros ya fueran bilingües. Los movimientos internacionales de las gentes trabajadoras «tenían que ser» combinaciones de unidades nacionales o lingüísticas. En Estados Unidos el partido que se convirtió, de hecho, en partido de masas de los trabajadores, el de los demócratas, se desarrolló necesariamente como una coalición «étnica».

Cuanto más intensos eran los movimientos migratorios y más rápido el desarrollo de las ciudades y la industria que enfrentaba a unas masas de desarraigados con otras, mayor era la base para que surgiera una conciencia nacional entre esos desarraigados. Por eso, en muchos casos el exilio fue el lugar fundamental de incubación de los nuevos movimientos nacionales. Cuando el futuro presidente Masaryk firmó el acuerdo para la creación de un Estado que uniera a checos y eslovacos (Checoslovaquia), lo hizo en Pittsburgh, porque era en Pensilvania y no en Eslovaquia donde había que buscar la base de masas de un nacionalismo eslovaco organizado. En cuanto a los atrasados pueblos de las montañas de los Cárpatos, conocidos en Austria como rutenos, que también se integrarían en Checoslovaquia entre 1918 y 1945, su nacionalismo solo encontraba expresión organizada entre los emigrantes de Estados Unidos.

Es posible que la ayuda y la protección de los emigrantes contribuyera al desarrollo del nacionalismo en sus naciones, pero no basta para explicarlo. Ahora bien, en la medida en que descansaba en una nostalgia ambigua de los viejos hábitos que los emigrantes habían dejado tras de sí, tenía algo en común con una fuerza que, sin duda, estimulaba el nacionalismo, sobre todo en las naciones más pequeñas. Esa fuerza era el neotradicionalismo, una reacción defensiva o conservadora frente a la perturbación del viejo orden social por la epidemia en aumento de la modernidad, el capitalismo, las ciudades y la industria, sin olvidar el socialismo proletario, que era su consecuencia lógica.

El elemento tradicionalista es evidente en el apoyo que la Iglesia católica prestó a movimientos tales como el nacionalismo vasco y flamenco y a otros muchos nacionalismos de pueblos pequeños que eran rechazados, casi por definición, por el nacionalismo liberal como incapaces de constituir Estados nación viables. Los ideólogos de derecha, cuyo número se incrementó, tendieron también a promocionar el regionalismo cultural de raíces tradicionales, como el Félibrige provenzal. De hecho, los antepasados ideológicos de la mayor parte de los movimientos separatistas-regionalistas de la Europa occidental de finales del siglo XX (bretones, galeses, occitanos, etc.) se hallan en la derecha intelectual de los años anteriores a 1914. Por otra parte, entre esos pueblos pequeños, por lo general ni la burguesía ni el nuevo proletariado se interesaban por el mininacionalismo. En Gales, el desarrollo del movimiento obrero socavó el nacionalismo de la Joven Gales, que había amenazado con apoderarse del Partido Liberal. En cuanto a la nueva burguesía industrial, lo lógico era que prefiriera el mercado de una gran nación o del mundo a la limitación de un pequeño país o región. Ni en la Polonia rusa ni en el País Vasco, dos regiones con un exagerado desarrollo industrial dentro de Estados más amplios, mostraron interés los capitalistas nativos por la causa nacional, y la burguesía de Gante, claramente francófila, era una provocación permanente para los nacionalistas flamencos. Aunque esa falta de interés no era universal, era lo bastante fuerte como para llevar a Rosa Luxemburgo a suponer erróneamente que no existía una base burguesa en el nacionalismo polaco.

Pero, lo que aún era más frustrante para los nacionalistas tradicionalistas, la más tradicional de todas las clases, el campesinado, mostró también escaso interés por el nacionalismo. Los campesinos de lengua vasca manifestaron muy poco entusiasmo por el Partido Nacionalista Vasco, fundado en 1894 para defender todo lo ancestral frente a la incursión de los españoles y de los trabajadores ateos. Como casi todos los movimientos de esas características, era una institución fundamentalmente urbana e integrada por miembros de la clase media y media baja.[13]

De hecho, el progreso del nacionalismo en el período que analizamos fue en gran medida un fenómeno protagonizado por esas capas medias de la sociedad. Así pues, está perfectamente justificado que los socialistas contemporáneos adjudicaran a ese fenómeno el calificativo de «pequeñoburgués». La relación con esas capas sociales contribuye a explicar las tres características nuevas que ya hemos señalado: la militancia lingüística, la exigencia de Estados independientes en lugar de otras formas de autonomía más restringida y su identificación con la derecha y la ultraderecha políticas.

Para las clases medias bajas que trataban de elevarse desde un entorno popular, la carrera y la lengua vernácula estaban inseparablemente unidas. Desde el momento en que la sociedad descansaba en la alfabetización masiva, era indispensable que una lengua hablada llegara a ser oficial —un medio para la burocracia y la enseñanza— si se quería evitar que esa sociedad se hundiera en el submundo de una comunicación puramente oral dignificada en ocasiones con el estatus de una exposición en un museo de folclore. La educación de masas, es decir, primaria, era el eje fundamental, pues solo era posible realizarla en una lengua que pudiera entender el grueso de la población. La prohibición de utilizar el galés o alguna lengua o dialecto local en la clase, que dejó huellas tan traumáticas en los recuerdos de los eruditos e intelectuales locales, se debió no a una especie de pretensión totalitaria del Estado nación dominante, sino casi con toda seguridad a la convicción sincera de que solo era posible una educación adecuada en la lengua del Estado y de que la persona que fuera monolingüe inevitablemente se vería en inferioridad de condiciones como ciudadano en sus perspectivas profesionales. La educación en una lengua totalmente extranjera, viva o muerta, solo es posible para una minoría selecta, y muchas veces exigua, que posee el tiempo, el dinero y el esfuerzo necesarios para adquirir un dominio suficiente de ella. Una vez más, la burocracia era un elemento crucial, porque decidía el estatus oficial de una lengua, y porque en la mayor parte de los países ofrecía el mayor número de puestos de trabajo que exigían un nivel cultural. De aquí las innumerables luchas mezquinas que perturbaban la política del Imperio de los Habsburgo desde 1890 en relación con la lengua que se debía utilizar para los rótulos de las calles en las zonas de nacionalidad mixta y sobre cuestiones tales como la nacionalidad de los jefes de correos o los jefes de estaciones.

Pero solo el poder político podía transformar el estatus de las lenguas o dialectos menores —que, como todo el mundo sabe, son aquellas que no poseen un ejército ni una fuerza de policía—. Esto explica las presiones y contrapresiones en la elaboración de los complejos censos del período (por ejemplo, los de Bélgica y Austria en 1910), de los que dependía el estatus político de una u otra lengua. Esto explica también, al menos en parte, la movilización política de los nacionalistas a causa de la lengua en el momento en que, como en Bélgica, el número de flamencos bilingües creció de manera muy notable o, como en el País Vasco, en que el uso de la lengua vasca estaba desapareciendo prácticamente en las ciudades de más rápido crecimiento.[14] Solo la presión política podía conseguir para esas lenguas «no competitivas» un lugar como medio de educación o de comunicación pública no escrita. Solo eso y nada más que eso convirtió a Bélgica en un país oficialmente bilingüe (1870) y el flamenco en una asignatura obligatoria en las escuelas secundarias de Flandes (solo en 1883). Pero una vez que la lengua no oficial había alcanzado esa posición oficial, automáticamente consiguió una importante circunscripción política formada por personas cultas de lengua vernácula. Entre los 4,8 millones de alumnos de las escuelas primaria y secundaria de Austria en 1912 existían muchos más nacionalistas potenciales y reales que entre los 2,2 millones de 1874, sin mencionar los cerca de 100.000 nuevos profesores dedicados ahora a instruirles en las diferentes lenguas enfrentadas.

Con todo, en las sociedades multilingües, aquellos que eran educados en la lengua vernácula y que podían utilizar esa educación para realizar un progreso profesional se sentían, sin embargo, inferiores y desheredados. En efecto, si en la práctica se encontraban en una posición ventajosa para competir por los puestos de trabajo de menos importancia, porque tenían muchas más probabilidades de ser bilingües que los esnobs de la lengua de élite, podían considerarse, no sin razón, en desventaja a la hora de optar a los puestos más importantes. Esto explica la presión para extender la enseñanza vernácula de la educación primaria a la secundaria y, finalmente, a la cima del sistema educativo, la universidad vernácula. Tanto en Gales como en Flandes la demanda de una universidad vernácula fue exclusivamente política —y muy intensa— por esa razón. De hecho, en Gales la universidad nacional, creada en 1893, fue durante un tiempo la primera y «única» institución nacional de un pueblo cuyo pequeño país no tenía existencia administrativa o de otro tipo separada de Inglaterra. Aquellos cuya primera lengua era una lengua vernácula no oficial habían de verse apartados, casi con toda seguridad, de las parcelas más elevadas de la cultura y de los asuntos privados y públicos, a no ser en tanto que hablantes de la lengua oficial y superior en que tales asuntos eran conducidos. En resumen, el mismo hecho de que nuevos sectores de las clases medias bajas e incluso de la clase media hubieran sido educados en esloveno o en flamenco hacía destacar el hecho de que los puestos más elevados quedaban en manos de los que hablaban todavía francés o alemán, aunque no se preocuparan de aprender la lengua secundaria.

Se hacía necesaria una mayor presión política para superar esa dificultad. De hecho, lo que se necesitaba era «poder» político. Para expresarlo con toda claridad, había que obligar a la gente a utilizar la lengua vernácula para todas aquellas actividades en las que normalmente habrían preferido utilizar otra lengua. Hungría insistía en el uso del magiar en la escuela, aunque cualquier húngaro educado, entonces como ahora, sabía perfectamente que el conocimiento de al menos una de las lenguas utilizadas internacionalmente era fundamental para ocupar cualquier puesto, excepto los más bajos, en la sociedad húngara. La imposición, o la presión del gobierno, equivalente a una imposición, fue el procedimiento para convertir al magiar en una lengua literaria que pudiera ser utilizada para todos los aspectos necesarios de una sociedad moderna en su propio territorio, aunque nadie pudiera entender una palabra de ella fuera de ese territorio. El poder político por sí solo —en último extremo el poder del Estado— podía ser suficiente para alcanzar ese resultado. Los nacionalistas, en especial aquellos cuyas perspectivas de vida y de carrera estaban vinculadas a su lengua, no iban a plantear si existían otras formas para conseguir que las lenguas se desarrollaran y florecieran.

En este contexto, el nacionalismo lingüístico tenía una tendencia intrínseca a la secesión. Y, a la inversa, la reivindicación de un territorio estatal independiente parecía cada vez más inseparable de la lengua; vemos, así, que en el decenio de 1890 la defensa oficial del gaélico penetra en el nacionalismo irlandés, aunque —o tal vez por ello— la mayor parte de los irlandeses se sentían plenamente satisfechos hablando solo inglés. Por su parte, el sionismo inventó el hebreo como lengua cotidiana, porque ninguna otra lengua de los judíos les comprometía en la construcción de un Estado territorial. Hay cabida para una serie de reflexiones interesantes sobre el diferente destino que conocieron los esfuerzos políticos de ingeniería lingüística, pues algunos de ellos se saldarían con el fracaso (como la reconversión de los irlandeses al gaélico) o con un fracaso a medias (como la construcción de un noruego más noruego: nynorsk), mientras que otros intentos acabarían triunfando. Sin embargo, hasta 1914 por lo general faltó el necesario poder del Estado. En 1916 no eran más de 16.000 los hablantes habituales del hebreo.

Pero el nacionalismo estaba unido de otra forma a las capas medias de la población, lo que impulsó a ambos hacia la derecha política. La xenofobia se daba fácilmente entre los comerciantes, los artesanos independientes y algunos campesinos amenazados por el progreso de la economía industrial, sobre todo, una vez más, durante los difíciles años de la depresión. El extranjero simbolizaba la perturbación de los viejos hábitos y el sistema capitalista que los perturbaba. Así, el virulento antisemitismo político que hemos visto que se difundió por el mundo occidental a partir de 1880 poco tenía que ver con el número real de judíos contra quienes iba dirigido: era tan eficaz en Francia, donde había 60.000 judíos en una población de 40 millones, como en

Alemania, donde su número ascendía a medio millón en una población de 65 millones, o en Viena, donde constituían el 15 por ciento de la población total. (No era un factor político en Budapest, donde formaban la cuarta parte de la población.) Ese antisemitismo iba dirigido hacia los banqueros, empresarios y otros a quienes se identificaba con la destrucción que el capitalismo causaba en los «hombres pequeños». La caricatura típica del capitalista durante la *belle époque* no era únicamente la de un hombre gordo con sombrero de copa y fumando un puro, sino que además tenía una nariz judía, porque los sectores económicos en los que destacaban los judíos competían con los pequeños comerciantes y porque otorgaban o negaban créditos a los granjeros y a los pequeños artesanos.

Para el líder socialista alemán August Bebel, el antisemitismo era «el socialismo de los idiotas». Pero lo que sorprende en el desarrollo del antisemitismo político a finales de la centuria no es tanto la ecuación «judío = capitalista», que no era inverosímil en extensas zonas de la Europa centro-oriental, sino su asociación con el nacionalismo de derechas. Esto era consecuencia no solo de la aparición de movimientos socialistas que combatían sistemáticamente la xenofobia latente o abierta de sus seguidores, de forma que en esos sectores el rechazo de los extranjeros y de los judíos tendía a ser mucho más vergonzoso que en el pasado. Esto significó una clara orientación de la ideología nacionalista hacia la derecha en los Estados más importantes, especialmente en el decenio de 1890, cuando vemos, por ejemplo, cómo las antiguas organizaciones de masa del nacionalismo alemán, las Turner (asociaciones gimnásticas), derivaron del liberalismo heredado de la Revolución de 1848 hacia una postura agresiva, militarista y antisemítica. Fue a raíz de que los estandartes del patriotismo pasaran a ser propiedad de la derecha política cuando la izquierda encontró problemas para adaptarlos, incluso allí donde el patriotismo estaba tan firmemente identificado con la revolución y la causa del pueblo como en el caso de la bandera tricolor francesa. Agitar el nombre y la bandera nacionales les parecía un riesgo de contaminación de la ultraderecha. Tendría que llegar la era hitleriana para que la izquierda francesa recuperara por completo el patriotismo jacobino.

El patriotismo se decantó hacia la derecha política, no solo porque su anterior sostén ideológico, el liberalismo burgués, se batía en retirada, sino también porque la situación internacional que aparentemente había permitido que el liberalismo y el nacionalismo fueran compatibles ya no era la misma. Hasta la década de 1870 —tal vez incluso hasta el Congreso de Berlín de 1878— podía afirmarse que la victoria de un Estado nación no significaba necesariamente la derrota de otro. De hecho, el mapa de Europa se había transformado mediante la creación de dos grandes Estados nación (Alemania e Italia) y la formación de otros más reducidos en los Balcanes, sin que se produjera ninguna guerra ni se dislocase el sistema internacional de Estados. Hasta la Gran Depresión, el librecambio, que tal vez beneficiaba al Reino Unido más que a otros países, interesaba a todos. Pero la situación varió a partir de 1870, y cuando el estallido de un conflicto global comenzó a ser considerado de nuevo como una posibilidad real, aunque no inevitable, comenzó a ganar terreno el nacionalismo que veía a las otras naciones como una amenaza.

Ese nacionalismo engendró los movimientos de la derecha política que surgieron de la crisis del liberalismo y, al mismo tiempo, fue reforzado por esos movimientos. Ciertamente, aquellos hombres que fueron los primeros en autotitularse «nacionalistas» sc vicron muchas veces impulsados a la acción por la experiencia de la derrota de sus Estados en la guerra. Tal es el caso de Maurice Barrès (1862-1923) y Paul Déroulède (1846-1914) tras la victoria alemana sobre Francia en 1870-1871, y de Enrico Corradini (1865-1931) tras la derrota de Italia, aún más estrepitosa, a manos de Etiopía en 1896. Y los movimientos que fundaron, que hicieron que el término «nacionalismo» se incorporara a los diccionarios de carácter general, fueron creados deliberadamente «como reacción contra la democracia entonces en el gobierno», es decir, contra la política parlamentaria.[15] Los movimientos franceses de este tipo siguieron siendo marginales, caso de la Action Française (fundada en 1898), que se perdió en un monarquismo irrelevante desde el punto de vista político y en una prosa injuriosa. Por su parte, los movimientos nacionalistas italianos se fusionaron con el fascismo después de la primera guerra mundial. Eran exponentes característicos de un nuevo tipo de movimientos políticos basados en el chovinismo, la xenofobia y, cada vez más, en la idealización de la expansión nacional, la conquista y la guerra.

Un nacionalismo de esas características era el vehículo perfecto para expresar los resentimientos colectivos de aquella gente que no podía explicar con precisión su descontento. Los culpables de ese descontento eran los extranjeros. El caso Dreyfus dio al antisemitismo francés unos ribetes especiales, no solo porque el acusado era judío —¿qué se le había perdido a un extranjero en el generalato francés?—, sino también porque su supuesto crimen era el de espionaje en favor de Alemania. Por otra parte, a los «buenos» alemanes se les helaba la sangre ante la idea de que su país estaba siendo «rodeado» sistemáticamente por la alianza de sus enemigos, como sus líderes les recordaban con frecuencia. Mientras tanto, los ingleses se disponían a celebrar el estallido de la guerra mundial —como otros pueblos beligerantes— mediante una explosión de histeria antiextranjera que aconsejó sustituir el nombre alemán de la dinastía real por el apellido anglosajón de «Windsor». Sin duda, todo ciudadano nativo, con la excepción de una minoría de socialistas internacionalistas, de algunos intelectuales, hombres de negocios cosmopolitas y de los miembros del club internacional de aristócratas, sintieron hasta cierto punto el atractivo del chovinismo. Sin duda, casi todo el mundo, incluso muchos socialistas e intelectuales, estaban tan profundamente imbuidos del racismo esencial de la civilización decimonónica que eran también vulnerables, de forma indirecta, a las tentaciones que derivan del hecho de considerar que la clase o el pueblo al que uno pertenece tiene una superioridad natural intrínseca sobre los demás. El imperialismo no podía sino reforzar esas tentaciones entre los miembros de los Estados imperialistas. Pero, desde luego, los que respondieron con mayor fuerza a los sonidos de las trompetas nacionalistas pertenecían al espectro que iba desde las clases altas de la sociedad a los campesinos y proletarios en el escalón más bajo.

Para ese conjunto de capas medias, el nacionalismo tenía también un atractivo más amplio y menos instrumental. Les proporcionaba una identidad colectiva como «defensores auténticos» de la nación que les eludía como clase, o como aspirantes a alcanzar el estatus burgués que tanto codiciaban. El patriotismo compensaba la inferioridad social. Así, en el Reino Unido, donde no existía el servicio militar obligatorio, la curva de reclutamiento voluntario de los soldados de clase trabajadora en la guerra imperialista surafricana (1899-1902) refleja simplemente la situación económica. Crecía o disminuía de acuerdo con la marcha del desempleo. Pero la curva de reclutamiento entre los jóvenes de clase media baja y entre los administrativos reflejaba claramente el atractivo de la propaganda patriótica. En cierto sentido, el patriotismo de uniforme podía aportar una recompensa social. En Alemania permitía conseguir la condición potencial de oficial de la reserva para aquellos muchachos que habían seguido la educación secundaria hasta los dieciséis años, incluso aunque no continuaran sus estudios. En el Reino Unido, como la guerra iba a poner de relieve, hasta los empleados y vendedores al servicio de la nación podían llegar a ser oficiales y —en la terminología brutalmente sincera de las clases altas británicas— «caballeros temporales».

III

Pero el nacionalismo del período 1870-1914 no puede ser reducido a la condición de una ideología que atraía a las frustradas clases medias o a los antepasados antiliberales (y antisocialistas) del fascismo. En efecto, es indudable que en este período los gobiernos, partidos o movimientos que estaban en condiciones de hacer un llamamiento nacional gozaban de una posición ventajosa, mientras que los que no gozaban de esa posibilidad estaban en situación de inferioridad. Es innegable que el estallido de la guerra en 1914 produjo accesos genuinos, aunque a veces efímeros, de patriotismo de masas en los principales países beligerantes. Y en los Estados multinacionales, los movimientos obreros organizados sobre una base estatal lucharon y perdieron la batalla contra la disgregación en movimientos separados basados en cada una de las nacionalidades de los trabajadores. Así, el movimiento obrero y socialista del Imperio de los Habsburgo se escindió antes incluso de que lo hiciera el mismo imperio.

De todas formas, existe una diferencia fundamental entre el nacionalismo como ideología de movimientos nacionalistas y de unos gobiernos deseosos de agitar la bandera nacional, y el llamamiento más amplio de la nacionalidad. Los primeros solo tenían en cuenta la creación o el engrandecimiento de «la nación». Su programa era resistir, expulsar, derrotar, conquistar, someter o eliminar «al extranjero», y todo lo demás carecía de importancia. Era suficiente con afirmar el carácter irlandés, alemán o croata de los irlandeses, alemanes o croatas en su propio Estado independiente, que les perteneciera únicamente a ellos, anunciar su futuro glorioso y hacer todo tipo de sacrificios para conseguirlo.

En la práctica, fue esto lo que limitó su influencia a un conjunto de ideólogos y militantes apasionados, a una informe clase media que buscaba cohesión y autojustificación, a unos grupos —una vez más, fundamentalmente entre los «hombres pequeños»— que pudieran descargar todos su descontento sobre los malhadados extranjeros... y, por supuesto, a unos gobiernos que recibieron de buen grado una ideología que decía a los ciudadanos que el patriotismo era suficiente.

Pero para la mayor parte de la gente, el nacionalismo por sí solo no bastaba. Paradójicamente, esto se aprecia con toda claridad en los movimientos de nacionalidades que no habían alcanzado todavía la autodeterminación. En el período que estudiamos, los movimientos nacionales que consiguieron un auténtico apoyo de masas —y, desde luego, no todos los movimientos que lo buscaron lo consiguieron— fueron prácticamente siempre los que conjugaron la apelación a la nacionalidad y la lengua con algún otro interés poderoso o fuerza movilizadora, antigua o moderna. Una de esas fuerzas movilizadoras era la religión. Sin la Iglesia católica, los movimientos flamenco y vasco habrían carecido de significación política, y nadie pone en duda que el catolicismo dio consistencia e implantación entre las masas al nacionalismo de irlandeses y polacos, gobernados por unas autoridades cuya confesión religiosa era distinta. De hecho, durante este período el nacionalismo de los fenianos irlandeses, que originalmente era un movimiento secular y anticlerical dirigido a los irlandeses sin atender a su condición religiosa, llegó a ser una fuerza política importante precisamente cuando permitió que el nacionalismo irlandés se identificara con el irlandés católico.

Como ya hemos sugerido —y esto es aún más sorprendente—, hubo partidos cuyo objetivo original y fundamental era la liberación internacional social y clasista, que se convirtió también en vehículo de la liberación nacional. El restablecimiento de la independencia de Polonia se consiguió no bajo el liderazgo de ninguno de los numerosos partidos cuyo único objetivo era la independencia, sino bajo la dirección del Partido Socialista Polaco de la Segunda Internacional. El mismo modelo aparece en el nacionalismo armenio y, sin duda, también en el nacionalismo territorial judío. No hay que atribuir la aparición de Israel a Herzl ni a Weizmann, sino al sionismo obrero de inspiración rusa. Si algunos de esos partidos fueron justamente criticados en el seno del socialismo internacional por situar el nacionalismo muy por delante de la liberación social, no puede decirse lo mismo de otros partidos socialistas, o incluso marxistas, que para su sorpresa se vieron representando a naciones concretas: el Partido Socialista Finlandés, los mencheviques en Georgia, el Bund judío en amplias zonas del este de Europa y, de hecho, incluso los bolcheviques en Letonia, que eran declaradamente antinacionalistas. A la inversa, también los movimientos nacionalistas comprendieron que era necesario, si no elaborar un programa social específico, cuando menos interesarse por las cuestiones económicas y sociales. No ha de sorprender que fuera en la industrializada Bohemia, desgarrada entre checos y alemanes, atraídos ambos por los movimientos obreros, donde surgieron movimientos que se autodenominaban «socialistas nacionales». Los socialistas nacionales checos llegaron a ser el partido más representativo de la Checoslovaquia independiente y de sus filas procedió su último presidente (Beneš). Los nacionalsocialistas alemanes inspiraron a un joven austríaco que adoptó su nombre y su mezcla de ultranacionalismo antisemítico y de vaga demagogia social populista en la Alemania posterior a la primera guerra mundial: Adolf Hitler.

De todas formas, el nacionalismo se hizo popular fundamentalmente cuando se ingirió como un cóctel. Su atractivo no consistía en su propio sabor, sino en su combinación con otro u otros ingredientes, que, se esperaba, calmaría la sed material y espiritual de sus consumidores. Pero este nacionalismo, a pesar de ser bastante auténtico, no era tan militante ni tan sólido, y no era tan reaccionario como la derecha patriotera hubiera querido que fuera.

El Imperio de los Habsburgo, que a no tardar se desintegraría como consecuencia de las diferentes presiones nacionales, ilustra, paradójicamente, las limitaciones del nacionalismo. En efecto, aunque en los primeros años del decenio de 1900 la mayor parte de la población era perfectamente consciente de pertenecer a una nacionalidad concreta, eran pocos los que comprendían que eso era incompatible con el apoyo a la monarquía de los Habsburgo. Ni siquiera tras el estallido de la guerra pasó a ser la independencia nacional un tema de primera importancia, y una hostilidad abierta frente al Estado solo se apreciaba en cuatro de las naciones de los Habsburgo, tres de las cuales podían identificarse con Estados nacionales situados más allá de sus fronteras (italianos, serbios, rumanos y checos). La mayor parte de las nacionalidades no mostraban deseos visibles de salir de lo que los fanáticos de las clases medias y medias bajas llamaban «la presión de los pueblos». Y cuando, en el curso de la guerra, se intensificaron realmente el descontento y los sentimientos revolucionarios, se manifestaron fundamentalmente no en movimientos de independencia nacional, sino de revolución social.[16]

En cuanto a los beligerantes occidentales, en el curso de la guerra el sentimiento antibelicista y el descontento social se impusieron cada vez más sobre el patriotismo de los ejércitos, aunque sin llegar a destruirlo. El extraordinario impacto internacional de las revoluciones rusas de 1917 solo puede comprenderse si tenemos en cuenta que quienes en 1914 habían ido a la guerra de buen grado, incluso con entusiasmo, lo habían hecho llevados por la idea de patriotismo que no podía quedar limitado a consignas nacionalistas, pues incluía una idea de lo que les era debido a los ciudadanos. Esos ejércitos no habían ido a la guerra por el gusto de la lucha, de la violencia y del heroísmo, ni para llevar adelante el egoísmo nacional y el expansionismo del nacionalismo de la derecha. Y menos aún puede afirmarse que les impulsara la hostilidad hacia el liberalismo y la democracia.

Bien al contrario. La propaganda interna de todos los beligerantes pone de relieve, en 1914, que el punto en el que había que hacer hincapié no era la gloria y la conquista, sino el de que «nosotros» éramos las víctimas de una agresión o de una política de agresión, y que «ellos» representaban una amenaza mortal para los valores de la libertad y la civilización que «nosotros» encarnábamos. Más aún, era imposible movilizar a los hombres y mujeres para la guerra a menos que sintieran que la guerra era algo más que un simple combate armado; que en cierto sentido el mundo sería mejor porque «nuestra» victoria y «nuestro» país sería —en palabras de Lloyd George— «una tierra adecuada para que en ella pudieran vivir los héroes». Los gobiernos británico y francés afirmaban, pues, defender la democracia y la libertad frente al poder monárquico, el militarismo y la barbarie («los hunos»), mientras que el gobierno alemán decía defender los valores del orden, la ley y la cultura frente a la autocracia y la barbarie rusa. Las perspectivas de conquista y de engrandecimiento imperialista podían proclamarse en las guerras coloniales, pero no en los grandes conflictos, aunque de hecho esos temas ocuparan entre bambalinas a los ministros de Asuntos Exteriores.

Las masas de soldados alemanes, franceses y británicos que acudieron a la guerra en 1914 lo hicieron no como guerreros o aventureros, sino en su calidad de ciudadanos y civiles. Pero ese mismo hecho demuestra la necesidad de patriotismo para los gobiernos que actúan en las sociedades democráticas, y también su fuerza. En efecto, solo el sentimiento de que la causa del Estado era también la suya propia pudo movilizar a las masas; y en 1914, los británicos, franceses y alemanes tenían ese sentimiento. De esta forma se movilizaron, hasta que tres años de masacres sin precedentes y el ejemplo de la revolución en Rusia sirvieron para que comprendieran que se habían equivocado.

Capítulo 5

¿CUÁL ES EL PAÍS DE LOS TRABAJADORES?

Si es un error suponer que los trabajadores no tienen país, igualmente engañoso es creer que solo tienen uno y que nosotros sabemos cuál es. Hablamos de las clases trabajadoras francesa, alemana o italiana y con ello indicamos, muy acertadamente, que las fuerzas más importantes entre las que definen a determinada clase obrera son las de la economía nacional del Estado en el que vive un trabajador, así como las leyes, las instituciones, las prácticas y la cultura oficial de dicho Estado. Un peón irlandés que emigre a Boston, un hermano suyo que se establezca en Glasgow y un tercer hermano que se vaya a Sídney seguirán siendo irlandeses, pero pasarán a formar parte de tres clases trabajadoras muy diferentes, cada una de ellas con su propia historia. Al mismo tiempo, y como da a entender este ejemplo, también es un error suponer que los miembros de tales clases trabajadoras nacionales son o fueron alguna vez cuerpos homogéneos de franceses, alemanes o italianos, o, incluso aunque ellos se consideraran como tales, que no se ven divididos por otras demarcaciones colectivas o que se identifican «exclusivamente» con el Estado que define su existencia efectiva como clase y movimiento organizado. También es un error creer que tal identificación es eterna, que no cambia. Estos supuestos se basan en los mitos del nacionalismo moderno, que fue un invento del siglo XIX. Aunque no son completamente ficticios, no son mucho más realistas que el supuesto contrario: que la identidad nacional o de la comunidad no tiene nada que ver con el proletariado.

Sin duda es posible descubrir países en los que la clase trabajadora es nacionalmente homogénea en este sentido [...] pero, a efectos prácticos, no podemos olvidarnos de semejantes casos. Todas las clases trabajadoras tienden a ser heterogéneas y a poseer múltiples identificaciones, aunque para ciertos fines y en ciertos momentos algunas parezcan mayores que otras. Un enlace sindical hindú de Slough puede verse a sí mismo, para determinado fin, como miembro de la clase trabajadora británica (a diferencia de su hermano, que se quedó en la India), para otro fin, como persona de color (a diferencia de los blancos), para otro como un hindú (a diferencia de los británicos o los paquistaníes), para otro más, como sij (a diferencia de los cristianos, hinduistas o musulmanes), como nativo del Punyab (a diferencia de un nativo del Guyarat), probablemente también como alguien nacido en determinada zona y determinado pueblo del Punyab y, desde luego, como miembro de determinada red de parentesco. Huelga decir que algunas de estas identificaciones, por importantes que sean a efectos cotidianos (por ejemplo, al preparar el matrimonio de un hijo o una hija), son más bien subordinadas desde el punto de vista político. Asimismo, una identificación no excluye las otras. Los andaluces, vascos y catalanes que combatieron contra Napoleón lo hicieron como españoles, sin que por ello perdieran en lo más mínimo el sentido de las diferencias que separaban a unos de otros. Lo que es más: semejantes identificaciones cambian con el paso del tiempo, además de con el contexto de la acción. Hubo peones sicilianos y calabreses que se fueron a Norteamérica y se convirtieron en norteamericanos, pero al mismo tiempo comenzaron a considerarse —cosa que probablemente habían hecho antes— como italianos que pertenecían, hasta cierto punto, no solo a su antiguo país, sino también a una nación cuyos miembros se hallaban dispersos por todo el mundo, desde Argentina y Brasil hasta Australia. A la inversa, trabajadores que en otro tiempo se tenían primordialmente por belgas, pese a que hablaban dos lenguas muy distintas y mutuamente incomprensibles, hoy día se identifican a sí mismos principalmente como flamencos o valones francófonos.

Estas identificaciones múltiples dan pie a algo que se parece a un problema «nacional» en el seno de las clases trabajadoras solo cuando se obstaculizan seriamente unas a otras. En la medida en que es posible juzgarlo, antes de 1914 no existía ningún problema nacional grave en las minas del sur de Gales, donde inmigrantes ingleses, galeses de habla inglesa, galeses que hablaban su propia lengua, un puñado de españoles y, sin duda, representantes de unas cuantas minorías más trabajaban juntos, se afiliaban a la Federación de Mineros del Sur de Gales y apoyaban al Partido Laborista. En cambio, sí existía tal problema en el Ruhr, donde una masa de mineros inmigrados de Polonia, separados de los alemanes por la lengua y del librepensador Partido Socialdemócrata por su catolicismo, se mostraba muy reacia a dar su apoyo al partido de su clase. Y tenemos también el caso extremo de Estados Unidos, donde la clase trabajadora consistía sobre todo en inmigrantes que al principio eran incapaces de entender la lengua del país y las lenguas de otros grupos de inmigrantes: no hay duda de que sus diferencias nacionales y lingüísticas hicieron más difícil la formación de una conciencia de clase obrera, aunque no la impidieron del todo y, ciertamente, no fueron un obstáculo para la formación de una conciencia política general de los inmigrantes pobres: la de los «norteamericanos étnicos» que, pese a sus luchas internas, formaban colectivamente la base del Partido Demócrata en las grandes ciudades. Pero es indudable que no crearon ningún problema político grave para el país que oficialmente les daba la bienvenida y que se mostraba neutral en lo referente a sus distintas religiones. La misma gente que en sus Estados de origen (por ejemplo, los irlandeses en el Reino Unido, los polacos en Rusia y Alemania, los checos en Austria) constituía un «problema nacional» que amenazaba la unidad política, o incluso la existencia, de dichos Estados, en la otra orilla del océano tenía una importancia que apenas rebasaba la propia de la nominación de candidatos para las elecciones municipales.

A decir verdad, el ejemplo de los irlandeses en Gran Bretaña ilustra este fenómeno. La mayoría de ellos eran a la vez trabajadores y, de modo muy consciente, católicos e irlandeses. Hasta que los veintiséis condados se separaron del Reino Unido, la mayoría de ellos encontraban una fórmula que permitía combinar la identificación nacional y la de clase mediante el apoyo o la alianza con partidos y movimientos que afirmaban ser favorables a ambas o, en modo alguno, hostiles a las dos. (Pocos candidatos nacionalistas irlandeses se presentaron a las elecciones en Gran Bretaña y, aparte de la circunscripción Scotland de Liverpool, ninguno de ellos fue elegido.) Los sindicatos de marcado matiz irlandés (al Sindicato Nacional de Trabajadores Portuarios se le solía llamar «el sindicato irlandés») se comportaban de forma muy parecida a los demás sindicatos. Sin duda esto se veía facilitado por el hecho de que el movimiento que afirmaba representar «al pueblo» o a la clase trabajadora —liberales, laboristas y socialistas— se oponía a la opresión en Irlanda, participaba en las protestas contra ella y, a decir verdad, apoyaba la reivindicación de autogobierno para una Irlanda unida que defendían los nacionalistas irlandeses. Después de la separación de Irlanda, el grueso de los irlandeses católicos de Gran Bretaña, en la medida en que estuvieran organizados y votasen, sin duda gravitó hacia los partidos de su clase. Tampoco parece que el que gozaran de derechos políticos duales crease dificultades dignas de consideración: incluso hoy día se da el caso de que los irlandeses que votan a los laboristas en Gran Bretaña no se sienten necesariamente obligados a votar al laborismo o a otro partido de la clase trabajadora cuando vuelven a la República de Irlanda.

Esta integración relativamente tranquila resulta más notable si tenemos en cuenta que a nivel de masas los sentimientos anticatólicos y antiirlandeses eran poderosos y a veces feroces en Gran Bretaña, y desde luego no solo en Liverpool y Glasgow. Asimismo, en el caso de los trabajadores del Ulster o británicos orangistas, la identificación protestante se cruzaba de modo indiscutible tanto con la identificación de clase como con la nacional. A pesar de todo, para el grupo mayoritario entre los irlandeses, quizá porque era tan evidente que constituían una mayoría, la doble identificación como irlandeses y —cuando se encontraban en Gran Bretaña— como trabajadores británicos parece haber estado relativamente libre de problemas.

Así pues, la mayoría de las clases trabajadoras llamadas «nacionales» son un rompecabezas formado por grupos heterogéneos. Por un lado, el devenir histórico ha tendido a soldarlos en bloques de escala más o menos nacional, de tal manera que las diferencias entre los nativos del condado de Kerry y los de Tipperary se ven subordinadas al «irlandesismo» general, exceptuando, quizá, cuando hay por medio alguna competición deportiva; o las diferencias entre alemanes católicos y luteranos, a la «alemanidad» general, excepto con fines de identificación electoral. Semejante «conciencia nacional» a escala también nacional es históricamente reciente, aunque algunos ejemplos —tal vez el «inglesismo»— se remontan a tiempos bastante más lejanos. Pero, por otro lado, la movilidad y los cambios demográficos de la sociedad contemporánea, a la que cabe calificar esencialmente de «mundo en movimiento», crean nuevos lazos y nuevas fricciones que rompen estos bloques.

Así, la migración en masa a las minas del sur de Gales, principalmente desde Inglaterra, creó una clase trabajadora que era muy galesa, pero dejó de hablar galés, intensificando de esta manera las tensiones calladas entre la mayoría anglófona de los galeses y la minoría de habla galesa, que se hallaba concentrada en algunas regiones e iba disminuyendo. Una migración mucho más pequeña hacia el norte de Gales —que, sin embargo, no fue absorbida por el tejido de la estructura social del país— ha producido, como sabemos, considerable fricción entre los galeses y los ingleses de esa región y, en algunas partes, ha hecho que las lealtades políticas se desplazaran del Partido Laborista, que es globalmente británico —y heredero de otro partido igualmente británico, el Liberal—, al partido de los nacionalistas galeses, el Plaid Cymru. De modo parecido, incluso sin migración, los cambios habidos en la economía, la sociedad y la política pueden trastornar la pauta estable de relaciones entre grupos diferentes, con resultados imprevisibles y a veces catastróficos. En años recientes, este fenómeno lo hemos visto en Chipre, donde griegos y turcos coexistían desde hacía tiempo, y en el Líbano, notorio rompecabezas formado por cristianos maronitas, ortodoxos y de diversas variantes católicas, musulmanes sunnitas y chiitas, árabes, armenios, drusos y otros grupos. Con todo, es casi seguro que los principales trastornos han sido fruto de la movilidad de las masas, de nuestras transformaciones económicas y sociales que entrañan la migración de masas dentro de un Estado o de un Estado a otro. Ni la industrialización capitalista ni la socialista son concebibles sin ella. Y esto produce los problemas especiales de los «forasteros» o «extranjeros», problema que en muchas regiones ya había sido creado por las pautas precapitalistas de asentamiento y colonización. Es obvio que esto afecta de modo muy directo a la clase trabajadora.

Hay que señalar dos aspectos de la mezcla de comunidades diferentes, uno de cuyos ejemplos más claros es la relación entre «nativos» e inmigrantes.

En primer lugar, tenemos la cuádruple modalidad del equilibrio entre los dos. Podemos olvidarnos del caso (a), el de un país donde no hay emigración de la clase trabajadora ni tampoco inmigración, lo cual es demasiado infrecuente como para ser tenido en cuenta. El caso (b), un país con poca emigración pero con una inmigración significativa; es relativamente raro, aunque podríamos incluir a Francia en esta categoría. Los franceses, si bien han recibido masas de trabajadores extranjeros desde la industrialización, nunca han traspasado sus fronteras. El caso (c) es bastante más común: países con poca inmigración pero con mucha emigración: en el siglo XIX Noruega y el territorio de la actual República de Irlanda fueron ejemplos obvios. El caso (d), que es probablemente el más común en la Europa industrial, consiste en países con un grado importante tanto de emigración como de inmigración, como en la Gran Bretaña y la Alemania del siglo XIX. Ambos fenómenos, la emigración y la inmigración, influyen en la historia de las clases trabajadoras nacionales porque, como sabe todo irlandés, la emigración no corta los vínculos entre los exiliados y el país natal, y la historia de su movimiento obrero no es una excepción. Tranmael, el líder del movimiento obrero noruego durante la primera guerra mundial y después de ella, había estado afiliado a los Industrial Workers of the World en Estados Unidos, que era el país adonde emigraban los noruegos. Tom Mann emigró a Australia y luego volvió a Gran Bretaña. En cuanto al movimiento irlandés, su historia aparece llena de emigrantes que regresaron: Davitt, Larkin, Connolly.

El segundo aspecto se refiere a la complejidad de la pauta de migración y la distribución de los grupos migratorios. Las personas que emigran de un Estado o grupo nacional o bien pueden formar una corriente única hacia una región, solo hacia ella, del mismo modo que los campesinos de la Creuse en la Francia central se trasladaban a París para trabajar en calidad de peones de la construcción, o pueden desplegarse y producir de esta manera una diáspora temporal o permanente susceptible de adquirir proporciones mundiales. Durante el siglo XIX, en cualquier parte del mundo donde hubiera minas de roca dura cabía encontrar grupos de hombres nacidos en Cornualles. La contrapartida de este fenómeno tiene todavía más interés para nosotros.

En algunas regiones o países el juego de los «extranjeros» tiene solo dos jugadores: polacos y alemanes en el Ruhr, vascos y españoles en el País Vasco. Con mayor frecuencia la clase trabajadora tiene un sector de inmigrantes compuesto por una variedad de «forasteros» de distintos tipos, divididos entre ellos mismos además de separados de los nativos, y hay un caso extremo en el que la clase trabajadora se compone predominantemente de inmigrantes, como sucedió en Estados Unidos, Argentina y Brasil durante el principal período de migración de masas antes de 1914. Sin embargo, sea mayor o menor el número de jugadores, la pauta que suele formarse es de especialización laboral, o una especie de estratificación nacional.

Así, en 1914 había en el Ruhr pocas minas que no tuvieran una mayoría de mineros polacos e incluso hoy día en Gran Bretaña todo el mundo da por sentado que las obras están llenas de irlandeses. Lo que tiende a enfrentar a un grupo nacional, religioso o racial de trabajadores contra otro no es tanto la especialización laboral propiamente dicha, como la tendencia a que un grupo ocupe y pretenda monopolizar los puestos de trabajo más cualificados, mejor pagados y, por ende, más deseables. Semejantes divisiones y estratificaciones se producen incluso en las clases trabajadoras homogéneas desde el punto de vista nacional, pero no cabe duda de que se ven enormemente exacerbadas cuando coinciden con divisiones lingüísticas, de color, de religión o de nacionalidad. Belfast es un lamentable y obvio ejemplo de ello.

Con todo, las diferencias entre comunidades por sí solas no han impedido que los movimientos obreros organizasen a los trabajadores saltándose este tipo de divisiones. En Viena, el poderoso Partido Socialdemócrata unía a trabajadores checos y alemanes. Antes de 1914 las diferencias entre trabajadores flamencos y valones en Bélgica eran tan insignificantes, desde el punto de vista político, que una obra clásica que trata del socialismo en dicho país y fue escrita por dos líderes del Partido Laborista belga no se molestó ni siquiera en mencionar la «cuestión flamenca». Hoy día, cuando todos los partidos belgas se encuentran divididos lingüísticamente, el lema «Trabajadores de todas las tierras, uníos» inscrito en flamenco en la Bolsa del Trabajo de Gante constituye un triste recordatorio de esta unidad perdida. Clases trabajadoras muy unificadas y con una fuerte conciencia de clase se han formado a partir de una mezcla de nativos y de diversos grupos de inmigrantes, como en Argentina. Y se han creado movimientos obreros únicos (por ejemplo, en la India) a partir de un conglomerado de castas, grupos lingüísticos y religiones que son hostiles unos a otros y hablan lenguas que los demás no comprenden. A este respecto, incluso en el Ulster, donde fuera del astillero o del muelle los hombres temían perder la vida a manos de proletarios católicos o protestantes, estos mismos hombres estaban —y quizá estén aún— dispuestos a actuar conjuntamente en los conflictos laborales dentro de su lugar de trabajo. El problema histórico, además de práctico, estriba en descubrir en qué circunstancias puede nacer, funcionar o dejar de funcionar esta unidad de clase.

Cabe sugerir tres circunstancias en las que divisiones naturales o entre comunidades pueden desunir fatalmente a las clases trabajadoras. A veces esta desunión surge de la influencia de movimientos nacionalistas o políticos de otro signo ajenos a la clase trabajadora; de cambios rápidos e importantes en la composición de dicha clase —o, de modo más general, en la sociedad— que las pautas establecidas no son capaces de absorber; y del intento de mantener condiciones desproporcionadamente favorables limitando de modo estricto la entrada en la clase trabajadora.

El último caso es probablemente el menos común, porque, si bien está bastante generalizada la tendencia a formar «aristocracias obreras», la exclusión general es bastante infrecuente, excepto si se impone por motivos del color de la piel y el sexo, dos barreras que, a causa de su visibilidad, son muy difíciles de saltar. Con todo, allí donde funciona o ha funcionado esa exclusión general (por ejemplo, la política de la Australia «blanca», las leyes de exclusión de los chinos en Estados Unidos y la discriminación contra los negros en la industria sudafricana), no hay duda de que ha surgido sobre todo de dentro de la clase trabajadora local, que goza de una insólita posición favorable y teme perder sus condiciones excepcionalmente ventajosas. Allí donde el éxito de la exclusión es total, no se produce ninguna escisión en la clase trabajadora, toda vez que los excluidos lo son por completo. Allí donde los favorecidos y los que carecen de privilegios coexisten, cual es el caso de la República de Sudáfrica, en la práctica tienden a formarse dos clases trabajadoras paralelas y quizá mutuamente hostiles. No obstante, en la industrialización capitalista y puede que también en la socialista es poco frecuente que la clase obrera se vea favorecida de un modo tan constante o que sea tan fuerte como para imponer una exclusividad general permanente. Así, pues, incluso los movimientos obreros basados en el intento de crear congeries de aristocracias obreras, como ocurría en la Gran Bretaña de mediados del siglo XIX, pretendían ser inclusivos, esto es, reconocían que lo ideal era lograr la organización de todos los trabajadores y de todos los que tenían probabilidades de penetrar en el recinto que reservaban para su oficio u ocupación. Por supuesto, dentro de un movimiento tan extenso deberían salvaguardarse las ventajas especiales de la aristocracia obrera.

Los cambios sufridos por la composición social de la clase trabajadora pueden ser divisivos, toda vez que trastornan las pautas sociales establecidas y permiten que las rivalidades que se dan en el seno de la clase adquieran una coloración nacional o colectiva de otro tipo, o que las líneas de clase coincidan con las nacionales u otras. Este ha sido el peligro en regiones como Cataluña y, más aún, el País Vasco, donde el desarrollo industrial atrae a masas de trabajadores españoles que tardan en aprender a hablar catalán y todavía más en aprender el vascuence y se ven más bien despreciados por los catalanes nativos o temidos por los vascos de origen. Ninguna persona conocedora de los problemas de las minorías de color en Gran Bretaña estaría dispuesta a subvalorar el consiguiente sentimiento de hostilidad recíproca e incluso de temor que se da entre distintos grupos de trabajadores. Esto resulta todavía más dramático si se tiene presente que, tradicionalmente, los movimientos obreros organizados se han opuesto activamente a los prejuicios nacionales, raciales o religiosos. Al mismo tiempo, es dudoso que estas fricciones «por sí solas» tengan una importancia decisiva. Es sobre todo cuando el Estado y sus instituciones intervienen —empujados, por ejemplo, por la exigencia de monopolio lingüístico, de igualdad jurídica, de autonomía o de separatismo— que se vuelven explosivas, como, por desgracia, ha ocurrido en el Ulster. De hecho, tradicionalmente los grupos minoritarios nacionales y regionales de los Estados, en especial cuando se componen de trabajadores, han tendido, si todo lo demás sigue igual, a apoyar al partido de masas del ala progresista de la política de la nación mayoritaria, por considerar que era el que más probabilidades ofrecía de defender sus intereses como minorías. Incluso en la actualidad los negros y los blancos «étnicos» de Norteamérica, dos grupos que se tienen mutua antipatía, tienden a votar a favor del Partido Demócrata, a la vez que los trabajadores hindúes y antillanos de Gran Bretaña tienden a dar su voto a los laboristas, a pesar del racismo de muchos trabajadores blancos que votan al laborismo.

No obstante, las fuerzas divisivas más poderosas, encarnadas por partidos y movimientos políticos como, por ejemplo, los inspirados por el nacionalismo, proceden de fuera de las clases trabajadoras. A lo largo de la historia, los movimientos de esa índole casi nunca han tenido su origen en dichas clases, aunque a menudo han procurado atraérselas. Eran divisivos, no solo porque, como es natural, acentuaron las distinciones lingüísticas, religiosas, físicas y de otro tipo entre «su» sector de una clase trabajadora heterogénea y el resto, sino también porque sus objetivos se contradecían por definición con los de la conciencia de clase. Pretendían colocar la línea divisoria entre «la nación» (incluyendo tanto sus explotadores como sus explotados) y «los extranjeros» (incluyendo a todos los trabajadores clasificables como tales) en vez de colocarla entre clases. Asimismo, en las primeras etapas de los movimientos nacionalistas, sus partidarios o bien se interesaban poco por los problemas que preocupaban a los trabajadores —organizados o no— como tales o consideraban que la solución de dichos problemas dependía de que antes se alcanzaran los objetivos nacionalistas. No era frecuente que los precursores de los movimientos nacionalistas descubrieran que la liberación nacional y la social deben ir juntas, razón por la cual algunos de los partidos y organizaciones nacionalistas más eficaces salieron de las agitaciones socialistas (por ejemplo, el Partido Socialista polaco, cuyo líder, Pilsudski, fue jefe del Estado de la Polonia independiente después de la primera guerra mundial, y el sionismo obrero, que se convirtió en el verdadero arquitecto de Israel). Incluso cuando los movimientos nacionalistas hacían tal descubrimiento, los activistas que concedían una prioridad demasiado grande a la liberación social resultaban difíciles de digerir. La reputación nacionalista de Michael Davitt ha sufrido de acuerdo con ello.

Históricamente, ha costado negar e impedir la conciencia de clase, puesto que nace de modo natural y lógico de la condición proletaria, al menos en su forma elemental de «conciencia sindical», es decir, el reconocimiento de que los trabajadores como tales necesitan organizarse en colectivos contra los patronos, a fin de defender y mejorar sus condiciones como mano de obra contratada. Así, los sindicatos católicos no se formaron porque la mayoría de los «católicos sociales» de las postrimerías del siglo XIX fueran favorables a ellos —los consideraban, según dice Albert de Mun, como «la organización específica de la guerra de un grupo contra otro» y preferían las asociaciones mixtas de patronos y trabajadores—, sino porque estas últimas no satisfacían las necesidades sindicales de los trabajadores católicos. En Francia, los «católicos sociales» los aceptaron, con mayor o menor desgana, entre 1897 y 1912. Por otra parte, hasta en los países donde existían fuertes lealtades nacionales entre los trabajadores, el sindicalismo tendía a resistirse a la fragmentación de los sindicatos siguiendo líneas nacionales. Ciertamente, los trabajadores checos no se consideraban a sí mismos iguales a los alemanes pero, si bien se inclinaban a votar a los partidos políticos checos en vez de a los no checos o a los globalmente austríacos, la presión tendente a escindir el movimiento sindical austríaco siguiendo líneas nacionales no se originó dentro del movimiento obrero. Nació algún tiempo después de que se hiciera efectiva la división del Partido Socialdemócrata en secciones nacionales, y la oposición a ella fue más fuerte entre los sindicatos globalmente austríacos. A decir verdad, incluso después de que tuviera lugar la escisión, la mayoría de los sindicalistas checos permaneció en las organizaciones globalmente austríacas, donde, por supuesto, tenían derecho a formar sus propias ramas checas y contaban con sus propios líderes bohemios. De forma parecida, en la actualidad, si bien los partidos de izquierdas de España se han dividido siguiendo líneas nacionales o regionales, no se ha registrado una tendencia comparable a dividir los movimientos sindicales globalmente españoles. Las razones de ello son obvias. La unidad de todos los trabajadores es una ventaja evidente cuando van a la huelga por motivos económicos y, aun cuando a otros efectos pueden considerarse diferentes unos de otros: católicos o protestantes, negros o blancos, polacos o mexicanos, es aconsejable dejar a un lado estas distinciones cuando se persigue un objetivo común, por ejemplo, pedir salarios más altos.

Sin embargo, resulta igualmente claro que si la conciencia de clase no puede eliminarse, tampoco excluye, ni suele dominar, los sentimientos nacionales. Bien conocido es el caso de la Segunda Internacional, que en 1914 se derrumbó y quedó dividida en partidos socialistas y movimientos sindicales, la mayoría de los cuales apoyaron a sus gobiernos beligerantes. Lo que es menos conocido, pues el internacionalismo de los historiadores de la clase obrera no ha insistido en ello, es la fuerte corriente patriotera que se encuentra en algunas clases trabajadoras que políticamente son radicales. Thomas Wright, el «oficial mecánico» que informó acerca de la clase trabajadora inglesa del decenio de 1860, señala específicamente que la vieja generación de trabajadores, compuesta de radicales y cartistas, unía una desconfianza apasionada ante todos los que no fueran trabajadores a un fuerte nacionalismo. Puede que en sí mismo un nacionalismo acentuado no tenga gran importancia política. Desde 1815 nadie ha esperado nunca que los trabajadores ingleses y franceses combatieran contra sus vecinos de la otra orilla del Canal, pese a que es casi seguro que no les gustaba nada lo que creían saber del país de los otros. A veces el sentimiento social-revolucionario o antibélico se impone al patriotismo, como sucedió en los últimos años de la primera guerra mundial. Cabe que incluso en tales momentos el patriotismo no sea insignificante. Se ha sugerido que en Francia —a diferencia de Gran Bretaña— el apoyo masivo de la clase trabajadora a la Revolución rusa fue muy lento hasta que se vio con claridad que no pondría en peligro las probabilidades de obtener la victoria en el oeste. Un fenómeno parecido se observa en el Imperio de los Habsburgo. Aunque la famosa oleada de huelgas contra la guerra que hubo en enero de 1918, y que comenzó en las fábricas de armamento próximas a Viena, se propagó rápidamente por todas las fábricas mecánicas de la Austria étnica y Hungría, lo cierto es que no se propagó a las zonas checas de Bohemia. Se ha dado a entender que en estas zonas la movilización contra la guerra se vio impedida por la política del movimiento nacionalista —que para entonces hallaba eco entre muchos trabajadores checos—, que dependía de una victoria aliada para alcanzar su objetivo: la independencia de lo que poco después pasaría a ser Checoslovaquia.

En determinadas circunstancias cabía esperar que el atractivo del nacionalismo o el patriotismo entre los trabajadores resultase ser especialmente eficaz: por ejemplo, cuando los trabajadores podían identificarse con un Estado nación existente «como ciudadanos» en lugar de como simples súbditos pasivos, es decir, allí donde estaba en marcha su integración en el sistema político y hegemónico de sus gobernantes, en no poca medida por medio de ese importante agente de socialización consciente desde arriba que es un sistema público de educación elemental. El descontento de clase o privado no impidió que la mayoría de los trabajadores ingleses, franceses o alemanes vieran a Gran Bretaña, Francia y Alemania, en algún sentido, como «su país», cosa que no ocurría, pongamos por caso, con los trabajadores austríacos de 1914 —porque no existía ningún Estado nación—, ni con los trabajadores y campesinos italianos, toda vez que eran pocos los que hablaban italiano y aún menos los que sabían escribirlo, y casi ninguno de ellos había disfrutado del derecho al voto durante más de un año. Otra circunstancia se daba allí donde antes de la formación de una clase obrera industrial ya había agitación nacionalista, edificada a menudo sobre los recuerdos de un anterior Estado o autonomía política, o ya había organizaciones que encarnaban el carácter diferente de determinada nacionalidad (por ejemplo, el catolicismo del pueblo dependiente frente al protestantismo o la ortodoxia del Estado dirigente). Tal era el caso de pueblos como los irlandeses, los polacos y los checos. No obstante, como ya se ha sugerido, lo que hacía que los sentimientos nacionales fueran explosivos y capaces de destruir la unidad transnacional de la clase trabajadora era que dichos sentimientos se entremezclasen con problemas que afectaran directamente al Estado y sus instituciones. Así, el nacionalismo lingüístico se vuelve explosivo cuando la lengua deja de ser meramente un medio de comunicación entre personas y una sola lengua o dialecto pasa a ser la «oficial»: por ejemplo, el lenguaje de los tribunales de justicia, de las escuelas y de los anuncios públicos.

Todo esto da a entender que probablemente la conciencia de la clase obrera, por muy inevitable y esencial que sea, es secundaria respecto de otras clases de conciencia desde el punto de vista político. Como es sabido, allí donde, en nuestro siglo, ha chocado con la conciencia nacional, religiosa o racial, generalmente se ha doblegado y retirado. Está claro que, para ciertos fines limitados, la conciencia de la clase obrera y los movimientos obreros que la misma genera —en todo caso, en el elemental nivel «sindicalista»— son en verdad muy fuertes. No son indestructibles, ya que a menudo la fuerza bruta ha acabado con tales movimientos, pero incluso estos son potencialmente permanentes y resucitables. Hace poco hemos visto cómo esa conciencia y esos movimientos resucitaban en las circunstancias, bien distintas entre sí, de dos países que se están industrializando rápidamente, Brasil y Polonia. Quizá sean la palanca decisiva para lograr importantes cambios políticos, como pareció probable en Polonia durante el período 1980-1981. Pero los historiadores deben tomar nota de que también está claro que, tomada como tal, la conciencia de la clase obrera coexiste con otras formas de identificación colectiva y que ni las elimina ni las sustituye. Y, según la acertada observación de Lenin, si bien generará de manera espontánea y en todas partes prácticas «sindicalistas» y —donde le esté permitido— organizaciones u otros movimientos para ejercer una presión de grupo y defenderse, no genera automáticamente partidos de masas con una conciencia socialista.

Que tales partidos se generaran casi como cosa corriente y natural durante cierto período histórico, principalmente sobre los decenios de 1880 y 1930, es significativo, pero requiere una explicación histórica mayor de la que en general se le ha dedicado. Estos partidos, o sus sucesores por línea directa, todavía existen y con frecuencia son influyentes, pero allí donde no existían ya, o la influencia de los socialistas y comunistas era significativa en los movimientos obreros antes de la segunda guerra mundial, desde entonces apenas han surgido partidos de este tipo de las clases trabajadoras, en particular en el llamado tercer mundo. Puede que esto tenga consecuencias para las tradicionales expectativas socialistas relativas al papel que la clase obrera y sus partidos desempeñan en el advenimiento del socialismo, consecuencias que no es necesario comentar aquí.

¿Qué relación hay entre todo esto y la formación de la clase trabajadora irlandesa? De todos los hechos que requieren explicación, el más importante, al menos para los profanos, es por qué la clase obrera como fuerza política independiente ha sido en el pasado relativamente insignificante en Irlanda, comparada con los países del Reino Unido. Ni en el norte ni en el sur de Irlanda los movimientos de clase de los trabajadores han dejado una huella política que superase lo marginal. El hecho de que hasta hace poco los veintiséis condados no estuvieran muy industrializados no constituye una explicación suficiente de este fenómeno. Desde luego, no es una explicación en el caso del Ulster. Asimismo, desde los tiempos en que Dublín era un baluarte de las asociaciones de oficios hasta el período anterior a la primera guerra mundial, cuando tanto Belfast como Dublín fueron escenario de algunos de los mayores y más dramáticos conflictos laborales del Reino Unido, Irlanda ha estado familiarizada con las batallas obreras. La explicación más obvia es que —excepto en algunos momentos o para fines sindicalistas más bien limitados— la clientela potencial irlandesa de tales movimientos de la clase trabajadora se ha identificado políticamente como nacionalista católica o unionista protestante más que como «clase obrera». Es difícil pensar en algún otro país de la Europa occidental en el que este fenómeno haya caracterizado de modo tan marcado y persistente a la clase trabajadora.

Sin llevar la analogía demasiado lejos, tal vez sea instructivo efectuar una comparación de Irlanda con Bélgica, país y clase trabajadora que fueron divididos más recientemente. En el noreste del Ulster y el resto de Irlanda la evolución económica fue divergente y lo mismo ocurrió en el territorio de los valones y en Flandes. El primero se industrializó mucho, mientras que Flandes, a pesar de tener un gran puerto (Amberes) y un centro industrial importante (Gante), siguió siendo una región predominantemente agraria que se consideraba desheredada. A medida que las anticuadas industrias básicas del siglo XIX perdían su firme posición en el Ulster y en el territorio valón, Flandes y, en cierta medida, la República de Irlanda se han transformado en países más industrializados y prósperos; pero no, al igual que las zonas antiguas, como parte de las economías industriales británica o, *de facto*, francesa, sino dentro de un marco europeo y transnacional. Del mismo modo que católicos y protestantes son inseparables en Belfast, los flamencos y los belgas francófonos lo son en Bruselas.

Sin embargo, Bélgica, aunque ha sufrido varias ocupaciones, hace ya mucho tiempo que goza de independencia de sus vecinos inmediatos

(Francia y los Países Bajos) y, desde 1830, ha sido un Estado independiente, mientras que la relación con Gran Bretaña dominaba a todas luces los asuntos irlandeses durante todo este tiempo y sigue dominando los del Ulster. En la clase trabajadora belga los dos grupos apenas se mezclaban, toda vez que la frontera lingüística constituye una demarcación bastante clara. Allí donde sí se mezclaron, como es el caso de Bruselas, la ciudad creció con lentitud suficiente (aproximadamente de un 6 por ciento de la población a principios del siglo XIX a alrededor del 9 por ciento en 1911) para asimilar a los inmigrantes flamencos, como, al parecer, estos deseaban, con poca resistencia real. Belfast, en cambio, creció desde la insignificancia hasta representar alrededor de un tercio de la población de los seis condados durante el mismo siglo, al principio a causa de la afluencia masiva de católicos del Ulster, los cuales, hacia mediados de siglo, parecían a punto de superar en número a los protestantes, y más adelante a causa del crecimiento masivo del número de protestantes del Ulster, que redujo a los católicos a la condición de minoría permanente y resentida. En 1911 Belfast ya era desproporcionadamente más protestante que el resto de la provincia y los católicos se veían excluidos de los oficios cualificados de un modo mucho más sistemático que en 1870.

El movimiento obrero belga comenzó a crecer en el decenio de 1880 bajo la forma de cuerpo único, unificado y fuerte que se saltaba las barreras lingüísticas y que en su mayor parte participó, antes de 1914, en la lucha por el sufragio universal de los varones, lo cual minimizaba las divergencias internas de la clase trabajadora. No sufrió una escisión seria por motivos lingüísticos hasta después de la segunda guerra mundial. No fue así en Irlanda, donde el compromiso oficial con un único movimiento obrero globalmente irlandés ocultaba a menudo una orientación esencialmente nacionalista que luchaba contra el movimiento sindical de trabajadores cualificados, quienes se daban por satisfechos con la habitual autonomía dentro de una organización para todo el Reino Unido. Por otro lado, el arraigado dominio del problema nacional —la autonomía o la independencia respecto de Gran Bretaña— privaba a la clase obrera de un factor de unificación en la movilización política, tal como el que en Bélgica proporcionaba la lucha por la democracia electoral.

La paradoja de la situación irlandesa en el período en que cabía esperar la aparición de un importante movimiento obrero —desde las postrimerías del decenio de 1880 hasta 1914, la era del «nuevo sindicalismo» y de la «agitación obrera»— estriba en que tres factores convergieron para atar a los trabajadores católicos al nacionalismo feniano. La movilización nacionalista de las masas y la resistencia orangista equipararon el «irlandesismo» político con el catolicismo. De todas formas, el antiguo sindicalismo de oficio de los trabajadores cualificados —que se hallaban concentrados en el Ulster industrial— no hubiera servido de mucho a los trabajadores no cualificados, pero la creciente exclusión sistemática de los católicos de los oficios cualificados en el Ulster intensificó las tensiones entre los dos sectores de la clase trabajadora. Finalmente, el propio radicalismo, o incluso las convicciones socialistas y revolucionarias, de los «nuevos» líderes y organizadores sindicales, que querían romper con la prudencia y el «reformismo» de los viejos sindicatos, tenían en Irlanda implicaciones políticas que no existían en Gran Bretaña; porque en el Ulster, al menos, los trabajadores cualificados organizados no eran solamente sindicalistas «antiguos», sino quc, adcmás, tcndían a ser orangistas. En resumen, tanto la movilización política (nacional y unionista) como la movilización de clase de trabajadores hasta entonces no organizados y no organizables se unieron para dividir a la clase trabajadora. Resultó imposible crear un movimiento obrero que fuese a la vez «político y laboral» y que uniera a protestantes y católicos, orangistas y nacionalistas, trabajadores cualificados y no cualificados. Solo habría sido posible si las divisiones entre secciones de trabajadores no hubieran coincidido con divisiones entre católicos y protestantes —lo que, cada vez más, significaba entre nacionalistas y orangistas—, como ocurría en Belfast, que era la piedra de toque de cualquier movimiento obrero irlandés unificado. En todo caso, tal movimiento únicamente hubiese sido posible pasando por alto la separación de Gran Bretaña, es decir, considerando que los problemas en torno a los cuales giraba la política irlandesa eran ajenos al laborismo como tal. Esto no es inconcebible, pero la perspectiva no parecía realista entre 1880 y 1921. Lo máximo que podía esperarse de un movimiento obrero político que fuera neutral entre orangistas y nacionalistas, pero muchos de cuyos miembros estaban muy lejos de ser neutrales como individuos, era que se convirtiese en un grupo de presión que velara por los intereses concretos de los sindicalistas, o que pidiera la promulgación de leyes de interés específico para los asalariados: de hecho, algo parecido a un Comité de Representación Obrera totalmente irlandés. Sin embargo, incluso en la propia Gran Bretaña, el Comité de Representación Obrera, que en teoría funcionaba fuera del campo de la disputa política entre liberales y conservadores, campo en el que las pasiones eran claramente menores que entre nacionalistas y unionistas irlandeses, en realidad tuvo grandes dificultades, hasta después de la primera guerra mundial, para emanciparse de las lealtades políticas de tantos trabajadores organizados para con uno de los dos partidos y de las suspicacias de los que apoyaban al otro.

En esto, pues, consistía el dilema de los líderes obreros irlandeses. Era independiente de sus convicciones personales. Se puede defender a James Connolly por elegir la opción «nacionalista» alegando que la mayoría de los irlandeses eran católicos y que, en cualquier caso, los severos y respetables «viejos sindicalistas» —y unionistas— del Belfast protestante no permitían albergar grandes esperanzas en lo que se refería a la revolución social. Con todo, si las masas trabajadoras católicas parecían ofrecer mejores perspectivas para los revolucionarios —al fin y al cabo, entre ellas obtuvo sus mayores triunfos James Larkin, que no era un nacionalista irlandés en el sentido en que lo era o pasó a ser Connolly—, la opción nacionalista excluía automáticamente aquel movimiento unido de todos los trabajadores irlandeses en que soñaba Connolly. Pero aún más serias fueron las consecuencias de la decisión de Connolly a favor de un movimiento obrero irlandés que no se limitase a atraer, esencialmente y en la práctica, a los irlandeses del sur y a los católicos, sino que fuese nacionalista en sus aspiraciones. Significó la subordinación de la clase obrera del sur de Irlanda al nacionalismo. En algunos casos un partido marxista ha conseguido transformar la sociedad después de colocarse a la cabeza de movimientos de liberación nacional, pero pocas veces, o nunca, lo ha logrado si tenía que competir con fuertes movimientos nacionales creados anteriormente y que tenían otros líderes. A pesar de los esfuerzos de Connolly, así como de su liderazgo en 1916, fue el IRA y no el Ejército de los Ciudadanos quien se hizo cargo de la bandera nacionalista. En la memoria oficial Connolly pervive como mártir feniano más que como revolucionario marxista. Quizá era inevitable. Uno no puede decir lo contrario sin temor a equivocarse. No obstante, la consecuencia fue que ni en el norte ni en el sur se formó un movimiento político de la clase obrera que fuese fuerte e independiente, aunque es posible que las condiciones actuales sean más propicias para la formación de tal movimiento en el sur, porque la partición de la isla ya ha dejado de ser, *de facto*, un problema significativo en la república. En el norte, como sabemos, todavía lo es.

¿Quiere esto decir que en Irlanda no había una sino dos clases trabajadoras o incluso, como afirman algunos entusiastas, no una sino dos naciones? En sentido literal, es obvio que no. En el Ulster, católicos y protestantes no constituían clases trabajadoras independientes, en sentido económico u operacional, más dc lo quc las constituían en el Clydeside. Estas cuestiones se plantean principalmente porque a menudo se supone, sin mucha reflexión, que las clases trabajadoras, o cualquier otra clase importante, no «existen» salvo como bloques monolíticos, del mismo modo que se supone que una nación no es «real» a menos que todas las personas que viven en su territorio y que no sean extranjeras ni pertenezcan a una «minoría» definida estén teñidas de pies a cabeza, uniformemente, con lo que se considere el color nacional aceptado. Hoy día este color suele ser la lengua, aunque los irlandeses han aprendido a costa suya que dicho color no siempre cuaja. En unos cuantos países europeos y en muchos más de África y Asia el citado color es aún la religión. Los norteamericanos de derechas piensan que consiste en una serie de costumbres y creencias convencionales y que la persona que carece de ellas «no es norteamericana». Esto no es así. La unidad de las clases y las naciones viene definida por lo que tienen en común comparadas con otros grupos, y no por su homogeneidad interna. No existe ningún Estado en el que no se den diferencias regionales, seccionales o de otro tipo entre su población, y estas diferencias son potencialmente disgregadoras, como demuestra el reciente auge de los movimientos separatistas en la Europa occidental. En principio, la única diferencia entre Irlanda y Baviera estriba en que la discrepancia entre católicos y protestantes que se da en Irlanda ha resultado disgregadora, mientras que en la actualidad el intento de demostrar que la minoría protestante del norte de Baviera (Franconia) se ve oprimida por la mayoría católica es exclusivamente cosa de un grupo de locos formado por antiguos estudiantes de la ultraizquierda. De modo parecido, en todas las clases trabajadoras se dan conflictos internos, aunque por lo general no pasan de ser subordinados.

Por otro lado, el curso de la historia es tan susceptible de fundir como de escindir las sociedades y, por ende, las clases que hay dentro de ellas. Ha dividido a Irlanda. Dado que ahora existen unidades políticas y economías separadas en el norte y en el sur, ya no es posible hablar de una sola clase trabajadora irlandesa, del mismo modo que tampoco puede hablarse de una única clase trabajadora bengalí o alemana, por citar solo otras dos naciones divididas. Los Estados separados constituyen poderosos elementos definitorios de la economía y la sociedad. Esto no significa que las dos Irlandas dejen de tener mucho en común, como lo tienen las dos Alemanias, y no lo menos importante al respecto son los lazos de parentesco y la cultura. Cabe especular en torno a lo que podría suceder si ambas se unieran —dadas las crecientes divergencias, es cada vez más difícil decir «reunieran»—, pero en ambos casos la cuestión reviste hoy día una importancia únicamente teórica. En esta medida la historia ha provocado hasta ahora la formación de dos clases trabajadoras irlandesas.

De estas dos clases trabajadoras, la del Ulster padece unas divisiones especialmente agudas; de hecho, uno está tentado de decir «singularmente agudas». La única situación paralela que a uno se le ocurre así de pronto es la tensión entre las comunidades hindú y musulmana en el subcontinente indio. Por estos motivos, no es posible sacar del Ulster ninguna conclusión general sobre la clase trabajadora y la nación. Irlanda sigue siendo resueltamente única en este aspecto. Sin duda, lo mismo cabe decir de todos los demás países o naciones cuando los historiadores les dedican suficiente atención. No obstante, y por desgracia, la singularidad del devenir histórico de Irlanda se ha manifestado —hasta ahora— principalmente a expensas de la formación de su clase trabajadora y de su movimiento obrero.

Capítulo 6

LA INVENCIÓN DE LAS TRADICIONES NACIONALES

Nada parece más antiguo y relacionado con un pasado inmemorial que la pompa que rodea a la monarquía británica en sus ceremonias públicas. Sin embargo, en su forma moderna, tal boato es un producto de finales del siglo XIX y del siglo XX. Las «tradiciones» que parecen o reclaman ser antiguas son a menudo bastante recientes en su origen, y a veces inventadas. Cualquier persona familiarizada con los colegios de las antiguas universidades británicas será capaz de recordar la institución de estas «tradiciones» a escala local, a pesar de que algunas, como el festival anual de Nine Lessons y Carols en la capilla del King's College en Cambridge en la noche de Navidad, se pueden generalizar utilizando un medio de masas moderno como la radio.

El término «tradición inventada» se usa en un sentido amplio, pero no impreciso. Incluye tanto las «tradiciones» realmente inventadas, construidas y formalmente instituidas, como aquellas que emergen de un modo difícil de investigar durante un período breve y mensurable, quizá durante unos pocos años, y se establecen con gran rapidez. La aparición en Navidad de la monarquía británica en los medios (instituida en 1932) es un ejemplo de las primeras, mientras que la emergencia y el desarrollo de prácticas asociadas con la final de la copa del fútbol británico lo es de las segundas. Es evidente que no todas son igual de permanentes, pero nuestra principal preocupación es su aparición y consolidación, más que sus posibilidades de supervivencia.

La «tradición inventada» implica un grupo de prácticas, normalmente gobernadas por reglas aceptadas abierta o tácitamente y de naturaleza simbólica o ritual, que buscan inculcar determinados valores o normas de comportamiento por medio de su repetición, lo cual implica de manera automática continuidad con el pasado. De hecho, cuando es posible, se intentan conectar con un pasado histórico que les sea adecuado. Un ejemplo sorprendente es la elección deliberada del estilo gótico para la reconstrucción del Parlamento británico, y la decisión igualmente deliberada de reconstruir la cámara parlamentaria después de la segunda guerra mundial siguiendo los mismos planos utilizados con anterioridad. El pasado histórico en que se inserta la nueva tradición no tiene por qué ser largo y alcanzar lo que se supone que son las brumas del pasado. Las revoluciones y los «movimientos progresistas» que rompen con lo anterior, por definición, tienen su propio pasado apropiado, a pesar de que este quede interrumpido en una fecha concreta como 1789. Sin embargo, en la medida en que existe referencia a un pasado histórico, la peculiaridad de las «tradiciones inventadas» es que su continuidad con este es en gran parte ficticia. En resumen, hay respuestas a nuevas situaciones que toman la forma de referencia a viejas situaciones o que imponen su propio pasado por medio de una repetición casi obligatoria. Es el contraste entre el cambio constante y la innovación del mundo moderno y el intento de estructurar como mínimo algunas partes de la vida social de este como invariables e inalterables, lo que hace que «la invención de la tradición» sea tan interesante para los historiadores de los dos siglos pasados.

En este sentido, la «tradición» debe distinguirse claramente de la «costumbre» que predomina en las denominadas sociedades «tradicionales». El objetivo y las características de las «tradiciones», incluyendo las inventadas, es la invariabilidad. El pasado, real o inventado, al cual se refieren, impone prácticas fijas —normalmente formalizadas—, como la repetición. La «costumbre» en las sociedades tradicionales tiene la función doble de motor y de engranaje. No descarta la innovación y el cambio en un momento determinado, a pesar de que evidentemente el requisito de que parezca compatible con lo precedente o incluso idéntico a este le impone limitaciones sustanciales. Lo que aporta es proporcionar a cualquier cambio deseado (o resistencia a la innovación) la sanción de lo precedente, de la continuidad social y la ley natural tal y como se expresan en la historia. Los estudiantes de los movimientos campesinos saben que la reclamación por parte de un pueblo de una tierra o un derecho común «por costumbre desde tiempos inmemoriales» a menudo no expresa un hecho histórico, sino el equilibrio de fuerzas en la lucha constante del pueblo contra los señores o contra otras comunidades. Los estudiantes del movimiento obrero británico saben que «la costumbre del oficio» o del pequeño comercio puede representar no una tradición, sino cualquier derecho que los trabajadores hayan establecido en la práctica, aunque sea recientemente, y que ahora intentan extender o defender otorgándole la sanción de la perpetuidad. La «costumbre» no puede alcanzar la invariabilidad, porque incluso en las sociedades «tradicionales» la vida no es así. El derecho consuetudinario o la ley común muestran todavía la combinación de flexibilidad sustancial y adhesión formal a lo precedente. La diferencia entre «tradición» y «costumbre» en este sentido se ilustra bien en este caso. La «costumbre» es lo que hacen los jueces, la «tradición» —en este caso inventada— es la peluca, la toga y otra parafernalia formal y prácticas ritualizadas que rodean esta acción sustancial. El declive de la «costumbre» transforma invariablemente la «tradición» con la que habitualmente está relacionada.

Una segunda distinción, menos importante, que debe hacerse es la que existe entre la «tradición» según se entiende aquí y la convención o rutina, que no tiene un significado ritual o una función simbólica como tal, a pesar de que la podría adquirir de manera accidental. Es evidente que cualquier práctica social que necesita llevarse a cabo repetidamente tenderá, por conveniencia o por eficiencia, a desarrollar un grupo de convenciones y rutinas, que pueden ser formalizadas *de facto* o *de iure* con el objetivo de enseñar la práctica a los nuevos aprendices. Esto se aplica tanto a las prácticas sin precedentes (por ejemplo, el trabajo de un piloto de aviones) como a otras mucho más familiares. Desde la Revolución Industrial, las sociedades se han visto obligadas por naturaleza a inventar, instituir o desarrollar nuevas redes de convenciones o rutinas determinadas de un modo más frecuente que las sociedades anteriores. En la medida en que funcionan mejor cuando se convierten en hábito, procedimiento automático o incluso acto reflejo, requieren invariabilidad, lo que puede dificultar otro requisito necesario de la práctica: la capacidad para reaccionar ante contingencias imprevistas o poco habituales. Esta es una debilidad bien conocida de la rutinización o de la burocratización, particularmente en los niveles subalternos donde la actuación invariable se considera como la más eficiente.

Estas redes de convención y de rutina no son «tradiciones inventadas» en la medida en que su función, y por consiguiente su justificación, es más bien técnica que ideológica (en términos marxistas, pertenece a la «base» más que a la «superestructura»). Están diseñadas para facilitar inmediatamente operaciones prácticas definibles y se modifican o abandonan con rapidez para enfrentarse a necesidades prácticas cambiantes, sin olvidar la inercia que cualquier práctica adquiere con el tiempo y la resistencia emocional a cualquier innovación por parte de la gente que se siente ligada a ella. Lo mismo sucede con las «reglas» reconocidas de juegos u otros modelos de interacción social, donde estos existan, o con cualquier otra norma de base pragmática. Cuando esto se da en combinación con la «tradición», la diferencia se hace inmediatamente observable. Llevar cascos duros cuando se monta a caballo tiene un sentido práctico, como sucede con los cascos de protección para los motociclistas o los cascos de acero para los soldados. Utilizar un tipo determinado de sombrero duro en combinación con la chaqueta roja de caza tiene un sentido totalmente diferente. Si no fuera así, sería tan fácil cambiar el traje «tradicional» de los cazadores de zorros como introducir en el ejército, una institución más bien conservadora, un casco de forma distinta si se pudiese demostrar que proporciona una protección más eficiente. De hecho, se podría sugerir que las «tradiciones» y las convenciones pragmáticas o las rutinas están relacionadas de modo inverso. La «tradición» muestra debilidad cuando, como sucede entre los judíos liberales, las prohibiciones dietéticas se pueden justificar pragmáticamente, al argumentar que los antiguos hebreos prohibieron el cerdo basándose en motivos higiénicos. De modo contrario, los objetos y las prácticas son más susceptibles de un uso ritual y simbólico cuando no van cargados de uso práctico. Las espuelas de los uniformes de los oficiales de caballería son más importantes para la tradición cuando no hay caballos, los paraguas de los oficiales de la guardia vestidos de civil pierden su significado cuando no se llevan plegados (es decir, cuando son útiles), las pelucas de los abogados difícilmente podrían tener su significado moderno si el resto de la gente no hubiese dejado de llevarlas.

Inventar tradiciones, como se asume aquí, es esencialmente un proceso de formalización y ritualización, caracterizado por la referencia al pasado, aunque solo sea al imponer la repetición. El proceso actual de creación de estos rituales y simbólicos complejos no ha sido adecuadamente estudiado por los historiadores. En gran parte continúa siendo oscuro. Se puede decir que se ejemplifica de manera más clara cuando una «tradición» se inventa de forma deliberada y es construida por un único iniciador, como es el caso de los Boy Scouts de Baden-Powell. Quizá resulta evidente en el caso de las ceremonias oficialmente instituidas y planeadas, siempre que se puedan documentar con facilidad, como en el caso de la construcción del simbolismo nazi y las concentraciones del partido en Núremberg. Pero es probable que sea más difícil de seguir cuando estas tradiciones han sido en parte inventadas, en parte desarrolladas en grupos privados —donde resulta más complicado registrar el proceso por medio de la burocracia—, o han aparecido de manera informal durante un período de tiempo como, por ejemplo, en el Parlamento o en el ámbito del derecho. La dificultad se halla no solo en las fuentes, sino también en las técnicas, a pesar de que tenemos a nuestra disposición tanto disciplinas esotéricas especializadas en el simbolismo y en el ritual, en la heráldica y en el estudio de la liturgia como disciplinas históricas warburguianas para el estudio de estas materias. Por desgracia, ninguna de ellas son familiares a los historiadores de la era industrial.

Probablemente, no hay ningún tiempo ni lugar por el que los historiadores se hayan interesado que no haya vivido la «invención» de la tradición en este sentido. Sin embargo, hay que esperar que sea más frecuente cuando una rápida transformación de la sociedad debilita o destruye los modelos sociales para los que se habían diseñado las «viejas» tradiciones, produciendo otros nuevos en los que esas tradiciones no puedan aplicarse, o cuando esas viejas tradiciones y sus portadores y promulgadores institucionales se convierten en insuficientemente adaptables y flexibles, o son de algún modo eliminados: en resumen, cuando se producen cambios lo bastante amplios y rápidos en la oferta y en la demanda. Estos cambios han sido muy significativos en los últimos doscientos años, y, por consiguiente, es razonable esperar que formalizaciones instantáneas de nuevas tradiciones se agrupen durante este período. Esto implica, incidentalmente, tanto contra el liberalismo decimonónico como contra la más reciente teoría de la «modernización», que estas formalizaciones no solo se limitan a las denominadas sociedades «tradicionales», sino que también tienen lugar, en una forma u otra, en las «modernas». En términos generales esto es así, pero hay que ser prudente con las siguientes afirmaciones: primero, que las viejas formas de estructura comunitaria y autoritaria, y por consiguiente las tradiciones que se les asocian, no se pudieron adaptar y se hicieron inviables en muy poco tiempo, y segundo, que las «nuevas» tradiciones simplemente fueron resultado de la incapacidad de usar o de adaptar las viejas.

La adaptación tuvo lugar para viejos usos en nuevas condiciones y por medio de la utilización de viejos modelos para nuevos objetivos. Las viejas instituciones con funciones establecidas, referencias al pasado e idiomas y prácticas rituales necesitarían adaptarse según esta vía: la Iglesia católica se enfrentó con nuevos retos políticos e ideológicos y cambios importantes en la composición de los creyentes —como la notable feminización tanto de los fieles laicos como del personal clerical—;[1] los ejércitos profesionales tuvieron que hacer frente al servicio militar obligatorio; las viejas instituciones, como las cortes de justicia, operaban ahora en un contexto diferente y a veces con cambios en sus funciones en un nuevo contexto. Así sucedió con las instituciones que disfrutaban de continuidad nominal, pero que de hecho se convertían en algo muy diferente, como es el caso de las universidades. Thus Karsten Bahnson[2] ha analizado el rápido declive, después de 1848, de la práctica tradicional de los éxodos en masa de estudiantes de las universidades alemanas —por razones de conflicto o manifestaciones— en términos del cambiante carácter académico de las universidades, la edad creciente de la población estudiantil, su aburguesamiento, que condujo a la disminución de las tensiones entre los ciudadanos y los estudiantes y los desórdenes de estos últimos, la nueva institución de la movilidad libre entre las universidades, el consiguiente cambio en las asociaciones estudiantiles y otras transformaciones.[3] En todos estos casos, la novedad no es menos nueva por el hecho de haber sido capaz de disfrazarse fácilmente de antigüedad.

Más interesante, desde nuestro punto de vista, es el uso de antiguos materiales para construir tradiciones inventadas de género nuevo para propósitos nuevos. Una gran reserva de estos materiales se acumula en el pasado de cualquier sociedad, y siempre se dispone de un elaborado lenguaje de práctica y comunicación simbólicas. A veces las nuevas tradiciones se pudieron injertar en las viejas, a veces se pudieron concebir mediante el préstamo de los almacenes bien surtidos del ritual oficial, el simbolismo y la exhortación moral, la religión y la pompa principesca, el folclore y la francmasonería —en sí misma una tradición inventada de gran fuerza simbólica—. Así, el desarrollo del nacionalismo suizo, concomitante con la formación de un moderno Estado federal en el siglo XIX, ha sido brillantemente estudiado por Rudolf Braun,[4] quien tiene la ventaja de trabajar en una disciplina (*Volkskunde*) que se presta a estos estudios, y en un país donde la modernización no ha sido frenada por la asociación con los abusos nazis. Las tradicionales prácticas de costumbres ya existentes, como las canciones populares, las competiciones físicas y el tiro, fueron modificadas, ritualizadas e institucionalizadas para nuevos propósitos. Las tradicionales canciones populares fueron provistas de nuevas melodías en el mismo idioma, a menudo compuestas por maestros de escuela y transmitidas a un repertorio coral cuyo contenido era patriótico-progresista («Nation, Nation, wie voll klingt der Ton»), a pesar de que se les incorporaban poderosos elementos rituales de los himnos religiosos. (La formación de nuevos repertorios, especialmente para las escuelas, es algo digno de estudio.) Los estatutos del Federal Song Festival —¿no nos recuerda a la festividad galesa del *Eisteddfodau*?— declaran que su objetivo es «el desarrollo y la mejora de la formación musical del pueblo, el despertar de sentimientos más elevados hacia Dios, la Libertad y el País, la unión y la fraternidad de los amigos del Arte y de la Patria». (La palabra «mejora» introduce la característica nota del progreso decimonónico.)

Un complejo ritual poderoso se formó alrededor de estas ocasiones: los pabellones de los festivales, las estructuras para la exposición de banderas, los templos para las ofrendas, las procesiones, el repique de campanas, los retablos vivientes, los saludos de armas, las delegaciones gubernamentales en honor del festival, las cenas, los brindis y las oraciones. Viejos materiales se adaptan nuevamente para esto:

> Los ecos de formas barrocas de celebración, exhibición y pompa se dan sin lugar a dudas en esta nueva arquitectura del festival. Y, como en la celebración barroca, el Estado y la Iglesia se mezclan en un plano más elevado, de modo que una aleación de elementos religiosos y patrióticos emerge de estas nuevas formas de actividad coral, de tiro y de actividad gimnástica.[5]

Aquí no se puede discutir hasta qué punto las nuevas tradiciones pueden utilizar viejos materiales, pueden ser forzadas a inventar nuevos lenguajes o concepciones, o ampliar el viejo vocabulario simbólico más allá de los límites bien establecidos. Está claro que muchas instituciones políticas, los movimientos ideológicos y los grupos, no menos en el nacionalismo, eran tan imprevisibles que incluso la continuidad histórica tuvo que ser inventada, por ejemplo al crear un antiguo pasado más allá de la efectiva continuidad histórica, tanto mediante la semificción (Boadicea, Vercingétorix, Arminio el Querusco) como por la falsificación (Ossian y los manuscritos medievales checos). También está claro que se crearon nuevos símbolos y concepciones como parte de movimientos nacionales y de Estados, como el himno nacional (cuyo primer ejemplo parece ser el británico en 1740), la bandera nacional (en todo caso una variación de la revolucionaria francesa tricolor, desarrollada entre 1790 y 1794), o la personificación de «la nación» en un símbolo o una imagen, ya fuera oficial, como en el caso de la Marianne o de la Germania, o no oficial, como en los estereotipos de John Bull, el delgado Tío Sam yanqui y el «German Michel».

Tampoco habría que olvidar la interrupción en la continuidad que se da a veces de manera clara incluso en los tradicionales *topoi* de antigüedad genuina. Según Lloyd,[6] las canciones de Navidad inglesas dejaron de crearse en el siglo XVII, para ser sustituidas por canciones de los libros de himnos del tipo Watts-Wesley, a pesar de que se puede observar una modificación popular de estas en las religiones de base rural, como el primitivo metodismo. Sin embargo, los villancicos fueron el primer tipo de canción popular que fue resucitado por los coleccionistas de clase media para ocupar un sitio «en los nuevos entornos de las iglesias, los gremios y las instituciones femeninas», y desde aquí se difundieron en un nuevo medio urbano a través de «cantantes callejeros o chicos que cantaban delante de las puertas de las casas con la vieja esperanza de obtener alguna propina». En este sentido, «God rest ye merry, Gentlemen» no es viejo, sino nuevo. Tal interrupción se hace visible incluso en los movimientos que se describen deliberadamente a sí mismos como «tradicionalistas», y que apelan a grupos que, por sentido común, están considerados los depositarios de la continuidad histórica y la tradición, como los campesinos.[7] De hecho, la aparición de movimientos para la defensa de las tradiciones, ya sean «tradicionalistas» o de otro tipo, indica esta interrupción. Estos movimientos, comunes entre los intelectuales desde el movimiento romántico, no pudieron desarrollar o incluso preservar un pasado vivo —excepto construyendo santuarios humanos naturales para rincones aislados de vida arcaica—, pero tenían que convertirse en «tradición inventada». Por otro lado, no hay que confundir la fuerza y la adaptabilidad de las tradiciones genuinas con la «invención de la tradición». Donde las viejas costumbres están vivas, las tradiciones no necesitan ser recuperadas o inventadas.

Sin embargo, se podría sugerir que donde se han inventado, a menudo no es porque los viejos modos de vida ya hubieran desaparecido o no fueran viables, sino porque se han dejado de utilizar deliberadamente o se han adaptado. Así, situándose a sí misma de modo consciente en contra de la tradición y a favor de la innovación radical, la ideología liberal del cambio social decimonónica fracasó sistemáticamente al no suministrar los lazos sociales y de autoridad que se daban por supuestos en anteriores sociedades, y creó vacíos que debieron llenarse con prácticas inventadas. El éxito de los encargados de fábrica *tories* en Lancashire —a diferencia de los liberales— en la utilización de estos viejos lazos para su beneficio muestra que estos todavía se podían utilizar, incluso en el entorno sin precedentes de la ciudad industrial.[8] Hasta cierto punto, no se puede negar que los modos de vida preindustriales no se adaptaron a la larga a una sociedad revolucionada, pero no hay que confundir este acontecimiento con los problemas que surgieron a causa del hecho de que los viejos modos de vida fueron rechazados por aquellos que los consideraban obstáculos para el progreso o, incluso peor, sus adversarios militantes.

Esto no evitó que los innovadores generasen sus propias tradiciones inventadas: las prácticas de la francmasonería son un buen ejemplo de ello. Sin embargo, una hostilidad general contra el irracionalismo, la superstición y las costumbres que eran reminiscencias de un pasado oscuro, si no provenían directamente de él, provocó que los apasionados creyentes en las verdades de la Ilustración, como los liberales, los socialistas y los comunistas, no fuesen receptivos a las tradiciones viejas o nuevas. Los socialistas, como veremos más adelante, se encontraron a sí mismos adquiriendo un Primero de Mayo anual sin saber bien cómo, los nacionalsocialistas explotaron estas ocasiones con una sofisticación, un celo litúrgico y una manipulación consciente de los símbolos.[9] La era liberal en Gran Bretaña toleró estas prácticas, en la medida en que no afectaban la ideología ni la eficiencia económica, a veces como una concesión a regañadientes al irracionalismo de las clases bajas. Su actitud respecto a las actividades sociales y rituales de las Friendly Societies fue una combinación de hostilidad —los «gastos innecesarios» y los «pagos para aniversarios, procesiones, bandas, insignias» fueron prohibidos legalmente— y de tolerancia respecto a acontecimientos como las fiestas anuales, puesto que «la importancia de esta atracción, especialmente por lo que respecta a la población del campo, no se puede negar».[10] Pero un racionalismo rigurosamente individualista dominaba no solo como cálculo económico, sino como ideal social.

Estas notas introductorias se pueden concluir con algunas observaciones generales sobre las tradiciones inventadas del período posterior a la Revolución Industrial.

Las tradiciones inventadas parecen pertenecer a tres tipos superpuestos: a) las que establecen o simbolizan cohesión social o pertenencia al grupo, ya sean comunidades reales o artificiales; b) las que establecen o legitiman instituciones, estatus, o relaciones de autoridad, y c) las que tienen como principal objetivo la socialización, el inculcar creencias, sistemas de valores o convenciones relacionadas con el comportamiento. Mientras que las tradiciones de los tipos b) y c) se crearon artificialmente —como las que simbolizaban sumisión a la autoridad en la India británica—, se puede sugerir provisionalmente que el tipo a) fue el dominante, y que las otras funciones se consideraban implícitas o surgidas de un sentido de identificación con una «comunidad» y/o las instituciones que la representaban, expresaban o simbolizaban como «nación».

Una dificultad fue que estas extensas entidades sociales no eran simplemente *Gemeinschaften* o sistemas de rangos aceptados. La movilidad social, los hechos de los conflictos de clase y la marcada desigualdad en las jerarquías formales —como en los ejércitos— dificultaban la aplicación universal de las tradiciones. Esto no afectó demasiado a las de tipo c) desde que la socialización general inculcó los mismos valores en cada ciudadano, miembro de la nación y súbdito de la corona, y las socializaciones funcionalmente específicas de diferentes grupos sociales —como los alumnos de las escuelas públicas diferenciados de los demás— no se interferían entre ellas. Por otra parte, en tanto que las tradiciones inventadas reintroducían, como de hecho se produjo, la noción de estatus en un contexto gobernado por el contrato, la superioridad y la inferioridad dentro de un mundo de igualdad legal, no podían hacerlo de un modo directo. Las tradiciones se podían infiltrar por medio del asentimiento formal simbólico a una organización social que de hecho era desigual, como la nueva forma que se dio a la ceremonia de coronación británica.[11] Más a menudo fomentaban el sentido corporativo de «superioridad» de las élites —particularmente cuando había que reclutarlas entre aquellos que no la poseían por nacimiento o atribución— que inculcaban un sentido de obediencia a los de rango inferior. Algunos eran animados a sentirse más iguales que otros. Esto se podía hacer asimilando las élites a los grupos de poder preburgueses o a las autoridades, tanto en la forma burocrática/militarista característica de Alemania —como el cuerpo duelista de estudiantes— o siguiendo el modelo de la «nobleza moralizada» de las escuelas públicas británicas. Alternativamente, quizá, el *esprit de corps*, la autoconfianza y el liderazgo de las élites se pudo desarrollar por medio de «tradiciones» más esotéricas que marcaban la cohesión de un antiguo mandarinato oficial —como sucedía en Francia o con los blancos en las colonias.

Teniendo en cuenta que las tradiciones inventadas «comunitarias» son el tipo básico, hay que estudiar su naturaleza. La antropología puede ayudar a dilucidar las diferencias, como mínimo, entre las prácticas tradicionales antiguas y las inventadas. Aquí podemos hacer notar que mientras que los ritos de paso se daban normalmente en las tradiciones de grupos particulares (iniciación, promoción, retiro y muerte), este no solía ser el caso de quienes estaban designados a las seudocomunidades que abarcaban a todos (naciones, países), posiblemente porque estas subrayaban su carácter eterno e inmutable, al menos desde la fundación de la comunidad. Sin embargo, tanto los nuevos regímenes políticos como los movimientos innovadores buscarían sus propios sustitutos para los ritos de paso asociados con la religión (matrimonio civil, funerales).

Se puede observar una diferencia importante entre las prácticas antiguas y las inventadas. Las primeras eran específicas y relacionaban fuertemente los lazos sociales, las segundas tendían a ser poco específicas y vagas, como la naturaleza de los valores, los derechos y las obligaciones de la pertenencia al grupo que inculcaban: «patriotismo», «lealtad», «deber», «jugar el juego», «el espíritu de la escuela» y demás. Pero si el contenido del patriotismo británico o del «americanismo» estaba mucho más definido, aunque a menudo especificado en los comentarios asociados con las ocasiones rituales, las «prácticas» que lo simbolizaban eran poco menos que obligatorias, como levantarse para escuchar el himno nacional en Gran Bretaña y el ritual de la bandera en las escuelas americanas. El factor crucial parece situarse en la invención de signos de pertenencia a un club cargados emocional y simbólicamente, más que en los estatutos y los objetivos de este club. Su significado reside de manera precisa en su vaga universalidad:

> La bandera nacional, el himno nacional y el emblema nacional son los tres símbolos por medio de los cuales un país independiente proclama su identidad y su soberanía, y como tales merecen respeto y lealtad inmediatos. En sí mismos transmiten todo el pasado, el pensamiento y la cultura de una nación.[12]

En este sentido, como hizo notar un observador en 1880, «los soldados y los policías llevan ahora los escudos por nosotros», a pesar de que se equivocó al predecir su renacimiento como adjuntos de los ciudadanos individuales en la era de los movimientos de masas que estaba a punto de empezar.[13]

La segunda observación es que parece obvio que, a pesar de tanta invención, las nuevas tradiciones no han llenado más que una pequeña parte del espacio dejado por el declive secular tanto de la vieja tradición como de la costumbre, tal y como se podía esperar de las sociedades en las cuales el pasado se hace crecientemente menos relevante como modelo o precedente para la mayoría de las formas del comportamiento humano. En la vida privada de la mayor parte de la gente y en la vida independiente de los pequeños grupos subculturales, incluso las tradiciones inventadas de los siglos XIX y XX ocupaban u ocupan un lugar mucho más pequeño del que ocupaban las viejas tradiciones en las sociedades agrarias.[14] «Lo que se hace» estructura los días, las estaciones y los ciclos vitales de los hombres y las mujeres occidentales del siglo XX mucho menos de lo que estructuraba la vida de sus ancestros, y aún mucho menos que las obligaciones externas de la economía, la tecnología, la organización estatal burocrática, las decisiones políticas y otras fuerzas que ni residen en la «tradición» en el sentido adoptado aquí, ni la desarrollan.

Sin embargo, esta generalización no se puede aplicar al campo de lo que se podría denominar la vida pública del ciudadano, incluyendo de algún modo las formas públicas de socialización, como las escuelas, para diferenciarlas de las privadas, o los medios de comunicación de masas. No hay ningún signo real de debilitamiento en las prácticas neotradicionales asociadas a los hombres empleados en el servicio público —las fuerzas armadas, el derecho, quizá incluso los funcionarios— o en prácticas asociadas con la pertenencia de los ciudadanos a un Estado. De hecho, la mayoría de las ocasiones en que la gente se hace consciente de la ciudadanía como tal permanecen asociadas a símbolos y prácticas semirrituales (por ejemplo, las elecciones), en su mayor parte históricamente nuevos e inventados: banderas, imágenes, ceremonias y música. Si las tradiciones inventadas de la época inaugurada por las revoluciones industrial y francesa han llenado algún vacío permanente —como mínimo hasta el presente—, este debería situarse en este ámbito.

¿Por qué —se podría preguntar finalmente— los historiadores deberían dedicar su atención a este fenómeno? La pregunta es en un sentido innecesaria, desde el momento en que un número creciente de ellos en realidad lo hacen, como dan testimonio los contenidos de este volumen y las referencias que en él se citan. Por tanto, es mejor replantearla. ¿Qué beneficios pueden obtener los historiadores del estudio de la invención de la tradición?

En primer lugar, lo más relevante, se puede sugerir que son síntomas importantes y, por consiguiente, indicadores de problemas que de otro modo no se reconocerían y de desarrollos que de otro modo serían difíciles de identificar y fechar. Son evidencias. La transformación del nacionalismo alemán desde su viejo modelo liberal hasta su nueva forma imperialista y expansionista se ilumina de modo más preciso por la rápida sustitución de los viejos colores negro-rojo-dorado por los nuevos negro-blanco-rojo (especialmente durante la década de 1890) en el movimiento gimnasta alemán, que por las declaraciones oficiales de las autoridades o los oradores de las organizaciones. La historia de las finales de la copa de fútbol británico nos da más muestras del desarrollo de una cultura urbana de clase obrera de lo que lo hacen los datos y las fuentes más convencionales. Por eso mismo, el estudio de las tradiciones inventadas no se puede separar del análisis general de la historia de la sociedad, ni se puede esperar avanzar más allá del simple descubrimiento de tales prácticas si no se integra en un estudio de más alcance.

En segundo lugar, ilumina las relaciones humanas con el pasado y, por consiguiente, la propia materia y el oficio de los historiadores. Todas las tradiciones inventadas, hasta donde les es posible, usan la historia como legitimadora de la acción y cimiento de la cohesión del grupo. Frecuentemente, esta se convierte en el símbolo real de la lucha, como en los combates por los monumentos dedicados a Walther von der Vogelweide y a Dante en el Tirol del Sur en 1889 y en 1896.[15] Incluso los movimientos revolucionarios hacen retroceder sus innovaciones por medio de la referencia al «pasado del pueblo» (los sajones contra los normandos, «nos ancêtres les Gaulois» contra los francos, Espartaco), a las tradiciones revolucionarias («Auch das deutsche Volk hat seine revolutionäre Tradition» como proclamó Engels en las primeras líneas de su obra *Las guerras campesinas en Alemania*)[16] y a sus propios héroes y mártires. La obra de James Connolly *Labour in Irish History* ejemplifica de manera excelente esta unión de temas. El elemento de la invención es particularmente claro aquí, desde el momento en que la historia que se convirtió en parte del fundamento del conocimiento y la ideología de una nación, Estado o movimiento no es lo que realmente se ha conservado en la memoria popular, sino lo que se ha seleccionado, escrito, dibujado, popularizado e institucionalizado por aquellos cuya función era hacer precisamente esto. Los historiadores orales han observado con frecuencia cómo, en los recuerdos actuales de los mayores, la huelga general de 1926 juega un papel más modesto y menos dramático de lo que los entrevistadores habían esperado.[17] Se ha analizado la formación de una determinada imagen de la Revolución francesa durante la Tercera República.[18] Todos los historiadores, sean cuales sean sus objetivos, están comprometidos en el proceso en tanto que contribuyen, conscientemente o no, a la creación, desmantelamiento y reestructuración de las imágenes del pasado que no solo pertenecen al mundo de la investigación especializada, sino a la esfera pública del hombre como ser político. Deberían ser conscientes de esta dimensión de sus actividades.

En este sentido, hay que destacar que las «tradiciones inventadas» tienen un interés específico para los historiadores modernos y contemporáneos. Son muy importantes para la innovación histórica relativamente reciente que supone la «nación» y sus fenómenos asociados: el nacionalismo, el Estado nación, los símbolos nacionales, las historias y demás. Todo esto se basa en ejercicios de ingeniería social que a menudo son deliberados y siempre innovadores, aunque solo sea porque la novedad histórica implica innovación. Sea cual sea la continuidad histórica de los judíos o los musulmanes de Oriente Próximo, el nacionalismo y la nación de israelíes y palestinos son nuevos, en tanto que el concepto de los Estados territoriales del tipo actual corriente en su región era casi impensable hace un siglo y apenas se convirtió en un proyecto serio antes del fin de la primera guerra mundial. Los idiomas nacionales estándares, que se aprenden en las escuelas y que se escriben, dejando de lado que una élite muy reducida los hable, son productos de edad variable pero a menudo breve. Como un historiador francés del idioma flamenco observó correctamente, el flamenco enseñado en la Bélgica actual no es el lenguaje que las madres y las abuelas de Flandes utilizaban con sus hijos: en resumen, es solo metafórica pero no literalmente una «lengua materna». No deberíamos dejarnos confundir por una paradoja curiosa pero comprensible: las naciones modernas y todo lo que las rodea suelen reclamar ser lo contrario de la novedad —es decir, buscan estar enraizadas en la antigüedad más remota—, y ser lo contrario de lo construido —es decir, buscan ser comunidades humanas tan «naturales» que no necesiten más definición que la propia afirmación—. Cualquiera que sea la continuidad histórica o de otro tipo insertada en el concepto moderno de «Francia» y «los franceses» —que nadie intentaría negar—, estos conceptos en sí mismos incluyen un componente construido o «inventado». Y justamente porque gran parte de lo que de forma subjetiva crea la «nación» moderna consiste en tales productos y se asocia a símbolos apropiados y relativamente recientes, y con un discurso creado a medida —como la «historia nacional»—, los fenómenos nacionales no se pueden investigar adecuadamente sin prestar una atención cuidadosa a la «invención de la tradición».

En fin, el estudio de la invención de la tradición es interdisciplinar. Es un campo de estudio que une a historiadores, antropólogos sociales y una gran variedad de investigadores de las ciencias humanas, y no se puede llevar a cabo de modo adecuado sin su colaboración.

Capítulo 7

LA PRODUCCIÓN DE LAS TRADICIONES «NACIONALES»

Si observamos la frecuencia con que se inventan tradiciones, descubriremos fácilmente que un período durante el que surgieron con especial asiduidad fueron los treinta o cuarenta años anteriores a la primera guerra mundial. Uno titubea antes de decir «con especial asiduidad» que en otras épocas, ya que es imposible hacer comparaciones cuantitativas realistas. No obstante, la creación de tradiciones se practicó con entusiasmo en numerosos países y con varios propósitos, y esta generación de tradiciones en serie es el tema del presente capítulo. Se practicó tanto oficial como extraoficialmente. La practicaron de forma oficial —podríamos decir que por motivos «políticos»— principalmente Estados o movimientos sociales y políticos organizados. La llevaron a cabo de forma extraoficial —por motivos que podríamos llamar «sociales»— sobre todo grupos sociales que no estaban organizados como tales o cuyos objetivos no eran específica o conscientemente políticos, como es el caso de clubes y hermandades, prescindiendo de si además cumplían funciones políticas o no. Esta distinción, lejos de ser una cuestión de principio obedece a la comodidad. Su finalidad es llamar la atención sobre dos formas principales de creación de tradiciones en el siglo XIX, reflejo ambas de las profundas y rápidas transformaciones sociales del período. Ya fueran de todo punto nuevos, o viejos pero transformados de manera espectacular, grupos, entornos y contextos sociales pedían la creación de mecanismos que asegurasen o expresaran cohesión e identidad social y estructurasen las relaciones sociales. Al mismo tiempo, debido a los cambios que estaba experimentando la sociedad, las formas tradicionales de gobierno por parte de los Estados y las jerarquías sociales o políticas resultaban más difíciles o incluso imposibles. Esto exigía nuevos métodos de gobernar o de establecer lazos de lealtad. Como es lógico, la consiguiente invención de tradiciones «políticas» fue más consciente y deliberada, toda vez que en gran parte fue obra de instituciones que perseguían fines políticos. Pese a ello, podemos señalar aquí mismo que la invención consciente dio buenos resultados sobre todo en proporción a la medida en que se retransmitió en una longitud de onda con la que el público ya sintonizaba. Las nuevas fiestas y ceremonias públicas, los nuevos héroes o símbolos oficiales, que atraían a los crecientes ejércitos de empleados del Estado y al cada vez más numeroso público cautivo que formaban los colegiales, aún podían fracasar en el intento de movilizar a los voluntarios ciudadanos si carecían de auténtica resonancia popular. El Imperio alemán fracasó en sus esfuerzos por convertir al emperador Guillermo I en padre fundador de una Alemania unida aceptado popularmente, y tampoco logró que su cumpleaños fuese un auténtico aniversario nacional. (¿Quién, por cierto, recuerda ahora el intento de llamarle «Guillermo el Grande»?) La incitación oficial logró que antes de 1902 se construyeran 327 monumentos en su honor, pero antes de que transcurriera *solo* un año de la muerte de Bismarck en 1898, 470 municipios habían decidido erigir «columnas de Bismarck».[1]

No obstante, el Estado vinculó la invención de tradiciones formales e informales, oficiales y oficiosas, políticas y sociales, al menos en los países donde surgía esta necesidad. Visto desde abajo, el Estado definía cada vez más el mayor escenario en el que se interpretaban las actividades de suma importancia que determinaban las vidas humanas como súbditos y ciudadanos. De hecho, definía de forma creciente, además de registrarla, la existencia civil (*état civil*) de las personas. Puede que no fuese el único escenario, pero su existencia, sus fronteras y sus intervenciones cada vez más regulares e inquisitivas en la vida del ciudadano eran, a fin de cuentas, decisivas. En los países desarrollados la «economía nacional», cuyo ámbito era definido por el territorio de algún Estado o sus subdivisiones, era la unidad básica del desarrollo económico. Un cambio en las fronteras del Estado o en su política tenía consecuencias materiales importantes y continuas para sus ciudadanos. La estandarización de la administración y del derecho dentro de ella, y, en particular, de la educación estatal, transformaba a las gentes en ciudadanos de un país específico: «campesinos, en franceses», por citar el título de un libro que viene al caso.[2] El Estado era el marco de las acciones colectivas de los ciudadanos, en la medida en que eran reconocidas oficialmente. Influir en el gobierno del Estado, o su política, o cambiar ambas cosas, era evidentemente el objetivo principal de la política nacional, y el hombre común tenía cada vez más derecho a participar en ella. De hecho, la política, en el nuevo sentido que adquiría la palabra en el siglo XIX, era esencialmente a escala nacional. En resumen, para fines prácticos, la sociedad («sociedad civil») y el Estado dentro del que actuaba se hicieron cada vez más inseparables.

Era, pues, natural, que las clases que existían en la sociedad, y en particular la clase obrera, tendieran a identificarse por medio de movimientos u organizaciones («partidos») políticos a escala nacional, e igualmente natural que, de hecho, estos movimientos u organizaciones actuasen esencialmente dentro de los confines de la nación.[3] Tampoco es extraño que los movimientos que pretendían representar a toda una sociedad o «pueblo» consideraran su existencia, esencialmente, en términos de la de un Estado independiente o al menos autónomo. El Estado, la nación y la sociedad convergían.

Por la misma razón, el Estado, visto desde arriba con la perspectiva de sus gobernantes formales o grupos dominantes, planteaba problemas sin precedentes sobre cómo mantener o siquiera establecer la obediencia, la lealtad y la cooperación de sus súbditos o miembros, o su propia legitimidad a ojos de estos. El hecho mismo de que sus relaciones directas y cada vez más intrusivas y regulares con los súbditos o ciudadanos como individuos —o, a lo sumo, cabezas de familia— se hicieran progresivamente más esenciales en sus actuaciones tendía a debilitar los mecanismos antiguos que habían permitido mantener, en gran parte, la subordinación social: colectividades o corporaciones con cierta autonomía respecto al gobernante, pero que controlaban a sus propios miembros, pirámides de autoridad vinculadas a autoridades superiores en sus ápices, jerarquías sociales estratificadas en las que cada estrato reconocía su lugar, etcétera. En todo caso, resultaron debilitadas por las transformaciones sociales como, por ejemplo, las que sustituyeron los rangos por las clases. Está claro que los problemas de los Estados y los gobernantes eran mucho más agudos allí donde sus súbditos se habían convertido en ciudadanos, esto es, personas cuyas actividades políticas eran reconocidas institucionalmente como algo que había que tener en cuenta, aunque solo fuera por medio de elecciones. Se agudizaron aún más cuando los movimientos políticos de ciudadanos como masas desafiaban de forma deliberada la legitimidad de los sistemas de dominación política o social, y resultaban o amenazaban con resultar incompatibles con el orden del Estado, al colocar las obligaciones para con alguna otra colectividad humana —la clase, la Iglesia o la nacionalidad eran las más frecuentes— por encima de él.

El problema parecía ser más fácil de resolver allí donde menos hubiese cambiado la estructura social, donde el destino de los hombres pareciera no estar sometido a más fucrzas quc las que una divinidad inescrutable había desencadenado siempre entre los seres humanos, y donde seguían vigentes las antiguas formas de superioridad jerárquica y subordinación estratificada, multiforme y relativamente autónoma. Si algo podía movilizar al campesinado del sur de Italia más allá de sus localidades, ese algo eran la Iglesia y el rey. Y, de hecho, el tradicionalismo de los campesinos —que no debe confundirse con pasividad, aunque no son muchos los casos en que desafiaran la existencia misma de los señores, cuando estos pertenecían a la misma fe y al mismo pueblo— recibía constantes alabanzas de los conservadores decimonónicos, que lo consideraban el modelo ideal del comportamiento político del súbdito. Por desgracia, los Estados en los que funcionaba este modelo eran por definición «atrasados» y, por tanto, débiles, y era probable que cualquier intento de «modernizarlos» hiciese que el modelo fuera menos viable. En teoría, una «modernización» que mantuviera el antiguo orden de la subordinación social —posiblemente por medio de alguna tradición inventada con acierto— no era inconcebible, pero, aparte de Japón, es difícil pensar en un ejemplo de éxito práctico. Y cabe sugerir que tales intentos de poner al día los lazos sociales de un orden tradicional entrañaban una reducción de la jerarquía social, un fortalecimiento de los lazos directos del súbdito con el gobernante central, quien, de manera deliberada o no, representaba de forma creciente un nuevo tipo de Estado. «Dios guarde al rey» era cada vez más —aunque en ocasiones simbólicamente— una exhortación política más eficaz que «Dios bendiga al terrateniente y su familia y nos mantenga en el lugar que nos corresponde».

[...]

El problema era más irresoluble en los Estados totalmente nuevos, cuyos gobernantes no podían usar con eficacia lazos de obediencia y lealtad políticas que ya existieran, y en los Estados cuya legitimidad —o la del orden social que representaban— ya no era, de hecho, aceptada. Da la casualidad de que en el período 1870-1914 había un número insólitamente reducido de «Estados nuevos». Para entonces, la mayoría de los Estados europeos, así como las repúblicas americanas, habían adquirido las instituciones oficiales, los símbolos y las prácticas fundamentales que Mongolia, al obtener cierta independencia de China en 1912, muy acertadamente, consideró novedosos y necesarios. Tenían capitales, banderas, himnos nacionales, uniformes militares y cosas por el estilo, que en gran parte se basaban en el modelo de Gran Bretaña, cuyo himno nacional —que data de alrededor de 1740— es probablemente el primero, y de Francia, cuya bandera tricolor fue imitada de forma muy general. Varios Estados y regímenes nuevos podían o bien, como la Tercera República Francesa, echar mano del anterior simbolismo republicano francés, o, como el Imperio alemán de Bismarck, combinar las invocaciones de un Imperio alemán anterior con los mitos y símbolos de un nacionalismo liberal que era popular entre las clases medias, y la continuidad dinástica de la monarquía prusiana, de la cual, en el decenio de 1860, eran súbditos la mitad de los habitantes de la

Alemania de Bismarck. Entre los principales Estados solo Italia tuvo que empezar desde cero al resolver el problema que D'Azeglio resumió diciendo: «Hemos hecho Italia; ahora debemos hacer italianos». La tradición del reino de Saboya no era ningún activo político fuera del noroeste del país, y la Iglesia se oponía al nuevo Estado italiano. Quizá no tenga nada de extraño que el nuevo reino de Italia, por más entusiasmo que pusiera en lo de «hacer italianos», mostrara muy poco por dar el voto a más del 1 o el 2 por ciento de ellos hasta que pareció que no podía evitarlo.

Sin embargo, si la instauración de la legitimidad de los nuevos Estados y regímenes fue relativamente poco común, su afirmación contra el desafío de la política popular no lo fue. Como hemos señalado, los principales representantes de ese desafío eran —por separado o en conjunción, a veces vinculados y a veces en oposición— la movilización política de las masas por medio de la religión (principalmente el catolicismo), la conciencia de clase (la democracia social) y el nacionalismo, o al menos la xenofobia. En el plano político, estos desafíos encontraban su expresión más visible en el voto y durante este período estaban vinculados de forma inextricable a la existencia del sufragio universal, o a la lucha por él contra adversarios que a estas alturas ya se habían resignado a batirse en retirada. En 1914 ya estaba en vigor alguna forma de sufragio masculino extenso aunque no universal en Australia (1901), Austria (1907), Bélgica (1894), Dinamarca (1849), Finlandia (1905), Francia (1875), Alemania (1871), Italia (1913), Noruega (1898), Suecia (1907), Suiza (1848-1879), el Reino Unido (1867-1884) y Estados Unidos, aunque todavía solo de vez en cuando iba unido a la democracia política. Con todo, incluso en los países cuya constitución no era democrática, la existencia misma de un electorado de masas ponía de relieve el problema de mantener su lealtad. La ascensión ininterrumpida del voto socialdemócrata en la Alemania imperial no preocupaba menos a sus gobernantes por el hecho de que el Reichstag tuviera muy poco poder.

Por tanto, el avance general de la democracia electoral y la consiguiente aparición de la política de masas dominaron la invención de tradiciones oficiales en el período 1870-1914. Lo que le dio una urgencia especial fue la dominación, tanto del modelo de instituciones constitucionales liberales como de la ideología liberal. El primero no proporcionó ninguna barrera teórica contra la democracia electoral, sino solo, en el mejor de los casos, una barrera empírica. De hecho, a los liberales les resultaba difícil no dar por sentada la extensión de los derechos cívicos a todos los ciudadanos —o al menos a los varones— tarde o temprano. La segunda había conseguido sus triunfos económicos y transformaciones sociales más espectaculares optando sistemáticamente por el individuo frente a la colectividad institucionalizada, por las transacciones de mercado (el *cash-nexus*) frente los lazos humanos, por la clase frente a la jerarquía basada en el rango, por la *Gesellschaft* frente a la *Gemeinschaft.* Así pues, se había abstenido sistemáticamente de proporcionar los lazos sociales y de autoridad que en anteriores sociedades se tenían por seguros y, de hecho, se había propuesto debilitarlos y lo había conseguido. Mientras las masas se mantuvieron apartadas de la política o se mostraron dispuestas a seguir a la burguesía liberal, esto no creó ninguna dificultad política importante. Sin embargo, a partir del decenio de 1870 resultó cada vez más obvio que las masas se estaban metiendo en política y no era posible contar con que siguieran a sus amos.

Después de la década de 1870, por consiguiente, y casi con seguridad en relación con el nacimiento de la política de masas, los gobernantes y los observadores de clase media redescubrieron la importancia que tenían los elementos «irracionales» para mantener el tejido y el orden sociales. Tal como comentaría Graham Wallas en *Human Nature in Politics* (1908): «Quien se proponga basar su pensamiento político en un reexamen del funcionamiento de la naturaleza humana, debe empezar por tratar de vencer su propia tendencia a exagerar la inteligencia del género humano».[4] Una nueva generación de pensadores no tuvo ninguna dificultad en vencer esta tendencia. Redescubrieron elementos irracionales en la psique individual (Freud), en la psicología social (Le Bon), por medio de la antropología en pueblos primitivos cuyas prácticas ya no parecían preservar meramente los rasgos infantiles de la humanidad moderna —¿acaso no vio Durkheim los elementos de todas las religiones en los ritos de los aborígenes australianos?—,[5] incluso en esa fortaleza quintaesenciada de la razón humana ideal que es el helenismo clásico (Frazer, Cornford).[6] El estudio intelectual de la política y la sociedad se vio transformado por el reconocimiento de que fuera lo que fuese lo que mantenía unidas a las colectividades humanas, no era el cálculo racional de sus miembros individuales.

[...]

Había que construir una «religión cívica» alternativa. La necesidad de esta religión era la esencia de la sociología de Durkheim, la obra de un ferviente republicano no socialista. Sin embargo, tuvieron que instituirla hombres que eran pensadores menos eminentes, aunque políticos más prácticos.

Sería una necedad sugerir que los hombres que gobernaron la Tercera República dependían principalmente de inventar tradiciones nuevas con el fin de conseguir la estabilidad social. Más bien se apoyaban en el innegable hecho político de que la derecha se encontraba en minoría electoral permanente, que el proletariado social-revolucionario y los díscolos parisienses podían ser vencidos siempre en las elecciones por los habitantes de los pueblos y las ciudades de provincias, cuya representación era desmesurada, y que la sincera pasión por la Revolución francesa y el odio a los intereses adinerados que mostraban los votantes republicanos de las zonas rurales generalmente podía aplacarse construyendo carreteras bien distribuidas por los distritos, defendiendo los precios elevados de los productos agrícolas y, casi con certeza, manteniendo los impuestos bajos. El prócer del socialismo radical sabía lo que se hacía cuando llevaba su discurso electoral —por medio de invocaciones del espíritu de 1789, mejor dicho, 1793, y un himno a la república— a un punto culminante en el que prometía su lealtad a los intereses de los viticultores del Languedoc, su distrito.[7]

No obstante, la invención de tradiciones desempeñó un papel esencial en el mantenimiento de la república, aunque solo fuera salvaguardándola tanto contra el socialismo como contra la derecha. Mediante la anexión deliberada de la tradición republicana, la Tercera República o bien domesticaba a los revolucionarios sociales (como la mayoría de los socialistas) o los aislaba (como los anarcosindicalistas). A su vez, ahora podía movilizar incluso a una mayoría de sus adversarios potenciales de la izquierda en defensa de una república y una revolución pasada, en un frente común de las clases que dejaba a la derecha reducida a una minoría permanente en la nación. De hecho, como deja claro *Clochemerle*, el libro de texto de la política en la Tercera República, la función principal de la derecha era proporcionar algo contra lo cual pudieran movilizarse los buenos republicanos. El movimiento obrero socialista se resistió a ser cooptado por la república burguesa hasta cierto punto; de ahí que se instaurara la conmemoración anual de la Comuna de París en el Mur des Féderés (1880) contra la institucionalización de la república; de ahí también que «La Internacional», que era nueva, sustituyera a «La Marsellesa», tradicional pero ahora oficial, como himno durante el asunto Dreyfus, y en especial durante las polémicas sobre la participación socialista en los gobiernos burgueses. Asimismo, los republicanos jacobinos radicales continuaron, dentro del simbolismo oficial, recalcando su separación de los republicanos jacobinos moderados y dominantes. Agulhon, que ha estudiado la característica manía de erigir monumentos, notable en la república, durante el período 1875-1914, señala con agudeza que en los municipios radicales Marianne mostraba como mínimo un pecho desnudo, mientras que en los moderados aparecía vestida decentemente.[8] Con todo, el hecho fundamental era que quienes controlaban la imaginería, el simbolismo, las tradiciones de la república eran los hombres de centro disfrazados de hombres de la extrema izquierda: los socialistas radicales, proverbialmente «como el rábano, rojo por fuera, blanco por dentro, y siempre en el lado donde el pan está untado de mantequilla». Una vez dejaron de controlar los destinos de la república —a partir de la época del frente popular—, los días de la Tercera República estuvieron contados.

Hay numerosos indicios de que la burguesía republicana moderada fue consciente de la naturaleza de su principal problema político («ningún enemigo a la izquierda») a partir de finales del decenio de 1860 y se puso a resolverlo tan pronto como la república estuvo bien instalada en el poder.[9] En lo que se refiere a la invención de tradiciones, tres grandes innovaciones vienen especialmente a propósito. La primera fue la creación de un equivalente laico de la Iglesia: la educación primaria, imbuida de principios y contenido revolucionarios y republicanos y dirigida por el equivalente laico de los sacerdotes —o tal vez, dada su pobreza, los frailes—, los *instituteurs.*[10] No cabe duda de que fue una construcción deliberada de la Tercera República en sus comienzos, y, teniendo en cuenta la proverbial centralización del gobierno francés, tampoco cabe duda de que el contenido de los manuales que debían convertir no solo a los campesinos en franceses sino a todos los franceses en buenos republicanos, no se dejó al azar. De hecho, la «institucionalización» de la Revolución francesa misma en la república y por la república se ha estudiado con cierto detalle.[11]

La segunda fue la invención de ceremonias públicas.[12]La más importante de ellas, el Día de la Bastilla, puede fecharse con exactitud en 1880. Combinaba manifestaciones oficiales y extraoficiales y festejos populares (fuegos artificiales, bailes callejeros) en una afirmación anual de Francia como la nación de 1789, en la que podían participar todos los hombres, mujeres y niños franceses. Sin embargo, aunque dejaba espacio para las manifestaciones más populares, más combativas, en general tendía a transformar la herencia de la república en una expresión conjunta de la pompa y el poder del Estado y la alegría de los ciudadanos. Una forma menos permanente de celebración pública eran las exposiciones internacionales que se celebraban de vez en cuando y que otorgaban a la república la legitimidad de la prosperidad, el progreso técnico (la torre Eiffel) y las conquistas coloniales en el mundo que ponían cuidado en recalcar.[13]

La tercera consistía en la producción en serie de monumentos públicos que ya hemos señalado. Cabe indicar que la Tercera República —a diferencia de otros países— no se mostró partidaria de construir grandes edificios públicos —ya numerosos en Francia, si bien las grandes exposiciones dejaron algunos en París— ni tampoco estatuas gigantescas. La principal característica de la «estatuomanía» francesa[14] fue su carácter democrático, anticipo de los monumentos a los caídos que se erigieron después de 1914-1918. Difundió dos tipos de monumentos por todas las ciudades y comunas rurales del país: la imagen de la República misma —bajo la forma de Marianne, que pasó a ser conocida universalmente—, y las barbudas figuras civiles de quienes el patriotismo local decidiera considerar sus personajes notables, del pasado y del presente. De hecho, si bien es evidente que se fomentó la construcción de monumentos republicanos, la iniciativa y los costes corrían a cargo de las localidades. Los empresarios que atendían este mercado proporcionaban opciones al alcance del bolsillo de todas las comunas republicanas. A partir de las más pobres, estas opciones iban desde modestos bustos de Marianne, de diversos tamaños, hasta estatuas de cuerpo entero y dimensiones varias, sin olvidar los pedestales y complementos alegóricos o heroicos con los que la ciudadanía más ambiciosa podía rodear los pies de las estatuas.[15] Los opulentos conjuntos de la Place de la République y la Place de la Nation en París aportaron la versión definitiva de este tipo de estatuas. Los monumentos de esta clase mostraban las raíces de la república —especialmente en sus bastiones rurales— y pueden considerarse como eslabones visibles entre los votantes y la nación.

Cabe señalar de paso algunas otras características de las tradiciones «inventadas» oficiales de la Tercera República. Exceptuando las conmemoraciones de figuras notables del pasado local, o de manifiestos políticos también locales, se mantuvo alejada de la historia. Sin duda se debió, en parte, a que la historia anterior a 1789 —con la posible excepción de «nos ancêtres les Gaulois»— recordaba a la Iglesia y la monarquía, pero también a que la historia posterior a 1789 fue en realidad una fuerza divisoria en lugar de unificadora: cada tipo —o, mejor dicho, cada grado— de republicanismo tenía sus propios buenos y malos en el panteón revolucionario, como demuestra la historiografía de la Revolución francesa. Las diferencias partidistas se expresaban en estatuas dedicadas a Robespierre, Mirabeau o Danton. Por tanto, a diferencia de Estados Unidos, y de los Estados latinoamericanos, la república francesa evitaba el culto a los padres fundadores. Prefería símbolos de carácter general e incluso se abstuvo de usar temas que hicieran referencia al pasado nacional en sus sellos de correo hasta mucho después de 1914, aunque la mayoría de los Estados europeos —aparte de Gran Bretaña y Escandinavia— descubrieron su atractivo a partir de mediados del decenio de 1890. Los símbolos eran escasos: la tricolor (democratizada y universalizada en el fajín del alcalde, presente en todos los matrimonios civiles u otras ceremonias), el monograma republicano (RF) y el lema (libertad, igualdad, fraternidad), «La Marsellesa», y el símbolo de la República y de la libertad misma, que, al parecer, tomó forma en los últimos años del Segundo Imperio, Marianne. También podemos señalar que la Tercera República no mostró ningún anhelo oficial por las ceremonias específicamente inventadas, tan características de la Primera: «árboles de la libertad», diosas de la razón y festejos especiales. No habría ninguna fiesta nacional oficial salvo la del 14 de Julio, ni movilizaciones, procesiones y marchas formales de la ciudadanía civil —a diferencia de los regímenes de masas del siglo XX, pero también a diferencia de Estados Unidos—, sino más bien una sencilla «republicanización» de la pompa habitual del poder del Estado: uniformes, desfiles, bandas de música, banderas y cosas por el estilo.

El Segundo Imperio alemán brinda un contraste interesante, en especial porque varios de los temas generales de la tradición inventada de la República Francesa son reconocibles en la suya. Su principal problema político era doble: cómo proporcionar legitimidad histórica a la versión bismarckiana (pruso-pequeño alemana) de la unificación, que no tenía ninguna; y qué hacer con la numerosa parte del electorado democrático que hubiese preferido otra solución (partidarios de la Gran Alemania, particularistas antiprusianos, católicos y, sobre todo, socialdemócratas). Parece ser que al propio Bismarck no le preocupaba demasiado el simbolismo, aunque ideó personalmente una bandera tricolor que combinaba el blanco-negro prusiano con el negro-rojo-dorado nacionalista y liberal que Bismarck deseaba anexionar (1866). No había ningún precedente histórico de la bandera nacional negrablanca-roja del Imperio.[16] La receta de Bismarck para lograr la estabilidad política era más sencilla: ganarse el apoyo de la burguesía (predominantemente liberal) llevando a cabo gran parte de su programa sin poner en peligro el predominio de la monarquía, el ejército y la aristocracia prusianos, utilizar las divisiones potenciales entre las diversas clases de oposición y evitar en la medida de lo posible que la democracia política afectara a las decisiones del gobierno. Los grupos en apariencia irreconciliables a los que no era posible dividir —especialmente los católicos y, sobre todo, los socialdemócratas posteriores a Lassalle— le desconcertaban un poco. De hecho, salió derrotado de sus choques frontales con ambos. Uno tiene la impresión de que este anticuado racionalista conservador, por más brillante que fuera en el arte de las maniobras políticas, nunca resolvió de manera satisfactoria las dificultades de la democracia política, a diferencia de la política de los notables.

Así pues, la invención de las tradiciones del Imperio alemán se asocia sobre todo con la época de Guillermo II. Sus objetivos eran principalmente dos: establecer la continuidad entre el Primer Imperio alemán y el Segundo, o, de forma más general, instaurar el nuevo Imperio como el cumplimiento de las aspiraciones nacionales seculares del pueblo alemán; y hacer hincapié en las experiencias históricas específicas que vincularon a Prusia y al resto de Alemania en la construcción del nuevo Imperio en 1871. Ambos, a su vez, requerían la fusión de la historia prusiana y la historia alemana, a la que durante algún tiempo se habían dedicado los historiadores imperiales patrióticos (sobre todo Treitschke). El principal obstáculo para alcanzar estos objetivos era, en primer lugar, que la historia del Sacro Imperio Romano de la nación alemana era difícil de encajar en algún molde nacionalista decimonónico, y, en segundo lugar, que su historia no sugería que el desenlace de 1871 fuese históricamente inevitable, ni siquiera probable. Solo podía vincularse a un nacionalismo moderno por medio de dos mecanismos: el concepto de un enemigo nacional secular contra el cual el pueblo alemán había definido su identidad y luchado por alcanzar la unidad como Estado, y un concepto de conquista o supremacía cultural, política y militar por medio del cual la nación alemana, que estaba muy dispersa en otros Estados, principalmente en el centro y el este de Europa, pudiera reivindicar el derecho a unirse en un solo Estado, la Gran Alemania. El segundo era un concepto que no gustaba al Imperio de Bismarck, específicamente partidario de la «Pequeña Alemania», aunque la propia Prusia, como daba a entender su nombre, se había construido históricamente en gran parte por medio de la expansión en regiones eslavas y bálticas ajenas al Sacro Imperio Romano.

Los edificios y los monumentos eran la forma más visible de establecer una nueva interpretación de la historia alemana, o, más bien, una fusión entre la antigua «tradición inventada» romántica del nacionalismo alemán anterior a 1848 y el nuevo régimen: los símbolos más convincentes eran aquellos en los que se lograba la fusión. Así, el movimiento de masas de los gimnastas alemanes —que fueron liberales y partidarios de la Gran Alemania hasta la década de 1860, bismarckianos después de 1866 y finalmente pangermanistas y antisemitas— tomó cariño a tres monumentos cuya inspiración era básicamente extraoficial: el monumento a Arminio el Querusco en el bosque de Teutoburgo (gran parte de él construido ya en 1838-1846 e inaugurado en 1875); el monumento de Niederwald a orillas del Rin, que conmemora la unificación de Alemania en 1871 (1877-1883); y el monumento del centenario de la batalla de Leipzig, que empezó a construir en 1894 un grupo patriótico llamado Liga para la Erección de un Monumento a la Batalla de los Pueblos en Leipzig y se inauguró en 1913. En cambio, parece que acogió sin ningún entusiasmo la propuesta de convertir el monumento a Guillermo I en las montañas de Kyffhäuser, en el lugar donde el mito popular afirmaba que reaparecería el emperador Federico Barbarroja, en un símbolo nacional (1890-1896), y no mostró ninguna reacción especial a la construcción del monumento a Guillermo I y Alemania en la confluencia del Rin y el Mosela (el Deutsches Eck o Rincón Alemán), dirigido contra las reivindicaciones francesas de la orilla izquierda del Rin.[17]

Dejando aparte estas variaciones, la masa de obra de albañilería y estatuas que se levantó en Alemania durante este período fue muy grande y permitió que arquitectos y escultores suficientemente acomodaticios y competentes hicieran fortuna.[18] Entre los que se construyeron o proyectaron solo en el decenio de 1890 podemos señalar el nuevo edificio del Reichstag (1884-1894) con su recargada imaginería histórica en la fachada, el monumento en Kyffhäuser que ya hemos mencionado (1890-1896), el monumento nacional a Guillermo I, quien claramente se quería presentar como el padre oficial del país (1890-1897), el de Guillermo I en la Porta Westfalica (1892), el de Guillermo I en el Deutsches Eck (1894-1897), el extraordinario Valhalla de príncipes Hohenzollern en la «Avenida de la Victoria» (Siegesallee) en Berlín (1896-1901), estatuas de Guillermo I en varias ciudades alemanas (Dortmund, 1894; Wiesbaden, 1894; Prenzlau, 1898; Hamburgo, 1903; Halle, 1901) y, un poco más tarde, una avalancha de monumentos a Bismarck que gozaron de un apoyo más sincero entre los nacionalistas.[19] La inauguración de uno de estos monumentos proporcionó la primera oportunidad de usar temas históricos en los sellos de correos del Imperio (1899).

Esta acumulación de ladrillo, argamasa y estatuas induce a hacer dos comentarios. El primero se refiere a la elección de un símbolo nacional. Dos estaban disponibles. Una «Germania» imprecisa pero apropiadamente militar, que no interpretó ningún papel notable en la escultura, aunque apareció en numerosos sellos de correos desde el principio, toda vez que ninguna figura dinástica podía simbolizar aún el conjunto de Alemania; y la figura del «Deutsche Michel», que en realidad desempeña un papel subordinado en el monumento a Bismarck. Pertenece a las curiosas representaciones de la nación, no como país o Estado, sino como «el pueblo», que animó el lenguaje político popular de los caricaturistas del siglo XIX y se pretendía —como John Bull y el yanqui con barba de chivo, pero *no* Marianne, la imagen de la República— que expresara el carácter nacional tal como lo veían los miembros de la nación misma. Sus orígenes y los primeros tiempos de su historia son oscuros, aunque, al igual que el himno nacional, es casi seguro que estaban en la Inglaterra del siglo XVIII.[20] El hecho es que la imagen del «Deutsche Michel» recalcaba tanto la inocencia y la ingenuidad que tan fácilmente explotaban los extranjeros astutos como la fuerza física que era capaz de movilizar para frustrar sus viles trucos y conquistas cuando finalmente se veía empujado a actuar. Al parecer, «Michel» era en esencia una imagen antiextranjera.

El segundo se refiere a la suma importancia de la unificación de Alemania por obra de Bismarck como la *única* experiencia histórica nacional que los ciudadanos del nuevo Imperio tenían en común, dado que todas las concepciones anteriores de Alemania y la unificación alemana tenían que ver, de una forma u otra, con la «Gran Alemania». Y dentro de esa experiencia, la guerra franco-alemana ocupaba un lugar central. En la medida en que Alemania tenía una (breve) tradición nacional, esta era simbolizada por los tres nombres siguientes: Bismarck, Guillermo I y Sedán.

Ejemplos claros de esto son los ceremoniales y rituales que se inventaron (también principalmente bajo Guillermo II). Así, las crónicas de un gimnasio dejan constancia de no menos de diez ceremonias que tuvieron lugar entre agosto de 1895 y marzo de 1896 con motivo del 25.º aniversario de la guerra franco-prusiana, entre ellas numerosas conmemoraciones de batallas, celebraciones del cumpleaños del emperador, la entrega oficial del retrato de un príncipe imperial, luminarias y discursos públicos sobre la guerra de 1870-1871, sobre la evolución de la idea imperial (*Kaiseridee*) durante la contienda, sobre el carácter de la dinastía Hohenzollern, etcétera.[21]

[...]

Es instructivo comparar las innovaciones francesas y alemanas. Ambas hacen hincapié en los actos fundacionales del nuevo régimen —la Revolución francesa en su episodio menos preciso y más controvertido (la toma de la Bastilla) y la guerra franco-prusiana—. Exceptuando este único punto de referencia histórica, la República Francesa se abstuvo de la retrospección histórica de forma tan notable como el Imperio alemán se entregó a ella. Como la revolución había establecido el hecho, la naturaleza y las fronteras de la nación francesa y su patriotismo, la república podía limitarse a recordar todo ello a sus ciudadanos por medio de unos cuantos símbolos obvios (Marianne, la tricolor, «La Marsellesa», etcétera) y complementarlos con un poco de exégesis ideológica —para sus ciudadanos pobres— sobre los beneficios obvios aunque a veces teóricos de la libertad, igualdad y fraternidad. Dado que antes de 1871 el «pueblo alemán» no tenía ninguna definición ni unidad política, y su relación con el nuevo Imperio —que excluía a grandes partes de él— era vaga, simbólica o ideológica, la identificación tenía que ser más compleja y —exceptuando el papel de la dinastía Hohenzollern, el ejército y el Estado— menos precisa. De ahí la multiplicidad de referencias, que abarcaban desde la mitología, el folclore (robles alemanes, el emperador Federico Barbarroja) y los estereotipos caricaturescos hasta la definición de la nación en términos de sus enemigos. Al igual que muchos otros pueblos «liberados», «Alemania» se definía más fácilmente por medio de aquello contra lo que estaba, que de cualquier otra manera.

Puede que esto explique la omisión más obvia que se advierte en las «tradiciones inventadas» del Imperio alemán: la falta de conciliación con los socialdemócratas. Es verdad que a Guillermo II le gustaba presentarse al principio como un «emperador social» y rompió de manera clara con la política de Bismarck, que había prohibido el partido. Sin embargo, la tentación de presentar el movimiento socialista como antinacional (*Vaterlandslose Gesellen*) resultó demasiado fuerte para resistirse a ella, y se excluyó a los socialistas del servicio del Estado —incluidos, en virtud de una ley expresa, los puestos de enseñanza superior— de manera más sistemática que en, por ejemplo, el Imperio de los Habsburgo. Sin duda dos de los quebraderos de cabeza políticos del Imperio fueron mitigados considerablemente. La gloria y el poderío militares y la retórica de la grandeza alemana desarmaron a los partidarios de la «Gran Alemania» o pangermanistas, que cada vez estaban más divorciados de sus orígenes liberales o incluso democráticos. Si de algún modo iban a alcanzar sus objetivos, o sería por medio del nuevo Imperio o de ninguna manera en absoluto. Los católicos no causaban ningún problema grave, como resultó claro al abandonarse la campaña de Bismarck contra ellos. No obstante, los socialdermócratas solos, que avanzaban de manera aparentemente inevitable hacia la condición de mayoría en el Imperio, constituían una fuerza política que, a juzgar por el ejemplo de otros países durante este período, deberían haber empujado al gobierno alemán a adoptar una actitud bastante más flexible.

Sin embargo, en una nación cuya autodefinición dependía tanto de sus *enemigos*, externos e internos, esto no era del todo inesperado;[22] sobre todo si se tiene en cuenta que la élite militar, por definición antidemocrática, constituía un mecanismo tan poderoso para asimiliar a la clase media a la condición de clase gobernante. Con todo, la elección de los socialdemócratas y, de manera menos formal, los judíos como enemigos internos, tenía una ventaja complementaria, aunque el nacionalismo del Imperio fue incapaz de explotarla plenamente. Era una llamada demagógica a la vez contra el liberalismo capitalista y el socialismo proletario que logró movilizar bajo la bandera de «la nación» a las grandes masas de la baja clase media, los artesanos y los campesinos que se sentían amenazados por ambos.

Resulta paradójico que la nación más democrática y una de las definidas de manera más clara, tanto territorial como constitucionalmente, se enfrentara a un problema de identidad nacional que en algunos aspectos se parecía al de la Alemania imperial. El problema político fundamental de Estados Unidos, una vez se hubo eliminado la secesión, fue cómo asimiliar una masa heterogénea —que se convirtió en una afluencia casi imparable hacia las postrimerías del período que nos ocupa— de personas que no eran americanas de nacimiento sino inmigrantes. A los americanos había que hacerlos. Las tradiciones inventadas de Estados Unidos en este período estaban concebidas principalmente para alcanzar este objetivo. Por una parte, se alentaba a los inmigrantes a aceptar rituales que conmemoraban la historia de la nación —la Revolución y sus padres fundadores (el 4 de Julio) y la tradición protestante anglosajona (el Día de Acción de Gracias)—, de hecho los aceptaban, toda vez que se convirtieron en días de fiesta y motivo de celebraciones públicas y privadas.[23] (A la inversa, la «nación» absorbió los rituales colectivos de los inmigrantes —el Día de San Patricio y, más adelante, el Día de Colón— en el tejido de la vida americana, sobre todo por medio del poderoso mecanismo asimilador de la política municipal y estatal.) Por otra parte, el sistema de educación fue transformado en una máquina para la socialización política mediante mecanismos tales como el culto a la bandera americana, que, como ritual cotidiano en las escuelas del país, se extendió a partir del decenio de 1880.[24] El concepto del americanismo como acto de *elección* —la decisión de aprender inglés, de solicitar la ciudadanía— y una elección de creencias, actos y modos de comportamiento específicos entrañaban el correspondiente concepto del «no americanismo». En los países que definían la nacionalidad existencialmente podía haber ingleses o franceses que no eran patriotas, pero su condición de ingleses o franceses no podía ponerse en duda, a menos que también se les pudiera definir como forasteros (*metèques*). Sin embargo, en Estados Unidos, como en Alemania, la persona «no americana» o *Vaterlandslose* hacía dudar de su propia condición real como miembro de la nación.

Como cabía esperar, la clase obrera constituía el conjunto más numeroso y visible de estos miembros dudosos de la comunidad nacional; y más dudosos todavía porque en Estados Unidos se podía clasificar a los obreros como extranjeros. La masa de nuevos inmigrantes la formaban obreros; a la inversa, desde por lo menos la década de 1860, parece que la mayoría de los obreros en casi todas las grandes ciudades del país había nacido en el extranjero. No está claro si el concepto de «no americanismo», que se remonta como mínimo al decenio de 1870, fue más una reacción de los nacidos en el país contra los forasteros, o de las clases medias protestantes anglosajonas contra los obreros nacidos en el extranjero. En todo caso, proporcionó un enemigo interno contra el cual el buen americano podía afirmar su americanismo mediante, por ejemplo, el cumplimiento puntilloso de todos los rituales formales e informales, la afirmación de todas las creencias convencional e institucionalmente establecidas como características de los buenos americanos.

[...]

Podemos ocuparnos más superficialmente de la invención de tradiciones estatales en otros países del período. Las monarquías, por razones obvias, tendían a vincularlas a la corona, y durante este período se iniciaron los ejercicios de relaciones públicas que ahora son habituales y se centraban en rituales reales o imperiales, que se vieron facilitados en gran medida por el feliz descubrimiento —o quizá sería más acertado decir invención— del jubileo o aniversario ceremonial. De hecho, su carácter novedoso se recalca en el *New English Dictionary*.[25] El valor publicitario de los aniversarios lo demuestra claramente la ocasión que con tanta frecuencia proporcionaban para la primera emisión de imágenes históricas o similares en los sellos de correos, la forma más universal de imaginería pública aparte del dinero.

Es casi seguro que el jubileo de la reina Victoria en 1887, repetido diez años más tarde en vista de su notable éxito, fue la inspiración de posteriores celebraciones reales o imperiales en este país y en otros. Incluso las dinastías más tradicionalistas —los Habsburgo en 1908, los Romanov en 1913— descubrieron los méritos de esta forma de publicidad. Era nueva en la medida en que iba dirigida al público, a diferencia de los ceremoniales reales de carácter tradicional cuyo objetivo era simbolizar la relación de los gobernantes con la divinidad y su posición en el ápice de una jerarquía de magnates. Después de la Revolución francesa, todos los monarcas tuvieron que aprender, tarde o temprano, a cambiar el equivalente nacional de «rey de Francia» por el de «rey de los franceses», esto es, a establecer una relación directa con la colectividad de sus súbditos, por humildes que fueran. Pese a que existía la opción estilística de una «monarquía burguesa» —cuyo pionero fue Luis Felipe—, parece que solo la usaron los reyes de países modestos que deseaban adoptar una actitud discreta (los Países Bajos, Escandinavia), aunque, al parecer, incluso a algunos de los gobernantes más ordenados por Dios —en especial el emperador Francisco José— les hizo gracia el papel de funcionario muy trabajador que vivía rodeado de comodidad espartana.

Hablando con propiedad, no había ninguna diferencia importante entre el uso político de la monarquía con el fin de reforzar a los gobernantes efectivos —como en los casos de los Habsburgo y los Romanov, pero quizá también en los imperios indios— y construir la función simbólica de las testas coronadas en los Estados parlamentarios. Ambos se apoyaban en la explotación de la persona real, con antepasados dinásticos o sin ellos, en recargados actos rituales acompañados de actividades propagandísticas y una amplia participación del pueblo, en no poca medida por medio de los públicos forzosos a los que era posible adoctrinar oficialmente gracias al sistema de educación. Ambos hacían del gobernante el centro de la unidad de su pueblo o sus pueblos, el representante simbólico de la grandeza y la gloria del país, de todo su pasado y la continuidad con un presente cambiante. Sin embargo, las innovaciones fueron tal vez más deliberadas y sistemáticas en los países donde, como en Gran Bretaña, el renacer del ritualismo real se vio como un contrapeso necesario a los peligros de la democracia popular. Bagehot ya había reconocido el valor de la deferencia política y las partes «dignas» —en contraposición a «eficientes»— de la constitución en los tiempos de la Segunda Ley de Reforma. El Disraeli anciano, a diferencia del joven, aprendió a utilizar la «reverencia ante el trono y su ocupante» como «poderoso instrumento de poder e influencia» y a finales del reinado de Victoria ya se entendía muy bien la naturaleza del mecanismo.

[...]

La gloria y la grandeza, la riqueza y el poder, podían ser compartidas de forma simbólica por los pobres a través de la realeza y sus rituales. Cabe sugerir que cuanto mayor era el poder, menos atractiva era la opción burguesa para la monarquía. Y podemos recordar que en Europa la monarquía fue la forma universal del Estado entre 1870 y 1914, exceptuando Francia y Suiza.

Tanto el deporte de masas como el de clase media combinaban la invención de tradiciones políticas y sociales de otra manera: proporcionando un medio para la identificación nacional y la comunidad facticia. Esto no era nuevo en sí mismo, ya que desde hacía mucho tiempo los ejercicios físicos en masa estaban vinculados a los movimientos liberales-nacionalistas (el *Turner* alemán, el *Sokols* checo) o a la identificación nacional (el tiro con fusil en Suiza). De hecho, la resistencia del movimiento gimnástico alemán, por razones nacionalistas en general y antibritánicas en particular, retrasó de manera clara el avance del deporte de masas en Alemania.[26] El auge del deporte proporcionó nuevas expresiones de nacionalismo por medio de la elección o la invención de deportes específicos de una nacionalidad: el rugby galés en contraposición al fútbol inglés, y el fútbol gaélico en Irlanda (1884), que adquirió auténtico apoyo de las masas unos veinte años más tarde.[27] Sin embargo, aunque la vinculación específica de los ejercicios físicos al nacionalismo como parte de los movimientos nacionalistas siguió siendo importante —como en Bengala[28]—, no cabe duda de que a estas alturas ya lo era menos que otros dos fenómenos.

El primero de ellos era la demostración concreta de los vínculos que unían a todos los habitantes del Estado nacional, con independencia de las diferencias locales y regionales, como en la cultura del fútbol típicamente inglesa o, de forma más literal, en instituciones deportivas tales como el Tour de Francia (1903), al que siguió el Giro de Italia (1909). Estos fenómenos eran aún más significativos porque evolucionaron espontáneamente o por medio de mecanismos comerciales. El segundo fenómeno consistía en las competiciones deportivas internacionales que muy pronto complementaron las nacionales y alcanzaron su expresión típica en el renacer de los Juegos Olímpicos en 1896. Si bien hoy solo somos conscientes de la oportunidad indirecta de identificación nacional que proporcionan tales competiciones, es importante recordar que antes de 1914 apenas habían empezado a adquirir su carácter moderno. Al principio, las competiciones «internacionales» servían para subrayar la unidad de las naciones o los imperios del mismo modo que las competiciones interregionales. Los partidos internacionales británicos —los precursores, como de costumbre— enfrentaban a las naciones de las islas británicas entre sí (en fútbol: los de Gran Bretaña en el decenio de 1870; Irlanda se incluyó en 1880), o varias partes del Imperio británico (el campeonato internacional de críquet empezó en 1877). El primer partido internacional de fútbol fuera de las islas británicas enfrentó a Austria y Hungría (1902). El deporte internacional, con pocas excepciones, siguió estando dominado por el amateurismo —esto es, por el deporte de clase media— incluso en el caso del fútbol, donde la asociación internacional (FIFA) la formaron países en los que el fútbol recibía poco apoyo en 1904 (Francia, Bélgica, Dinamarca, los Países Bajos, España, Suecia, Suiza). Los Juegos Olímpicos siguieron siendo el principal marco internacional para este deporte. Hasta este punto parece que la identificación nacional por medio del deporte contra los extranjeros en este período fue principalmente un fenómeno de clase media.

Puede que esto tenga importancia intrínseca. Porque, como hemos visto, las clases medias en el sentido más amplio de la expresión encontraron la identificación subjetiva de grupo insólitamente difícil, ya que, de hecho, no eran una minoría suficientemente pequeña para establecer la clase de pertenencia virtual de un club de ámbito nacional que uniera, por ejemplo, a la mayoría de los que habían pasado por Oxford y Cambridge, ni estaba suficientemente unida por un destino común y una solidaridad en potencia, como los obreros.[29] De manera negativa, a las clases medias les resultaba fácil segregarse de sus inferiores mediante mecanismos tales como la rígida insistencia en el amateurismo en el deporte, así como por medio del estilo de vida y los valores de la «respetabilidad», por no mencionar la segregación según la residencia. De manera positiva, puede sugerirse que les resultaba más fácil establecer un sentido de unidad por medio de símbolos externos, entre los cuales los del nacionalismo (patriotismo, imperialismo) eran tal vez los más importantes. Cabría sugerir que solo como quintaesencia de la clase patriótica fue como la clase media nueva, o la aspirante, halló la forma más fácil de reconocerse a sí misma de modo colectivo.

Lo que acabamos de ver es pura especulación. El presente capítulo no nos permite seguir ocupándonos del asunto. Lo único que podemos hacer aquí es señalar que hay como mínimo algunas presunciones de hecho a favor de ello, como cabe ver en el llamamiento al patriotismo de los estratos de clase media británicos en la guerra de Sudáfrica[30] y el papel de las organizaciones de masas nacionalistas de signo derechista

—su composición era principalmente de clase media, pero no de la élite— en Alemania a partir del decenio de 1880, el atractivo que ejercía el nacionalismo de Schönerer entre los estudiantes universitarios (de habla alemana) —estrato de clase media marcado profundamente por el nacionalismo en varios países europeos—.[31] El nacionalismo que ganó terreno se identificaba mayoritariamente con la derecha política. En el decenio de 1890 los gimnastas alemanes, que originalmente habían sido liberales-nacionalistas, abandonaron en masa los antiguos colores nacionales para adoptar la nueva bandera negra, blanca y roja: en 1898 solo cien de los 6.501 *Turnervereine* seguían manteniendo la antigua bandera negra, roja y dorada.[32]

Lo que resulta claro es que el nacionalismo se convirtió en sustituto de la cohesión social por medio de una Iglesia nacional, una familia real u otras tradiciones cohesivas, o autopresentaciones colectivas de grupo, una nueva religión laica, y que la clase que más necesitaba este modo de cohesión era la creciente nueva clase media o, mejor dicho, aquella numerosa masa intermedia que de manera tan señalada carecía de otras formas de cohesión. Aquí, una vez más, la invención de tradiciones políticas coincide con la de tradiciones sociales.

Determinar el grupo de «tradiciones inventadas» en los países occidentales entre 1870 y 1914 es bastante fácil. En el presente capítulo se han dado ejemplos suficientes de tales innovaciones, de las corbatas de la escuela y los jubileos reales, el Día de la Bastilla y las Hijas de la Revolución Americana, el Primero de Mayo, «La Internacional» y los Juegos Olímpicos a la Final de Copa y el Tour de Francia como ritos populares y la institución del culto a la bandera en Estados Unidos.

[...]

Sin embargo, quedan tres aspectos de la «invención de la tradición» en este período que requieren un breve comentario a modo de conclusión.

El primero es la distinción entre las nuevas prácticas del período que resultaron duraderas y las que duraron poco. Visto de manera retrospectiva, diríase que el período que incluye la primera guerra mundial señala una divisoria entre los leguajes del discurso simbólico. Como en los uniformes militares, lo que podríamos llamar el modo operístico dio paso al modo prosaico. Los uniformes inventados para los movimientos de masas del período de entreguerras, que difícilmente podían aducir la excusa del camuflaje operacional, evitaban los colores vivos y preferían tonos más apagados como el negro y el pardo de los fascistas y los nacionalsocialistas.[33] Sin duda los disfraces para los acontecimientos rituales todavía se inventaron para hombres del período 1870-1914, aunque no se me ocurren ejemplos —excepto, tal vez, como extensión de estilos antiguos a instituciones nuevas del mismo tipo y, cabe esperar, categoría, tales como las togas y capuchas académicas para nuevos *colleges* y títulos—. Ciertamente, se conservaron las indumentarias antiguas. Sin embargo, uno tiene la clara impresión de que en este sentido el período vivió del capital acumulado. En otro sentido, sin embargo, potenció claramente un lenguaje antiguo con especial entusiasmo. La manía de las estatuas y de los edificios públicos con decoraciones alegóricas o simbólicas ya se ha mencionado, y poca duda cabe de que alcanzó su apogeo entre 1870 y 1914. Sin embargo, este lenguaje de discurso simbólico estaba destinado a decaer de forma súbita en el período de entreguerras. Su extraordinaria moda resultaría casi tan efímera como el estallido, en la misma época, de otra clase de simbolismo, el *art nouveau.* Ni la adaptación masiva de alegoría y simbolismo tradicionales para fines públicos, ni la improvisación de un lenguaje nuevo e impreciso de simbolismo vegetal o femenino, pero en todo caso curvilíneo, principalmente para fines privados o semiprivados parecen haber sido apropiados de forma más que temporal para los requisitos sociales que motivaron su aparición. Sobre las razones solo podemos especular, y este no es lugar para ello.

En cambio, cabe sugerir que otro lenguaje de discurso simbólico público, el teatral, resultó más duradero. Las ceremonias públicas, los desfiles y las concentraciones ritualizadas de masas distaban mucho de ser nuevos. Sin embargo, su extensión para fines oficiales y fines laicos extraoficiales (manifestaciones de masas, partidos de fútbol, etcétera) en este período es bastante sorprendente. Ya hemos mencionado algunos ejemplos. Además, la construcción de espacios rituales formales, que ya había sido prevista conscientemente en el nacionalismo alemán, parece que se emprendió de forma sistemática incluso en países que hasta entonces le habían prestado poca atención —pienso en el Londres eduardiano— y tampoco deberíamos pasar por alto la invención en este período de construcciones esencialmente nuevas para espectáculos y rituales masivos *de facto* tales como estadios deportivos, al aire libre y cubiertos.[34] La asistencia de la realeza a la final de Copa de Wembley (a partir de 1914) y el uso de edificios tales como el Sportpalast de Berlín o el Velódromo de Invierno de París por parte de los movimientos de masas del período de entreguerras en los países respectivos son anticipos de la creación de espacios formales para los rituales de masas públicos (la Plaza Roja a partir de 1918) que los regímenes fascistas fomentarían de manera sistemática. Podemos señalar de paso que, de acuerdo con el agotamiento del viejo lenguaje del simbolismo público, los nuevos marcos para tales rituales públicos harían hincapié en la sencillez y la monumentalidad en vez de en la decoración alegórica decimonónica de la Ringstrasse de Viena o el monumento a Víctor Manuel en Roma,[35] tendencia que ya se había anticipado en el período que nos ocupa.[36]

Por tanto, en el escenario de la vida pública el énfasis se desvió del diseño de decorados recargados y variados, susceptibles de «leerse» como una historieta o un tapiz, al movimiento de los actores, ya fuera, como en los desfiles militares o de la realeza, una minoría ritual que actuaba ante una masa de espectadores, o, como se anticipaba en los movimientos políticos de masas del período (tales como las manifestaciones del Primero de Mayo) y los grandes acontecimientos deportivos de masas, una fusión de los actores y el público. Estas eran las tendencias que estaban destinadas a seguir evolucionando a partir de 1914. Sin especular más sobre esta forma de ritualización pública, no parece irrazonable relacionarla con la decadencia de la tradición antigua y la democratización de la política.

El segundo aspecto de la tradición inventada en este período se refiere a las prácticas que se identifican con clases o estratos sociales específicos en contraposición a miembros de colectividades más amplias como son los Estados o las «naciones». Si bien algunas de tales prácticas se concibieron como distintivos de la conciencia de clase —las prácticas del Primero de Mayo entre los obreros, la reactivación o invención de la indumentaria campesina «tradicional» entre los campesinos (*de facto* más ricos)—, un número mayor de ellas no se identificaban así en teoría y muchas, de hecho, eran adaptaciones, especializaciones o conquistas de prácticas que habían iniciado los estratos sociales superiores. El deporte es el ejemplo obvio. Desde arriba, la línea entre las clases se trazó aquí de tres maneras: mediante el mantenimiento del control de las instituciones de gobierno por parte de la aristocracia o la clase media, mediante la exclusividad social o, más comúnmente, mediante el elevado coste o la escasez de los bienes de capital necesarios (pistas de tenis o cotos de caza de verdad), pero, sobre todo, mediante la rígida separación entre el amateurismo, el criterio del deporte entre los estratos superiores, y el profesionalismo, su lógico corolario entre las clases bajas urbanas y obreras.[37] El deporte específico de una clase entre los plebeyos raras veces aparecía conscientemente como tal. Donde sí aparecía, solía ser por medio de la adopción de ejercicios de la clase superior, expulsando a quienes los practicaban hasta entonces, y creando luego una serie específica de prácticas sobre una base social nueva (la cultura del fútbol).

Es probable que las prácticas que de esta manera se filtraban socialmente hacia abajo —de la aristocracia a la burguesía, de la burguesía a la clase obrera— predominaran en este período, no solo en el deporte, sino en la indumentaria y la cultura material en general, dada la fuerza del esnobismo entre las clases medias, y de los valores de la autosuperación y el éxito burgueses entre las élites obreras.[38] Experimentaron una transformación, pero sus orígenes históricos siguieron siendo visibles. El movimiento opuesto no faltaba, pero en este período era menos perceptible. Puede que las minorías (aristócratas, intelectuales, anormales) admirasen ciertas subculturas y actividades urbanas y plebeyas —tales como el arte del *music-hall*—, pero la principal asimilación de prácticas culturales entre las clases bajas o para un público popular de masas tendría lugar más tarde. Algunas señales de ella eran visibles antes de 1914, principalmente por mediación de las diversiones y, tal vez sobre todo, el baile social, que puede vincularse a la creciente emancipación de las mujeres: la moda del *ragtime* o el tango. Sin embargo, cualquier estudio de las invenciones culturales de este período no puede por menos de tomar nota de la aparición de subculturas y prácticas de clase baja autóctonas que nada debían a modelos de clases sociales superiores, casi con seguridad como consecuencia de la urbanización y la migración en masa. La cultura del tango en Buenos Aires es un ejemplo.[39] Hasta qué punto entran en consideración en un examen de la invención de tradiciones debe seguir siendo discutible.

El último aspecto es la relación entre «invención» y «generación espontánea», planificación y crecimiento. Esto es algo que desconcierta siempre a los observadores en las modernas sociedades de masas. Las «tradiciones inventadas» cumplen importantes funciones sociales y políticas, y ni nacerían ni arraigarían si no pudieran adquirirlas. Sin embargo, ¿hasta qué punto son manipulables? La intención de usarlas, de hecho, a menudo de inventarlas, para la manipulación es evidente; ambas aparecen en política, la primera sobre todo —en las sociedades capitalistas— en el comercio y la industria. Hasta este punto los que creen en la teoría de la conspiración y se oponen a semejante manipulación tienen de su lado no solo la verosimilitud, sino también hechos. Pese a ello, también parece claro que los mejores ejemplos de manipulación son los que explotan prácticas que obviamente satisfacen una necesidad —que no por fuerza se entiende claramente— entre determinados grupos de personas. La política del nacionalismo alemán en el Segundo Imperio no puede entenderse solo desde arriba. Se ha sugerido que hasta cierto punto el nacionalismo escapó del control de quienes encontraban ventajoso manipularlo, en todo caso durante este período.[40] Los gustos y las modas, especialmente en las diversiones populares, pueden «crearse» solo dentro de límites muy estrechos; hay que descubrirlos antes de explotarlos y darles forma. La misión del historiador es descubrirlos de manera retrospectiva... pero también tratar de comprender por qué, en términos de sociedades y situaciones históricas cambiantes, llegó a sentirse tal necesidad.

Capítulo 8

ETNICIDAD, MIGRACIÓN Y EL ESTADO NACIÓN

El nuevo orden mundial del presidente George H. W. Bush es un nuevo desorden mundial y, por ahora, no se aprecia ni resulta siquiera concebible ninguna restauración de la estabilidad. Es en esta coyuntura en la que presenciamos el auge actual del fenómeno étnico, nacionalista o separatista en diversas partes del mundo, aunque evidentemente no en todas. En la otra cara de la moneda nos encontramos con el supranacionalismo o transnacionalismo; es decir, con el desarrollo de una economía mundial cada vez más integrada o, más en general, con un mundo cuyos problemas no pueden afrontarse de manera adecuada ni mucho menos solucionarse dentro de las fronteras de los Estados nación.

La paradoja de la situación es que alguna de estas perturbaciones está recreando Estados nación de carácter étnico-lingüístico, a menudo a una escala mucho más pequeña que antes, en una época en la que ello carece de todo sentido racional y en la que, de hecho, es especialmente peligroso. Pero no se trata de una tendencia universal. En la actualidad, los movimientos étnicos o similares no necesaria ni obligatoriamente consideran que tener un Estado nación propio vaya a resolverles sus problemas. Es algo que nos demuestra Estados Unidos en general, y su población de color en particular. En resumen, no debemos equiparar etnicidad con nacionalismo o etnicidad y otros intereses que pretendan instaurar Estados territoriales. Sin embargo, con mucha frecuencia estos términos se confunden.

Quiero llamar la atención sobre tres aspectos de esta nueva inestabilidad: en primer lugar, la situación concreta y explosiva entre las fronteras de Alemania, Austria e Italia en Occidente y las de Japón en Oriente, comprendiendo Oriente Medio y Asia central; en segundo, el fenómeno de la guetización dentro de los Estados; y, en tercer lugar, las consecuencias reales o potenciales de vivir durante un período de migraciones globales masivas comparables y potencialmente mucho mayores que la migración masiva europea que se produjo desde 1880 hasta 1920.

Lo que presenciamos ahora (1995) no es una prueba de la fuerza irresistible de la identidad étnica o nacional, sino que es fruto del resultado de la primera guerra mundial en una situación análoga a la de 1917-1920; es decir, de la descomposición de los imperios pluriétnicos. El desmoronamiento del Imperio de los Habsburgo y del Imperio otomano y el desplome temporal de la Rusia zarista originaron dos formas igualmente impracticables de acuerdos de posguerra. Sobre las ruinas de Europa, este colapso produjo el plan wilsoniano de una Europa de, en teoría, Estados nación étnica y lingüísticamente homogéneos. En Oriente Medio, ocasionó la imposición, formal o informal, de un imperio francés y otro británico sobre territorios nominalmente independientes con poca o ninguna presencia política histórica, así como una poco entusiasta fórmula wilsonana para los judíos en Palestina.

El acuerdo europeo se rompió antes que el de Oriente Medio. Quedó claro que la distribución de grupos étnicos y de lenguas es tal que los territorios nacionales homogéneos solo podían lograrse mediante la asimilación forzosa, los traslados de población masivos, y/o mediante el genocidio. Los turcos lo pusieron en marcha de manera modesta, con la asimilación forzosa de los kurdos, los traslados masivos de los griegos y el genocidio de los armenios. Pero en la década de 1940, todo volvió al primer plano a una escala mucho mayor con el genocidio de los judíos y de otros grupos, y, una vez terminada la guerra, con la expulsión en masa de los alemanes de la Europa central y del Este.

En resumen, a pesar de ello, la situación en grandes zonas de Europa seguía básicamente como antes. Los Estados nacionales territorialmente homogéneos solo pueden imponerse al mismo coste. Y mientras tanto la migración internacional ha creado —o recreado— la diversidad étnica incluso en Estados en los que la barbarie de la década de 1940 ya la había eliminado, como fue el caso de la antigua Yugoslavia. En resumen, los temas más candentes en la Europa de hoy son problemas creados por la primera guerra mundial y no antes. En Yugoslavia, croatas y serbios en el mismo Estado; checos y eslovacos en el mismo Estado, y así sucesivamente. Esto es aplicable también a los explosivos problemas nacionales soviéticos que antes de 1914 eran irrelevantes. Tampoco el problema caucásico ni el báltico tenían que ver, en ningún sentido importante, con un problema histórico de nacionalismo. Por el contrario, los problemas históricos del nacionalismo que eran acuciantes o que existían antes de 1914 están ahora relativamente desactivados. El ejemplo más obvio es la cuestión macedonia en los Balcanes, que solo se agudizó enormemente cuando —por razones que nada tenían que ver con Macedonia— Yugoslavia se fragmentó; y también la cuestión ucraniana en la antigua Unión Soviética, que asimismo pasó a primer plano tras el desplome de la URSS. En 1917 el nacionalismo ucraniano era más fuerte, aun sin ser separatista. No existía un nacionalismo báltico digno de mención.

Un breve apunte. Replicar 1918 no solo crea inestabilidad y no resuelve ningún problema —si bien en realidad en una economía transnacional es posible pensar en una Eslovaquia y una Serbia económicamente viables, mientras que durante el período de entreguerras no lo eran— aunque es algo verdaderamente peligroso para la democracia. Es peligroso para la cultura. Es peligroso para la libertad porque las naciones pequeñas, a diferencia de las grandes, insisten en dominar a sus minorías en aras de la homogeneidad.

En Quebec, el problema no tiene que ver con los ingleses; tiene que ver con los italianos, los griegos, los inuit, los nativos americanos a quienes se obliga a asimilarse culturalmente a la cultura francesa imperante. Y lo mismo puede decirse en los casos de Eslovaquia, Croacia, Serbia y de cualquier otro lugar.

Una breve consideración sobre el segundo punto: la guetización. El patrón moderno de migración produce, al menos inicialmente, una diáspora de guetos, en su mayoría urbanos. La democracia produce una maquinaria para que los grupos minoritarios puedan luchar con garantías por una parte de los recursos centrales o nacionales, razón por la cual el programa nacionalista clásico resulta irrelevante para los grupos que se encuentran en esa situación. La segregación es políticamente efectiva, y por ello se desarrolla con tanta rapidez en países como Estados Unidos. En unas elecciones recientes en Nueva York, la reorganización de los distritos fue diseñada específicamente para fomentar la representación de las minorías, no solo de las minorías étnicas. Por ejemplo, en el West Village y Chelsea, esa reorganización se proyectó para generar un territorio específico de representación gay, y el candidato ganador se presentó a sí mismo no solo como gay, sino como seropositivo en VIH.

La migración de masas también produce fricciones entre grupos. En casos extremos, crea áreas que forman una barrera a su alrededor para protegerse de forasteros hostiles o inaceptables. Esto es peor que vivir unos al lado de otros, como había sucedido en el pasado, dentro de unos límites. Pero es mejor que la masacre mutua o la transformación racista de las políticas nacionales que podemos ver en muchos países europeos. A este respecto, los acontecimientos que se producen en Estados Unidos son más aceptables que los que ocurren en otros lugares. Allí el racismo tiende a ser menos peligroso y menos generalizado que en otros países, porque está mucho más limitado a las pugnas comunitarias, a diferencia de países como Francia o incluso de países sin una tradición racista aparente, como Suecia o Italia. Incluso cuando la guetización se convierte en una guerra civil entre comunidades, como en Irlanda del Norte, hasta ahora se ha podido contener. Una de las paradojas más tristes es que, en realidad, Irlanda del Norte es una sociedad más pacífica, estable y sana que la mayoría del resto de Gran Bretaña, a pesar de que un cierto número de personas están siendo asesinadas en las fronteras de ambos guetos.

El aspecto obviamente negativo es que, al final, la división de la población de un Estado en subunidades independientes no permite la subsistencia de ninguna base nacional común. Y, de hecho, la habilidad que en su día proporcionó al Partido Demócrata su unidad —es decir, la capacidad de forjar una sola unidad a partir de la diversidad étnica y, si se quiere, unidad de clase— ha dejado de ser válida. Ahora nos encontramos con que el tipo de preocupación por la americanización que existía en Estados Unidos en el período desde 1880 hasta 1922 es inexistente. Y esto es un auténtico problema. Posiblemente, solo en Australia, entre los países que han tenido una inmigración masiva, se advierte una preocupación básica por la integración y la creación de algún tipo de unidad nacional.

En la actualidad vivimos en una era de migración de masas global, y no solo en Europa. Potencialmente, es mucho mayor de lo que creemos. El porcentaje del exceso demográfico de la población europea que emigró entre 1880 y 1914 era enorme. Mientras que hoy, incluso en América Latina, que registra la mayor emigración masiva, este porcentaje es insignificante, en términos relativos, comparado con el de la emigración italiana, noruega o sueca en la era anterior. El potencial es mucho mayor. Hasta ahora, Estados Unidos, Canadá y Australia han sido bastante excepcionales al permitir, con muy pocas trabas, este tipo de inmigración libre. En todas partes, aun después de la guerra del Golfo, la respuesta ha sido cerrar las puertas y levantar barreras en los puntos de entrada de la nación, si bien esto no ha impedido la aparición de minorías permanentes y cada vez mayores del tercer mundo en los países más desarrollados. El mundo desarrollado se ha convertido en un porcentaje cada vez menor del planeta. Entre 1750 y 1990, creció demográficamente, de manera absoluta y relativa, desde aproximadamente el 15 por ciento de la población mundial hasta casi un tercio de la misma. Desde 1900 o, para ser más exactos, desde 1950, la población del mundo desarrollado ha disminuido. Ahora ha vuelto a caer hasta el 15 o 20 por ciento, si como porcentaje de la población global consideramos a los países de la OCDE. Este es el mundo rico, la tierra de leche, miel y oro, hacia la cual los pobres del mundo se sienten atraídos por naturaleza, sobre todo en una sociedad capitalista internacional que, teóricamente, fomenta el libre movimiento de los factores de producción. Además, los seduce el hecho de que el mundo desarrollado, incluyendo los antiguos países socialistas, no se reproduce, y por ello tienen un problema de falta de fuerza de trabajo.

Naturalmente, una solución posible a esta situación es rechazar a los extranjeros, crear barreras a nuestro alrededor. Sin embargo, creo que, en realidad, eso ya no es posible. La segunda es una solución tipo *apartheid*, que consiste en admitir o aceptar a estos nuevos inmigrantes, pero convirtiéndolos en una subclase permanente. Otra cosa que debatir es que esto siga siendo posible ahora que ha quedado demostrada su imposibilidad incluso en Sudáfrica. La tercera solución es permitir y afrontar una transformación bastante fundamental y a largo plazo, como ha sucedido en Estados Unidos, por supuesto, donde en las grandes ciudades la mayoría de la población ya no es blanca ni europea de origen. No creo que esto signifique necesariamente el fin de una cultura básica, sobre todo una cultura como la establecida en Estados Unidos. Esencialmente, el Imperio romano siguió, o se vio obligado a seguir, esta misma estrategia política. Pero al final, lo que fue el Imperio romano sigue estando, hasta hoy, culturalmente marcado por los romanos y la cultura latina, ya sea en su forma civil o religiosa.

Por último, quiero llamar su atención sobre otra posibilidad. Esto es, que el transporte moderno y la globalización moderna del mundo hagan posible la existencia binacional o multinacional simultánea, como la que ya están experimentando, de manera natural, muchos miembros de la clase media alta, sobre todo los académicos. Hay personas que habitualmente pasan parte del año en un país, la otra parte en otro, sin que ello implique que pierdan sus raíces. Y esto puede estar sucediendo no solo a alto nivel. Ya hay muchos israelíes que, normalmente, aunque siguen siendo israelíes o inmigrantes israelíes permanentes, pasan muchos meses al año en Nueva York para ganarse la vida y después vuelven a Israel. Yo mismo he conocido el caso de un ecuatoriano de Guayaquil que pasa seis meses en Nueva York, gana sus dólares conduciendo un taxi, y después vuelve a casa, donde su esposa se ocupa de sus negocios guayaquileños.

¿Dónde deja esto a la etnicidad excluyente, al nacionalismo excluyente, a la división excluyente del mundo? No planteo estas preguntas para responderlas, porque no hay respuesta. Las planteo porque son problemas que la izquierda y la derecha deben afrontar hoy.

Capítulo 9

EL INTERNACIONALISMO DE LA CLASE OBRERA*

Es un honor para mí abrir el coloquio organizado para conmemorar el 50.º aniversario del International Institute of Social History, fundado en 1935, el mayor archivo e instituto de su especie del mundo. La función del ponente que inaugura un certamen como este es muy clara: felicitar al organismo convocante de parte de todo aquel que haya tenido los más mínimos contactos con el estudio del trabajo y de los movimientos socialistas en cualquier lugar del mundo, y desear, al Instituto y a sus colaboradores y usuarios otros cincuenta años de éxito. Todos los asistentes a este coloquio conocen el Instituto y tienen una gran deuda con sus extraordinarios e indispensables fondos; con el trabajo realizado por sus colaboradores o bajo sus auspicios y con su notable serie de publicaciones. Sería absurdo entrar en detalles sobre lo que ya todos sabemos y apreciamos. Pero no puedo dejar de recor-

* En este artículo se distingue el problema de cómo los partidos internacionalistas de la clase obrera se relacionan con la política de los Estados nación (especialmente en las guerras), de otros dos aspectos del internacionalismo de la clase obrera. En él se abordan (1) las diferencias y semejanzas entre nuestro internacionalismo y el internacionalismo burgués liberal-radical imperante en el siglo XIX, y (2) los diversos internacionalismos existentes en los movimientos obreros y sus militantes. En el apartado (1) se señalan las ventajas operativas del internacionalismo en las luchas obreras, la organización específicamente internacional de los movimientos obreros y su falta de interés en la «construcción nacional». En el apartado (2) se advierte contra la aplicación de una dicotomía rígida nacionalismo/internacionalismo, subrayando no obstante la importancia de la oposición del movimiento al chovinismo y al racismo.

dar que, de no ser por la fundación del Instituto y los esfuerzos de sus pioneros, la extraordinaria riqueza de materiales históricos que contiene, empezando por los manuscritos originales de Marx y Engels, podrían incluso no existir. Que muchos de ellos sobrevivieran a la trágica era del fascismo y la guerra se debe a los hombres y mujeres que decidieron fundar y organizar este Instituto, a sus trabajos, y a las muchas personas, entidades e instituciones en los Países Bajos que contribuyeron a su fundación e hicieron posible su continuidad. Que los próximos cincuenta años del Instituto sean tan fructíferos y notables como lo ha sido su primer medio siglo.

Más allá de felicitar al Instituto, las funciones del ponente que inaugura este coloquio no están muy claras. No deseo anticipar las actividades de los próximos tres días. Sin embargo, puede ser útil reflexionar sobre algunas de las ambigüedades del concepto «internacionalismo de la clase obrera» tal como se ha entendido o malentendido. Tal como expondré, estas ambigüedades son de tres tipos. Primero, no siempre está claro cómo el «internacionalismo de la clase obrera» o, más concretamente, el internacionalismo de los movimientos socialistas que hablan, o afirman hablar, en nombre de la clase obrera, está relacionado con otras formas de internacionalismo que tanto abundaban en el siglo XIX. En otras palabras, lo que es específico de la clase obrera y sus movimientos en la ideología internacionalista asociada a ellos. Segundo, al identificar la clase obrera y el movimiento de la clase obrera, nos arriesgamos a confundir diferentes tipos o niveles de internacionalismo existentes en el seno de ambos. Y en tercer lugar, tenemos el complejo y apasionadamente debatido problema de cómo el internacionalismo de la clase obrera, o de sus movimientos, o de los movimientos que afirman hablar en su nombre, se relacionan con la nación; es decir, en la práctica, los Estados nación dentro de los cuales estas clases y movimientos desarrollaron su existencia, o cómo deben relacionarse.

Prácticamente todos los debates políticos relacionados con el internacionalismo de la clase obrera tienen que ver con este tercer conjunto de problemas. Han sido abordados con especial pasión y apremio cuando los Estados que poseían tales movimientos han entrado en guerra uno contra otro, y con más pasión aún desde 1945, cuando incluso los Estados que se denominaban socialistas han emprendido acciones militares contra otros Estados socialistas. La guerra franco-alemana de 1870-1871 fue, en mi opinión, la primera en la que el problema del internacionalismo de la clase obrera en una época de conflicto entre naciones se manifestó de manera pública. He situado este problema en tercer lugar simplemente porque es innecesario subrayar su importancia, y más adelante volveré a referirme a él.

Mientras tanto, permítanme abordar el primer conjunto de ambigüedades, ya que este plantea problemas de teoría e historia que se pasan por alto demasiado a menudo. El internacionalismo es un componente integral de la ideología del liberalismo y del progreso burgués en el siglo XIX. Podemos ir más allá y afirmar que es parte integrante de todas las teorías de la evolución social. ¿Existe una versión específica del internacionalismo de la clase obrera y, si es así, en qué consiste?

La razón por la cual esto ha pasado bastante desapercibido, y por la que no resulta fácil admitir su considerable importancia, es que este «internacionalismo» existe, por así decirlo, en la penumbra del concepto del cual obviamente deriva, es decir, del concepto de «la nación» o «naciones»; y, como todo el mundo sabe, uno de los grandes rompecabezas de la historia intelectual del siglo XIX es que, si bien los conceptos o términos de «nación», «nacionalidad» o «nacional» son empleados profusamente por la mayoría de los pensadores, su significado dista mucho de estar claro. De hecho, estos términos no están definidos en el *Manifiesto comunista*. Es como si los escritores, en el período anterior a que empezasen los debates marxistas sobre la «cuestión nacional» en la década de 1880, considerasen por lo general que los términos eran demasiado obvios como para precisar mayor aclaración. Como el liberal inglés Bagehot dijo de «la nación»: «Sabemos lo que es cuando no nos preguntan, pero no podemos explicarla o definirla con inmediatez».

En otros textos intento analizar la naturaleza de «la nación» en el período triunfal de la ideología liberal burguesa, y aquí solo quiero esbozar su conexión con un tipo de internacionalismo. Por exponer el asunto en pocas palabras, prácticamente todos los pensadores posteriores a la Ilustración del siglo XVIII adoptaron la idea de que la evolución de la sociedad humana pasaba de la escala más pequeña a la mayor: desde la localidad, a la región y al Estado; desde el grupo de parentesco, a la tribu y al pueblo y, finalmente, a una sociedad global, globalmente organizada, con una cultura global, una *Weltliteratur*, y quizá incluso una única lengua global. La mayoría, sin demorarse demasiado en ello, darían por sentado que la fase de esta evolución que coincidió con la sociedad burguesa y liberal fue la del Estado y el pueblo; es decir, de «la nación» y del Estado nación. O, dicho en términos más precisos, el Estado nación suficientemente grande como para desempeñar sus funciones históricas de desarrollo económico, político y cultural, llevadas a cabo para incluir en ellas la explotación de las zonas subdesarrolladas y atrasadas del planeta. La fuerza de la evolución histórica residía en las nacionalidades «grandes», y por tanto viables, y sus Estados contra las pequeñas. Indudablemente, más allá de ellos estaba el futuro transnacional o internacionalista de la sociedad mundial, al que incluso nacionalistas como Friedrich List afirmaban aspirar, y que generó gran cantidad de retórica sincera pero absolutamente insustancial. El internacionalismo y la sociedad mundial serían el fruto de un mundo de naciones.

No obstante, en este punto puede advertirse una divergencia entre los ideólogos burgueses. Los librecambistas liberales sostenían, con Richard Cobden, que, en varios sentidos, el desarrollo del capitalismo ya convertiría al mundo en una unidad potencial, de manera que la instauración del libre comercio universal cortaría —o debería cortar— de raíz los conflictos entre Estados y pueblos, haciendo imposibles las guerras. Los hombres, o más bien los hombres de negocios, debían hablar directamente entre sí, soslayando a los gobiernos. El capitalismo internacional significaba la paz y la concordia internacional «ahora». Esto no era mera retórica política. Esta fue la razón por la cual Cobden y Bright se opusieron casi en solitario a la guerra de Crimea, y en 1914 dos ministros liberales —uno de ellos, el biógrafo de Cobden—, dimitieron del gobierno británico para no apoyar una guerra que consideraban innecesaria y errónea. Por otra parte, ideólogos que representaban economías capitalistas menos dominantes que la británica sostenían que, aunque sin duda alguna el futuro pertenecía a una sociedad mundial, el presente pertenecía, y probablemente pertenecería durante largo tiempo, a la formación de Estados unidos: un Estado de 30-60 millones ya ofrecía las ventajas de las que algún día disfrutaría el mundo entero.

Demasiado para el internacionalismo liberal burgués clásico. Quizá debería añadir unas palabras sobre dos conceptos democráticos más radicales, que también provienen de la «nación» o la «nacionalidad», y que fueron especialmente relevantes en 1848; es decir, la idea de la reconciliación fraternal de las naciones o *Völkerverbrüderung*, y la idea del derecho de las naciones a la autodeterminación. Ambas, como es obvio, dan por supuesta la existencia previa de naciones que deben confraternizar o ejercerán la autodeterminación. Ninguna de tales ideas está lógicamente implícita en el liberalismo burgués, para el cual la única «nación» que existe es el Estado nación y su conjunto de ciudadanos. En este caso, la confraternización entre individuos tiene sentido, pero entre Estados no tiene prácticamente ninguno. En cuanto a la autodeterminación, esta es incompatible con la teoría evolutiva que acabo de esbozar.

Ahora está claro que la teoría socialista, al menos en su forma marxista, es una variante de esta forma de teoría evolutiva. En Marx y Engels este proceso está específicamente vinculado a la burguesía:

> Mediante su industria, su comercio y sus instituciones políticas [...] ya está trabajando en todas partes para arrastrar a las localidades pequeñas y autónomas que solo viven para sí mismas debido a su aislamiento, para ponerlas en contacto unas con otras, unir sus intereses, expandir sus horizontes locales, destruir sus hábitats locales, sus esfuerzos y sus maneras de pensar, y construir una gran nación [...] a partir de las muchas localidades y provincias hasta ahora mutuamente independientes.[1]

Y, por citar el *Manifiesto*, este proceso «obliga a todas las naciones a apropiarse del modo de producción burgués si no quieren sucumbir» y «ha sustraído a la industria el suelo nacional bajo sus pies», porque el capitalismo crea un sistema económico global, una «interdependencia universal entre todas las naciones». Y, a su vez, la misma producción intelectual debe globalizarse: «De las muchas literaturas nacionales y locales se forma una literatura universal».[2] Además, volviendo a las reflexiones de Engels a propósito de la guerra del *Sonderbund* (la guerra civil suiza), este proceso de desarrollo implicaría la formación de un único Estado supranacional: «El proletariado democrático no solo tendrá que centralizar cada país separadamente, sino que tendrá que centralizar el conjunto de los países civilizados lo más pronto posible».[3] En resumen, para Marx y Engels, así como para otros muchos pensadores no socialistas de su época, el mundo de las naciones es un estado intermedio en el progreso del hombre desde una existencia localizada a una global. Y es fácil advertir otras semejanzas entre sus postulados y los supuestos liberales contemporáneos imperantes sobre las naciones; por ejemplo, el escepticismo de Engels sobre el futuro de las nacionalidades pequeñas o atrasadas, compartido por John Stuart Mill y otros muchos autores.

Sin embargo, merece la pena señalar que, al compartir esta visión general del desarrollo social, el internacionalismo de Marx y Engels está firmemente arraigado en un mundo de «naciones», es decir, de Estados nación. La razón por la cual el mandato internacionalista más famoso de todos exhorta a los trabajadores de todos los países del mundo a unirse es porque estos actúan en diferentes países. Además, «la campaña del proletariado contra la burguesía empieza siendo nacional», al menos en la forma, aunque no en la sustancia, porque «el proletariado de cada país debe, ante todo, ajustar las cuentas con la propia burguesía» y, además, «debe primero adquirir supremacía política, lograr su exaltación a clase dirigente de la nación, debe constituirse como *la* nación».[4] En otras palabras, el internacionalismo no es la falta de interés por la nación, anacionalismo o cosmopolitismo, sino la superación de los límites de la nación.

Señalo de pasada que, efectivamente, existen movimientos, instituciones e incluso grupos sociales que son no nacionales o cosmopolitas, en tanto que, simplemente, no reconocen las «naciones» ya sea en forma de Estados o nacionalidades, excepto como algo que ejerce la *force majeure*. Sería absurdo hablar de internacionalismo islámico, pues para el musulmán piadoso las entidades políticas o étnicas a las que pertenecen otros musulmanes no son, en sí mismas, más importantes que el color de sus ojos. Lo único que importa es la fe que los mantiene unidos. La creencia que, como hemos visto, no es exclusiva de Marx, según la cual surgirá un sistema mundial, por así decir, a través y al otro lado de un mundo de naciones, excluye tal anacionalismo. Y sin embargo, para burgueses y proletarios —en distintas maneras— el mundo no solo era «un mundo de naciones» sino también, y directamente, un sistema mundial en el que los intereses sociales individuales, de clase y generales podrían operar independientemente, y a través de, las líneas estatales, étnicas o de cualquier otra índole y en conflicto con los intereses definidos en términos estatales o nacionales. El hecho mismo de que pudiera haber burgueses liberales que combatían el imperialismo y la guerra basándose en que no tenían sentido desde un punto de vista capitalista lo demuestra, incluso aunque no aceptemos sus argumentos. Por lo tanto, la existencia de intereses y luchas a lo largo del Estado y las fronteras étnicas tenían que introducir, al menos potencialmente, un elemento de cosmopolitismo, ya que, por así decir, la clase y el movimiento deberían prevalecer sobre el Estado y la nación si ambos entraban en conflicto. Y, como veremos, esto estaba más que claro en un movimiento «organizado» internacionalmente como el movimiento de la clase obrera.

¿Cuáles, por tanto, eran los elementos proletarios específicos del «internacionalismo de la clase obrera»? No es que aspirase al fin de las naciones, o siquiera a una era de fraternidad y paz universales. Los librecambistas también esperaban que este fuera el resultado de abolir las restricciones sobre el libre desarrollo capitalista, y Cobden hubiera coincidido con Marx en que «los particularismos nacionales y los antagonismos de los pueblos desaparecen cada día más, simplemente con el desarrollo de la burguesía, la libertad de comercio, el mercado mundial», etc.[5] La peculiaridad del internacionalismo de la clase obrera, aparte de un análisis mucho más específico del desarrollo del capitalismo y su derrocamiento, era triple. En primer lugar, creía en el papel especial del proletariado en la superación de los antagonismos nacionales y estatales, porque, como clase, «no tenía patria». O, en palabras de Engels con ocasión del Festival de Naciones en Londres, en 1845:

> [...] los proletarios de todos los países tienen un mismo interés, un mismo enemigo, y una misma lucha. La gran masa de proletarios está, por su propia naturaleza, libre de prejuicios nacionales y toda su disposición y todo su movimiento es esencialmente humanitario, antinacionalista. Solo los proletarios pueden destruir la nacionalidad, solo el proletariado concienciado puede provocar la confraternización entre las diferentes naciones.[6]

Sin duda el viejo Engels no hubiera suscrito cada palabra de su arrebato juvenil, aunque seguramente este expresa su inamovible convicción, compartida por Marx, de que el interés colectivo de los obreros del mundo en tanto que obreros, su conflicto como proletarios con sus patrones, superaba todo lo demás. El internacionalismo estaba implícito en la lucha de clases.

En este punto salta a la vista que existe una fricción entre esta tesis y otra según la cual «la campaña del proletariado contra la burguesía empieza siendo nacional»; una campaña librada en cada país en función de la situación económica, política, institucional, etc., específica de ese Estado. La lucha de, por ejemplo, el proletariado italiano, español y portugués, aun en esta época, en la que todos estos países pertenecen a la Comunidad Económica Europea, puede calificarse en su conjunto como contraria a las luchas de los agricultores, pero no se trata de la «misma» lucha, dirigida contra el «mismo» enemigo, en ningún sentido operativo; en realidad, en estos conflictos, los segmentos nacionales de las clases obreras tienen que actuar contra el «mismo» empresario transnacional (por ejemplo, Ford o General Motors), y las dificultades que plantea la actuación de un movimiento obrero y sindicalista esencialmente organizado para actuar a nivel «nacional» son absolutamente evidentes. Además, la experiencia histórica ha demostrado que el generoso supuesto del joven Engels sobre los prejuicios nacionales no es cierto.

Y, sin embargo, ningún movimiento obrero o de masas importante hubiera podido formarse con tal ideología a menos que algo en ella haya representado lo que los trabajadores experimentaron como realidades de su situación de clase. Creo que se puede demostrar que fue así, y sugiero que es más interesante investigar el atractivo más positivo del internacionalismo operativo de la clase obrera que insistir, una vez más, en sus limitaciones. No es momento de profundizar en el tema, si bien quisiera llamar brevemente su atención sobre tres cosas. En primer lugar, la lucha de clases, en su más elemental pero también espontánea y arraigada forma de la lucha sindical, fue internacionalista, en la medida en que cualquier división nacional, racial, religiosa o de otro tipo debilita inevitablemente al colectivo de trabajadores en conflicto con su patrón o patrones. (Evidentemente, los obreros no solo actúan como sindicalistas; en otras épocas y en otros roles también pueden actuar —si se me permite citar un caso especialmente triste— como nacionalistas irlandeses u hombres naranja del Ulster.) En este aspecto, el internacionalismo tenía sentido, y lo sigue teniendo, sobre todo en las fábricas en las que los trabajadores de diferentes orígenes nacionales tenían que ir juntos a la huelga en Viena y Budapest tanto como en el Rhondda. En segundo lugar, ya sabemos que, en determinadas situaciones que deberían investigarse, las diferencias nacionales y lingüísticas que podrían ser, o que con posterioridad fueron, fatales para la unidad, eran aparentemente insignificantes. En Viena se desarrolló un poderoso movimiento obrero sobre una base mixta germano-checa, la cuenca minera galesa se transformó de galesa en anglófona sin ningún problema nacional apreciable y, lo más impresionante de todo, se construyó un único movimiento obrero belga sobre la base de trabajadores flamencos y franceses. Las divisiones lingüísticas que desde entonces han partido por la mitad cualquier institución belga eran en apariencia tan insignificantes que, en 1898, Émile Vandervelde y Jules Destrée apenas mencionaron el problema flamenco en su libro *Le socialisme in Belgique*. Y, en tercer lugar, no deberíamos olvidar la extraordinaria movilidad de una era que envió de treinta a cuarenta millones, sobre todo de futuros trabajadores manuales, a la emigración, para que se convirtieran en miembros de nuevos países y naciones. Asimismo, tampoco hay que olvidar la gran cantidad de personas que regresaron, ni las fronteras permanentemente cruzadas. Todos los historiadores saben que viajantes, emigrantes y emigrantes retornados fueron la esencia de los primeros movimientos obreros, pues estos proporcionaron muchos de sus cuadros. De inmediato nos vienen a la mente los jornaleros alemanes que llevaron las ideas socialistas hacia el norte desde Alemania; sindicalistas ingleses como Tom Mann, que emigraron durante algunos años a Australia para organizar allí a los obreros; noruegos como Martin Tranmæl, que trasladaron la experiencia del IWW (Trabajadores Industriales del Mundo) de Estados Unidos a Noruega; o Harry Bridges, que cruzó el Pacífico desde Australia para liderar huelgas generales en San Francisco. El movimiento socialista, así como el comunista y el anarquista, tuvieron muchos líderes y militantes quc pasaban fácilmcntc dc un movimicnto a otro. Más aún, contaban con personas que podían ser simultáneamente líderes de movimientos obreros de más de un país. El caso más famoso es el de Rosa Luxemburgo, implicada por igual y al mismo tiempo en la política de los movimientos alemán, polaco, ruso e internacionales.

La segunda especificidad del internacionalismo de la clase obrera era que desde el principio fue organizado como un movimiento internacional, porque fue concebido como tal. Sin perjuicio de las corrientes anteriores del internacionalismo en la revolución burguesa o liberal (por ejemplo, en la década de 1820), esta tendencia a la organización internacional puede ser característica de los movimientos proletarios como distintos de los burgueses. Las revoluciones «nacionales» burguesas y democrático-radicales a menudo creían poseer una misión de liberación mundial, como en el caso de los franceses, pero este tipo de mesianismo no se limitaba a *la grande nation*. No obstante, el centro del internacionalismo proletario no era un país revolucionario sino, por así decirlo, un ejército internacional del cual los movimientos nacionales eran vistos como unidades subordinadas. El movimiento comunista internacional llegó a ser dominado por la URSS porque en 1917-1923 la revolución fracasó en todas partes menos en Rusia. Al principio, Lenin contempló el traslado de la Internacional Comunista a Berlín. Es sumamente improbable que cualquier jacobino francés hubiera concebido, ni siquiera en teoría, otra capital de la revolución mundial que no fuese París. Por cierto, me gustaría sugerir que Marx tiene una considerable responsabilidad personal en esta orientación transnacional del movimiento. Sin el recuerdo de la Primera Internacional no habría existido la Segunda, y sin la Segunda no habría existido la Tercera. El lamentable declive de esta tradición nos da alguna pista sobre los destinos históricos de los movimientos de masas proletarios socialistas. Ya no existe ningún equivalente real de las antiguas Internacionales. Y así como entre las décadas de 1880 y 1930 aparecieron y surgieron partidos proletarios de masas socialistas y comunistas en muchos países, desde entonces apenas han surgido nuevos partidos de este tipo de las clases obreras en países en los que no existían previamente. Lo cual es muy llamativo en el caso del llamado tercer mundo.

Esto arroja luz sobre una tercera peculiaridad del internacionalismo de la clase obrera. Los verdaderos partidos y movimientos de masas de la clase obrera, a diferencia de sus dirigentes y teóricos, no tenían ningún interés especial en esa «construcción nacional» que, según Bagehot, era el elemento esencial de la historia del siglo XIX. En este sentido, diferían de la burguesía liberal, que siempre se vio a sí misma como una clase dominante potencial para la que la construcción de una economía nacional viable era esencial para el desarrollo capitalista, al menos en el siglo XIX. También se diferenciaban de la pequeña burguesía y de otros nacionalismos, cuyo objetivo primordial era la construcción de su propia nación como unidad política, independientemente de su tamaño. Ambos necesitaban algún tipo de control sobre el Estado.

Hablando en plata, una burguesía liberal o un movimiento nacionalista que no pensase en términos de gobierno solo podría concentrar sus actividades en poco más que el periodismo, la retórica y el folclore, mientras que una clase obrera tenía otras muchas tareas concretas para mantenerse ocupada, como, por ejemplo, la negociación colectiva. El limitado alcance de la conciencia de clase espontánea —o la conciencia «sindicalista», como Lenin la llamaba— fue la razón por la cual Marx insistió desde el principio en que para el movimiento de la clase obrera lo fundamental era organizarse políticamente para conseguir el poder político.

Pero la postura ideal típica de la mayoría de los movimientos obreros de masas hasta la revolución —y cuántos iban a entenderlo— era oposicionista; es decir, que dejaba el funcionamiento del Estado y del sistema económico a otros, como hicieron los partidos de la Segunda Internacional antes de 1914, y como hicieron los partidos comunistas de los países capitalistas después de 1917. Cuanto más era un movimiento socialista la expresión organizada de los intereses inmediatos de una clase obrera, menos tenía que preocuparse por las fricciones entre los gobiernos de los Estados o de otros problemas nacionales, salvo que, naturalmente, sus propios asuntos internos se vieran afectados por ellos.

No cabe duda de que esto contribuyó a proteger a los movimientos contra el chovinismo de Estado, y ciertamente facilitó un compromiso público con una ideología internacionalista. Pero a menudo llevó a una aceptación tácita de la hegemonía burguesa y de la subalternidad de la clase obrera. La principal actividad política de los partidos de la Segunda Internacional era la de ganar o reivindicar los derechos de plena ciudadanía para los trabajadores. Pero el tipo de actuación política que cabía esperar del ciudadano no fue definido por el movimiento obrero, sino por el Estado: el Estado de otros. En 1914, cuando los obreros con conciencia de clase de los países beligerantes corrieron a alistarse al ejército en una *levée en masse* espontánea, como fue el caso de Gran Bretaña, estos no creyeron estar traicionando las convicciones de su partido. Habiendo ganado el derecho a ser miembros de pleno derecho de su nación a través de su movimiento, ahora se comportaban como se suponía que tenían que hacerlo en su calidad de tales. Para los dirigentes socialistas, el estallido de la guerra y la disolución de su (Segunda) Internacional en agosto de 1914 fue algo absolutamente traumático. Es muy dudoso que la masa de trabajadores laboristas y socialistas experimentase el mismo conflicto entre las demandas de su conciencia de clase y las de su ciudadanía nacional. Los mismos mineros galeses que siguieron a los líderes sindicalistas revolucionarios, y también se alistaron al ejército como voluntarios en 1914, llevaron a su cuenca minera a una enérgica huelga en 1915, haciendo oídos sordos a la acusación de que con ello no estaban siendo patriotas.

Estas observaciones sobre las limitaciones del internacionalismo de la clase obrera me llevan a la necesidad de diferenciar los diversos tipos y estratos del internacionalismo en el seno de los movimientos obreros. En un extremo encontramos un pequeño grupo de hombres y mujeres para quienes los Estados y la nación (o nacionalidades) a las que pertenecían eran absolutamente irrelevantes, y cuya única «patria» verdadera era, por así decir, la revolución futura. A ellos se refiere Brecht en su poema *A los hombres futuros* al escribir «Die Länder öfter wechselnd als die Schuhe» (Cambiábamos de país como de zapatos), permaneciendo en el mismo territorio dondequiera que fuese que se encontrasen.

En el período de la Segunda Internacional solemos encontrar a este tipo de personas entre los anarquistas, muchas veces como emigrantes o reemigrantes de un movimiento nacional a otro, sobre todo entre personas nacidas en la Europa oriental. No me refiero tanto a personas permanentemente asimiladas en otro movimiento nacional, como Kautsky, Hilferding y otros socialdemócratas alemanes nacidos en Austria; ni tampoco a extranjeros esencialmente asociados con un movimiento que no es el suyo, como Dobrogeanu-Gherea con Rumanía, Anna Kuliscioff con Italia o Charles Rappoport con Francia; sino en personajes como Luxemburgo o Rakovski, que fueron, de manera simultánea o sucesiva, importantes en varios movimientos nacionales. Claramente estas personas hubieran dedicado sus energías con igual celo en la lucha en Suiza o en Portugal de haberlo considerado deseable desde un punto de vista político. En el período del Komintern, estos cuadros internacionales se institucionalizaron, un proceso que ha sido excelentemente analizado por Aldo Agosti en el tercer volumen de *Storia del Marxismo* (publicado por Einaudi). Bajo el impacto del hundimiento de 1914, el Komintern desarrolló deliberadamente esta forma de internacionalismo como una obligación general y fundamental de todos los comunistas, y no solo de los cuadros del Komintern, en la forma de lealtad a la línea internacional del partido y a la Unión Soviética. Hasta qué punto este deber fue considerado obligatorio fuera del marco de los revolucionarios y funcionarios profesionales es una cuestión en la que aún queda mucho por investigar, y en la que no podemos detenernos aquí. Con todo, podemos distinguir entre una minoría de cuadros genuinamente transnacionales, cuya nacionalidad de origen solo tenía un interés biográfico, y quienes siguieron con firmeza identificados con su nación, aunque indefectiblemente cumplieran el deber que la Internacional prescribió para ellos.

No deseo defender los elementos francocentristas presentes en el Partido Comunista Francés, ni los supuestos sobre la Gran Alemania que encontramos entre los cuadros acosados e ilegales del KPD; supuestos que fueron confrontados a finales de la década de 1930 por los comunistas austríacos con sus teorías sobre una nación austríaca. Sin embargo, estos ejemplos demuestran sin lugar a dudas que los reflejos nacionalistas e incluso chovinistas en los movimientos comunistas no fueron incompatibles con la lealtad absoluta a la línea internacional. Es esta combinación del internacionalismo efectivo con una fuerte identificación nacional la que parece caracterizar el período del Komintern. Una vez más, nos vemos tristemente obligados a señalar el declive de esta línea, no solo en los partidos de la clase obrera, sino también en los Estados del «socialismo real».

Al otro extremo de los movimientos obreros encontramos aquellos cuyos horizontes eran fundamentalmente nacionales, y cuyo internacionalismo fue intrascendente en la práctica: el PPS (Polska Partia Socjalistyczna, Partido Socialista Polaco) de Józef Pilsudski y el sionismo laborista son ejemplos conocidos de ello. Como el tema de esta conferencia no es el nacionalismo en la clase obrera, sino el internacionalismo, solo llamaré su atención sobre un hecho curioso y no insignificante. Resulta sorprendente cuán a menudo, sobre todo en el período de la Segunda Internacional, los movimientos y partidos que *de facto* se convirtieron en los principales representantes de su nación, o incluso sus partidos nacionalistas, fueron organizaciones que originalmente se fundaron no bajo los auspicios nacionalistas sino socialistas, internacionalistas por definición. Solo cabe mencionar el Partido Socialista Polaco, el Partido Socialdemócrata en Finlandia, los mencheviques en Georgia, las diversas organizaciones nacionalistas armenias e incluso, en cierta medida, los bolcheviques en Letonia. La dialéctica del internacionalismo y la liberación nacional y social merece mayor debate de la que ha sido objeto.

Entre estos dos extremos encontramos partidos y dirigentes que intentaron afrontar de la mejor manera posible la «cuestión nacional», en la medida en que esta afectaba a los Estados en los que operaban y a sus propios partidos. No siempre han recibido el crédito que merecían, al menos entre aquellos de nosotros que nos educamos en la interpretación oficial bolchevique de los debates en los que Lenin y Stalin desempeñaron un papel tan relevante. Independientemente de lo que pensemos de la teoría austro-marxista sobre al respecto, y de la indudable identificación nacional alemana de los principales socialistas en Cisleitania, creo que las acciones internacionalistas de Víctor Adler y Otto Bauer resisten el escrutinio; aunque no, probablemente, las de Karl Renner. Pero llegados a este punto debemos volver, aunque sea con brevedad, a la superposición entre el internacionalismo burgués y el de la clase obrera que señalé al principio de este ensayo. Algunas de las conductas menos social-patrióticas entre los socialistas en 1914 se dieron en Gran Bretaña, donde el Partido Laborista Independiente, a diferencia de los socialdemócratas marxistas de Hyndman, se negaron a apoyar la guerra. Pero lo hicieron como pacifistas, inspirándose principalmente en el inconformismo protestante liberal y cobdenita más que en el internacionalismo socialista.

Por último, permítanme referirme a los miembros corrientes de los movimientos obreros organizados. ¿Qué hay de su internacionalismo? Creo que esta pregunta no tiene sentido. En el debate de los políticos o ideólogos, para quienes el nacionalismo o el internacionalismo implican decisiones fundamentales, ambos conceptos se consideraban alternativas mutuamente excluyentes; igual que para los nacionalistas las personas pertenecen a una bandera nacional u otra. O una u otra. Pero como descripción del comportamiento político, esto es simplemente un error.

En primer lugar, muchos trabajadores que se unieron a los movimientos obreros aún no se sentían identificados con ninguna nación y, por tanto, no se planteaban la disyuntiva entre nacionalismo o internacionalismo. El movimiento obrero italiano en 1914 estaba compuesto por individuos para muchos de los cuales ser «italiano» era una clasificación tan artificial como hoy resulta ser miembro de la Comunidad Económica Europea. No sabían leer, escribir ni tampoco hablar la lengua, y aunque no podían eludir las leyes y los funcionarios del Estado italiano, casi ninguno de ellos tuvo derecho a votar en las elecciones parlamentarias celebradas apenas un año atrás. No eran más internacionalistas que los obreros franceses porque no mostraban ningún entusiasmo por la guerra, facilitando así que su Partido Socialista se opusiera a ella. ¿Por qué la guerra de un gobierno italiano tenía que ser su guerra?

En segundo lugar, aunque a algunos efectos se considerasen miembros de alguna nación o nacionalidad, no sentían lo mismo en otros aspectos, ni mucho menos en todos. Era y es más que probable que un hombre o una mujer se consideren de forma simultánea —y escojo deliberadamente un caso extremo— alguien orgulloso de ser irlandés, miembro de la clase obrera, católico, habitante del condado de Kerry, miembro del gran clan de los O'Connell y veterano de la Guardia Irlandesa de Su Majestad, subrayando una identificación u otra según la situación. De este modo, los ciudadanos irlandeses, que disfrutan del derecho al voto tanto en Irlanda como en el Reino Unido, pueden ser firmes partidarios del Partido Laborista inglés en Birmingham pero votar por el Fianna Fáil y no por el Partido Laborista irlandés cuando vuelven a la República de Irlanda. Hay ocasiones en las que esta persona puede sentir la obligación de elegir una de estas identidades y rechazar otra, aunque probablemente no será cuando un político británico o irlandés crea que debe hacerlo. Nunca debemos olvidar la multidimensionalidad de los seres humanos en sociedad. Además, incluso las identificaciones nacionales más profundas no siempre pueden tener las implicaciones políticas que gobiernos y partidos políticos les atribuyen. Muchas veces los nacionalistas galeses han sufrido la decepción de ver que la mayoría de sus compatriotas, aun sintiéndose apasionadamente orgullosos de ser galeses, no creen que ello implique votar a un partido nacionalista.

En tercer lugar, ya he indicado que, paradójicamente, el desarrollo de los grandes movimientos obreros crea conciencia nacional e ideología internacional «de manera simultánea». En muchos aspectos lo primero que hizo que los obreros italianos sintieran que eran italianos, y no solo napolitanos o pulleses, fue precisamente que se identificaron con un partido socialista o con sindicatos que representaban a todos los miembros del nuevo Estado nación. Fue gracias al movimiento internacionalista que actuaba a escala nacional o estatal que muchos proletarios desarrollaron por primera vez su conciencia nacional. De nuevo, la alternativa unidimensional «o internacionalista o nacionalista» no sirve para comprender la verdadera situación histórica.

No obstante, esto es relevante en un aspecto fundamental. Desde luego, los trabajadores que se unieron a un partido de clase de tipo socialista no necesariamente compartían, comprendían o ni siquiera estaban familiarizados con la teoría, la ideología o el programa y la política de sus dirigentes. Pero al identificarse con su clase a través del partido, sin duda aceptaban todo o gran parte de lo que el partido les decía, al menos en teoría, a menos que ello contradijese su propia experiencia. En la práctica pueden no haber seguido las consignas del partido, pero en principio les parecían correctas y legítimas. El partido les decía muchas cosas con las que algunos de ellos podían no coincidir, por ejemplo sobre la igualdad de las mujeres. También les hablaba de la fraternidad entre los seres humanos y de la igualdad de las razas. En la práctica, el partido pudo haber transigido y prevaricado: más, mucho más de lo que, digamos, las mujeres socialistas esperaban del partido de Engels y Bebel. Por ejemplo, en Austria podría hacer más, muchas más concesiones al antisemitismo de sus afiliados minimizando la medida en que sus dirigentes eran judíos, del mismo modo que el Partido Comunista Francés en la segunda guerra mundial indudablemente hizo concesiones al chovinismo francés minimizando la medida en que la resistencia antifascista activa en Francia fue obra de extranjeros.

Sin embargo, una vez se han hecho todas estas críticas plenamente justificadas, sigue siendo verdad que los movimientos obreros enseñaron, mediante las consignas, el ejemplo y la práctica, la igualdad de los pueblos y la fraternidad entre los hombres y las mujeres: judíos y cosacos (como en las magníficas historias de Bebel), polacos y franceses, indios e ingleses (el diputado comunista por Battersea, uno de los bastiones más antiguos de la política laborista, era indio). Con ello, el movimiento, una escuela de civismo para los trabajadores y la expresión de sus intereses de clase, mantuvo a raya formas antiguas, espontáneas y quizá atávicas de grupos, odios y fricciones nacionales. Si el socialismo y el antisemitismo divergieron es por esta razón: porque hay muchas pruebas a finales del siglo XIX y a principios del XX de que este antisemitismo no era solo, en la frase de Bebel, «el socialismo de los idiotas», sino también porque en modo alguno era instintivamente ajeno al socialismo de los proletarios. Y este socialismo, allá donde arraigó, mantuvo a raya los sentimientos antiirlandeses de los ingleses. Cuando la vieja y omnipresente lealtad de clase a su partido y a su ideología se disuelve, cuando el paquete ideológico se deshace, por así decirlo, los elementos individuales que contiene pueden ser tomados y abandonados individualmente, entonces se puede reconocer el efecto de las viejas lealtades. A finales de la década de 1960, la opinión pública británica se escandalizó al ver las manifestaciones de los estibadores londinenses, los más leales de los laboristas, que apoyaban las demandas racistas de un político (Enoch Powell) que exigía la repatriación de los inmigrantes de color. Nos sorprendió, pero no porque esto revelase que los proletarios con conciencia de clase tenían creencias racistas, lo cual era triste, pero no totalmente inesperado. Lo sorprendente fue que en el tema del racismo estuvieran dispuestos a apoyar de manera pública y activa a un político conservador contra su partido de clase. Mientras la influencia del partido o del movimiento de clase sobre sus miembros se mantuviera firme, el racismo existente entre los trabajadores más retrógrados solo podía manifestarse de manera privada, oficiosa y vergonzante. La lealtad a los partidos comprometidos con la igualdad racial y el internacionalismo prohibía su manifestación en público. Esta es la lenta, y en los últimos años rápida, erosión del vínculo entre la clase y los partidos obreros clásicos en muchos países, que ha permitido que estos sentimientos salieran, o volvieran a salir, a la luz, sobre todo entre los trabajadores jóvenes. Y esto es trágico. No puede haber ningún internacionalismo real de ningún tipo sin creer no solo en la igualdad de las naciones y las razas de manera abstracta, sino en que los antillanos, pakistaníes y bangladesíes que trabajan en una fábrica o en una oficina son iguales que sus compañeros ingleses, escoceses, galeses e irlandeses.

Esta es la razón por la cual los movimientos obreros deben izar la bandera del internacionalismo hasta lo más alto incluso ahora, cuando las tormentas de la historia amenazan con desarbolarla. Por esto los movimientos como el Congreso Nacional Africano en Sudáfrica merecen nuestra admiración y nuestro apoyo: porque frente a unos gobernantes blancos racistas y unos rebeldes negros racistas o tribales, han ganado el liderazgo del pueblo africano oprimido desde una plataforma no racialista, que propugna la igualdad entre africanos e indios, entre personas de color y blancas en una Sudáfrica libre. En este internacionalismo reside la única esperanza de futuro, por pequeña y débil que sea. Y esta es la razón por la cual el International Institute ha hecho bien en celebrar su 50.º aniversario invitándonos a reflexionar colectivamente sobre este tema.

Capítulo 10

LOS PROBLEMAS DE DEFINICIÓN DEL NACIONALISMO

I

El nacionalismo es, probablemente, el fenómeno político más poderoso de nuestro siglo; un fenómeno cuya importancia sigue en aumento aunque resulta muy difícil de analizar. La bibliografía sobre este tema, además de la puramente descriptiva es, en conjunto, insatisfactoria y frustrante. Prácticamente todo lo que los nacionalistas han escrito —al menos sobre sus propias naciones—, son peticiones de principio y, por tanto, resulta irrelevante. Hasta hace poco, la mayor parte de lo que han escrito los no nacionalistas ha considerado que el nacionalismo es, en cierto sentido, algo incómodo y desconcertante. Como aquel soldado romano que amenazó con borrar los diagramas de Arquímedes, el nacionalismo está aquí, real y poderoso, y tenemos que aceptarlo. Al igual que el soldado, el nacionalismo estaba fundamentalmente fuera de los modelos analíticos de los estudiantes interesados. Si este no se hubiera entrometido, ellos se hubieran alegrado de no tener que prestarle atención.

Además, una gran parte de todos los materiales analíticos serios sobre «la cuestión nacional» tenía que lidiar, inevitablemente, con problemas de definición, y con la consiguiente tarea de desmitificar las opiniones convencionales sobre el tema. Criticar estos materiales era fácil y tentador. Lo que los nacionalistas dijeron y dicen sobre las naciones y el nacionalismo, sobre todo sobre el suyo propio, resulta muy poco convincente para cualquiera que no comparta su implicación emocional, y puede ser sumamente incompatible con la investigación racional, razón por la cual provoca de forma inevitable un escepticismo generalizado que solo la cortesía, la diplomacia y la cautela amortiguan. Por otra parte, la dificultad de abordar analíticamente el problema ha significado que la mayoría de las definiciones de las «naciones» y del «nacionalismo» han sido empíricas y, como veremos, parciales e inadecuadas. La búsqueda de criterios objetivos de nacionalidad, solos o combinados, tiene poco recorrido. Su base ¿es territorial, lingüística, étnica, histórica, de otro tipo, o es una combinación de todos estos elementos? Siempre podemos encontrar excepciones, si no hoy, mañana. En cuanto a las descripciones subjetivas, son tautológicas o *a posteriori*. Definir una nación por la existencia de una «conciencia nacional», o por algún sentimiento de solidaridad análogo entre sus miembros, equivale simplemente a decir que una nación es lo que se comporta como una nación o, alternativamente, que esta no se puede predecir, sino solo reconocer. Pensadores muy capaces han comprobado la dificultad de escapar de este atolladero tan frustrante.

Sin duda, la manera más fructífera de abordar «la cuestión nacional» es desde una perspectiva histórica. Si las naciones y el nacionalismo se consideran fenómenos que se desarrollan dentro de una situación histórica concreta y están determinados por ella, muchas de las dificultades desaparecen. Podemos abandonar la búsqueda de características permanentes, y menos aún eternas, y no nos sorprenderá comprobar que fenómenos que convergen desde puntos de partida distintos y diferentes circunstancias hacia un objetivo único (digamos, en bien de la discusión, hacia el Estado nación), muestran variaciones sustanciales si estudiamos una muestra representativa de ellas en un momento dado. Por ello las teorías del nacionalismo más útiles son las que tienen una orientación histórica. Sin embargo, incluso las dos variantes más populares de ellas, el marxismo y el conjunto de investigaciones amparadas por el término «modernización», tienen sus debilidades.

La debilidad del marxismo consiste en que, al tiempo que reconoce el nacionalismo como un fenómeno surgido en la «época burguesa» ha subestimado su importancia y persistencia, debido a su profundamente arraigada falta de simpatía hacia él. Es verdad que, desde Lenin, los marxistas han reconocido y analizado su importancia revolucionaria histórica y han subrayado su fuerza política. Aunque la literatura académica ha prescindido en gran medida de ellos, los escritos de la tradición leninista del marxismo constituyen un gran avance en la comprensión del problema, sobre todo en lo relativo a los movimientos de liberación de los pueblos coloniales y semicoloniales y a la lucha de las naciones europeas contra el fascismo. Por otra parte, es totalmente erróneo considerar el nacionalismo como un fenómeno «confinado» a la época burguesa, o analizar un fenómeno tan poderoso como para fracturar el movimiento comunista internacional en las pasadas décadas como meros vestigios de la (pequeña) burguesía.

A su vez, las teorías de la «modernización» no solo han sufrido por el primitivismo extremo de su modelo básicamente unidimensional de la historia, sino por su aún más sorprendente incapacidad de predicción. (Queda al margen la cuestión de si dichos modelos tienen algún valor predictivo.) Sin duda, el marxismo predijo algunos asuntos muy importantes, especialmente la fusión de elementos sociales y nacionales en las luchas de liberación del presente siglo, así como la importancia histórica de tales movimientos en los países no europeos. La «modernización» no supo analizar «la cuestión nacional» en determinadas situaciones, sobre todo las que se produjeron después de las revoluciones sociales. Por su parte, la «modernización», en la medida en que considera que la «conciencia nacional» «no es más que un aspecto» de este proceso; que, a su vez, se define en unos términos unidireccionales tan simples como «aumentar el control sobre la naturaleza mediante una interacción más estrecha entre los hombres», debe sentirse comprensiblemente desconcertada por la forma característica actual del nacionalismo occidental, que no es integrador, sino más bien divisivo.[1] Sin duda, la «modernización» ha hecho que los politólogos prestasen más atención que nadie al problema de las «naciones», o quizá sería mejor decir que los grandes movimientos de los países «subdesarrollados» desde la segunda guerra mundial les han llevado a interesarse en el conjunto de problemas a los que las «naciones» pertenecen aunque, lamentablemente, muchas veces con unas herramientas conceptuales poco adecuadas. Con todo, los historiadores tampoco están en situación de sentirse superiores, puesto que, con honrosas excepciones, han abandonado vergonzosamente el tema.

Dicho esto, las siguientes observaciones no abordarán con detalle la bibliografía analítica anterior. Los lectores sabrán reconocer hasta qué punto coinciden o divergen de lo que ya se ha escrito hasta ahora.

II

A la hora de definir «la cuestión nacional» es más provechoso empezar por el concepto de «la nación», es decir, por el «nacionalismo», que por la realidad que este representa. Ello no significa negar que las «naciones», sean lo que fueren, son reales, aunque a menudo son los productos de los movimientos nacionalistas o de los Estados nación más que de su fundación. La «nación», tal como la concibe el nacionalismo, puede definirse prospectivamente; la «nación» real solo se puede reconocer *a posteriori*. De manera que es conveniente empezar por la primera. Sabemos lo que Mazzini pensaba que era o debía ser una nación, y la referencia objetiva de nuestra investigación es su idea programática, que no necesariamente se corresponde —y que, de hecho, no se corresponde en absoluto— con los hechos que supuestamente representa. No sabemos qué eran las «naciones» de su época, o si existían en el sentido moderno, y tampoco lo sabía Mazzini, cuya propia visión de la estructura futura de una Europa de las naciones rechazarían bastantes más movimientos nacionalistas de los que la aceptarían.[2]

Sobre la cuestión de «la nación» en este sentido programático podemos plantear algunas consideraciones. Estas no representan lo que los nacionalistas piensan en realidad, sino el contenido socio-político implícito de sus aspiraciones.

«La nación» es un constructo históricamente novedoso, característico del período transcurrido desde finales del siglo XVIII, aunque sin duda quienes así lo deseen podrán descubrir algunos precedentes o ejemplos más tempranos. En cualquier caso, lo novedoso de «la nación» consiste en la combinación de dos supuestos principales.

El primero de ellos es que los vínculos de lealtad hacia (o característicos de) «la nación» no solo son superiores a todos los demás, sino que en cierto sentido los sustituyen, en tanto tienen que ver con la obligación política. Un hombre ya no puede definirse como el núcleo de un complejo de lealtades múltiples, posiblemente solapables y probablemente separables, sino, en esencia, en términos de una sola lealtad, su «nacionalidad».

El segundo supuesto es la creencia en que esta colectividad única de «el pueblo» o «la nación» debe encontrar su expresión en un Estado nación independiente y soberano que, preferiblemente, contenga una población homogénea compuesta únicamente por miembros de su «nación» y que se expresen en una sola lengua.

Por tanto, «la nación» es una combinación de elementos que, a primera vista, no tienen una conexión necesaria o ni siquiera probable: por una parte, los elementos propios de la «modernización» estructural; es decir, el Estado territorial y la transformación —o simplificación— de las relaciones sociopolíticas internas; por otra, el recurso a diversos medios de afirmar o simbolizar la pertenencia al grupo y la solidaridad con él en el sentido más personal y con mayor carga emocional; recursos muchos de los cuales tienen una forma, una referencia y una derivación deliberadamente arcaicas. Podríamos ir más allá y afirmar que antes de la era «nacional» —la cual, como demuestra el propio término Naciones Unidas, ha tendido a identificar los conceptos de «nación» y «Estado soberano»— las diversas solidaridades «nacionales» solo tenían una conexión informal y no se suponía que tuvieran ninguna relación especial, con obligaciones para con el centro del Estado.[3]

Como se ha señalado a menudo, los supuestos arriba expuestos implican un fuerte elemento democrático e igualitario, al menos dentro de cada nación. Los orígenes del nacionalismo político son revolucionarios. En este sentido, la combinación nacionalidad-ciudadanía es sumamente efectiva a la hora de alterar las jerarquías tradicionales y los vínculos de dependencia. Al menos potencialmente, el nacionalismo no solo es un instrumento político, sino un movimiento.

Dado que los nacionalismos acostumbran a definir a sus «naciones» en términos de lo que ellos consideran natural, permanente, tradicional o incluso eterno, su novedad revolucionaria como programa político se oscurece. No es que «las naciones» sean algo inventado, sino que están compuestas y desarrolladas a partir de materiales históricos preexistentes que, por lo general, tienen funciones socio-políticas bastante diferentes. Es fácil demostrar que conceptos tales como territorio, lengua, historia, cultura e incluso unidad étnica no significaban lo mismo en la Europa del siglo XV que en la del XX, pues tenían distintas funciones, en su caso, y no estaban necesariamente relacionadas unas con otras ni mucho menos con un Estado concreto. La novedad de los procedimientos nacionalistas puede advertirse incluso en su retórica más tradicionalista. Así, la apelación más poderosa a la solidaridad de grupo en los movimientos y Estados nacionalistas modernos, la metáfora del «parentesco», es a la vez la más antigua y la menos relevante operativamente para los sistemas sociales y políticos «nacionales», en los que el verdadero parentesco juega un papel absolutamente subordinado o marginal, cuando no abiertamente disfuncional. Pese a ello, es el tema más persistente, incluso diríamos el básico, de la retórica nacionalista. La nación es la madre patria o la patria de nuestros padres; sus miembros son hermanos. Están ligados por vínculos de «sangre» y «raza» —es decir, por supuestos vínculos biológicos— que excluyen a los que no forman parte de ellos; por un «hogar» común, con un amueblamiento físico y mental cuyo pleno significado no puede ser comprendido por otros; poseen ancestros comunes, una lengua común que, casi por definición, es inaccesible a los que no comparten la herencia familiar («traduttore-traditore» no es simplemente un juego de palabras, sino una frase profundamente ambigua). Pero se puede observar que el modelo de parentesco adoptado, al menos en los nacionalismos europeos —ha habido muy poca investigación al respecto, de manera que solo podemos referirnos a él con gran cautela— parece ser la simple familia nuclear más que un parentesco extendido. Los «primos» («nuestros primos estadounidenses») no pertenecen realmente a ella; una «familia de naciones», expresión que solía emplear la retórica básica del imperialismo británico, es muy distinta de una madre patria. En una palabra, la «familia» propia de esta retórica tiene poco en común con el tipo de parentesco que realmente producía e implicaba la lealtad de grupo y la ayuda mutua en aquellas sociedades en las que la sangre tira mucho. El marco conceptual, incluso del argumento nacionalista más arcaizante, tiende a distar mucho del pasado real.

III

¿Existe alguna conexión funcional entre los conjuntos de elementos, aparentemente tan dispares, que componen el Estado nación? Esto es algo que los estudiosos del siglo XIX daban por supuesto sin pensarlo demasiado, y los teóricos de la «modernización» realizaron su contribución más destacada al intentar demostrarlo —aunque no siempre al explicarlo—. Y lo hicieron convirtiendo a la nación en una función del desarrollo del Estado moderno, o, más en general, del desarrollo de todas las economías industriales. En términos modernos, la construcción del Estado es la «construcción de la nación». El análisis se basa en la indudable «gran transformación» de los Estados desde las edades medias europeas.[4] En términos generales, el «Estado territorial» que se ha desarrollado desde entonces, al principio sin implicaciones «nacionales» y posteriormente con ellas, sustituye a una base territorial unificada de los sistemas políticos anteriores para los cuales ello no era esencial —como tampoco lo es ahora para las unidades de propiedad económica, como una corporación o un Estado—; también sustituye a un único conjunto de instituciones y valores estandarizados por una multiplicidad de instituciones y valores no estandarizados, y a un conjunto único de vinculaciones directas entre un gobierno central —con un poder creciente y, finalmente, total—, y el ciudadano individual mediante un complejo de vinculaciones indirectas, que van en paralelo con —o sustituyen— la relación entre el «centro» y la «periferia». Las primeras versiones del Estado territorial pueden no haber sido capaces de implantar este programa hasta el final: ni siquiera en la Francia de 1789 se pudo materializar el lema absolutista del siglo XVI «Un roi, une loi, une foi» (Un rey, una ley, una fe), pero esta es otra cuestión.

Por qué este modelo se llegó a adoptar —probablemente por primera vez en la historia, al menos en entidades políticas de esta magnitud— en el período de desarrollo capitalista es una cuestión que no podemos abordar aquí, aunque podemos señalar de pasada que no ha sido irrelevante para el desarrollo económico capitalista. También cabe afirmar que algo parecido a este tipo de Estado territorial fue esencial para él. Sin embargo, dado que se iba a construir ese tipo de Estado, fácilmente se pueden crear modelos que requieran que se le infunda un contenido «nacional». Una conocida versión ideológica de este modelo es el argumento rousseauniano adoptado por la Revolución francesa. «La nación», que es el pueblo soberano, no puede tolerar intereses intermedios y sectoriales y corporaciones entre ella y sus miembros. Pero, por implicación, esta misma eliminación de otros centros de lealtad hace que la relación de lealtad del ciudadano con «la nación» sea la única válida, y por tanto cl más scrio dc sus compromisos político-cmocionales. Este es el contenido de la otra «religión cívica» que necesita la comunidad. No hay diferencia entre la *Gemeinschaft* y la *Gesellschaft*, porque la única *Gemeinschaft* (comunidad) válida es la *Gesellschaft* (sociedad), organizada como sistema político. El hombre libre equivale al ciudadano. El que el propio Rousseau no pensase en términos de Estado nación modernos resulta irrelevante a la hora de aplicarles sus argumentos.

Esas consideraciones pueden traducirse en términos menos ideológicos. Un Estado territorial que funciona mediante una conexión directa entre los ciudadanos individuales y un centro fuerte debe desarrollar en los ciudadanos un conjunto de motivaciones que les proporcionen (a) un sentimiento básico y primordial de obligación hacia él y (b) eliminar o apartar las diversas obligaciones que sienten hacia otros grupos y centros dentro o fuera de él. La manera más obvia de hacerlo es crear un sentimiento de identidad con él, y la forma más efectiva de lograrlo es trasladar los vínculos más profundos que mantienen unidas a las personas desde otros polos de atracción al Estado. Entonces estos se convierten no solo en el equivalente emocional de la familia, la comunidad local, etc., sino en la familia o la comunidad mismas, y la eliminación o desvalorización de los demás centros deja un vacío que los símbolos del patriotismo pueden llenar. (Probablemente no es casualidad que las comunidades suburbiales improvisadas de inmigrantes en las ciudades chilenas —compuestas básicamente por campesinos desarraigados— afirmasen su identidad izando la bandera nacional.) La necesidad de proporcionar al ciudadano este sentimiento de obligación es obvia, y tanto más urgente cuando el Estado territorial moderno necesita movilizar a muchos de sus ciudadanos directa e individualmente, y no a través del mecanismo preindustrial habitual que recurría a organismos intermedios relativamente autónomos o a las autoridades superiores. El reclutamiento militar obligatorio, por ejemplo, plantea el problema en toda su crudeza. Investigaciones recientes han demostrado que el porcentaje de evasión del servicio militar en la Francia de la década de 1820 era mayor en Córcega, en el sur y en Bretaña, y menor en el relativamente desarrollado noreste del país, donde la identificación con «Francia» era tradicionalmente mayor que en cualquier otra parte del país. (No es una coincidencia histórica que Juana de Arco proviniera de Lorena y no de Gironda, por ejemplo.)

En la historia europea, el proceso de realizar esas transferencias es, por lo general, un proceso de adaptar y ampliar —o cambiar— los elementos de lealtad existentes, lo cual difumina la novedad del fenómeno. Existe una continuidad formal entre la «Francia» o incluso la «Italia» del nacionalismo y las entidades políticas, culturales o de otro tipo que ostentaron este nombre en el pasado. Tanto es así que nos sorprende saber que, en la década de 1860, el porcentaje de ciudadanos en el reino recientemente unido que en realidad hablaba italiano en sus casas, y no se limitaba a emplearlo —caso de que tuvieran algún conocimiento de él—, como la lengua de la cultura escrita o como *lingua franca* para comunicarse con italianos de otras regiones, es probable que no superase el 2,5 por ciento. Esto se ve mucho más claro en un país como Estados Unidos, que en la época de su revolucionaria creación no disponía de muchas de las materias primas del nacionalismo y donde, pese a ello, se produjo esta transferencia, en parte deliberadamente planteada (por ejemplo, mediante el uso de la bandera como centro ritual de la reafirmación diaria de la lealtad nacional en las escuelas). Este ejemplo refuerza el argumento de que para que un Estado territorial centralizado moderno funcione es esencial que exista algún tipo de lealtad nacional; una lealtad que se debe construir si no hay materiales que se puedan adaptar. Cuando no hay vino viejo para llenar una botella nueva es preciso elaborar algún otro licor.

Pero este caldo nuevo ¿debe consistir en la conocida variedad del «patriotismo»? Y, de ser así, ¿cuáles son los elementos concretos de esta bebida que realmente producen el efecto deseado? En este momento no podemos responder a la primera pregunta, excepto en el término general de que cualquier Estado del tipo que hemos abordado necesita algún tipo de «religión cívica». Hasta ahora ninguna de las alternativas al patriotismo nacional han resistido el paso del tiempo, pero cabría añadir que, con la única excepción de la República Soviética en sus primeros años, no se ha intentado seriamente ninguna alternativa a gran escala. Podríamos señalar también que, en la medida en que los Estados, establecidos sobre cualesquiera principios, tienen que coexistir con otros Estados soberanos, a su «religión cívica» no le queda más remedio que hacer hincapié en aquellas características que distinguen a sus ciudadanos de los de otros Estados. En este sentido proporcionan un caldo de cultivo natural para el patriotismo nacional, al menos en la medida en que los factores comunes subrayados sean similares a los empleados para definir, o racionalizar, las lealtades nacionales en los casos más ortodoxos.[5]

Esto nos lleva a la segunda pregunta; una pregunta muy difícil porque, con la probable excepción del territorio común y la organización política, el contenido real del nacionalismo en los «Estados existentes» puede ser casi totalmente construido *a posteriori*. Ninguno de los criterios comúnmente aceptados es indispensable, o necesita existir con anterioridad al Estado: lengua, cultura común, religión, tradiciones o historia, por no hablar de la «raza»; incluso la economía común de la nación puede seguir, y no preceder, a su Estado. No está demostrado en absoluto que alguna combinación de estos factores deba preceder necesariamente al Estado nacional. Hay que reconocer que son raros los casos en los que algunos de estos criterios más obvios no se dan —por ejemplo, en naciones plurilingües como Suiza— y que probablemente están circunscritos a unos contextos histórico-geográficos concretos.[6] La debilidad contemporánea de los Estados nación antiguos, en los que surgen movimientos autonomistas e incluso separatistas entre grupos que desde hace tiempo se consideraban integrados en una única «nación» (por ejemplo, Francia), o habían aceptado una economía y un sistema político común (por ejemplo, Gran Bretaña), ejemplifican este punto.

Actualmente, el criterio *de facto* más común de nacionalidad es la lengua. Al menos es difícil pensar en un movimiento nacionalista que no lo plantee de una manera u otra. No obstante, hay muchas naciones rivales que comparten la misma lengua —el caso de Latinoamérica—, y hay hablantes del mismo idioma culto que pueden decidir no «pertenecer» al conjunto de hablantes de esa lengua, como hicieron los austríacos desde la segunda guerra mundial, tras haberse considerado alemanes, al menos en opinión de todos sus partidos políticos exceptuando a los comunistas a finales de la década de 1930. Por el contrario, hay más casos de los que normalmente constatamos de «naciones» cuya lengua común fue el producto, más que la condición previa, del nacionalismo. El caso extremo es el de Israel, cuya lengua nacional prácticamente tuvo que inventarse para cubrir las necesidades de su uso secular moderno.[7]

Por tanto, en este momento es imposible responder a nuestra pregunta. Cuanto podemos decir es que, aunque los criterios comunes de pertenencia a un Estado están construidos sobre líneas totalmente no tradicionales —y pese a que el contenido ideológico de los mismos pueda ser deliberadamente ecuménico—, el hecho mismo de que sean propiedad de un Estado entre otros muchos aumenta la probabilidad de infundirles un elemento «nacional» o «nacionalista». El «americanismo», al margen de su connotación política actual, fue en su origen un programa universal y una definición de lo que el ciudadano de Estados Unidos debía representar: era una invitación a que todos los hombres se convirtieran en estadounidenses si así lo deseaban, así como una descripción ideal de quienes ya lo eran. Sin embargo, esto no ha impedido que se haya transformado en un lema fuertemente nacionalista.[8] Por tanto, parecería que la mejor manera de impedir que los Estados generen su propio nacionalismo es o bien unirlos a todos ellos en una federación global, o tener una forma de organización socio-política bastante distinta del modelo territorial centralizado. Del primer caso no hay precedentes y, en cuanto al segundo, existen multitud de ellos, aunque sus circunstancias eran tan distintas que lo único que demuestran es que hay alternativas teóricas a la forma moderna de Estado. Cosa muy distinta es saber hasta qué punto la humanidad seguirá alguna de estas dos vías.

IV

Como hemos visto, no es difícil construir un modelo de Estado que genere nacionalismo. Este modelo puede tener cierto poder explicativo, aunque, por desgracia, resulta evidente que no es aplicable a gran parte de los fenómenos que son fehacientemente «nacionalistas»; es decir, aquellos que no son funciones de un Estado ya existente, sobre todo los movimientos de afirmación y liberación nacional, especialmente aquellos que no están vinculados a un sistema político existente o del que haya una memoria política histórica (por ejemplo, lo que en la terminología decimonónica se denominaba «naciones ahistóricas»).

Una vez más, tales fenómenos son muy difíciles de analizar, porque sabemos muy poco sobre la «conciencia nacional» y porque, aunque supiéramos más, sería muy complicado desentrañar sus componentes sociales e ideológicos. Tan pronto el fenómeno del «nacionalismo» llega a alcanzar una relevancia política notable, empieza a llamar la atención de los estudiosos y —al menos desde la Revolución francesa— se presenta como un «programa»: en el caso extremo, cada vez más común, aparece como el programa orientado a crear un Estado nación soberano con determinadas características convencionales.

En primer lugar, en el siglo XIX este programa fue adoptado casi automáticamente por todos los movimientos nacionalistas emergentes, un ejemplo de lo que los economistas denominan el «efecto de demostración». Desconocemos qué programas habrían formulado tales movimientos en alguna etapa de su desarrollo, si el atractivo de este prestigioso modelo del mundo avanzado no hubiera sido tan grande. Sus versiones estandarizadas ocultan muchas divergencias posibles entre tales movimientos, de la misma manera que el catolicismo romano y el comunismo ocultaron en su época sustanciales variaciones entre el catolicismo y el comunismo de diferentes regiones. En segundo lugar, y en términos generales, este programa es formulado y adoptado por grupos concretos dentro de una población; unos grupos que proporcionan los pioneros, ideólogos, dirigentes, organizadores y, muy a menudo, al portavoz político de su «nacionalismo». Por tanto, el resto de la población, al convertirse en «nacionalista», compra un paquete de productos diversos previamente seleccionados. Comprar uno es comprarlos todos. En consecuencia, apoyar cualquier forma de nacionalismo parece implicar, normalmente, el apoyo a un tipo de nacionalismo en particular.

A veces el tiempo se encarga de desvelar estas divergencias ocultas. Así, antes de 1947, apoyar la expulsión de los británicos de la India implicó para todos, excepto para los seguidores de la Liga Musulmana, apoyar a un Estado indio unificado, lo cual era el programa de los cuadros dirigentes del movimiento nacional. Desde entonces ha quedado claro —aunque, en realidad, esto fue anticipado por algunos estudiosos marxistas— que este objetivo ocultaba una poderosa corriente favorable a los Estados lingüísticos, lo cual no fue previsto ni aceptado por el Congreso Nacional Indio. No hace falta añadir que incluso el nacionalismo panindio, que surgió cuando los activistas y jefes locales y regionales se revelaron como una fuerza política efectiva, el planteamiento de este nacionalismo resultó ser bastante diferente de la ideología y del programa del pequeño grupo de los *évolués* en gran medida occidentalizados que anteriormente proporcionó el programa y el carismático liderazgo nacional del movimiento. Por ejemplo, Gandhi era partidario de que el hindi fuese la «lengua nacional» de una India libre, porque una nación necesita una lengua común, y era inconcebible que el inglés, el idioma imperial, desempeñase esta función, aun suponiendo que no solo lo hablaba una pequeña minoría de personas instruidas. El hindi, incluso reconociendo que no era una solución ideal —porque solo lo hablaba menos de la mitad de la población—, era el candidato más plausible. Procediendo de alguien cuya lengua materna era el guyaratí, y que probablemente hablaba el inglés con mayor fluidez que el hindi, cabe suponer que su propuesta no estaba sesgada por ningún tipo de lealtad lingüística. Un breve vistazo al Estado actual del movimiento en favor del hindi nos revela una situación muy distinta, pues conlleva mucha más carga emocional, e implica unas consecuencias políticas muy distintas de las que Gandhi previó.

Aunque superemos estas dificultades, el gran desconocimiento de lo que realmente sucede en el momento en que los movimientos nacionalistas surgen y crecen aún nos sigue acechando, gracias al grave abandono del tema por parte de los historiadores. (Se ha demostrado que dejar la historia del nacionalismo a los nacionalistas es tan desastroso como dejar la historia de los ferrocarriles a los aficionados a los trenes.) El análisis social, económico e incluso ideológico de los pioneros y los primeros cuadros y militantes de tales movimientos apenas ha empezado en lo que se refiere a Europa, y prácticamente no se ha producido ningún estudio comparativo en este ámbito. Y aún se cierne mayor oscuridad sobre el nacionalismo de masas, sobre todo cuando este suponía cambiar el significado de un término ya existente y no la formulación de uno nuevo. Mientras este siga siendo el caso, todo lo relacionado con el nacionalismo seguirá siendo materia de especulación y no de análisis.[9]

Por fortuna, disponemos de una magnífica obra de análisis histórico comparativo realizada recientemente por un autor checo a partir de una selección de movimientos nacionales entre las pequeñas nacionalidades europeas: checos, eslovacos, noruegos, finlandeses, estonios, lituanos y flamencos.[10] Este trabajo arroja mucha luz sobre nuestros problemas, tanto más cuanto los resultados de Miroslav Hroch parecen converger con otras obras recientes sobre los problemas, aparentemente muy distintos, de los movimientos y las revoluciones campesinas.[11] Los párrafos siguientes están en deuda con este excelente estudio.

Hroch divide el desarrollo de los movimientos nacionalistas en tres fases, de las cuales solo aborda la fase A (cuando este desarrollo se limita a un grupo de intelectuales que no ejercen gran influencia o que ni siquiera ambicionan movilizar el apoyo de las masas), y la fase B (cuando un grupo de «patriotas» ya intentan difundir sistemáticamente «la idea nacional», pero aún no han logrado que arraigue entre la población). La fase C se inicia cuando este arraigo masivo es evidente, como en Bohemia a partir de 1848.

Lo interesante de su trabajo no es tanto el excelente análisis comparativo de la composición y orígenes sociales, de edad, etc., de los «patriotas» y de los círculos directamente afectados por su militancia en la fase B, como el análisis geográfico, cuyo objetivo es definir las zonas de un territorio «nacional» en las que la agitación es particularmente intensa o ya ha arraigado con firmeza. Por supuesto, en esta fase, la actividad nacional se distribuye de manera bastante desigual, pero suele ocurrir que la zona más nacionalista —con algunas salvedades determinadas por el modelo urbano— constituye un área relativamente coherente y compacta.

Los factores y las pautas de distribución puramente geográficas, administrativas y lingüísticas de los asentamientos humanos no parecen tener un peso decisivo a la hora de determinar la formación de dichas áreas. (Por otra parte, la educación —sobre todo la densidad de las escuelas de las poblaciones— era importante, aunque no todas las áreas bien escolarizadas desarrollaban una actividad nacional intensa.) Los factores económicos sí desempeñaban una función muy importante. En cualquier caso:[12]

1. Las zonas nacionales no eran áreas en las que la industria o las manufacturas preindustriales tuvieran una importancia capital. Estaban dominadas por la producción artesanal a pequeña escala para las necesidades locales de las poblaciones y de su entorno campesino.
2. Estaban situadas en la parte más fértil del territorio nacional (sobre todo en las regiones productoras de cereales, a veces combinadas con cultivos industriales).
3. La producción agraria, aunque ya no formaba parte de las economías autosuficientes de las economías de tipo medieval, se distribuía en los mercados locales y solo a través de estos se vinculaba con mercados más distantes.
4. Consistían en áreas cuyas actividades económicas y estructura social se veían afectadas por la influencia de la civilización de una creciente sociedad industrial, aunque en sí mismas no fuesen las titulares de estos procesos de industrialización.[13]

En resumen, estos movimientos nacionales europeos surgieron primero en regiones que experimentaban un cambio social «intermedio»: el concepto mismo de «país» o «nación» difícilmente surgiría en las regiones campesinas tradicionales muy alejadas de los «nuevos tiempos», ni tampoco en las zonas ya transformadas. Los suburbios cada vez más grandes de las poblaciones valonas, alimentados por la inmigración en masa de los campesinos, mostraron muy poco interés en el movimiento nacionalista flamenco. De manera análoga, en la fase B, los activistas y militantes del nacionalismo tendían a ser socialmente intermedios: no gozaban de gran predicamento entre los pobres urbanos y rurales y los trabajadores; ni tampoco ejercían gran influencia entre los empresarios y grandes comerciantes, y ya no digamos en las altas esferas de los antiguos regímenes. Podríamos decir que tales movimientos solían arraigar primero en áreas —y tal vez en estratos— en las cuales la «modernización» estaba suficientemente presente como para plantear problemas —no por necesidad problemas de vida o muerte—, pero no lo bastante avanzadas como para solucionarlos. El conocido fenómeno de la sobreproducción de graduados escolares y universitarios, a los que inhibe sus posibilidades de empleo y de movilidad y ascenso social, es un caso especial de esta situación. (Con algunas excepciones, los «patriotas» de los movimientos estudiados eran, en su mayoría, hijos de unos padres procedentes de los niveles más bajos, que llegaron tan lejos como su origen les permitía.)[14] Más en general, como bien señala Hroch, se observa la conciencia de «la diferencia entre el pequeño productor del viejo estilo y la producción industrial moderna, entre el pequeño mercado y el grande, entre el idilio de la pequeña burguesía y el carácter impersonal y hostil de la civilización de la modernidad emergente».[15]

Hay una analogía interesante entre estas observaciones y el convincente argumento de Wolf según el cual la fuerza principal de los movimientos campesinos revolucionarios reside en el «campesinado medio», en los estratos rurales más firmemente arraigados en la sociedad agraria tradicional, que luchan para mantener o restablecer la forma de vida habitual frente a una creciente amenaza más que a una alteración consolidada de la misma. Es menos probable que quienes ya están integrados en la nueva sociedad —como beneficiarios de ella, como los capitalistas agricultores y ganaderos, o como víctimas, como los proletarios rurales—, o quienes ocupan una posición marginal en ella —como algunos segmentos de «los pobres del pueblo»—, constituyan una fuente de oposición suficientemente fuerte.[16] Los primeros movimientos nacionalistas y campesinos aparecen, subjetivamente, como reacciones defensivas contra un proceso de transformación social —más contra la amenaza del mismo que contra su materialización—. Sin embargo, estos no pueden ser sino su vehículo. Los «programas» de ambos movimientos no solo son impracticables, sino en cierto sentido históricamente irrelevantes, tanto si están formulados con gran precisión, como entre los campesinos del Morelos de Emiliano Zapata en México, o en términos de aspiraciones vagas y apenas definidas, como entre los nacionalistas. De ahí que, en la medida en que tales movimientos organizados se establezcan firmemente, lo harán mediante métodos, ideas y liderazgo pertenecientes al nuevo mundo, aunque su objetivo —como las ruecas de Gandhi— pueda ser restaurar o conservar el viejo. En la medida en que son históricamente efectivos, su efecto está reñido con sus intenciones.

La situación que estimuló las reacciones de defensa nacionalistas, y que es más conocida por los historiadores, fue el avance de la economía capitalista de mercado y de la sociedad de mercado. Puede ser que esto proporcionase un sustrato inusualmente favorable para las «naciones», no solo porque el Estado nación de una extensión media ofreciese unas ventajas obvias para el «progreso» y el desarrollo de la clase media —o, alternativamente, porque los Estados a los que estas sustituían solían estar atrasados, mal estructurados o ambas cosas a la vez—,[17] sino también porque la sociedad burguesa en la forma de capitalismo liberal destruyó las viejas solidaridades, los vínculos comunitarios y las estructuras sociales de una manera continua, despiadada y por principio, mientras que deliberadamente no ponía nada en su lugar salvo la búsqueda del propio interés. Este proceso provocó una nostalgia defensiva, y a veces militante, de las antiguas colectividades, sobre todo en los estratos que se veían incapaces de beneficiarse aceptablemente como individuos de la nueva sociedad a diferencia de los empresarios capitalistas y los profesionales de alto nivel— o de hacer evolucionar sus propias colectividades modernas —como hicieron los trabajadores gracias al movimiento obrero—. En Alemania y en la Austria alemana del último tercio del siglo XIX podemos rastrear el surgimiento de potenciales movimientos de masas nacionalistas entre dichos estratos como una doble reacción contra el liberalismo y la socialdemocracia. Todo esto dejó un vacío que «la nación» podía llenar simbólicamente.

Sin embargo, de ello no se sigue que este tipo de reacciones se limiten a esta situación histórica concreta. La historia no llega a su fin cuando se ha alcanzado el Estado que algunos politólogos definen como «moderno». Los problemas sociales continúan, con episodios ocasionales de cambios particularmente drásticos, como el que ha diezmado a los estratos resistentes, el campesinado y el pequeño comercio pequeñoburgués tradicional en la Europa occidental desde 1950. Siempre que amenace la viabilidad de las instituciones, valores y prácticas dentro de los sistemas sociales existentes, incluso aquellos formados para aceptar un episodio de cambio anterior, el patrón de la reacción puede repetirse. Todas las cosas que pueden refugiarse bajo el gran paraguas conceptual de «la comunidad», el conjunto de relaciones y grupos sociales primarios percibidos directamente, parecen especialmente vulnerables. Deben ser reforzadas o sustituidas, aunque sea simbólicamente, por algo que pretende realizar la misma función. Esto no tiene que adoptar necesariamente la forma de una «nación», aunque esta tiene la ventaja de una delimitación externa aparentemente específica («nosotros» contra «los extranjeros») y casi una falta total de precisión en su definición interna, de manera que puede contener simultáneamente los intereses y aspiraciones más cambiantes y contradictorias. No obstante, aunque no tuviera estas ventajas, una vez el estereotipo de «la nación» ha sido establecido y reforzado por el prestigio y el modelo imperante de estructura política internacional, probablemente posea fuerza suficiente para absorber y asimilar otras muchas expresiones de nostalgia comunitaria. Está claro que Pakistán no fue el resultado de un movimiento «nacional», pero resulta evidente que tanto el movimiento original, como el Estado y, sin duda, el posterior patriotismo pakistaní han sido asimilados al modelo imperante.[18] Además, la construcción misma de Estados nación internacionalmente homogéneos refuerza el atractivo «nacionalista» entre aquellos grupos que están siendo homogeneizados, o cuya existencia comunitaria separada —a menudo reconocida institucionalmente— pierde su función. Los sistemas políticos pluralistas se convierten en naciones monolíticas con «minorías» que proporcionan a los gobiernos del siglo XX unos dolores de cabeza que sus antepasados preindustriales raramente sufrieron.

Por ello la relación del nacionalismo con los procesos sociales que desencadena puede ser muy distinta, aunque parezca que el fenómeno sigue siendo el mismo. Así, la «construcción nacional» característica del siglo XIX acostumbraba a ir en paralelo a la tendencia propia del desarrollo económico y social, a la creación de unidades homogéneas más grandes a partir de unidades heterogéneas (económica y administrativamente) más pequeñas: tanto es así que bastantes ejemplos de «nacionalismo» potencial que divergían de esta tendencia, como los bretones o los catalanes, solían pasar desapercibidos. A mediados del siglo XX, las dos tendencias empiezan a converger, excepto en la medida en que la tendencia constante al crecimiento de las unidades económicas y políticas hace que estas no solo aumenten su tamaño, sino también el poder sobre sus súbditos o clientes y la magnitud de la burocracia planificada. Este fenómeno puede hacer que estas unidades superen las dimensiones óptimas para su administración y gestión, o que crezcan más allá de lo que los seres humanos que participan en ellas pueden abarcar, produciendo algún movimiento hacia la descentralización y la devolución. Aun así, en general, la tendencia al gigantismo continúa —aunque, por cierto, este ya no está tan estrechamente vinculado como antes a los Estados nación—, mientras que el nacionalismo tiende cada vez más a dividir grandes unidades en otras más pequeñas.

Por ejemplo, ¿dónde están los equivalentes contemporáneos de los movimientos nacionalistas unificadores del período que va desde 1815 a 1950, como el alemán, italiano, eslavo del sur, indio o chino? Por el contrario, actualmente nos encontramos con unos nacionalismos que pretenden alterar las economías «modernas» consolidadas, a menudo de una dimensión media, a veces con una larga historia de integración nacional. En este aspecto, su éxito resulta evidente, como nos demuestra la diferencia entre los problemas políticos planteados por el nacionalismo flamenco en Bélgica antes de 1914 y a partir de 1945. Desde un punto de vista subjetivo, los partidarios de estos movimientos pueden sentir lo mismo que sus antecesores; desde una visión objetiva, solo podemos concluir que, en la actualidad, la defensa del Estado nación pequeño como unidad de desarrollo económico o incluso cultural es considerablemente más débil de lo que lo era antes de 1914, sobre todo en las zonas subdesarrolladas.[19]

Pero si la reacción «nacionalista» actual carece del freno proporcionado por la aspiración decimonónica a construir Estados nación viables —es decir, el supuesto de que estos debían tener una extensión mínima—, ¿estas reacciones necesitan seguir siendo «nacionalistas» en el sentido establecido del término? Es cierto que a menudo aún pueden adoptar los conceptos y símbolos del nacionalismo histórico. Todavía hay suficientes «naciones oprimidas» que pueden recurrir a ello, aunque uno o dos movimientos —por ahora insignificantes en el ámbito político— como los cornualleses y los occitanos están cerca de tener que inventar sus «naciones». Sin embargo, en la medida en que tales movimientos son fundamentalmente reacciones contra la extensión —y no lo son del todo—, no es fácil fijar límites más bajos a sus unidades ideales. Por lógica, el patriotismo local podría proporcionar puntos de confluencia igualmente posibles, algo que ya fue anticipado en 1949 en la comedia cinematográfica británica *Pasaporte a Pimlico*, y en la práctica en 1970 con la breve «declaración de independencia» de la Isla de los Perros contra el resto de Londres. Pero tiene poco sentido seguir discutiendo hasta qué punto sigue siendo realista un análisis de este fenómeno en términos de «nacionalismo».

V

Como se ha expuesto, el nacionalismo es un fenómeno dual, o más bien una interacción de dos fenómenos, cada uno de los cuales ayuda a conformar al otro. Consiste en una «religión cívica» para el Estado territorial-centralizado moderno, y en un modo de afrontar los cambios sociales que parecen amenazar o alterar determinados aspectos del complejo de relaciones sociales. El primero refleja una situación histórica específica, característica de Europa desde la Revolución francesa, y de la mayor parte del mundo no europeo en el siglo XX: la combinación de desarrollo económico, en primera instancia capitalista —aunque todavía no está claro que sea una condición necesaria—, con la participación masiva en política de una población movilizada. Es posible que nos estemos aproximando al final de este período, al menos en la medida en que el Estado nación soberano de extensión media parece estar perdiendo su papel como el marco necesario u óptimo para el desarrollo económico. El segundo no está confinado en principio a ningún período histórico o sociedad determinados, aunque solo adquirió todas las características del «nacionalismo» tal como lo conocemos en la era histórica específica desde 1789, y probablemente no lo habría hecho en otro contexto.

Por el contrario, en este período el Estado tendió a convertirse en un Estado nación cuya religión cívica adoptó la forma de patriotismo nacional, en gran medida porque los elementos a partir de los cuales pueden generarse estos sentimientos (territoriales, lingüísticos, étnicos, etc.) están al alcance de la mano, siendo también los que probablemente se utilizarán para formular reacciones de grupo defensivas. Una debilidad obvia de muchos Estados de una extensión técnicamente deseable era, por supuesto, que no eran «nacionalmente» homogéneos, circunstancia que con bastante probabilidad desencadenará serios problemas prácticos cuando la «conciencia nacional» deje de ser propiedad de solo unas cuantas «naciones», como la mayoría de los pensadores del siglo XIX asumieron que era y debería ser.[20] Además, una ideología cívica «nacionalista» era conveniente no solo porque un Estado necesitaba movilizar a sus ciudadanos en masa de manera directa, sino en la medida en que estos ya estaban movilizados para sus propios fines —y no necesariamente solo bajo banderas «nacionales»— que entraban en conflicto con los intereses de sus gobernantes.

El nacionalismo característico de los últimos 150 años ha sido una interpenetración constante de estos dos elementos. De ahí la dificultad de analizarlo. Los Estados han aspirado a convertirse en «naciones», las «naciones» a convertirse en Estados. Los movimientos sociales —en el sentido más amplio del término— han tendido a transformarse en «nacionales» o a dividirse entre líneas «nacionales», como demuestra la historia de los movimientos más apasionada y sistemáticamente internacionalistas. Los movimientos «nacionales» han sido imbuidos con un contenido social e ideológico que no tiene por qué estar conectado con su nacionalismo. Cada tendencia ha reforzado a la otra, y le ha dado una expresión más consciente de sí misma. El Estado nación ha creado su «nación» y su «nacionalismo», y ya no digamos los de las otras «naciones» potenciales con las que entra en conflicto. A su vez, el «movimiento nacional» ha obligado tanto a los Estados como a otras organizaciones políticas con objetivos nacionalmente inespecíficos, a adoptar su ambiente y sus características. Hoy podemos encontrar ejemplos de ambos procesos en Oriente Medio.

Un error que cometieron anteriores estudiosos del tema fue el de buscar alguna entidad, ya fuese el «pueblo» o la «nación», la cual, aun estando incuestionablemente sometida al proceso de crecimiento y evolución, tuviera algún tipo de características objetivas permanentes. Este no es el caso o, mejor dicho, la búsqueda de grupos humanos que cumplan estas especificaciones no arroja ninguna luz sustantiva sobre las «naciones» y el «nacionalismo». No obstante, otro error, que se sigue cometiendo, es el de asignar al nacionalismo una única función histórica específica, ya sea el proceso de «modernización» o la del desarrollo de la sociedad capitalista burguesa. Es obvio que ha tenido tales funciones, si bien, como ya hemos comentado, estas requieren un análisis bastante más complejo del que, en general, han sido objeto. Pero no puede limitarse a este papel y, por tanto, los «nacionalismos» que no lo desempeñan no pueden descartarse simplemente como problemáticos vestigios «burgueses» o de otro tipo, aunque el establecimiento del estereotipo de «nación» y de un sistema internacional que en gran medida equipara Estados y naciones indudablemente les da una notable capacidad de supervivencia.

Sin embargo, la adaptabilidad del nacionalismo para encajar en diversas situaciones sociopolíticas y de adoptar nuevas funciones no debe hacernos olvidar que no es algo permanente por necesidad. Antes de 1914, estudiosos no nacionalistas dieron por supuesto que, al final, el nacionalismo desaparecería, para ser absorbido o sustituido por formas internacionales de gobierno, ideología o incluso cultura y lengua, reflejando el carácter cada vez más global de la economía, la ciencia, la tecnología y las comunicaciones. Tales planteamientos eran demasiado simplistas y, como predicciones a corto plazo, eran tan erróneas como lo son ahora. Pese a la creciente evidencia de la globalización, el nacionalismo va en aumento y es probable que el carácter desigual del cambio histórico haga que siga aumentando y, más aún, multiplicándose. Por otra parte, como pronóstico a largo plazo, la predicción según la cual el nacionalismo irá a la baja puede resultar no menos realista que otras predicciones de mediados del siglo XIX (como, por ejemplo, la desaparición del campesinado), que parecían totalmente inverosímiles incluso un siglo después de que se formulasen, pero que ya no resultan inverosímiles hoy. Esta predicción no implica que las diferencias a las que el nacionalismo suele definir como «naciones» desaparezcan, que los grupos dejen de identificarse a sí mismos en estos términos, ni que sus relaciones con los forasteros sean idílicas algún día. Sino que sus implicaciones sociales, económicas y políticas se transformarán hasta el punto que palabras como «nación» o «nacionalismo», en el sentido en que entendemos ambos términos, dejen de serles aplicables.[21] Sin embargo, dado que esta no es una perspectiva del futuro políticamente previsible y, en cualquier caso, no se le puede fijar un calendario, no tiene sentido seguir esta línea de análisis. No obstante, tal vez merezca la pena concluir estas reflexiones señalando lo obvio; es decir, que el nacionalismo es un fenómeno histórico, el producto de un pasado bastante reciente, que está sometido al cambio y que es improbable que persista indefinidamente.

Capítulo 11

ESTADO, ETNICIDAD Y RELIGIÓN

I

El «pertenecer» a algún grupo humano, al margen de relaciones tales como el vínculo biológico que une a las madres con sus hijos, es siempre una cuestión de contexto, y de definición social, normalmente negativa; es decir, que la pertenencia al grupo se especifica por exclusión. Seamos más precisos: lo que yo entiendo por «identificarse» con una colectividad determinada es que uno prioriza una identificación concreta sobre todas las demás, porque en la práctica todos somos seres multidimensionales. No hay límite a la cantidad de maneras en las que yo podría describirme a mí mismo, y todas ellas son ciertas simultáneamente, como bien saben quienes elaboran los censos. Puedo describirme de diversas formas, y para ciertos fines concretos puedo decidir priorizar una identificación a otra, pero sin suponer por un momento que esta excluye a las demás. De mí solo se espera que elija entre identificaciones si alguna autoridad o situación externa me obliga a elegir una identidad porque considera que dos o más son incompatibles, o porque a una de ellas se le concede más importancia que a las otras.

La principal identidad que se ha elegido para la mayoría de nosotros en el siglo XX es la del Estado territorial: una institución que afirma sus derechos sobre cada uno de los habitantes de una parte de un mapa. Si esta persona es un «ciudadano», el Estado se arroga el derecho a exigir su lealtad sobre todos los demás que pudieran reclamarla; también a su amor (el «patriotismo»), y, en épocas de guerra, a su vida. Estos son arreglos históricamente novedosos que hubieran asombrado a la mayoría de los gobernantes del pasado y a la mayoría de sus súbditos, pero desde el siglo XVIII nos hemos acostumbrado a ellos y los damos por supuestos. No hay nada de «natural» en ellos. Los territorios claramente delimitados de sus vecinos mediante fronteras son innovaciones sociales. La frontera franco-española no fue fijada formalmente hasta 1869. El supuesto de que la autoridad territorial es suprema y tiene un poder único en un territorio determinado pertenece a la historia moderna. Pero, como cualquier historiador medievalista u orientalista sabe, hay otros tipos de Estado posibles. Incluso pueden ser preferibles, habida cuenta de que las operaciones de los asuntos humanos actuales cada vez encajan menos en el marco de los Estados territoriales. En este momento (2006), dos corporaciones transnacionales de la industria automovilística, una oficialmente radicada en Estados Unidos, y la otra en Alemania, están en disputa por un ejecutivo vasco que ha sido atraído por el director general estadounidense de una de estas corporaciones para cruzar el océano, con la promesa de que construirá una planta en el País Vasco. Sin duda, a su debido tiempo las estructuras políticas tendrán que ajustar tales realidades mejor de lo que lo están haciendo ahora.

Empiezo con la «identidad estatal» porque ahora es prácticamente universal, y porque en la actualidad proporciona el modelo para todos los demás grupos que buscan una expresión política de su existencia como colectivo. Sin embargo, es una relación ambivalente. En el transcurso de este siglo todos los ciudadanos de este tipo de Estados constituyen «una comunidad» o «nación» y, en segundo lugar, el vínculo que los une puede ser su ascendencia, etnicidad, lengua, raza o religión comunes. Los conceptos de «Estado» y «nación» se han vuelto intercambiables, como en el término Naciones Unidas. A la inversa, cualquier grupo de personas que se consideren unidas por la etnia, la lengua, etc., reivindica el derecho a tener un Estado territorial propio. Este concepto también es nuevo. Hasta 1918 nada hacía pensar que lo que los kurdos querían era un Estado propio, ni que, dado que eran parcialmente nómadas, tuvieran una idea clara de lo que esto significaba. Si alguna reivindicación política tenían era la de no tener ningún Estado, no un Estado territorial o cualquier otro.

La confusión fundamental se produce entre el Estado como comunidad «política» territorialmente definida y las comunidades en el sentido antropológico, sociológico o existencial. La confusión surgió de manera natural a partir del origen revolucionario de la «nación» política moderna, que se basaba en el concepto implícitamente democrático de la soberanía popular, la cual, a su vez, implicaba una voluntad política común, y unos vínculos comunes de acción política encaminada al bien común tales como el «patriotismo». Mientras se negó la plena ciudadanía a las masas, y su participación activa en la política no fue necesaria ni deseada, esta confusión fue en gran medida académica. Sin embargo, con el auge de la política democrática y la necesidad de movilizar a la población, el «pueblo» en su conjunto se convirtió en un actor político, y fue necesariamente abordado como comunidad a través de las diferencias internas que lo dividían.

No obstante, es esencial señalar que esta cohesión comunitaria de los ciudadanos en la nación política no implicaba otra forma de homogeneidad, excepto a efectos prácticos. La razón obvia de por qué esto es así, desde que el mundo es mundo, es que ningún territorio de la extensión que sea ha sido habitado por una única población homogénea, bien sea en el aspecto cultural, étnico u otros. Además, el hecho de pertenecer e incluso ser leal a un gobierno nacional no excluye la pertenencia o la lealtad a alguna otra comunidad local, basada en el parentesco, religiosa o de cualquier otro tipo. En el siglo XVIII, los padres fundadores del Estado nación moderno lo sabían, y también los fundadores de los Estados nación excoloniales posteriores a 1945, porque ambos operaban bajo el mismo principio. Ellos definieron «el pueblo» o la «nación» de su Estado de la única manera en que podía definirse operativamente, es decir, como los habitantes de un territorio preexistente (como el Reino de Francia o las Trece Colonias Americanas, por ejemplo). En el caso de las dos naciones fundadoras del Estado nación moderno, Francia y Estados Unidos, también incluyeron a quienes querían unirse a ellos aceptando la constitución y las leyes del Estado revolucionario. Estos habitantes, como bien sabían los padres fundadores, constituían una multiplicidad de grupos étnicos, culturas, lenguas y cultos. De ahí que los Estados nación clásicos, desde los más antiguos hasta los fundados en el siglo XIX, fuesen, con raras excepciones —¿quizá Portugal?— heterogéneos y reconocidos como tales. Vascos, castellanos, catalanes y gallegos resistieron a los ejércitos napoleónicos como españoles, sin abandonar su identidad. La idea de homogeneidad étnica o lingüística no hubiera tenido sentido. Incluso el nacionalismo alemán, de carácter étnico, asumió la multiplicidad étnica. Ser «alemán» era una función de pertenecer a una de las diversas *Stämme* («tribus» o «grupos de ascendencia») reconocidas: suabos, sajones, bávaros o francos. Después de 1934, ser suabo o sajón era una característica secundaria de ser alemán, no a la inversa. En cuanto a la uniformidad lingüística, esta resulta inconcebible —salvo para una élite restringida— en las sociedades que no tienen un sistema de educación primaria.

Sin embargo, y por razones analizadas a menudo, es innegable la tendencia de los Estados modernos a desarrollar una estandarización social y funcionalmente necesaria homogeneización del conjunto de sus ciudadanos, y a fortalecer los lazos que los unen al gobierno nacional. Cualquier medio que contribuya a reafirmar la continuidad y la cohesión del Estado se pondrá al servicio de este fin. O se inventará, sobre todo la historia, la principal garante de la continuidad. También la «etnicidad», la cultura lingüística y la religión contribuirán a este objetivo allá donde sea posible. Históricamente, esto ha sido más fácil cuando un Estado se construía alrededor de un *Staatsvolk* que constituía el colectivo más grande o incluso la mayoría de la población del Estado, como los ingleses, los castellanos o los habitantes de la Gran Rusia. Por lo tanto, el patriotismo estatal y los vínculos étnicos o religiosos pueden solaparse.

Debemos hacer una última consideración sobre el patriotismo de Estado. En el transcurso del siglo XIX y en la mayor parte del XX las exigencias de los Estados a sus ciudadanos han aumentado enormemente, y la capacidad de los ciudadanos para rechazar tales exigencias ha disminuido de manera drástica. Por tanto, el Estado necesita desarrollar incentivos para que el ciudadano se identifique de forma individual con él como parte de un colectivo. Las exigencias del Estado aumentan cada vez más. Probablemente, el punto álgido de esta tendencia se produjo en la época de las dos guerras mundiales y de la reconstrucción posterior. Hay numerosas pruebas de una reacción contra esta tendencia desde la década de 1960.

II

Pasemos ahora del Estado a la etnia. Nunca ha existido una época histórica en la que los grupos de seres humanos no se hayan diferenciado de otros dándose un nombre colectivo, asumiendo que los miembros del grupo tienen más en común entre sí que con miembros de otros grupos. Sin embargo, debemos hacer un par de observaciones o quizá tres. La primera es que la etnia en sí misma no es un término político ni tiene implicaciones políticas concretas. Por esta razón prefiero este término a «nacionalidad», que sí implica un programa político. La segunda es que la etnia no es una característica positiva de los grupos, sino que describe la manera en la que cada uno de estos grupos se separa de los otros o se desmarca de ellos. El significado más común de una etnicidad intrínseca, el de unos supuestos ancestros o parentescos comunes, es o bien ficticia, como en las grandes «naciones» modernas, o bien arbitraria. Casi siempre la misma población puede dividirse «étnicamente» de distintas maneras. En cualquier caso, la pertenencia étnica suele cambiarse y reclasificarse con el paso del tiempo. Sin «los otros» no tenemos ninguna necesidad de definirnos. Me permito recordarles el censo polaco de 1931, en el que se pedía a los habitantes de las marismas del Prípiat —a los que hoy probablemente denominaríamos bielorrusos— que declarasen su nacionalidad. No entendieron la pregunta. Respondieron «somos de aquí». ¿Qué más tenían que decir? En su sociedad, nada. Pero hay un tercer punto. Un gran número de unidades étnicas no tienen un nombre que ellas mismas hayan inventado, sino que ha sido creado desde fuera, sobre todo en los siglos XIX y XX. La historia del imperialismo está llena de administradores coloniales que miraban las grandes manchas de tinta de los test de Rorschach que constituían sus súbditos y decidían de qué forma interpretarlas. Con fines administrativos se distinguían unas «tribus» que anteriormente no hubieran reconocido su existencia separada. A la inversa, pueblos distintos han sido clasificados juntos a efectos políticos u otros, como, por ejemplo, las diversas tribus de indios americanos se han convertido en miembros de un nuevo colectivo, los «nativos americanos», que no refleja lo que los apaches y los indios pueblo tienen en común con los mohawks, que es muy poco, sino un conjunto específico de problemas legales del gobierno federal de Estados Unidos.

Otro ejemplo de ello es la categoría de «alemanes étnicos» (*Volksdeutsche*). Por supuesto, por arbitrario que sea el origen de una clasificación étnica, una vez establecido puede ser tan real como cualquier otro. Un conjunto sumamente heterogéneo de religiones constituye lo que ahora conocemos como «los palestinos», aunque tal clasificación no podía tener ningún sentido antes de 1918.

Esta indeterminación, o incluso la arbitrariedad del concepto de «etnia», crea considerables problemas a la hora de definir la identidad étnica. Podemos observar algunas de sus consecuencias políticas en situaciones como la de Bosnia. La «nación» política o «pueblo» se puede definir territorialmente, al menos en la era histórica de los Estados nación. Pero no existe una forma igual de conveniente de definir quién pertenece a una unidad étnica, por definida que esté. Paradójicamente, esta identidad, que afirma ser natural o primordial, solo puede definirse mediante una decisión consciente de cuál es el elemento diferencial de los miembros de un grupo con respecto a otro. Es preciso establecer unos criterios. El racismo biológico es uno de estos criterios administrativos. ¿Quién es judío? Las leyes de Núremberg fijan un criterio (que uno de los abuelos fuera judío); la Ley del Retorno original (1950) del Estado de Israel fija otro (ser hijo de madre judía). Ambas reconocen que, en la vida real, no hay unas líneas claras que separen de manera «objetiva» a los judíos de los que no lo son. La lengua es otro criterio, aunque también arbitrario. ¿Cómo se puede negar el estatus de galés étnico a mis vecinos anglófonos en sus granjas ancestrales? ¿En qué sentido serían más étnicos si, en un Gales autónomo, fueran obligados a expresarse en una lengua que, en este momento, solo habla el 21 por ciento de la población? El tercer criterio es la elección consciente y arbitraria ¿Cómo, si no, el hijo o la hija de un matrimonio mixto serbo-croata puede decidir a cuál de los dos grupos étnicos pertenece? Según el último recuento, en la antigua Yugoslavia hay 1,4 millones de matrimonios mixtos. Pero hay que tener en cuenta que esta elección puede ir en ambos sentidos. Los tamiles musulmanes en Sri Lanka no quieren considerarse tamiles, y prefieren definirse como «moros». Muchos navarros prefieren su identidad como navarros a su identidad como vascos.

Por tanto, los movimientos nacionales étnicos se enfrentan al problema básico de cómo separar a sus miembros de otros grupos y, lo que aún es más apremiante, cómo dar a todos los que se ajustan a su definición unas razones convincentes para que se unan al movimiento en sus conflictos con los «otros». La estrategia óptima para ello es polarizar las relaciones de grupo de manera que todos los miembros del grupo «nosotros» traten a todos los miembros del grupo «ellos» como enemigos potencialmente peligrosos y, por tanto, la única protección de la que disponen es identificarse totalmente con «los nuestros». En la actualidad, el terrorismo diseñado para producir contraterrorismo es probablemente la estrategia más popular para asegurar esta polarización, como podemos ver en el Ulster, en el Punyab y en otros muchos lugares, y ya no digamos en la antigua Yugoslavia.

No obstante, merece la pena dedicar unas palabras a un aspecto especial de esta definición arbitraria de la identidad de grupo que acostumbra a pasarse por alto. Me refiero a la «asimilación», que es una moneda de dos caras. Los movimientos nacionales étnicos que fomentan la asimilación masiva de quienes no pertenecen a su etnia no son comunes, aunque hay algunos: los catalanes, por ejemplo, o los magiares antes de 1914. Sin embargo, como saben muy bien judíos, gitanos y otras personas con distintos colores de piel, aun en los mejores casos la disposición a asimilar plenamente a los foráneos es limitada. Por otra parte, en los siglos XIX y XX, no ha habido nada tan común como los individuos que desean asimilarse a alguna otra nacionalidad. De hecho, durante este período, la migración y la asimilación fueron y siguen siendo, probablemente, los principales agentes de la movilidad social. Europa central está llena de personas cuyos nombres de familia demuestran que sus ancestros cambiaron de nacionalidad, y si muchos de estos ancestros no hubieran traducido sus nombres originales a la lengua de la afiliación que escogieron, este fenómeno sería mucho más obvio. Al mismo tiempo, un hecho sociológico conocido de los movimientos nacionalistas es que muchos de sus pioneros y dirigentes proceden de la periferia y no del centro de sus grupos étnicos, o incluso de fuera de ellos (como algunos dirigentes étnicamente ingleses del IRA).

La asimilación ilustra precisamente la irrealidad de la identidad étnica, ya sea como identidad que se supone primordial o natural, o como identidad «exclusiva». Porque, como observarán, al aceptar una nueva identidad los asimilados no necesariamente niegan la antigua. La generación de mi padre, hijos de inmigrantes a Inglaterra, se sumergió con pasión en la cultura y en las costumbres inglesas e incluso anglicanizaron sus nombres, aunque sin negar jamás su identidad judía. Los estadounidenses de origen irlandés no olvidan sus lazos con Irlanda. Lo que enfurece a los zelotes de la identidad de grupo respecto a la asimilación no es que esta signifique la negación de dicha identidad —algo que ocurre algunas veces—, sino que se niega a aceptar los criterios «específicos» de la identidad de grupo en los que insisten. Por ejemplo, en el caso de los judíos, la práctica de la religión, el matrimonio o, actualmente, una determinada actitud con Israel. Es la negativa a elegir entre las identidades de grupo, entre la una o la otra.

III

Permítanme abordar ahora el asunto de la religión o, mejor dicho, de las principales religiones del mundo que por definición, al declararse universales, no pueden servir para definir a un grupo. Dejo al margen las religiones que, *ex officio* o en la práctica, se identifican exclusivamente con una comunidad. Sin embargo, como sabemos, en la práctica la coexistencia de diferentes religiones o de variantes de religiones permite que, en muchos casos, estas funcionen como marcadores de grupo. De hecho, muchas veces tiene poco sentido distinguir la religión de otros marcadores. Los conflictos en Irlanda del Norte, en Bosnia o en Sri Lanka, ¿son religiosos o étnicos? No importa. (Claramente, en los dos primeros casos no son lingüísticos, puesto que todos los partidos hablan y escriben en la misma lengua.) No obstante, la cuestión de la religión nos permite diferenciar algunos estratos en el fenómeno de la identidad nacional o de grupo, y ciertos cambios en él. Mencionaré dos de ellos.

El primero es la diferencia entre el patriotismo de Estado, el nacionalismo de sus dirigentes y cuadros, y los sentimientos de las masas.

Como sabemos, desde finales del siglo XVII hasta principios del XX, una de las principales tendencias del desarrollo del Estado ha sido la de separarse de la religión. El Estado nación no era religioso, ni tampoco era étnico; es decir, que gobernaba a un pueblo multirreligioso y multiétnico. Los movimientos nacionalistas étnico-lingüísticos mantuvieron el principio de una nación multirreligiosa, pero no multiétnica, sobre todo, como es obvio, en los Estados multirreligiosos. Este fue claramente el caso del nacionalismo irlandés, del yugoslavo, del alemán y de muchos otros. Sin embargo, la constante tensión entre la Constitución estadounidense, que es indiferente a la religión, y la popularidad de Dios en el discurso político de ese país, demuestra que, en la práctica, uno de los criterios populares del «americanismo» es un cierto grado de religiosidad. En Irlanda, con independencia de la tradición oficial del movimiento republicano, es evidente que, para las masas, el catolicismo es el criterio decisivo del nacionalismo irlandés.

Por supuesto, esto era más acusado en los países musulmanes antes incluso del reciente auge del fundamentalismo.

El segundo cambio tiene que ver con la naturaleza de las recientes transformaciones de la religión que, en general, se describen con el término «fundamentalismo». Es un término equívoco, porque implica el regreso a una versión original y auténtica de la fe. No obstante, en la práctica, estos grupos no solo suelen ser innovadores, sino que también implican una redefinición restrictiva de la fe que permite separar del grupo a los que son ajenos a él. No me extenderé acerca de las innovaciones del fundamentalismo. Me limitaré a recordar que la concepción que el ayatolá Jomeini tenía de un Estado islámico, que se ha venido predicando desde la década de 1970, era nueva incluso para las normas del clero chiíta iraní comprometido políticamente. En cuanto a lo restrictivo de esa redefinición, baste con decir que es una obviedad. El fundamentalismo de los zelotes judíos como los jasídicos impone un grado de ritualismo que va mucho más allá del que tradicionalmente se pedía a los judíos piadosos. El «fundamentalismo hindú» —la frase es una contradicción en términos— es un movimiento que aspira a que el hinduismo sea más exclusivo y a convertirlo en una especie de religión estatal —otra contradicción en los términos hindúes— que convertirá a todos los no hindúes en una especie de no indios. Transformaciones similares han hecho que el budismo esrilanqués haya dejado de ser un culto pacífico, apolítico y hogareño para convertirse en una sanguinaria religión colectiva nacionalista para los cingaleses. Todos estos movimientos van en contra de la coexistencia de grupos en el mismo territorio y dentro del mismo Estado, lo que ha sido la base del Estado nación hasta ahora.

Con todo, hay que tener en cuenta otro aspecto. En la actualidad, el conjunto de movimientos denominados «fundamentalistas» es, en mi opinión, un aspecto del declive de las religiones o, mejor dicho, de las iglesias tradicionales. Hasta ahora estas iglesias universales fueron siempre una forma eficaz de expresar la identidad de grupo, mientras que la etnia o la lengua no. Consistían en organizaciones reales con edificios reales y divisiones territoriales mediante las cuales la «comunidad» se podía definir a diversos niveles: por ejemplo, la parroquia, la diócesis, la Iglesia nacional o universal. Los presidentes de Estados Unidos se dirigen a sus ciudadanos como «conciudadanos americanos», pero los sargentos del ejército ruso, ya fueran zaristas o bolcheviques, no se dirigían a sus soldados llamándolos «conciudadanos rusos» sino «verdaderos creyentes» o cristianos. En los Balcanes, el hecho de que una persona fuese griega, albanesa, búlgara o incluso turca no era una característica que la definiese. En cambio, que fuese cristiana ortodoxa, católica o musulmana sí lo era. Me inclino a pensar que este declive de la religión tradicionalmente aceptada es lo que ha dado paso a formas de movilización religiosa que son muy difíciles de distinguir de los movimientos segregacionistas étnicos. Menciono esto de pasada como un objeto de posible investigación.

IV

Pasemos ahora a considerar las transformaciones históricas de estas identificaciones, la mayor parte de las cuales se produjeron en el siglo XX.

Como ya he expuesto en otros lugares, la primera de estas transformaciones es la introducción de la etnicidad y de la cultura lingüística en el concepto revolucionario de Estado nación francés y estadounidense, así como en las monarquías nacionales históricas como Rusia, Inglaterra y España. En resumen, la doctrina de la autodeterminación de las «naciones» definida de la manera habitual y compartida por John Stuart Mill, Iósif Stalin y el presidente Wilson. Para ser más precisos, la reivindicación, en palabras de Mazzini, según la cual cada una de estas «naciones» debería tener derecho a formar un Estado soberano y toda la nación debería estar incluida en un Estado. Este principio totalmente ilusorio se convirtió en una realidad operativa con el desplome de los tres grandes multiétnicos y multiimperios de Austria-Hungría, Rusia y los otomanos; esto es, en la práctica, a finales de la primera guerra mundial.

Esto creó inmediatamente unos problemas que no habían surgido —que no podían surgir— en los imperios multiétnicos no nacionales, porque estos, por definición, estaban por encima de todos los diferentes grupos de sus súbditos. Bosnia es un ejemplo excelente de ello. Tanto el Imperio otomano hasta 1878 como el de los Habsburgo desde 1878 hasta 1918 no estaban comprometidos con ninguna de las comunidades locales y, por tanto, en posición de mediar entre ellas y de mantener sus conflictos bajo control. También este era el caso de la Yugoslavia comunista. Los períodos en los que la situación local bosnia se escapó de las manos fueron aquellos en los que el poder dominante del Estado se identificó con un grupo étnico —los serbios, antes y desde el comunismo—, o cuando no existía ningún Estado efectivo no comprometido. Un Estado territorial multinacional que solo se identifica con una de sus naciones étnico-lingüísticas «debe» privilegiar a esa nación sobre las demás, creando así problemas. Esto es así incluso cuando este Estado es democrático y tolerante con sus «minorías», como en la Checoslovaquia de entreguerras o el Kazajistán postsoviético. Donde el grupo étnico dominante tiene una agenda más agresiva, como en la Yugoslavia, Rumanía o Polonia después de 1918, la situación era aún más tensa.

Cómo los Estados nación que se identificaban con un grupo étnico concreto se convirtieron —o empezaron a intentar convertirse— en territorios monoétnicos, monolingüísticos y monoculturales es un asunto que requiere mayor investigación, pero no cabe duda de que ha sido una tendencia en aumento, sobre todo entre los movimientos y Estados étnico-lingüísticos pequeños. El producto final lógico de este proceso es y debe ser una de cuatro políticas: la asimilación o conversión masiva mediante la fuerza del Estado; la expulsión masiva de poblaciones o «limpieza étnica»; el genocidio o la creación, *de facto* o *de iure*, de un sistema de segregación racial que convierte a los no miembros del grupo dominante en extranjeros o en una subclase de ciudadanos subalternos legalmente inferior. Todas estas políticas ya se han intentado. Algunas siguen intentándose. Esta es la segunda transformación.

El objetivo principal de ambas transformaciones es, esencialmente, la creación del Estado nación y la identificación de grupo idealmente coextensiva con el Estado y superior a todas las demás identificaciones de grupo. En el caso extremo, una identificación total con el Estado, aunque en el caso del nacionalismo étnico que se expresa a través de religiones universales, divinas o seculares, esto resulta difícil. De todas formas está claro que, en Estados occidentales, al menos desde la década de 1960, ha surgido otra forma de identificación de grupo aparentemente similar. El auge de estas formas de etnicidad fue advertido por primera vez en Estados Unidos por Nathan Glazer y Daniel Moynihan en su compilación *Ethnicity. Theory and Experience* (1995), pero también es evidente que, desde entonces, se ha desarrollado una nueva terminología. Tanto el término «etnicidad» como el término «identidad» aplicados a colectivos parecen ser neologismos. De hecho, últimamente hemos visto a todo tipo de grupos que anteriormente no reclamaban tal estatus aplicarse a sí mismos términos como «comunidad», o incluso el término «nación» (por ejemplo, «la nación *queer*» en el discurso de los activistas homosexuales norteamericanos). Estos fenómenos pueden estar ligados o no con los nacionalismos territoriales del antiguo tipo étnico, y algunos de ellos claramente lo han estado. Pienso en la radicalización del nacionalismo vasco o en el surgimiento del separatismo en Quebec, pertenecientes ambos a este período. Sin embargo, no creo que esta sea la característica central de estas nuevas formas de formación de la identidad colectiva. Desde luego no lo es en Estados Unidos, donde han ido cobrando cada vez mayor importancia; ni en los movimientos étnicos de los inmigrantes islámicos en los países europeos, que tienden a adoptar la forma del fundamentalismo. Los denominaré movimientos de «gueto», ya que su principal objetivo es la segregación y la exclusión de la sociedad en general, tanto emocional como intelectual y, cuando sea posible, física. Los movimientos de gueto entre los inmigrantes o descendientes de inmigrantes son los más característicos, pero no son los únicos. La fase actual de tales movimientos difiere de la guetización de los primeros inmigrantes en un aspecto principal, y es que ha abandonado el objetivo de la asimilación. La palabra clave para ello en el mundo de habla inglesa es «multiculturalismo». Naturalmente, en la práctica, los habitantes de casi todos los guetos viven y trabajan en una sociedad más amplia, en la que coexisten con otros grupos en una economía compleja y bajo unas autoridades públicas que están fuera y por encima del gueto. De hecho, la principal función política de los activistas del gueto es la de competir con otros grupos por una parte de los recursos de la autoridad general. Su estrategia es la opuesta a la del separatismo nacional. En mi opinión, estos acontecimientos no deben confundirse con los cambios que surgen a partir de los cambios de gran alcance en la estructura de los Estados en la mayor parte de Europa en los últimos veinticinco años, y que se han acelerado enormemente desde la disolución del bloque soviético. Dichos cambios van desde la reestructuración de los Estados nacionales, básicamente mediante la descentralización o la regionalización, hasta la fragmentación de antiguos Estados unitarios o federales en sus componentes. Por no mencionar la transición hacia una estructura confederal de la Comunidad Europea. Lo que estos acontecimientos tienen en común es un debilitamiento del antiguo modelo del Estado nación gobernado desde un centro único, lo que ha reforzado a los movimientos separatistas tanto en Oriente como en Occidente. De hecho, desde el desmoronamiento del sistema soviético, se han formado más Estados nuevos nominalmente independientes y soberanos que afirman representar «naciones» que en ningún otro período del siglo XX, entre los que se cuentan más de una docena que en ningún momento de su historia habían sido Estados independientes de tipo moderno. Considero que el surgimiento de estos nuevos Estados es, esencialmente, el producto lateral del debilitamiento o la caída del Estado anterior, y no como el producto de una nueva ola de poderosos movimientos nacionalistas o de conciencia nacional. En mi opinión, estos nuevos Estados deberían analizarse como consecuencias de estas fragmentaciones más que como la causa de ellas. No obstante, con independencia de cómo hayan surgido estos nuevos Estados nación, su conciencia nacional se convierte en una fuerza poderosa por derecho propio y como tal se debe considerar. Las elecciones de 1917 a la Asamblea Constituyente Rusa —disuelta por los bolcheviques— nos demuestran que, en aquella época, ni el nacionalismo étnico letón ni el estonio tenían muchos partidarios. Pero en la década de 1940 sí.

Las relaciones entre los cambios en la estructura política de los Estados y de la conciencia nacional a finales del siglo XX merecen ser estudiados y analizados concienzudamente. Sin embargo, por cuestiones de tiempo, debo dejarlas al margen y concentrarme en las razones sociológicas de la nueva búsqueda de la identidad colectiva. No es casualidad que esto haya sucedido en Occidente a partir de la década de 1960, y en otros lugares en el transcurso de las de 1970 y 1980. Pues durante la primera mitad del siglo XX hemos vivido —estamos viviendo— la más rápida, profunda y universal transformación social de la historia de la humanidad. Y con ella todas las antiguas formas de relaciones humanas, todos los vínculos comunitarios tradicionales, han perdido prácticamente toda su capacidad, real o metafórica, de definirnos. Todos somos seres desarraigados. ¿Es casualidad que el separatismo quebequés llegase a ser una fuerza política relevante al final de una década en la que el catolicismo tradicional que había definido a los canadienses franceses se derrumbó, como demuestra el espectacular descenso del número de feligreses de la Iglesia y de la tasa de natalidad de ese colectivo? En mi opinión, no es algo fortuito. Permítanme concluir con un ejemplo de cómo semejante desorientación social puede conducir directamente a la búsqueda de una nueva identidad —y en este caso, salvajemente nacionalista—. Es un ejemplo proveniente de los estudios de Jonathan Spencer sobre la Sri Lanka rural a principios de la década de 1980.[1]

En algún momento de finales de la década de 1940, el pueblo cingalés de Spencer —en aquel entonces bastante lejos de la capital— consiguió una carretera, un templo, una escuela y mucho más contacto que antes con la economía monetaria. Como la malaria estaba prácticamente erradicada, atrajo a muchos inmigrantes y pasó de tener un centenar de habitantes a tener mil. En 1982, casi la mitad de las unidades familiares se habían asentado en el pueblo en los diez años anteriores; el 85 por ciento de los cabezas de familia habían nacido en otros lugares. El crecimiento de la economía monetaria había creado grandes diferencias entre ricos y pobres, y diferencias que ya no se podían anticipar por la familia o clase / casta de la que procedía una persona. «Ahora [y es una cita de su libro] hermanos y hermanas, padres e hijos, pueden encontrarse viviendo unas vidas muy distintas.» Quedó demostrado que esto se debió en gran medida a la educación escolar, la cual propició la división entre los que triunfaron en la sociedad en general y los que fracasaron. Por lo tanto, no sorprende —y cito— «que la "unidad" y la "comunidad" sean la fuente de cierta ansiedad colectiva, y esto explica de alguna manera el atractivo de una identidad (étnica y nacional) superior». Esta identidad superior se encontró en el populismo del llamamiento étnico-nacional cingalés, que «prometía una fuente de comunidad, solidaridad y fuerza para desafiar a quienes poseían privilegios locales».

El argumento de Jonathan Spencer sugiere una manera en la que el cambio social genera la necesidad de nuevas identidades. En mi opinión, el declive de la estructura familiar tradicional, seguido por el declive de la estructura tradicional del trabajo manual (masculino), ha producido una forma similar de desarraigo y desorientación en los países industriales avanzados; y también el distanciamiento cada vez más acusado entre las generaciones. Las nuevas formas de las «políticas de la identidad» pueden apelar o no a la etnicidad —sea esto lo que fuere—, crear nuevas etnias o encontrar su expresión en la religión, o para el caso en lo que afirma ser un patriotismo de Estado, como el de los hinchas de fútbol neofascistas ingleses que ondean la bandera del Reino Unido. Pueden hacer todas estas cosas a la vez. Además, pueden fundirse o no con una ideología y un movimiento nacionalista anterior. No obstante, creo que esto debe considerarse y analizarse como un fenómeno sociológico nuevo y no como una mera prolongación de viejas formas de nacionalismo. En mi opinión, se trata de algo esencialmente no político, aunque es obvio que puede ser explotado por los políticos y lo será.

Mi función aquí no es juzgarlos, pero solo puedo concluir que estos movimientos, por fuertes que sean, son esencialmente negativos: en el mejor de los casos, son gritos de dolor y de auxilio; en el peor, protestas ciegas, sobre todo de quienes han perdido la esperanza. No ofrecen soluciones políticas ni de otro tipo porque no piensan en términos de soluciones. Mi conclusión es una advertencia contra los anacronismos: no hay que confundir a los neonazis de la Alemania actual con los nacionalsocialistas originales. Son diferentes.

Capítulo 12

LA FRANJA CELTA

La cuestión de hasta qué punto las clases populares participaron en los movimientos nacionales por la independencia implica la existencia de tales movimientos. Sin embargo, el historiador también debe interesarse por las situaciones en las que cabe esperar movimientos nacionales pero no se producen. Las islas británicas proporcionan ejemplos de ambas circunstancias. Irlanda es un caso clásico de nacionalismo, mientras que Escocia y Gales no han desarrollado movimientos serios para la independencia nacional, pese al obvio sentir nacionalista de gran parte de su población. Ambos países poseen partidos nacionalistas, aunque bastante recientes, pero ninguno de ellos goza de un apoyo significativo por parte del electorado, ni se ha beneficiado de una gran participación de las masas populares. El nacionalismo escocés y el nacionalismo galés existen, pero hasta ahora ambos se han expresado en el ámbito político con el apoyo abrumador de partidos y movimientos totalmente británicos, aunque de una forma bastante distinta de la de los ingleses. Más allá de la política, a veces se han apoyado en instituciones formales tradicionalmente separadas (como en Escocia), o han propuesto crear instituciones separadas, sobre todo en los ámbitos de la cultura y la educación (como en Gales), pero incluso en este campo a menudo han operado mediante una adaptación local de algún fenómeno británico. Irlanda tiene deportes de masas nacionalistas como, por ejemplo el fútbol gaélico o el *hurling*. Gales ha decidido adoptar como su deporte de masas una versión del fútbol que en Inglaterra está en gran medida confinado a las clases medias, el rugby. Escocia, pese a disponer de diversos deportes enraizados en su propia tradición, ni siquiera ha optado por la forma limitada galesa de separatismo, sino que ha adoptado el deporte de masas característico de Inglaterra, la versión estándar del fútbol, limitándose a organizarlo en un sistema nacional especial de clubs, e infundiéndole un celo y una pasión que lo han convertido en una celebrada cantera de jugadores eminentes.

Lo que ambos países tienen en común es que —a diferencia de Irlanda— ninguno de sus grupos de opinión importantes ha contemplado seriamente o durante cierto período tiempo la separación de Inglaterra. Esto no significa que sean ingleses, o que hayan mostrado alguna propensión seria a asimilarse con ellos, ni que no alberguen cierta hostilidad hacia el gran país al que han estado vinculados desde 1536 (Gales) y 1707 (Escocia). Tampoco han prescindido del tipo de reivindicaciones en torno a las cuales los movimientos nacionalistas pueden cristalizar fácilmente. Este fracaso común a la hora de desarrollar los movimientos típicos en favor de la independencia nacional es por demás sorprendente porque, en muchos aspectos, Gales y Escocia son países muy diferentes. Escocia, por usar la terminología decimonónica, es una «nación histórica», que pasó a formar parte de la Unión de 1707 como reino independiente con una larga historia de independencia —y, en general, de hostilidad hacia Inglaterra— y un sistema institucional totalmente distinto del inglés en prácticamente todos los aspectos salvo el lingüístico.[1] Exceptuando la superestructura de la política nacional, esta separación institucional —más acentuada en el derecho, la educación, la religión y la administración social— sigue permaneciendo. Escocia poseía una estructura social independiente, una aristocracia solo en parte asimilada a la inglesa, una estructura agraria distinta, una burguesía que jugaba un papel activo en el desarrollo económico, sobre todo desde la Revolución Industrial; unos centros de vida urbana y de educación superior, y una Iglesia nacional. Y hasta hace poco prácticamente no recibía inmigrantes ingleses, aunque sí una gran afluencia de irlandeses.

Por otra parte, Gales —por emplear de nuevo la terminología decimonónica— era una típica «nación no histórica», un territorio habitado por una población agraria unida por una estructura social y económica bastante más primitiva y por el hecho de no hablar inglés —cuándo puede decirse que el conjunto de diversos dialectos celtas han constituido una única lengua galesa es una cuestión a debatir—. El Principado de Gales en su conjunto nunca había sido una unidad política en ningún sentido real. Aún se está debatiendo cuál de sus ciudades —ninguna de ellas con ninguna reivindicación histórica, casi ninguna con un historial de larga existencia urbana— debería ser considerada su capital. A diferencia de Irlanda, sus terratenientes eran principalmente oriundos de Gales, pero fueron asimilados a la nobleza inglesa tras la unión de 1536. No había nobleza reconocida como tal en un país grande. Una burguesía galesa comparable a la escocesa apenas existió hasta mediados del siglo XIX. En cierto sentido, el pueblo galés estaba constituido exclusivamente por las clases populares (campesinos, artesanos y más adelante trabajadores industriales), aunque en el siglo XIX se desarrolló un estrato de cuadros, representados principalmente por miembros del clero anglicano inconformista, maestros y pequeños comerciantes. Gales era una nación cuya jerarquía social no iba más allá de la pequeña burguesía, pues en otros rangos superiores no era galesa, por función y muchas veces por definición (por ejemplo, como miembro de la Iglesia de Inglaterra), sino inglesa. De ahí que el sentimiento nacional galés fuera invariablemente fuerte y radical, con la familiar combinación de agitación antiaristocrática —pues la aristocracia se identificaba con los terratenientes—, una marcada inclinación por la democracia y la educación y, sobre todo, un anticlericalismo salvaje dirigido por los protestantes disidentes contra la Iglesia establecida.

El «sentir galés» encontró dos formas principales de expresión: la lengua galesa y la cultura vernácula, y una serie de sectas protestantes inconformistas que, difundidas en el siglo XVIII, consiguieron un apoyo mayoritario después de 1800 y que, a mediados del siglo XIX, se habían convertido colectivamente en la religión nacional. Naturalmente, el inconformismo se convirtió en la religión nacional debido en gran medida a que se basaba en la lengua galesa y servía para diferenciar a los galeses de los ingleses (anglicanos) y de las clases altas anglicanizadas. Sin embargo, y pese al aparato cada vez más elaborado para la protección y el fomento de la lengua galesa que edificó la presión política, el «sentir galés» no puede identificarse con ninguna de estas dos formas de expresión. Incluso en 1851, una gran proporción de la población —principalmente en las zonas industriales— seguía ajena a la religión, y la industrialización produjo un declive automático de la lengua galesa, que tuvo poco que agradecer a la inmigración inglesa a las cuencas mineras del carbón que estaban en plena expansión.[2] Así pues, desde el principio hubo una ruptura potencial entre un sentimiento nacional galés «organizado» basado en el inconformismo y la lengua galesa —o, en términos de clase, en el sector agrario y los cuadros pequeñoburgueses—, y el sentimiento galés más general, de carácter no lingüístico y no tan fuertemente inconformista, de la clase trabajadora industrial y de las masas urbanas.

En consecuencia, la suerte de escoceses y galeses en Inglaterra también ha sido distinta, aunque este asunto requiere mayor investigación. Salvo en las áreas inmediatamente contiguas a Escocia y Gales, la regla era la migración selectiva y no masiva a Inglaterra. El éxito de los escoceses de las Lowlands que emigraban al sur era proverbial. En prácticamente todos los niveles se produjo una emigración de cuadros, y a menudo estos dominaron las actividades inglesas con las que se les asociaba. Desde el principio de la Revolución Industrial, los escoceses coparon algunas actividades —como, por ejemplo, la tecnología industrial y agrícola—, aunque hasta finales de siglo no influyeron en otras —como la política: hasta 1894 no hubo ningún primer ministro escocés, pero desde entonces, de los dieciséis que ha habido, siete han sido escoceses—. No obstante, en todo momento Inglaterra proporcionó amplias salidas para el talento escocés, atraído por los salarios más altos y las mejores perspectivas del sur. Mientras tanto, la separación de las instituciones escocesas mantuvo el monopolio virtual de los puestos profesionales en Escocia para los escoceses. Por ejemplo, como afirman los nacionalistas, el derecho escocés puede verse erosionado por la influencia del derecho inglés aunque, sin embargo, es un campo en el que ningún abogado inglés está cualificado para aventurarse.

La suerte de los galeses en Inglaterra fue considerablemente más modesta hasta que la democracia parlamentaria proporcionó una salida a los políticos galeses (después de 1868 y 1884); el auge del movimiento socialista y obrero dio cabida a los líderes laboristas galeses (después de 1898), y sobre todo, hasta la construcción de un sistema educativo nacional y de la sociedad moderna burocrática y profesionalizada desde 1870, que proporcionaron oportunidades de empleo para la educación de oficinistas, maestros, y de otras profesiones intelectuales y no manuales que constituían la principal exportación de trabajadores cualificados de Gales. Excepto los pastores inconformistas, antes de 1900 pocos galeses desempeñaron un papel importante en los asuntos ingleses, en realidad muchos menos —aun teniendo en cuenta la diferente extensión de ambos países— que los escoceses. Incluso después de 1900, y hasta la renuente migración masiva de galeses de su país, económicamente arruinado en el período de entreguerras, el éxito de estos en Inglaterra fue más modesto que el de los escoceses y, en consecuencia, la preocupación de los emigrantes por la propia Gales fue más intensa. El movimiento nacional galés era, en gran medida, un movimiento de intelectuales desempleados y de capas medias deseosas de crear una gran y creciente reserva de empleos para los galeses en Gales mediante la expansión del sistema educativo, cultural y administrativo local, y su monopolización por las personas que dominaban el galés. Puesto que tal sistema no existía ni se reconocía, una de las principales preocupaciones de los nacionalistas galeses era crearlo y excluir a los no galeses que ya ocupaban esos puestos.

Dado el reconocimiento general de que Escocia era un país aparte, con instituciones y problemas separados, y dada también la existencia de una aristocracia y de una burguesía industrial y comercial escocesa influyente y no totalmente anglicanizada, Londres no se opuso demasiado a la concesión de la devolución administrativa ni tampoco a una especie de modesta autonomía; al menos cuando los gobiernos liberales estaban en el poder. (Los conservadores no estaban a favor de reforzar la separación de un país permanentemente dominado por los liberales.) Tanto en Escocia como en Gales el resurgimiento de la agitación nacionalista irlandesa desde la década de 1860, el peso en la política inglesa de la cuestión de la Home Rule, la autonomía política, y la depresión económica de la década de 1880, produjeron cierto descontento nacional e incluso algún clamor por la autonomía, del que se hicieron eco débilmente los irlandeses. Había poca fuerza para ello. De no haber existido la cuestión irlandesa, no se habría hablado mucho del gobierno autónomo de Escocia y Gales y, aun así, siempre hubo una diferencia importante, además de la falta de apoyo al nacionalismo en los dos países británicos. Ya que el «gobierno autónomo», el Home Rule irlandés, era un eufemismo para significar la independencia de Inglaterra, mientras que para escoceses y galeses era un sinónimo de la devolución administrativa y de un adecuado apoyo financiero por parte de Londres. Las demandas de los escoceses fueron atendidas en gran medida —y sin grandes alardes— con la creación de la Secretaría de Estado para Escocia en 1885; la «fórmula de Goschen» que garantizó asignaciones financieras y puestos correspondientes a la parte escocesa de la población total, y el acuerdo tácito según el cual el primer ministro inglés no intervendría en la discusión de los asuntos escoceses en la Cámara de los Comunes, para la cual en 1894 se creó un Gran Comité Escocés que, tras un período de oposición conservadora, revivió y se convirtió en permanente. El Partido Liberal Escocés, pese a la imposición en ese sentido de un grupo de presión de clase media, no impulsó seriamente el Home Rule. Si los gobiernos llegaron a hablar de ello, fue en gran parte para hacer que la concesión del autogobierno a Irlanda fuera aceptable para los escoceses, que no estaban en absoluto entusiasmados con ella. Por supuesto, era natural que las organizaciones políticas escocesas se constituyesen sobre una base escocesa, pero es igualmente significativo que no lo hicieran *en oposición* a las organizaciones inglesas o, mejor dicho, a las organizaciones británicas (como la Federación Nacional Liberal o el Congreso de los Sindicatos), sino *además* de ellas. Por esta razón, sus funciones políticas y su eficacia se han visto reducidas a menudo, ya que tendían a carecer tanto del poder de los grupos de presión que se concentraban en influir en las organizaciones británicas, como del que proviene de la franca secesión. El movimiento sindicalista emergente también tendió —aunque en menor medida— a crear organizaciones escocesas. A excepción del Congreso de Sindicatos Escoceses (1897), las organizaciones surgidas entre 1885 y 1914 han desaparecido.

En las últimas décadas del siglo XIX, Gales no logró ninguna forma integral, por oficiosa que fuera, de autonomía local, a pesar de que allí la agitación nacionalista fue indudablemente más militante y más seria que en Escocia. El tratamiento diferenciado de Gales a efectos legislativos se logró, en principio, con la aprobación de la Welsh Sunday Closing Act (Ley Galesa de Cierre Dominical) en 1881, y se obtuvo algún tipo de reconocimiento nacional con la creación de la Universidad Federal de Gales. Las dos reivindicaciones principales del nacionalismo galés —la enseñanza bilingüe en las escuelas galesas (1888), y el derrocamiento de la Iglesia de Inglaterra en Gales (1914)— se lograron antes de la primera guerra mundial, mientras que la reforma del gobierno local de 1888 transfirió a Gales la administración de los condados galeses. Sin embargo, las peticiones de un reconocimiento más formal de Gales como país separado, bien mediante un «consejo general» de Gales o una Secretaría de Estado para Gales, no prosperaron. (Solo desde principios de la década de 1960 una especie de ministro de Gales en la sombra formó parte de los gobiernos británicos.) En cierto momento, entre 1886 y 1896, parecía que el Partido Liberal de Gales podría ser absorbido por —o bien fusionarse con— un movimiento nacionalista típico (Cymru Fydd o Gales Joven), inspirado por intelectuales y emigrantes, y propagado por militantes políticos jóvenes de los cuales Lloyd George es el más famoso. Pero este producto de la era de la depresión agraria y de la agitación nacionalista irlandesa no tenía una base masiva real, y era algo bastante irreal incluso después de 1891. Este movimiento se fue al traste por la negativa de los liberales de las áreas industriales de Gales del Sur que ahora representaban la mayor parte de la población y la riqueza del país a dejarse llevar a la utopía por las regiones rurales del norte, poco o nada representativas. Efectivamente, este fracaso acabó con el incipiente nacionalismo galés.

Ahora debemos considerar por qué razones el nacionalismo de masas no se desarrolló en Escocia y Gales.

La primera razón es claramente económica. Tanto Gales como Escocia —exceptuando regiones poco representativas y escasamente pobladas de pequeña agricultura campesina— se han desarrollado desde la Revolución Industrial como partes integrantes de la economía británica, concretamente como centros especializados en minería, metalurgia e industria pesada, aunque no son los únicos. Por tanto, se diferencian de Irlanda, que sigue siendo un país básicamente agrario cuyos problemas económicos eran muy distintos de los de la mayor parte de Gran Bretaña[3], o de Cataluña y el País Vasco en España, que eran regiones relativamente industrializadas en un país no industrializado cuyo gobierno central estaba dominado por la Castilla agraria. Desde el punto de vista económico, la separación no proporcionaba ninguna ventaja obvia. Gales y Escocia eran países notablemente más pobres y atrasados que Inglaterra —de hecho, sus bajos costes de producción ayudaron a que la industria se concentrase allí— y bien podían sentirse abandonados, pero ninguno de ellos podía considerarse «explotado» en ningún sentido realista del término. Aunque la industrialización escocesa y galesa fue inestable durante la primera mitad del siglo XIX, con la era del ferrocarril y de la navegación a vapor ambos países entraron en un período de expansión extraordinariamente dinámico. Podemos describirlas como las últimas regiones en las que se produjo el gran auge del capitalismo industrial británico clásico antes de 1914; los centros de exportación de carbón, de la construcción naval, etc. En lo que respecta a los trabajadores, en general seguían estando peor que en Inglaterra pero, en promedio, tenían mejores empleos. En 1913-1914 la tasa de desempleo nacional era del 3,8 por ciento; la de galeses y escoceses era del 2,3 y el 2,1 por ciento, respectivamente. Los trabajadores tenían muchas causas de descontento como trabajadores, pero mientras duró este dinamismo industrial, las causas de descontento en tanto que escoceses y galeses no eran tan obvias.

En Escocia, el efecto de la expansión industrial fue, simplemente, el de reforzar la posición y el interés de su poderosa burguesía, sobre todo la de Glasgow y del oeste del país, en seguir unida a Gran Bretaña. En Gales, la expansión contribuyó mucho a crear una burguesía autóctona, menos proclive a asimilarse automáticamente a la inglesa o a la nobleza anglicana y a los empresarios ingleses que inmigraron a principios de la era industrial, como, por ejemplo, P. A. Thomas, David Davies, Edward y David Davies, etc. También contribuyó a reforzar los cuadros nacionales. Pero, a la vez, la expansión industrial hizo que la burguesía galesa, cuyas fortunas procedían de la industria y el comercio, se sintiera económicamente satisfecha. Los agricultores de las colinas galesas podrían movilizarse durante las depresiones agrarias, los licenciados galeses desempleados podrían estar descontentos, pero los propietarios de las minas de carbón galesas no tenían motivos para sentirse insatisfechos.

En el período de entreguerras, Escocia y Gales se vieron muy afectadas por el desmoronamiento de las industrias británicas básicas. Ambas se convirtieron en zonas anormalmente deprimidas, y el desempleo aumentó de manera espectacular: en Aberdare, del 0,2 por ciento en 1914 hasta el 25,7 en el apogeo de la recuperación de la década de 1930 (1937); en Merthyr Tydfil, del 1,4 por ciento al 41,6 por ciento; en Greenock, desde el 1,6 por ciento al 21,4 por ciento y así sucesivamente. Por tanto, en el período de entreguerras, los nacionalismos galés y escocés, que empezaron a organizar sus propios partidos nacionalistas en 1925 y 1928, respectivamente, tenían más motivos plausibles para protestar contra la inferioridad económica de ambos países y contra la negligencia de Londres, aunque la catástrofe que golpeó a la franja celta solo fue una forma más aguda de la crisis que se cebó en todas las viejas zonas industriales de Gran Bretaña, y no peor que la que afectó a zonas inglesas en su totalidad. Sin embargo, en ese momento, la clase obrera galesa y escocesa depositaba su fe en el movimiento sindical, y los industriales locales eran demasiado realistas como para esperar que las consignas utópicas del separatismo o la autonomía les aportasen alguna solución.

La segunda razón reside en el carácter y la función del Partido Liberal, que se convirtió en el principal medio de expresión de los intereses políticos escoceses y galeses. En Escocia, el apego a los liberales se remonta a la historia; en Gales, el liberalismo no empieza a surgir como el partido nacional hasta después de mediados del siglo XIX, pero en ambos casos reflejaba la pobreza relativa y el atraso de sus países; las relativamente pequeñas diferencias económicas entre el campesinado, los obreros y una modesta clase media, así como la inclinación por el radicalismo, la democracia y el protestantismo puritano que lo acompañaba. Por supuesto, la burguesía industrial local también era liberal, aunque solo fuera por razones económicas. En ambos casos la democratización del electorado en 1867 y 1884 convirtió a los liberales en el partido permanentemente mayoritario. En Gales, su dominio fue bastante abrumador: en su apogeo (1892), había 31 miembros del Parlamento contra tres conservadores. En Escocia, su primacía le bastó para controlar la mayoría; para ganar en todas las plazas urbanas en cuatro ocasiones y para conseguir un fuerte apoyo, sobre todo en los condados del norte. Con el auge de la cuestión irlandesa, que dividió al Partido Liberal en 1886, sobre todo por la secesión de sus partidarios más ricos y aristocráticos, la influencia de la franja celta en el seno del partido aumentó de manera espectacular. Dado que Inglaterra se volvió predominantemente conservadora, la suerte de los liberales dependió en gran medida de la combinación de sus partidarios escoceses y galeses y de la alianza con los nacionalistas irlandeses. Fue durante el período en el que el Home Rule de Irlanda dominó la política británica (de 1886 a 1895; en menor medida entre 1895 y 1914, y de nuevo en cierta medida entre 1914 y 1922), cuando el nacionalismo de galeses y escoceses empezó a impregnar el liberalismo de sus respectivos países; a veces, como en Gales, hasta el punto de que los nacionalistas del Gales Joven amenazaron al Partido Liberal Galés con apoderarse de este desde dentro. Esta euforia nacionalista temporal, especialmente notoria entre los galeses, que llegó a su apogeo bajo el débil gobierno liberal de 1892-1895, se basaba en una quimera. Su fuerza nunca fue abrumadora, porque los principales centros industriales (Gales del Sur, el área industrial occidental de Escocia con Glasgow) siempre se mostraron tibios y la implicación de la clase obrera era escasa. Las concesiones que el Partido Liberal estaba dispuesto a hacer a Gales y a Escocia, aun siendo reales, siempre fueron estrictamente limitadas, puesto que ninguno de estos dos países esgrimió la amenaza de la secesión como los irlandeses, ni estaba dispuesto a cumplirla. Que los liberales recuperasen su poder en Gran Bretaña no dependía del apoyo de galeses y escoceses —que ni siquiera en 1892,[4] cuando hicieron su mayor contribución, pudieron crear más que gobiernos débiles—, sino del apoyo de Inglaterra. En la década de 1980, una vez se reconocieron los límites de la influencia celta —no sin cierta desilusión emocional, por cierto—, escoceses y galeses consiguieron establecerse como grupos de presión regionales eficaces, siempre que no entrasen en conflicto con los socios principales ingleses, de manera que, a principios del siglo XX, los políticos escoceses y galeses podían influir en la política nacional. Este auge —la aparición de hombres como Henry Campbell-Bannerman y David Lloyd George como importantes personalidades nacionales— pareció debilitar la causa del separatismo, o al menos hizo que el fracaso de las aspiraciones nacionalistas más ambiciosas fuera un poco más tolerable.

Con la ruptura del Partido Liberal entre 1916 y 1922, el nacionalismo galés y el escocés perdieron su principal expresión política. La clase obrera se pasó al Partido Laborista, y los partidos nacionalistas de Gales y Escocia que surgieron en la década de 1920 sobre las ruinas del liberalismo nunca llegaron muy lejos. En Gales nunca lograron elegir ni a un solo miembro del Parlamento; en Escocia solo obtuvieron una breve y atípica victoria durante unos meses en 1945, durante la tregua electoral de la guerra, cuando la rivalidad quedó temporalmente en suspenso. La fuerza de estos partidos nacionalistas de los partidos principales residió entre los intelectuales y los estratos profesionales en las áreas provinciales estancadas sin mucha industria (como en Perth), o en las regiones atípicas en las que resistía el tradicionalismo campesino de habla galesa, etc.

Esta ruptura de un bloque unido del nacionalismo escocés y galés dentro del Partido Liberal regional nos lleva a la tercera razón del fracaso del nacionalismo de la franja celta: el surgimiento del movimiento obrero. El desarrollo económico unido al interés de clase separaron a los nacionalistas de este movimiento. Por regla general, tanto el liberalismo de los escoceses como los cuadros del nacionalismo galés (capitalistas autóctonos, pequeños comerciantes, sectas inconformistas) eran hostiles a las organizaciones obreras militantes y al socialismo o, en el mejor de los casos, eran indiferentes a los sindicatos. Así, aunque el avance electoral del Partido Laborista en 1906 se debió a un pacto electoral con los liberales, que proporcionó varios escaños a los candidatos laboristas, el liberalismo escocés siguió siendo absolutamente hostil al laborismo en todo momento. En Escocia, entre 1892 y 1914, y salvo dos excepciones, todos los candidatos laboristas y socialistas independientes contaron con la oposición de los liberales. El que tanto en Escocia como en Gales existiera un poderoso grupo de industriales autóctonos sin razones económicas para el nacionalismo, permitió que el conflicto de clases prevaleciera sobre la solidaridad nacional. Una vez más, tanto en Gales como en Escocia, el sector nacionalista del liberalismo fue cada vez más irrelevante para las áreas industriales, por grande que fuera su atractivo en las tierras altas campesinas atrasadas o en los estratos no industriales. El liberalismo galés y escocés aún subsiste —y este último se ha revitalizado recientemente— en las regiones remotas y poco pobladas tradicionales, pero no en el corazón de la población y de la economía de sus países.

Naturalmente, los movimientos obreros escoceses y galeses eran nacionales, pero no nacionalistas en sentido ortodoxo. Hasta finales del siglo XIX acostumbraban a ser más débiles y, a veces, más moderados que su homólogo inglés. Su aparición en ambos países fue parte de un giro brusco hacia la izquierda, hacia la militancia sindical y el socialismo, que convertiría tanto a Gales como a Escocia en unas zonas con una organización obrera inusualmente fuerte, pero también inusualmente extremista. En ambos casos, la inspiración procedía del resurgimiento del socialismo y los sindicatos de las décadas de 1880 y 1890, cuyos intereses no eran específicamente nacionales. De hecho, el nuevo movimiento tuvo a menudo una orientación antinacionalista, porque se oponía a líderes más viejos y más moderados muy proclives al liberalismo, a las prédicas inconformistas tradicionales, al canto de himnos y a la oratoria en galés; líderes como, por ejemplo, William Abraham (conocido popularmente como «Mabon»). La ideología de los mineros de Gales del Sur, difundida por un núcleo de jóvenes militantes, sería una combinación de marxismo y sindicalismo revolucionario, y los dirigentes obreros galeses más conocidos del siglo XX —los más conocidos en Inglaterra, así como en su propio país— eran hombres que se identificaban con las minas de carbón y con la extrema izquierda del Partido Laborista o del Partido Comunista (A. J. Cook, Arthur Horner, Aneurin Bevan), y no con la lengua y la cultura galesas. Escocia también funcionó como una especie de vanguardia de extrema izquierda del movimiento obrero británico en general, y probablemente con más efectividad que en Gales, porque proporcionó dirigentes nacionales para el Partido Laborista Independiente, el Partido Laborista y el Partido Comunista; para algunos sindicatos importantes y, en un momento al menos (1922), el impulso principal que hizo que el Partido Laborista parlamentario en Londres diera un giro a la izquierda.

Además, ambos movimientos eran más fuertes en las zonas de sus países menos afectadas por los símbolos tradicionales del nacionalismo. En Escocia, era improbable que una gran parte de la clase obrera, que consistía básicamente en inmigrantes irlandeses (católicos), que aún constituyen el 15 por ciento de la población, se sintiera interpelada por las referencias a Robert Bruce, John Knox o a la batalla de Flodden. Los mineros de Gales del Sur, incluso en las zonas con menor influencia inglesa de la cuenca carbonífera, como Rhondda, gestionaban sus negocios en inglés, aunque en 1914 todavía añadían a sus actas un resumen en galés. Y, ciertamente, en Gales la ideología prevaleció sobre el «sentir galés» meramente étnico. La cuenca carbonífera fue la primera zona industrial que proporcionó un escaño al dirigente socialista (escocés) Keir Hardie en 1900, y más tarde al líder (también escocés) del Partido Laborista, Ramsay MacDonald, y durante mucho tiempo fue considerada la mejor esperanza electoral del líder (inglés) del Partido Comunista, Harry Pollitt.

El sesgo nacional era tal vez más obvio en Escocia, donde, como hemos visto, la mayoría de las organizaciones políticas se formaron sobre bases escocesas, incluidas las del nuevo movimiento obrero. En la década de 1880, las organizaciones obreras también parecían más proclives a adoptar consignas nacionalistas como la autonomía. Sin embargo, estos gestos no fueron decisivos. El Partido Laborista Escocés de 1888, pese a su plataforma en favor del Home Rule, se unió con el Partido Laborista Independiente británico, del cual más bien puede considerarse su antecesor. Más allá de una tendencia a obtener más apoyo en la zona de Glasgow que en cualquier otro lugar, en este partido no habría nada específicamente escocés. Otras organizaciones, también limitadas en gran medida a Escocia como el Partido Socialista Laborista (seguidores del socialista estadounidense Daniel De León) tenían una orientación aún menos nacionalista. Durante los años de la depresión de entreguerras, el Partido Laborista escocés propuso varias resoluciones relativas al Home Rule, el gobierno autónomo, y el movimiento participó cada vez más en la agitación nacionalista en favor de un Parlamento escocés, el «Scottish Covenant» (Pacto Escocés), que alcanzó su punto álgido en 1949-1950, aunque se desintegró rápidamente con la recuperación económica de la década de 1950. Fundamentalmente, pese a su apego al patriotismo escocés, la clase obrera escocesa depositó su fe en los programas totalmente británicos o internacionales de diversos partidos socialistas. La independencia nunca fue un asunto serio.

Si la erosión del movimiento obrero tradicional puede hacer que en el futuro las consignas nacionalistas resulten más atractivas para la clase obrera escocesa o galesa, es una pregunta a la que solo el futuro puede responder.[5]

Si logramos resumir el problema del nacionalismo de la franja celta, llegaremos a la conclusión de que este proporciona uno de los relativamente raros ejemplos de aquello a lo que aspiraba la teoría socialista clásica del siglo XIX: naciones proletarias cuyas clases trabajadoras se resistieron al reclamo de las agitaciones nacionalistas, y que prefirieron organizarse bajo la bandera de una ideología internacional basada en esencia en el interés de clase. Tanto Gales como Escocia se convirtieron básicamente en naciones laboristas, del mismo modo que hasta entonces fueron liberales,[6] y el nacionalismo quedó confinado a las zonas rurales, las ciudades pequeñas y los estratos no proletarios de la población. El nacionalismo galés en su forma clásica de liberalismo local con sensibilidad galesa es, por tanto, un interludio histórico entre el surgimiento de una clase media baja y de una burguesía con conciencia galesa, y el auge de un movimiento proletario con conciencia de clase; un interludio que se produjo entre las décadas de 1860 y principios de la de 1920. El nacionalismo de los escoceses, aunque más enraizado, también ha sido menos militante o generalizado que el galés, aunque solo fuese porque la existencia real de una nación escocesa «histórica» era universalmente aceptada, mientras que en Gales la existencia de una nación galesa tuvo que establecerse e institucionalizarse mediante la agitación propia del siglo XIX, las referencias a Mazzini, etc.; y quizá también porque Inglaterra proporcionaba mayores oportunidades a los potenciales cuadros de un movimiento nacional escocés, quienes al ganar posiciones importantes en el sur, solían perder interés por los problemas regionales de su país natal.[7] Cabe añadir que Escocia era como país y sociedad menos homogénea que Gales, un hecho que se reflejaba en una mayor pluralidad política. Durante los últimos cien años, ha sido muy raro que hubiera algún conservador galés de cierta relevancia, mientras que ha habido y sigue habiendo muchos políticos conservadores escoceses, así como intelectuales, administradores, militares y nobles. Pero el hecho crucial, al igual que en Gales, es que el nacionalismo escocés no ha podido sobrevivir a que el grueso de la clase obrera industrial escocesa se haya separado del liberalismo escocés democrático radical que, también como en Gales, era lo más parecido a un movimiento y a una ideología nacional.

Si Gales o Escocia hubiesen sufrido algo que pudiera describirse como «explotación» como «país», o incluso si los problemas de Gales y Escocia hubieran sido —como los de Irlanda— tan distintos de los de Inglaterra como para hacer prácticamente imposible reducirlos a un denominador común, entonces, no obstante, podría haber existido una base para el nacionalismo de la franja celta, ya que las diferentes clases y regiones de ambos países hubieran podido tener sólidas razones para cooperar en contra de los ingleses. Pero, en realidad, ninguno de los dos países lo hizo. Ambos eran un poco más pobres que la mayor parte del resto de Inglaterra. Ambos tenían algunos motivos para sentirse abandonados, o —sobre todo en épocas de depresión— para sufrir una política británica en general que no se concentraba especialmente en sus dificultades. Ambos podían quejarse, con razón, de un cierto grado de discriminación, y de la tendencia de ingleses y extranjeros a olvidar que Gran Bretaña no solo incluía un país, sino tres países bastante diferentes. Sin embargo, el hecho mismo de que ambos formasen parte de una única economía industrial británica, que creció de manera simultánea en los tres países, significaba que sus problemas económicos no eran fundamentalmente distintos de los de cualquier otra región de Gran Bretaña, incluyendo varias de ellas que eran exclusivamente inglesas. Gran parte de la discriminación que sintieron no era distinta de la que, durante largos períodos de tiempo, experimentaron otros segmentos de la población inglesa; por ejemplo los inconformistas. Quedaron varios problemas internos de ambos países, que requirieron soluciones escocesas o galesas, pero dichas soluciones apenas afectaron a Inglaterra y, por tanto, no implicaron un gran conflicto con los intereses ingleses. El patrón característico de la política de la franja celta refleja esta situación: podían desarrollar organizaciones nacionales como el Partido Liberal Escocés o el Congreso de Sindicatos Escoceses, pero sin abandonar su afiliación a las organizaciones británicas homólogas como la Federación Liberal Nacional y al Congreso Sindical. Por lo tanto, la base del nacionalismo separatista se redujo a las pocas —y atípicas— zonas cuyos problemas eran realmente muy diferentes de los ingleses (por ejemplo, las respectivas tierras altas con sus problemas específicos de tipo agrario, lingüístico y otros); a ese segmento de los estratos cultos que no podía, o no estaba de acuerdo con, buscar una salida en el mercado laboral más amplio de Inglaterra o el Imperio británico y a un núcleo de ideólogos.

El nacionalismo de la franja celta tenía una última debilidad, aunque probablemente no era decisiva. Ambos países eran pequeños, lo cual permitía cuestionar su viabilidad como entidades independientes —un argumento que nunca afectó a los irlandeses—. No obstante, si hubieran tenido la perspectiva de unirse a alguna gran nación exterior, su nacionalismo podría haberse fortalecido un poco. No existía una nación exterior que los reclamase como irredentos o parientes. La única posibilidad hubiera sido un nacionalismo colectivo celta que uniese a galeses, escoceses y quizá a otras fracciones celtas con los irlandeses, pero aunque siempre ha habido ideólogos que han defendido la solidaridad celta, esta iniciativa fracasó, y estaba destinada a fracasar, porque era impracticable unir a los galeses o a los escoceses con los irlandeses. Irlanda no tiene más en común con los celtas británicos que lo que lo que interesa a arqueólogos, antropólogos, lingüistas e historiadores. Los irlandeses —separados de los escoceses y galeses, protestantes militantes, por la religión— no estaban muy presentes en Gales, pero constituían una gran minoría en Escocia, y sus relaciones con sus vecinos distaban mucho de ser perfectas. Gales no tenía una opinión consolidada sobre el tema, como lo demuestra el contundente apoyo de los liberales galeses a Gladstone tras la crisis del Home Rule de 1886. Escocia sí la tenía, como lo evidencia la profunda división que esta crisis produjo en las filas de los liberales escoceses. En cualquier caso, la independencia de todos los celtas, o cualquier otra combinación con naciones externas, no fue más que el sueño de unos cuantos fanáticos.

Segunda parte

LOS PELIGROS DEL NACIONALISMO

Capítulo 13

LOS LÍMITES DEL NACIONALISMO

Probablemente, el nacionalismo es la principal fuerza política del siglo XX y, en la práctica, todos estamos obligados a aceptarlo de una manera que puede oscilar entre el entusiasmo cuasi religioso hasta la cortesía diplomática. Pocas personas mantienen en público el desprecio generalizado a todos los nacionalismos que alguna vez fue común entre las personas instruidas: incluso dentro del movimiento comunista internacional se abusó del concepto «cosmopolitismo». En términos teóricos resulta mucho más difícil de aceptar, sobre todo para los historiadores. Porque las teorías y creencias del nacionalismo son especialmente difíciles de reconciliar con una comprensión racional de los asuntos humanos, y en cuanto al pasado, la observación de Ernest Renan es más cierta que nunca: «El olvido y —yo me aventuraría a decir— el error histórico son un factor esencial de la creación de una nación».

Existen dos razones principales para esto. En primer lugar, las creencias nacionalistas constituyen una innovación histórica casi total producida en los dos últimos siglos, considerando que un precepto esencial de tales teorías es que, en cierto sentido, «la nación» es un componente natural y permanente del paisaje humano. Pero es posible demostrar que esto no es así. Naturalmente, los galeses siempre han sido conscientes de que son galeses frente a los sajones; los judíos, de su judaísmo frente a los gentiles, y es más que probable que todas las demás comunidades, grandes o pequeñas, siempre hayan priorizado el «nosotros» al «ellos» de diversas maneras, aunque no necesariamente las reconocidas por las naciones modernas a las que hoy están vinculados.

Sin embargo, el nacionalismo moderno no solo transformó estos sentimientos de una manera sustancial (por ejemplo, introduciendo el nuevo concepto de una única lengua nacional estandarizada), sino que añadió a estos sentimientos unos conceptos bastante insólitos. Los más importantes de ellos son la creencia según la cual «la nación» es el foco principal, incluso el único, de las lealtades y obligaciones políticas y sociales de un individuo, y la creencia de que las naciones aspiran a formar Estados territoriales nacionalmente homogéneos, soberanos e independientes. Ninguna de estas ideas se puede remontar, con otros fines que no sean pedantes, más allá de la era de la Revolución francesa. Ahora ambas ideas se aceptan tan automáticamente que el propio término «Estado independiente» se identifica con «nación» (*cf.*: «Naciones Unidas»), e incluso los Estados que todavía afirman basarse en un principio de cohesión por completo diferente, como es el caso del islam, tienden a definirse —quizá con razón— como «naciones».

Esto puede ser realista o no en el siglo XX, pero es una fantasía cuando se aplica al pasado. La relación entre, por ejemplo, la nación italiana moderna y los pueblos que vivían en su territorio en el pasado no es mucho más cercana que la que un edificio de oficinas moderno edificado en el solar de una casa en la que vivió Charles Dickens tiene con su predecesora, cuya placa conmemorativa del Greater London Council ha trasladado a sus paredes. Hay una relación, pero es mucho menos obvia que las diferencias. Algunos nacionalismos especialmente no tradicionales no ignoran este hecho. El sionismo y el nacionalismo israelíes se definieron en oposición deliberada al pasado real del pueblo judío y, en consecuencia, prefieren subrayar su continuidad con los últimos combatientes judíos que habitaron en Palestina, pasando de puntillas sobre los mil ochocientos años transcurridos en el intervalo y que, sin dejar de ser judíos, por así decir, no son «nacionales» en ningún sentido moderno del término. Otros nacionalismos producen inconscientemente libros con títulos tales como *Five Thousand Years of Pakistan*, en el que las civilizaciones prehistóricas del valle del Indo son anexionadas a una nación o Estado cuya idea misma no se inventó hasta la década de 1930, y cuyo criterio de definición (el islam) no llegó a existir hasta unos mil setecientos años después de sus supuestos comienzos.

La segunda razón es que, por razones sociológicas sobre las que queda mucho por explorar, el nacionalismo acarrea hoy en día una carga excepcionalmente pesada de necesidades emocionales. El nacionalismo no es un programa, sino una pasión que tiene consecuencias políticas. Por tanto, es bastante impermeable a la razón, aunque sus defensores más intelectuales procuren racionalizarlo en función de las modas imperantes en su época —con argumentos de tipo liberal en el siglo XIX, socialistas hoy—. Para quienes no son víctimas de la pasión, resulta fácil ver lo poco convincentes que pueden ser los postulados o argumentos nacionalistas, pero esto no afecta a los que sí lo son. En última instancia, estas personas siempre pueden recurrir al argumento de la sangre; es decir, que, por definición, quienes no son de su misma sangre no pueden entender sus argumentos y que, además, ni siquiera tienen derecho a intentarlo.

Paradójicamente, esta negación de una posible comunicación es en la práctica una petición de comprensión, sobre todo si el nacionalismo en cuestión es lo bastante débil como para necesitar apoyo. Para un negro, responder a las críticas de los argumentos del Black Power estadounidense afirmando «como no eres negro no lo puedes comprender» es otra forma de decir: «Por impracticable que sea nuestro programa, debes entender que su función es infundir confianza y orgullo a un pueblo que ha sido privado de ambos, y esta es la base necesaria de su regeneración cualquiera que sea el resultado. Si fueras negro lo entenderías sin necesidad de discutir».

Yo, que pertenezco a un pueblo de refugiados, cuya experiencia ha sido tal que hace que me sienta vagamente incómodo si no tengo un pasaporte válido y dinero suficiente para trasladarme al primer país adecuado al primer aviso, puedo entender la situación de los kenianos de ascendencia asiática y horrorizarme ante la actitud de los funcionarios de inmigración británicos de una manera más profunda y visceral que aquellos para quienes la cuestión fundamental es la igualdad de derechos y la libertad civil en general. Pero este sentimiento no es ni esotérico ni incomprensible, y me equivocaría si, como hace el nacionalismo, dedujera del mismo que el interés de los refugiados y los migrantes tiene una prioridad absoluta sobre todo lo demás.

Sin embargo, esta tendencia del nacionalismo a vivir intelectualmente en un círculo cerrado y estanco es un hecho, como también lo son sus consecuencias para la discusión política e intelectual.

Esto arroja la carga de criticar sus irracionalidades y excesos a los que están dentro del círculo. Lenin, que como todos los marxistas rechazó «la actual división de la humanidad en pequeños Estados y el aislamiento de toda nación», tenía razón al creer que los bolcheviques rusos debían aceptar totalmente la voluntad de secesión de las nacionalidades no rusas, no solo porque negarse a hacerlo enmascararía y alentaría el «chovinismo ruso», sino también porque los únicos que podían asumir la tarea de dirigir políticamente la lucha contra la secesión eran los revolucionarios pertenecientes a las nacionalidades no rusas. Desde fuera se les podía coaccionar, pero no convencer.

Corresponde a los irlandeses criticar los absurdos del nacionalismo irlandés; a los galeses, los del nacionalismo galés; a los ingleses, los que les son propios, que son más difíciles de detectar que los demás, al menos para ellos mismos. Nadie puede hacerlo por ellos. Esto puede ser difícil, impopular, e incluso a veces inútil, pero la nación que carece de crítica interna está perdida, como Alemania en la época de Hitler.

A los de fuera les cuesta imaginar la difícil situación que atraviesa la crítica interna, sobre todo en los momentos en que, como durante las guerras o los movimientos de apasionada movilización nacional, la presión emocional —y práctica— sobre los críticos puede ser asfixiante. Hoy en día para un judío es más difícil que nunca ser antisionista, crítico con la política de Israel, o incluso no sionista, porque discrepar de la posición mayoritaria acarrea el estigma de algún tipo de traición, tenga razón o no.

Lo cual no es tan grave cuando los disidentes constituyen un movimiento de masas. A los comunistas franceses no les ha afectado que les acusasen de ser «separatistas» o agentes extranjeros, porque el grueso de sus militantes nunca ha experimentado el más mínimo conflicto entre su identificación como franceses y, de hecho, su instintivo nacionalismo jacobino y sus creencias políticas. El problema se complica cuando, pongamos por caso, la bandera del Reino Unido no solo es algo que ondean los políticos en los momentos adecuados, sino algo que los pobres pintan en las paredes de los suburbios, como en Belfast.

Porque entonces hasta las ideas adquieren una carga emocional. El descubrimiento de un yacimiento arqueológico interesante se convierte en el fundamento de un ritual nacional, como en Masada, y la posesión de fragmentos de un manuscrito antiguo (los manuscritos del mar Muerto), como posibilidad de amueblar un santuario nacional. Para los foráneos esto puede ser una broma, como esos debates sobre el estatus étnico o lingüístico concreto de los habitantes de Macedonia, en los cuales los eruditos yugoslavos, búlgaros y griegos todavía llegan a las manos. Pero no lo es para aquellos cuyo oficio es buscar la verdad ni, de hecho, para quienes están al alcance de los mismos ejércitos que respaldan a los aguerridos eruditos.

Nada puede ser más difícil que rechazar tales emociones. Pero debe hacerse, y se debe hacer desde dentro. Algún día, algún investigador judío deberá librarse de la presión externa y publicar un estudio crítico incluso de las más cargadas de las estadísticas históricas, las de los seis millones de muertos de su pueblo, afrontando la posibilidad de que, por terrible que sea la cifra real, la aceptada resulte ser exagerada. Debe haber hombres que demuestren que pertenecer a un pueblo no es lo mismo que aceptar la opinión imperante de lo que tal pertenencia implica.

Capítulo 14

LA TORRE DE BABEL

Algunos estudiantes están dispuestos a ir a la cárcel por el derecho a imprimir señales de tráfico en galés. La ciudad de Chandigarh, proyectada por Le Corbusier y construida para ser la capital de un estado indio, está en disputa entre los estados de habla hindi y panyabí en los que ahora se ha dividido su país original. Bélgica está paralizada por la imposibilidad de encontrar alguna fórmula política para reconciliar las reivindicaciones de flamencos y valones. La diplomacia francesa está dedicando un esfuerzo considerable, aunque bastante desapercibido, para hacer que el francés sea la lengua internacional oficial del Mercado Común. Cualquiera que eche un vistazo a las noticias mundiales en cualquier momento puede encontrar pruebas del carácter explosivo de la lengua, aunque para quienes el inglés es su lengua materna, seguros de su dominio lingüístico del mundo, probablemente se pregunten cuál es el problema. Y bien podrían hacerlo, porque el problema no está claro en absoluto.

El mito de la torre de Babel es antiguo, pero no hay indicios de que sus resultados hayan causado a la humanidad dificultades reales hasta los últimos cien años más o menos. Hay varias razones para ello. En primer lugar, las situaciones en las que personas que hablan lenguas mutuamente incomprensibles se encuentran, o tienen que comunicarse, son hoy mucho más comunes que en el pasado. En segundo lugar, la lengua ha experimentado una gran e inadvertida transformación política. Ha dejado de ser simplemente lo que la gente habla o, en términos con más carga emocional, su «lengua materna», y se ha convertido en un atributo de «la nación». En consecuencia, el conocimiento de las lenguas se ha mezclado con cuestiones de prestigio, de derechos políticos y económicos y con otra serie de cuestiones que antes eran secundarias o que, como mínimo, se autorregulaban.

En realidad, estamos viviendo una paradoja. Ahora que la unificación técnica del mundo hace que el multilingüismo sea más esencial que nunca, los hablantes de todas las lenguas, salvo las que han acabado convirtiéndose en lenguas francas internacionales, acusan la necesidad de aprender cualquier idioma que no sea el suyo con creciente amargura. Curiosamente, en el pasado preindustrial, cuando prácticamente todo el mundo —es decir, los campesinos— podía arreglárselas a casi todos los efectos solo con su dialecto local, el prejuicio contra el multilingüismo no existía.

Esto se debía, en parte, a la inmovilidad social —el que los señores hablasen una lengua distinta entre ellos apenas afectaba a los campesinos— y, en parte, al analfabetismo imperante —los documentos en latín no eran más difíciles de entender que los que estaban escritos en lengua vernácula—, pero también a la neutralidad social de las lenguas internacionales predominantes. Las lenguas muertas clásicas, los *pidgins* o lenguas mixtas improvisadas, o las lenguas que tuvieron su origen en los campamentos y en la corte, como el urdu, eran utilitarias y —dejando al margen el esnobismo académico— poco más. Son lenguas análogas al «lenguaje informático» actual que, hasta el momento, no han suscitado celos políticos.

Pero principalmente, esta ausencia de prejuicios contra el multilingüismo se debió a la división lingüística de las funciones, como las que aún ahora siguen conociendo muchos niños en lugares donde la lengua formal (la de la escuela o el hogar) y la informal (la del hogar y los compañeros) son distintas. Los niños suizos aprenden alemán, hablan el *Schweizerdeutsch* (el alemán suizo), y no hay problema sobre cuál se usa y cuándo, y prácticamente ninguna ocasión que no requiera claramente emplear uno u otro. En casos extremos el bilingüismo era —y sigue siendo— la norma: un 80 por ciento de alsacianos aún lo siguen practicando. No hay ninguna razón técnica que impida que sea más general. En casos menos extremos, los grupos cuyos negocios les pusieron en contacto con personas de distintas lenguas eran bilingües o multilingües. Pero, básicamente, las lenguas no competían entre sí.

Está claro que hoy esto ya no es así. Por supuesto, el clima actual de intolerancia lingüística se debe, en parte, a la alfabetización, que plantea el problema de la lengua de las escuelas, de los formularios burocráticos y en otros contextos políticamente sensibles; y se debe aún más a la democracia y al igualitarismo, lo que en efecto hace que las personas se nieguen a aceptar el bajo estatus que conlleva ser un hablante monolingüe de, por ejemplo, una lengua campesina. Pero no del todo. A veces, las explosivas cuestiones lingüísticas no tienen nada que ver con consideraciones prácticas.

Lo que exaspera a flamencos y galeses no es que experimenten alguna desventaja educativa derivada de su educación bilingüe —en realidad, es más bien al contrario—, sino que además del flamenco y del galés tienen que aprender francés o inglés. Lo que fastidia a los gobiernos franceses es que su idioma ya no es la *lingua franca* internacional. El factor explosivo del lenguaje es el nacionalismo.

Pero la actitud nacionalista hacia la lengua mezcla lo racional y lo irracional de una manera característica. Si suponemos —como era razonable desde un punto de vista histórico hasta hace muy poco— que la unidad básica de la «modernización» de las sociedades era un territorio de un orden y magnitud determinadas, casi con toda seguridad este territorio necesitaría, entre otras cosas, complementar las numerosas y a menudo mutuamente ininteligibles lenguas o dialectos con una única lengua estandarizada que cubriera todos los objetivos necesarios.

Por otra parte, no hay ninguna base racional para creer que esta «lengua nacional» estandarizada es, en algún sentido indefinible, el criterio básico de nacionalidad y de Estado —de manera que los nuevos Estados nación son casi por definición Estados lingüísticos—; que debería servir para cubrir todas las necesidades; y menos aún que debería excluir otras lenguas. Esta «lengua nacional» no suele ser la base, sino, muy a menudo, la consecuencia del nacionalismo. En casos extremos, es un artefacto, como el hebreo moderno, que nadie había utilizado como lengua doméstica antes de 1881, cuando el excéntrico Eliezer Ben Yehuda —quien acababa de inventar el término hebreo para «nacionalismo»— decidió no emplear ninguna otra lengua; o un corolario consciente del nacionalismo, como el hindi, cuyo único argumento para ser la lengua nacional de la India era que una nación debe tener un idioma. Además, este argumento es peligroso porque puede llevar a contraargumentar que una sociedad históricamente pluralista y multilingüe «debería» fragmentarse en «Estados lingüísticos» monolingües, acercándose así a la infausta *reductio ad absurdum*, profusamente empleada en Europa y en otros lugares en los últimos veinticinco años, según la cual las «naciones» no pueden convivir con sus minorías, sino que deben masacrarlas o expulsarlas.

Una sola lengua no basta para cubrir todos los objetivos, como lo demuestran la estandarización internacional de las señales de tráfico y el avance irresistible de los idiomas internacionales e interregionales. En la actualidad, no solo los alumnos de educación secundaria o superior sufren las enormes desventajas de ser monolingües, a menos, claro, que hablen inglés. El problema es que las lenguas ya no se consideran funcionalmente distintas y no competitivas.

Se las considera intercambiables y no funcionalmente distintas, salvo para los inmigrantes que conservan —en la medida en que sus nuevos países lo toleren— algo del pluralismo del pasado, y para los controladores aéreos, que no pueden permitirse el nacionalismo monolingüe. Se las considera iguales a diversos efectos prácticos, y es evidente que no lo son. Ninguna fuerza en la tierra hará que el finlandés sea un medio internacional tan útil como el inglés ni le dará a un georgiano la ventaja que tiene cualquier costarricense de hablar naturalmente una lengua que comprenden muchos millones de personas.

Publicar una *Revista de Bioquímica* en euskera sería un lujo meramente simbólico, lo cual no significa que el orgullo nacional no pueda sentir —o no haya sentido— que tales ejercicios son imprescindibles. Por supuesto, sería más conveniente que las segundas lenguas «clásicas» neutrales y muertas hubieran sido reemplazadas por el esperanto o algún otro medio políticamente común y corriente, pero hasta ahora la historia ha decidido lo contrario. Algunas lenguas son más iguales que otras, y el resentimiento natural no lo cambiará.

Por supuesto, para un angloparlante, incluso aunque sea un políglota moderado, es prácticamente imposible decir estas cosas, ya que será acusado de chovinismo lingüístico, y la mayoría de las veces, con justicia. Nuestra única actitud aceptable y cortés es, por ejemplo, dar a los galeses todo el apoyo que quieran si creen que necesitan señales de tráfico bilingües en Gales, o para el caso —y dado que somos un país multilingüe— en Inglaterra. Sin embargo, es preciso decir algunas cosas. Es improbable que las digan los fanáticos lingüísticos, y en ausencia de escandinavos u holandeses, quienes no consideran que la necesidad de complementar el limitado alcance de sus lenguas respectivas sea una afrenta nacional, es posible que al final las acabe diciendo algún inglés.

En primer lugar, que la identificación de nación y lengua no es un hecho, sino una invención ideológica; en segundo lugar, que la coexistencia de distintas lenguas en un país, o en la misma persona, es históricamente bastante normal; y, en tercer lugar, que el mundo moderno exige cierto multilingüismo en todas las naciones, incluidas, por supuesto, las que hablan lenguas regionales o mundiales. No hace falta decir que todas las lenguas vivas deberían tener los mismos derechos a ser enseñadas, impresas y utilizadas oficialmente allá donde se hablen, aunque esto no solo implica que debería permitirse que los bretones aprendan bretón, sino también que los irlandeses deberían estar en desventaja por no saber irlandés.

Pero si algo es cien por cien seguro es que estas observaciones no tendrán el menor efecto en los flamencos o en los valones; en los que desean imponer el hindi en Madrás, o en el caballero que últimamente ha sostenido que el hebreo es esencialmente una lengua occidental. La política lingüística es la política de la sinrazón. Lo único que los racionalistas —como el difunto Bertrand Russell— pueden hacer es seguir intentándolo.

Capítulo 15

LA POCO CONVINCENTE «SOCIOBIOLOGÍA» DEL NACIONALISMO

El nacionalismo es un fenómeno político enormemente influyente, absolutamente poco convincente salvo para quienes no necesitan ser convencidos y que, quizá por esta razón, resulta por completo desconcertante para el analista. En general, sus argumentos no son muy persuasivos, y por ello muchos nacionalistas niegan que nadie que no pertenezca a su pueblo pueda entenderlos «realmente».

A lo sumo, todos podemos estar de acuerdo en una especie de convención cortés que, en teoría, acepta que cualquier grupo tiene derecho a describirse a sí mismo como una «nación» y a plantear las mismas reivindicaciones que cualquier otra nación, por absurdas que estas parezcan a los de fuera. En la práctica, incluso esta convención se desmorona cuando, como suele suceder, no está claro qué grupo constituye la nación y las reivindicaciones de dos o más nacionalismos entran en conflicto unas con otras. A uno le gustaría escuchar las reacciones del Partido Nacional Escocés si Mar, Buchan, Angus y Moray afirmasen ser naciones —según su clasificación como tales en la antigua Universidad de Aberdeen—. Casi todos los conceptos asociados con el nacionalismo son muy confusos.

Esto explica el aire de desesperación que envuelve a todos los intentos de dar algún tipo de sentido objetivo al nacionalismo y de explicar el enorme atractivo político del que goza en la actualidad; pero también la facilidad con la que los analistas incautos pueden darse de bruces. El último, el profesor Richard Lynn («The Sociobiology of

Nationalism», en *New Society*, 1 de julio de 1976), es un desafortunado ejemplo de ambas cosas. Aunque está convencido de que ni la sociología ni su propia disciplina, la psicología, han interpretado de manera satisfactoria el nacionalismo, su intento de hacerlo es mucho menos exitoso de lo que probablemente cree.

El argumento de Lynn parece ser el siguiente: el nacionalismo no es más que otra muestra de algo que ocurre a lo largo de la historia de la humanidad, a saber, la tendencia de los seres humanos a separarse de los demás en grupos básicamente endogámicos. Tales grupos generan su propia cultura y «se les conoce como tribus, sociedades, grupos étnicos, culturas o naciones». Dado que su comportamiento separatista a menudo va en contra de la razón, damos por supuesto que es instintivo. Dado que no se puede explicar de otra manera, siguiendo el argumento darwiniano habitual debemos suponer que «ha evolucionado porque tiene algún valor de supervivencia». Se sugieren varios valores de supervivencia posibles, desde el valor de la lealtad intragrupal para conquistar otros grupos hasta las supuestas ventajas genéticas de una población dividida en subpoblaciones consanguíneas. Por tanto, el nacionalismo es parte de la naturaleza humana, explicado por la «sociobiología».

No es mi objetivo aquí cuestionar la validez de estas especulaciones sociobiológicas, y en todo caso no estoy más cualificado para hacerlo que el profesor Lynn, que tampoco es genetista. Hay un aire teleológico curioso y quizá bastante más ingenuo en estas especulaciones («Mamá, ¿para qué sirven las moscas?»), pero la verdadera objeción a los argumentos de Lynn no tiene nada que ver con las hipótesis sociobiológicas que está popularizando.

La objeción es que la sociobiología no tiene nada que ver con el nacionalismo que, históricamente hablando, es un fenómeno muy reciente. Lo cierto es que no se puede equiparar con la tendencia general de los humanos a formar grupos, sean estos innatos o no. Sin duda, esto es algo que el nacionalismo también expresa, además de otras muchas actitudes sociales ancestrales, en la medida en que incorpora todo lo que considera conveniente de la herencia del pasado, añadiendo los agujeros de gusano de la antigüedad a una gran cantidad de mobiliario recién construido, como una historia nacional en gran parte ficticia o incluso, en muchos casos, una lengua nacional estándar recién creada. Pero identificar la naturaleza humana y toda la historia con un fenómeno específico de los dos últimos siglos —y durante gran parte de este período básicamente europeo— es caer en el mismo absurdo que quien puso el título *Five Thousand Years of Pakistan* a un libro de arqueología del valle del Indo.

Se pude especular sobre los resultados genéticos de la adaptación a la caza de los habitantes de las Américas, pero no sobre los efectos genéticos en la vida de un jinete, porque en las Américas no hubo caballos hasta que los españoles los llevaron allí. El profesor Lynn pierde su tiempo y el nuestro porque no logra advertir la diferencia entre ambos tipos de especulación.

Por supuesto, hasta un psicólogo puede reconocer la diferencia entre las sociedades que montan a caballo y las que no dependiendo de si disponen de caballos o no. Más complicado es subdividir abstracciones como «nacionalidad», «independencia» o «separatismo». Al igual que los mantos y las mantas, y a diferencia de los guantes y los zapatos, su función es cubrir más o menos gran parte del cuerpo y no solo una parte específica del mismo. Esta vaguedad semántica es precisamente la que permite a los nacionalistas sustituir una interpretación históricamente específica de términos como, por ejemplo, «Inglaterra» por cualquiera de los otros términos que cubre esta manta en particular. Para el analista, la incapacidad de hacer distinciones conceptuales resulta peligrosa, y, si a ello se añade la ignorancia histórica, es fatal.

Lo que Richard Lynn hace es, en primer lugar, adoptar la autodefinición del nacionalismo imperante en la actualidad sin ni siquiera darse cuenta de que lo hace; y, en segundo lugar, de forma bastante errónea, hacerla retroceder de soslayo en la historia y la geografía como si se tratase de un fenómeno universal. El «modelo» del nacionalismo actual es un Estado soberano políticamente independiente, separado de todos los demás, que cubre un territorio preferiblemente coherente y continuo, cuyos ciudadanos pertenecen, todos ellos, a un solo «pueblo» homogéneo, distinto de los demás, y que solo hable una lengua concreta, lo cual —si es posible— es el criterio fundamental de pertenencia al «pueblo».

Un mínimo conocimiento histórico y un momento de reflexión nos demostrarán que, simplemente, esta no pudo haber sido la norma de la historia humana. Por un lado, no cubre ni los grandes imperios históricos como el chino, el romano o el otomano, ni la mayoría de las zonas no imperiales del mundo, incluidas aquellas que podrían parecer «naciones» desde la óptica del siglo XIX, como los antiguos griegos o los italianos y los alemanes antes de la Revolución francesa. En resumen, durante la mayor parte de la historia la unidad política básica no fue —y, de hecho, no pudo haber sido— nada parecido al Estado territorial moderno, y el «instinto» del separatismo era bastante compatible con la pertenencia a vastos imperios o buscaba su expresión a una escala mucho menor que la de la tribu, el grupo étnico o la cultura que, en cualquier caso, tenían poco en común con la nación moderna.

Una vez aceptamos que el nacionalismo es un fenómeno histórico bastante reciente, la sociobiología no sirve de nada para explicarlo. Por ejemplo, no nos dice más acerca de por qué muchos escoceses quieren independizarse de Inglaterra de lo que nos dice sobre por qué los estadounidenses prefieren el béisbol al fútbol. Ninguna de estas dos preguntas se puede responder con generalidades sobre la universalidad de la lealtad intragrupal, de la xenofobia y de la costumbre de jugar juegos de equipo en las sociedades humanas, porque ambas cuestiones son en esencia específicas, tanto si pensamos en ellas sobre todo en términos de ciertos «tipos» de comportamientos grupales o de juegos de equipo (deportes de espectadores, nacionalismo moderno) o en casos particulares (Escocia, béisbol).

El peligro de tales combinaciones de ignorancia histórica y confusión intelectual es que, en vez de explicar los mitos, se limitan a reforzarlos. Naturalmente, doy por supuesto que esta no era, ni de lejos, la intención de Lynn. Sin embargo, apostaría sin miedo a perder que las partes interesadas lo leerán como si hubiera demostrado científicamente que atacar al pakistaní es lo que hace que la humanidad avance, o que la naturaleza ha dispuesto que la Isla de Man se una a las Naciones Unidas. Y así es como lo interpretarán, no solo porque las partes interesadas buscarán o inventarán la confirmación de sus puntos de vista de todas las maneras —si las profecías mágicas tuvieran potencial de ventas nacionalista, los separatistas de Quebec no dudarían en citar oráculos—, sino porque las deficiencias de su argumento fomentan la tergiversación.

Es una verdadera lástima. Lo menos que cabe esperar de los científicos que abordan un problema difícil, complicado y todavía bastante confuso es la claridad conceptual y un mínimo de formación histórica y política. A falta de ambas cosas, el intento del profesor Lynn es, me temo, un fiasco total.

Capítulo 16

EL ESTADO DE LAS NACIONES*

En nuestro siglo, toda la política, haga lo que haga, tiene que tratar con el nacionalismo. Ningún político o pensador político está contento con ello, excepto los nacionalistas; e incluso estos solo están a gusto con su propio nacionalismo y con los movimientos suficientemente remotos que pueden proporcionar argumentos y apoyo moral al suyo. Adoptan una visión menos desapasionada con aquellos nacionalismos con los que están involucrados. Como el libro que estamos comentando nos recuerda, los miembros y simpatizantes de la Democracia Nacional Polaca estaban tan absolutamente convencidos de lo injusto que era que Alemania y Rusia (las naciones opresoras) negasen a Polonia su libertad, como hostiles eran a los ucranianos, bielorrusos, lituanos, rumanos y judíos, que simplemente vivían en Polonia o cerca de sus fronteras. Además, aunque la mayoría de nosotros coincidimos en que la política debe abordar la cuestión del nacionalismo, casi nadie sabe cómo hacerlo. Hoy en día, pocos estarían por la labor de presentar un programa para abordarlo con cierta confianza.

La obra de Hugh Seton-Watson, una larga y bastante enciclopédica «investigación sobre los orígenes de las naciones y la política del nacionalismo» ilustra de distintas maneras esta falta de entusiasmo y de confianza. Se trata en esencia de un estudio histórico muy exhaustivo. El autor menciona prácticamente todos los movimientos nacionalistas surgidos en todo el mundo, aunque resulta evidente que se siente más

* Reseña de *Nations and States*, de Hugh Seton-Watson.

cómodo en su especialidad, la Europa central y oriental y la Rusia euroasiática, y más de una vez deriva hacia la historia que encontramos resumida en los libros de texto. Quizá porque, sintiéndose incapaz de hallar una manera satisfactoria de definir una nación si no es *ex post facto*, renuncia a analizar seriamente el fenómeno desde un punto de vista teórico. Lo cual es una lástima, pues si bien en su amplio y excelentemente documentado estudio está implícito un modelo analítico de las naciones y del nacionalismo, este modelo resulta incompleto, incluso desde el punto de vista histórico. Por otro lado, es muy bueno identificando el momento histórico en el que determinados grupos o Estados pueden describirse como naciones y cuando, pese a la retórica nacionalista, aún no ha llegado el momento de hacerlo. Por ejemplo, Seton-Watson considera que el término es más aplicable a Brasil que a México, y que todavía no lo es en gran parte del continente africano.

Quizá también tiende a evitar generalizaciones, puesto que ello podría implicar un mayor compromiso con la idea de nación de lo que querría. Para él, como para muchos de nosotros, los aspectos más obvios del nacionalismo son negativos:

> El nacionalismo extremo ha sido un burdo sustituto de la religión, reemplazando las creencias marchitas por odios fanáticos. Demasiado a menudo, sus líderes han sido inadaptados sociales frustrados y semiintelectuales engreídos. En el peor de los casos [el nacionalismo] ha provocado masacres y expulsiones forzosas de personas básicamente inocentes.

Y de nuevo:

> Los nacionalistas, fanáticamente decididos a instaurar su propio Estado independiente, decididos a imponer su nacionalidad a los pueblos dentro de su jurisdicción que no la poseen, o a apoderarse de territorios bajo el dominio de otro gobierno que, según ellos, deben ser suyos, son capaces de terribles guerras civiles y de guerras interestatales que, en la era de las guerras nucleares, pueden amenazar a toda la raza humana con la extinción.

Con toda la razón, rechaza la creencia que todo movimiento nacionalista sostiene; a saber, que estas características solo son aplicables a otras naciones y no, por supuesto, a la suya.

Tal desencanto no debe tomarse en serio, no solo porque se basa en un conocimiento exhaustivo, sino también porque, como todos los historiadores del Imperio de los Habsburgo y de Checoslovaquia saben, el nombre de Seton-Watson ocupa un lugar de honor en la lucha por la independencia de las naciones de la Europa central y oriental. Sin embargo, el autor también sabe, de nuevo con bastante razón, que el surgimiento de naciones es un aspecto de la irrupción de la gente corriente en la historia, algo que podemos describir como el auge de la sociedad de masas o de la democracia. Las naciones, una vez ya existen, son casi indestructibles. Tenemos que vivir con ellas y mayormente en ellas.

Las naciones no siempre han existido. Algunas, como las de los franceses, ingleses, escoceses, castellanos, portugueses, daneses, suecos, húngaros, rusos y polacos, ya existían en la época de la Revolución francesa, y las de franceses e ingleses quizá desde el siglo XIV. Algunas, argumenta, ya habían emprendido el camino hacia la nacionalidad: las de alemanes e italianos, y quizá las de irlandeses, catalanes y noruegos. Otras surgieron en los siglos XIX y XX. Y aún pueden surgir otras más. Pero cuando han entrado en escena, están aquí para quedarse. Es fácil simpatizar con ellas cuando luchan por la identidad y la liberación, sobre todo cuando se enfrentan a regímenes tiránicos o por otros motivos indeseables. El entusiasmo se enfría cuando se las observa después de haber triunfado.

Pero ¿qué hacer con el nacionalismo? Dejando al margen propuestas específicas como el federalismo para España y Gran Bretaña, Seton-Watson parece anhelar la solución de la «autonomía cultural» defendida antes de 1914 por los marxistas austríacos y el Bund judío en Rusia; es decir, por una definición de la «nación» como, esencialmente, una comunidad con una «cultura» específica en el sentido más amplio del término. En teoría, esto es atractivo por dos razones. La primera es que separa el nacionalismo de la soberanía estatal, que es lo que proporciona al nacionalismo sus armas más peligrosas. También separa la nacionalidad del territorio, reconociendo con ello que la mayoría de los «problemas nacionales», sobre todo en la actualidad, no pueden solucionarse con la independencia, la separación o la partición. Como en Belfast, se producen entre comunidades que no pueden separarse eficazmente unas de otras, salvo mediante la expulsión masiva o la masacre. Al igual que en las tierras de la Biblia, las reivindicaciones de judíos y de árabes sobre la posesión y el control exclusivos de la ciudad de Jerusalén que, históricamente, es sagrada para ambos —por no mencionar a los cristianos—, no hacen más que conducir a una guerra permanente. No hay manera de resolver tales disputas con criterios territoriales nacionalistas.

En la práctica, el autor es consciente de que la «autonomía cultural» puede fracasar —como sucedió en Austria-Hungría y entre los judíos— cuando esta se aplica a los Estados nación o a los grupos con conciencia nacional, si bien sugiere que aún se podría intentar con cierto éxito en los Estados con múltiples comunidades de África y Asia. Con todo, ni siquiera esta propuesta acaba de afrontar la dificultad principal. Como Seton-Watson admite, la nación y el Estado territorial están históricamente interconectados. Esto no siempre ha sido así, y puede no durar para siempre. Sin embargo, mientras el Estado territorial (el Estado nación) siga siendo la unidad política internacional estándar, no hay muchas posibilidades de separar a la «nación» del territorio que considera, correcta o —muchas veces— incorrectamente, su coto exclusivo. Los Estados crearán «naciones» para llenar sus estructuras y, en consecuencia, las naciones se sentirán incompletas si carecen de soberanía estatal. Si fuese posible definir la nación simplemente como una comunidad cultural, como sostenían los marxistas austríacos, los problemas de coexistencia nacional en Oriente Medio podrían ser gestionables, como lo fueron bajo el Imperio otomano. Pero, por desgracia, los leninistas tenían razón al incluir el territorio en su definición. Por eso actualmente no existe una fórmula para la paz que judíos y palestinos puedan aceptar.

Podemos especular sobre el futuro del Estado nación, pero este sigue vivo y fuerte, aunque a nivel externo sus poderes soberanos se vean socavados y atenuados. Por tanto, nadie tiene una solución al problema del nacionalismo excepto, en los Estados que están dispuestos a utilizarla, la fuerza coercitiva. Incluso en Yugoslavia, cuyos avances «hacia la solución de los conflictos nacionales dentro de un Estado multinacional» Seton-Watson admira con razón, las tensiones nacionales han llevado a reafirmar una política de fuerza. Su valoración optimista del federalismo yugoslavo puede estar justificada, pero, lamentablemente, no todos podemos compartirlo.

Como el autor no sabe qué hacer con el nacionalismo más que sus lectores y sus críticos, es mejor leer su libro como una fuente de información comparativa sobre el tema. Dado que las investigaciones exhaustivas son raras y, salvo contadas excepciones, la mayoría de las personas interesadas en el tema, empezando por la mayor parte de los nacionalistas, tienen un gran desconocimiento de todos los movimientos y situaciones nacionales, *Nations and States* es un libro sumamente útil. Sus trece capítulos abarcan las naciones europeas viejas y nuevas; los Estados nacionales y multinacionales; las naciones coloniales europeas en ultramar; el mundo musulmán; Asia oriental; África; raza y nación; las naciones de la diáspora y clase e ideología.

De vez en cuando hay que descontar el sesgo del autor, especialmente sobre la Unión Soviética, y su tratamiento de algunos movimientos nacionales importantes, como el vietnamita, es claramente más superficial que el de otros. El índice, esencial en un libro como este, hubiera podido ser mejor. A veces su bibliografía resulta curiosa, y no muchos de nosotros nos beneficiaremos de obras escritas en rumano, magiar, eslovaco y serbocroata. Aun así, en este libro cualquier lector o lectora aprenderá muchas cosas que antes no sabía. Quizá sea más bien un libro de referencia que una obra que no se puede dejar de leer hasta el final, pero ¿quién de nosotros no hubiera querido escribir un libro que se citará constantemente y que, probablemente, será plagiado sin decirlo? ¿Y quién de nosotros predecirá que el objeto de estudio de Seton-Watson perderá su interés y su urgencia?

Capítulo 17

¿TODAS LAS LENGUAS SON IGUALES?

El título de este artículo es «Lengua, cultura e identidad nacional», si bien su tema central es la situación de las lenguas en las culturas, ya que las lenguas, habladas o escritas, siguen siendo el principal vehículo de las culturas. Más concretamente, mi tema es el «multiculturalismo», en la medida en que este depende de la lengua. Las «naciones» entran en juego, ya que en los Estados en los que todos vivimos las decisiones políticas sobre cómo y dónde se utilizan las lenguas para fines públicos (por ejemplo en las escuelas), son cruciales. Y actualmente estos Estados se identifican con «naciones», como en el término «Naciones Unidas». Esta es una confusión peligrosa, por eso le dedicaré unas palabras a modo de introducción.

Como apenas quedan colonias, hoy en día casi todos vivimos en Estados soberanos e independientes. Salvo las más raras excepciones, incluso los exiliados y los refugiados viven en Estados, aunque no sean los suyos. Es bastante fácil llegar a un acuerdo sobre qué es lo que constituye un Estado; en cualquier caso, sobre el modelo moderno del mismo, que se ha convertido en el patrón de todas las nuevas entidades políticas surgidas desde finales del siglo XVIII. El Estado es un territorio, preferiblemente coherente y demarcado de sus vecinos por líneas fronterizas, dentro del cual todos los ciudadanos sin excepción están sometidos al dominio exclusivo del gobierno territorial y de las reglas bajo las cuales opera. Contra esto no hay recurso, salvo el derivado de la autoridad de ese gobierno, porque incluso la superioridad del derecho comunitario europeo sobre el derecho nacional se estableció únicamente por decisión de los gobiernos que constituyen la Comunidad. Dentro del territorio del Estado son ciudadanos todos los que han nacido y viven en él, salvo los «extranjeros» que han sido excluidos por el Estado, que también tiene el poder de admitir personas a la ciudadanía, pero no, en los Estados democráticos, de privarlas de ella. Se considera que los extranjeros pertenecen a algún otro Estado territorial, aunque la creciente inhumanidad existente desde la primera guerra mundial ha producido un cuerpo cada vez mayor, y ahora muy grande, de habitantes oficialmente invisibles para quienes, en nuestro trágico siglo, se tuvieron que idear términos especiales: «apátridas», «parias», «inmigrantes ilegales» o cualquier otro.

En algún momento, sobre todo desde finales del siglo XIX, a los habitantes de este Estado se les ha identificado con una «comunidad imaginada» unida, por así decirlo, de modo tangencial, por cosas como la lengua, la cultura y similares. El ideal de tal Estado consiste en tener una población étnica, cultural y lingüísticamente homogénea. Ahora sabemos que esta invitación permanente a la «limpieza étnica» es peligrosa además de irreal, ya que de los casi doscientos Estados que existen en la actualidad, solo una docena se ajusta a este programa. Además, este hubiera sorprendido a los fundadores de los Estados nación originales. Para ellos, la unidad de la nación era política y no socioantropológica. Esta unidad consistía en la decisión de un pueblo soberano de vivir bajo unas leyes y una constitución comunes, al margen de la cultura, la lengua y la composición étnica. «Una nación —dijo el abate Sieyès, con la habitual lucidez francesa— es la totalidad de los individuos unidos por vivir bajo un derecho común y representados por la misma asamblea legislativa» (*Qu'est-ce que le Tiers-État?*, enero de 1789). El supuesto según el cual las comunidades de ascendencia étnica, lingüística, cultural, religiosa, etc., deberían encontrar su expresión en Estados territoriales, y ya no digamos en un único Estado territorial, era, por supuesto, igualmente nueva. En realidad, podría ser una inversión de los valores históricos, como en el sionismo. «Han surgido extraños», escribió en 1900 un rabino ortodoxo de Dzików (Polonia); un texto que sin duda representaba la tradición del judaísmo:

> [...] que dicen que la gente de Israel debe vestirse de nacionalismo secular, una nación como todas las demás naciones, que el judaísmo se basa en tres cosas, el sentimiento nacional, la tierra y la lengua, y que el sentimiento nacional es el elemento más loable de las tres y el más eficaz para preservar el judaísmo, mientras que la observancia de la Torá y de los mandamientos es un asunto privado que depende de la inclinación de cada individuo. Que el Señor reprenda a estos hombres malvados y que Él, que eligió Jerusalén, selle sus bocas.[1]

Una tercera observación me acerca al tema principal de esta conferencia. El concepto de una identidad étnica, cultural o de otro tipo única, exclusiva e inmutable es un peligroso elemento para el lavado de cerebro. Las identidades mentales humanas no son como los zapatos, de los cuales solo podemos usar un par a la vez. Todos somos seres multidimensionales. Que un señor Patel en Londres se considere básicamente indio, ciudadano británico, hindú, hablante de guyaratí y excolono de Kenia, miembro de una casta o de un grupo de parentesco específico, o se identifique con alguna otra capacidad depende de si se enfrenta a un oficial de inmigración, a un pakistaní, a un sij o a un musulmán, a un hablante de bengalí, etc. No existe una única esencia platónica de Patel. Él es todo eso y más a la misma vez. David Selbourne, un ideólogo londinense, pide al «judío de Inglaterra» que «deje de fingir que es inglés» y que admita que su «verdadera» identidad es la de judío. Las únicas personas que nos obligan a elegir entre una cosa o la otra son aquellas cuyas políticas han llevado o podrían llevar al genocidio.

Además, la historia nos dice que tras la homogeneidad nacional se oculta la identidad múltiple. Todos los alemanes del pasado, y residualmente incluso hoy, tenían dos o tres identidades simultáneas: como miembros de una «tribu» —los sajones, los suabos, los francos—; de un principado o estado alemán y de una cultura lingüística que combinaba una única lengua escrita estándar para todos los alemanes con diversos dialectos orales, algunos de los cuales también habían comenzado a desarrollar una literatura escrita. (La Reforma no produjo solo una, sino varias traducciones de la Biblia a los idiomas alemanes.) De hecho, hasta Hitler, los alemanes eran considerados como tales en virtud de ser bávaros, sajones o suabos que, a menudo solo podían entenderse entre ellos cuando hablaban en la lengua común de la cultura escrita.

Esto me lleva de manera natural a mi tema central del multilingüismo y el multiculturalismo. Ambos conceptos son novedosos en la historia. No surgieron hasta que se dio la combinación de tres circunstancias: la aspiración a la alfabetización universal, la movilización política de la gente corriente y una forma concreta de nacionalismo lingüístico.

Desde una perspectiva histórica, la coexistencia de pueblos de distintas lenguas y culturas es normal; o, dicho en otros términos, nada es menos común que los países habitados exclusivamente por personas de una sola lengua y cultura uniformes. Hasta en Islandia, con sus trescientos mil habitantes, tal uniformidad se mantiene únicamente mediante una política despiadada de islandización que, entre otras cosas, obliga a todos los inmigrantes a adoptar un nombre islandés antiguo. En la época de la Revolución francesa, solo la mitad de los habitantes de Francia podían hablar francés, y solo el 12 o el 13 por ciento de ellos lo hablaban «correctamente»; y el caso extremo es Italia, donde en el momento en el que se convirtió en Estado solo dos o tres italianos de cada cien hablaban la lengua italiana en su casa. Siempre que la mayoría de la gente viviese en un universo oral, no había un vínculo necesario entre el lenguaje que se hablaba y el que escribía la minoría alfabetizada. Siempre que la lectura y la escritura fueran estrictamente asuntos de minorías especializadas, la lengua que empleaban ni siquiera tenía que ser una lengua viva. En la década de 1830, la administración de la India cambió el persa clásico, que nadie hablaba en el país, por el inglés escrito, que era igual de incomprensible. Si los analfabetos necesitaban comunicarse con quienes hablaban otras lenguas, confiaban en intermediarios que las hablasen o aprendieron lo suficiente de la lengua antigua como para defenderse, o bien desarrollaron lenguas francas o mixtas que se convirtieron en medios de comunicación no escritos pero efectivos y que acabaron siendo un objeto de estudio de moda para los lingüistas.

Una única lengua nacional solo cobró importancia cuando los ciudadanos comunes se convirtieron en un componente importante del Estado; y la lengua escrita tenía que tener relación con la lengua hablada solo cuando se suponía que estos ciudadanos debían leerla y escribirla. Pero recordemos que, dejando al margen algunos países excepcionales, la educación primaria universal no tiene mucho más de un siglo.

En su origen, el argumento en favor de una lengua estándar era totalmente democrático, no cultural. ¿Cómo los ciudadanos podrían entender, y mucho menos participar, en el gobierno de su país si este ejercía sus funciones en una lengua incomprensible, por ejemplo, en latín, como se hacía en el Parlamento húngaro antes de 1840? ¿No garantizaría esto que el gobierno estuviese en manos de una élite minoritaria? Este fue el argumento del abate Grégoire en 1794 (véase su *Rapport sur la nécessité et les moyens d'anéantir les patois et d'universaliser l'usage de la langue française*; «Informe sobre la necesidad y los medios para aniquilar los dialectos y universalizar el uso de la lengua francesa»). Por tanto, la educación en francés era fundamental para los ciudadanos franceses, con independencia de la lengua que hablasen en casa. Esta siguió siendo esencialmente la posición en Estados Unidos, otro producto de la misma época de revolución democrática. Para ser ciudadano americano, un inmigrante tenía que pasar un examen en inglés, y los lectores de *The Education of Hyman Kaplan* (1937), de Leo Rosten, estarán familiarizados con este proceso de homogeneización lingüística. No es necesario añadir que las dificultades del señor Kaplan con la lengua inglesa no pretendían evitar que hablase yidis con su esposa en casa, lo que por supuesto hizo; ni tampoco afectaron a sus hijos, que obviamente fueron a escuelas públicas de habla inglesa. Lo que las personas hablasen o escribiesen entre ellas solo era asunto suyo, al igual que su religión. Cabe recordar que incluso en 1970 —es decir, antes de que empezase la oleada de inmigración masiva actual— 33 millones de estadounidenses, más un porcentaje desconocido de otros nueve millones que no respondieron a la pregunta principal, dijeron que el inglés no era su lengua materna. Más de tres cuartas partes de ellos eran estadounidenses de segunda generación o personas de edad nacidas en Estados Unidos.[2]

En la práctica, la educación en lenguas distintas de la lengua nacional estándar quedaba tradicionalmente en manos del esfuerzo privado, de la especial prestación voluntaria de las comunidades minoritarias, como en el caso de las escuelas Comenius checas que se establecieron en Viena después de 1918 con la ayuda del gobierno checo para la gran minoría checa en la ciudad, o por decisión local, como sucedía a menudo en Estados Unidos. Este fue el caso en Cincinnati, donde en 1840 se introdujo la educación bilingüe en inglés y alemán. La mayoría de estos sistemas —y hubo varios en la segunda mitad del siglo— se desvanecieron en silencio cuando se empezó a reivindicar la educación bilingüe federal oficial en las décadas de 1960 y 1970. Déjenme decir que no se trataba de una reivindicación educativa, sino política, que fue parte del surgimiento de un nuevo tipo de política étnica e identitaria durante ese período.

La situación era diferente, por supuesto, donde no imperaba una sola lengua, hablada o escrita, o donde una comunidad lingüística se resentía por el estatus superior de otra lengua. En el multinacional Imperio de los Habsburgo, «la lengua de la administración y de la escuela (pública)» se convirtió en una cuestión política desde 1848, como sucedió después en Bélgica y Finlandia. En esos casos, la fórmula mínima era —y cito la Ley de Nacionalidad Húngara de 1868— que se debería educar a las personas en su propia lengua en la escuela primaria y, en determinadas circunstancias, en la escuela secundaria, y que se les debería permitir utilizarla directamente o mediante intérpretes en sus relaciones con las autoridades públicas. Pero cabe señalar que lo que era una lengua estaba definido políticamente. No se incluían el yidis ni la lengua mixta hablada en Istria, donde los expertos de la década de 1850 contaron trece variedades nacionales diferentes.[3] Para tener una lengua, a diferencia de un dialecto o «jerga», era necesario estar clasificado como nación o nacionalidad. La fórmula mínima podía funcionar en las zonas en las que una lengua grupal estaba asentada con solidez, y el gobierno local o incluso el regional podía desenvolverse básicamente en lo que se llamaba la «lengua de uso común» (*Umgangsprache*), pero la fórmula planteaba grandes problemas en zonas de asentamiento mixto y en la mayoría de las ciudades. Por supuesto, el verdadero problema educativo no era la educación primaria, sino la secundaria y terciaria. Aquí es donde se libraron las grandes batallas. En este caso, el problema no era la alfabetización masiva, sino el estatus lingüístico de las élites no oficiales. Porque debemos recordar que hasta la segunda guerra mundial no más del 2 por ciento del grupo de edad de quince a diecinueve años asistía a la escuela secundaria, ni siquiera en países con reputación democrática como Dinamarca y los Países Bajos. En esas circunstancias, cualquier flamenco o finlandés que hubiera alcanzado el nivel universitario era capaz de seguirlo en francés o sueco. En resumen, una vez más el asunto no era educativo, sino político.

Básicamente, este sistema de un idioma oficial por país se convirtió en parte de la aspiración de todos de convertirse en un Estado nación, aunque tuvieron que hacerse acuerdos especiales para las minorías que insistían en ellos. Las naciones multilingües, como Suiza, eran consideradas bichos raros; y *de facto*, dada la gran autonomía cantonal de ese país, ni siquiera Suiza es multilingüe, porque todos los cantones, excepto uno (el de los Grisones), son de hecho monolingües. Las colonias que ganaron su independencia después de la segunda guerra mundial pensaron automáticamente en términos de alguna lengua del país como la base de la educación y la cultura nacionales: el urdu en Pakistán, el hindi en India, el cingalés en Sri Lanka, el árabe en Argelia. Lo cual, como veremos enseguida, fue un espejismo peligroso. Los pueblos pequeños que se definen étnico-lingüísticamente todavía anhelan este ideal de homogeneidad: Letonia solo para los hablantes de letón, Moldavia solo para los rumanos. Como sucedió en 1940, cuando esta zona volvió a pasar a Rusia, casi la mitad de su población no estaba compuesta por rumanos, sino por ucranianos, rusos, búlgaros, turcos, judíos y otros grupos. Seamos claros: si no hay voluntad de cambiar de lengua, la homogeneidad lingüística nacional en las zonas multiétnicas y multilingües solo puede lograrse mediante la coacción, la expulsión o el genocidio de masas. Polonia, que en 1939 tenía un tercio de la población no polaca, es hoy fundamentalmente polaca, pero solo porque los alemanes fueron expulsados hacia el oeste; sus lituanos, bielorrusos y ucranianos se separaron para formar parte de la URSS en el este; y sus judíos fueron asesinados. Permítanme añadir que ni Polonia ni ningún otro país «homogéneo» lo puede seguir siendo en el mundo actual, en el que se producen migraciones laborales, huidas, viajes y concentraciones urbanas masivas, si no es recurriendo, una vez más, a la exclusión más despiadada o a la creación *de iure* o *de facto* de sociedades segregadas.

La defensa del uso privilegiado de cualquier lengua como vehículo exclusivo de la educación y la cultura en un país es, por tanto, política e ideológica o, en el mejor de los casos, pragmática. Salvo en un aspecto, no tiene nada que ver con la educación. Es sumamente difícil lograr la alfabetización universal en una lengua escrita que no tiene relación con la lengua vernácula hablada, y puede ser imposible a menos que los padres y la comunidad tengan mucho interés en que sus hijos sepan leer y escribir en esa lengua, como actualmente es el caso de la mayoría de los inmigrantes en países anglófonos. Que esto requiera educación formal bilingüe es otro asunto. Básicamente, al reivindicar la educación oficial en una lengua diferente de la ya establecida, cuando ello no aporta ninguna ventaja obvia a los educandos, lo que se está pidiendo es un reconocimiento de poder o de estatus, no que el aprendizaje sea más fácil. Sin embargo, también se puede reivindicar para asegurar la supervivencia y el desarrollo de una lengua no competitiva que, de lo contrario, es probable que desapareciera. Si para lograr este fin es necesaria la institucionalización oficial de la misma es una pregunta interesante, aunque, según el mejor experto en el campo, la educación bilingüe por sí sola no será suficiente.[4]

Permítanme añadir otro punto importante. Cualquier lengua que pase de lo puramente oral al ámbito de la lectura y la escritura —es decir, cualquier lengua que se convierta en un medio de enseñanza escolar o de uso oficial— cambia de carácter. Es preciso normativizar la gramática, la ortografía, el vocabulario y quizá la pronunciación. Hay que ampliar su rango léxico para cubrir nuevas necesidades. Al menos una tercera parte del vocabulario del hebreo moderno se ha creado en el siglo XX, ya que el hebreo bíblico, de manera bastante similar al galés del Mabinogion, pertenecía a un pueblo de antiguos pastores y campesinos. Las lenguas culturales establecidas de los Estados modernos —italiano, español, francés, inglés, alemán, ruso y una o dos más— pasaron por esta fase de ingeniería social antes del siglo XIX. La mayoría de las lenguas escritas del mundo lo hicieron durante los últimos cien años, en la medida en que fueron «modernizadas», y algunas, como el vasco, aún están en proceso de hacerlo. El proceso mismo de convertir la lengua en un medio de escritura la destruye como lengua vernácula. Supongamos que decimos, como a veces dicen los defensores de los afroamericanos: a nuestros hijos no se les debería enseñar en inglés estándar, que es una lengua que no hablan, sino en su propio inglés negro, que no es una versión «incorrecta» del inglés estándar, sino una lengua independiente de por sí. Podría ser. Pero si se convirtiera en una lengua escolar, dejaría de ser la que hablan los niños. Un distinguido historiador francés, cuya lengua materna era el flamenco, dijo una vez: «El flamenco que ahora estudian en la escuela en Flandes no es la lengua que las madres y abuelas flamencas enseñaron a sus hijos». Ya no es una «lengua materna» en sentido literal. Una señora que cuidaba mi apartamento en Nueva York, bilingüe en español y gallego como todos los de su región en España, tiene dificultades para entender el gallego depurado y normativizado que ahora es lengua oficial en Galicia. No es la lengua de uso común en la región, sino una nueva construcción social.

Lo que he dicho hasta aquí puede ser cierto o no, pero ahora está muy desactualizado. Porque han sucedido tres cosas en las que no se pensaba en el apogeo del nacionalismo y en las que siguen sin pensar los peligrosos recién llegados al nacionalismo. En primer lugar, ya no vivimos inmersos en una cultura de la lectura y la escritura. En segundo lugar, ya no vivimos en un mundo en el que la idea de una sola lengua nacional para todo uso es generalmente factible; es decir, vivimos en un mundo necesariamente plurilingüe. Y, en tercer lugar, vivimos en una época en la que, al menos por ahora, solo hay una única lengua para la comunicación global universal; esto es, una versión del inglés.

Lo primero se debe, básicamente, al efecto de las películas y de la televisión y, por encima de todo, de las pequeñas radios portátiles. Esto significa que las lenguas vernáculas orales ya no son lenguas que se hablan cara a cara, de uso doméstico o restringido. Por lo tanto, los analfabetos están directamente al alcance del mundo y la cultura en general. Esto también puede significar que las lenguas y los dialectos con un reducido número de hablantes pueden sobrevivir con mayor facilidad, en la medida en que incluso una población modesta basta para justificar un programa de radio local. Por lo tanto, las lenguas minoritarias pueden promocionarse a un bajo coste. Sin embargo, la exposición a una lengua más extendida a través de los medios de comunicación puede acelerar la asimilación lingüística. En definitiva, la radio favorece a las lenguas pequeñas y la televisión ha sido hostil con ellas, pero esto puede que ya no sea así cuando la televisión por cable y por satélite sea tan accesible como las emisoras de radio de frecuencia modulada. En Nueva York, en 1994, se pueden ver programas de televisión en italiano, francés, chino, japonés, español, polaco, griego e incluso, ocasionalmente, en albanés. En resumen, ya no es necesario oficializar una lengua si va a salir del hogar y de la calle para pasar al resto del mundo. Por supuesto, nada de esto significa que los analfabetos no se encuentren en una clara y creciente desventaja en comparación con las personas que saben leer y escribir, ya sea en relación con las lenguas escritas o con los lenguajes informáticos.

En Europa, las lenguas nacionales estándar se basaban en general en una combinación de dialectos hablados por los principales pueblos del Estado que se transformaron en una lengua literaria. En los Estados poscoloniales esto no suele ser posible y, cuando lo es, como en Sri Lanka, los resultados de conceder al cingalés el estatus de lengua oficial exclusiva han sido desastrosos. De hecho, las «lenguas nacionales» más convenientes son las lenguas francas o mixtas desarrolladas simplemente para que se comuniquen entre sí los pueblos que no hablan las lenguas de los demás, como el suajili, el filipino o el indonesio, o antiguas lenguas imperiales, como el inglés en la India y Pakistán. Su mérito es que son neutrales respecto a las lenguas que se hablan realmente y por eso ningún grupo tiene ninguna ventaja o desventaja concreta —salvo, naturalmente, la élite—. El precio que la India paga por gestionar sus asuntos en inglés para evitar guerras civiles, como la de Sri Lanka, por motivos lingüísticos, es que las personas que no han tenido la oportunidad de estudiar los años necesarios, y a tiempo completo, para dominar y escribir correctamente una lengua extranjera, nunca superarán un nivel relativamente modesto en la administración pública ni —actualmente— en los negocios. En mi opinión, es un precio que merece la pena pagar. Sin embargo, imaginemos el efecto que tendría en Europa que el hindi fuese la única lengua de comunicación general en el Parlamento Europeo, y que solo pudieran leer *The Times*, *Le Monde* y el *Frankfurter Allgemeine Zeitung* las personas que dominasen el hindi.

Todo esto está cambiando, o cambiará profundamente, la relación que mantienen las lenguas entre sí en las sociedades multinacionales. En el pasado, la ambición de todas las lenguas que aspiraban al estatus de lenguas nacionales y a ser la base de la educación y la cultura de la nación, era la de ser lenguas polivalentes a todos los niveles, es decir, ser intercambiables con las principales lenguas de la cultura. Intercambiables, sobre todo, con la lengua dominante contra la que intentaban establecerse. Así, en Finlandia, el finlandés sería capaz de reemplazar al sueco a todos los efectos; en Bélgica el flamenco reemplazaría al francés. Así, el verdadero triunfo de la emancipación lingüística fue la creación de una universidad vernácula: en la historia de Finlandia, Gales y del movimiento flamenco, la fecha en la que se creó dicha universidad es un hito importante en la historia nacionalista. Durante los últimos siglos, muchas lenguas más minoritarias han intentado hacer lo mismo, empezando, supongo, por el neerlandés en el siglo XVII y terminando —hasta ahora— por el catalán. Algunas, como el vasco, todavía lo están intentando.

En la práctica, ahora este ya no es el caso desde el punto de vista operativo, aunque los nacionalismos de las naciones pequeñas hacen lo que pueden para resistir la tendencia. Las lenguas vuelven a tener nichos y se emplean en situaciones distintas y para fines distintos. Por tanto, ya no tienen que abarcarlo todo. En parte, esto se debe a que, a efectos internacionales, solo se usan unas cuantas lenguas. Pese a que la administración de la Unión Europea dedica un tercio de sus ingresos a la traducción directa e inversa de las once lenguas oficiales del organismo, apostaría sin miedo a perder que la mayor parte de su trabajo real se lleva a cabo en no más de tres lenguas. Una vez más, aunque es perfectamente posible elaborar un vocabulario para escribir artículos sobre biología molecular en estonio y, por lo que yo sé, esto se ha hecho, nadie que quiera ser leído —además de por los demás biólogos moleculares estonios— escribirá tales artículos. Tendrá que escribirlos en las lenguas internacionales actuales, como incluso los franceses y los alemanes tienen que hacer en campos como la economía. Solo si el número de estudiantes que acceden a la educación superior es lo suficientemente numeroso, y si provienen de familias monolingües, hay una razón educativa de peso para crear un léxico científico vernáculo completo, y solo para los libros de texto introductorios, pues, para otros objetivos más ambiciosos, los estudiantes deberán aprender una lengua internacional que les permita leer la bibliografía, y probablemente también tendrán que aprender el tipo de inglés que para los intelectuales es hoy lo que fue el latín en la Edad Media. En la actualidad, sería realista impartir toda la educación universitaria de determinadas materias en inglés, como hicieron en parte países como Finlandia y los Países Bajos, que en su día fueron pioneros en convertir las lenguas vernáculas en idiomas polivalentes. No hay otra manera. Oficialmente, la Hungría del siglo XIX logró que el magiar se convirtiese en una lengua polivalente que abarcaba desde la poesía hasta la física nuclear. En la práctica, dado que solo lo hablan diez millones de personas, todos los húngaros instruidos deben ser y son plurilingües.

Lo que tenemos hoy no son lenguas intercambiables sino complementarias, sea cual sea su consideración oficial. En Suiza, no hay presión para convertir el idioma hablado, el *Schweizerdeutsch* o alemán suizo, en una lengua escrita porque no hay objeciones políticas a que, a estos efectos, se empleen el alto alemán, el inglés y el francés. En Cataluña, el coste de convertir el catalán en una lengua polivalente es el de privar a los habitantes pobres y con pocos estudios de su región bilingüe la ventaja original de hablar y escribir una de las pocas grandes lenguas internacionales, el español. En Paraguay todo el mundo habla guaraní —bien, estrictamente hablando, el 45 por ciento de la población es bilingüe—; la lengua indígena que desde la época colonial ha servido como lengua franca regional. Sin embargo, aunque hace mucho tiempo que el guaraní tiene los mismos derechos, por lo que yo sé, su uso escrito se reserva básicamente para fines literarios; en todos los demás ámbitos se utiliza el español. Es sumamente improbable que en Perú, donde el quechua —acertadamente— adquirió rango oficial en la década de 1970, haya mucha demanda de periódicos o de educación universitaria en esa lengua. ¿Por qué debería haberla? Incluso en Barcelona, donde todo el mundo habla catalán, la gran mayoría de los periódicos que se leen, incluyendo la edición catalana de los diarios nacionales, están escritos en español. En cuanto al tipo de Estado característico del tercer mundo, como he señalado, no es posible que tenga una sola lengua polivalente.

Esta es la situación que ha propiciado el auge de las lenguas francas en países y regiones, y del inglés como medio de comunicación mundial. Estas lenguas francas o mixtas pueden ser lenguas culturales y literarias, pero ese no es su objetivo principal. El latín del escribano medieval tenía muy poco que ver con el de Virgilio y Cicerón. Pueden llegar a ser idiomas oficiales o no, pues los países necesitan lenguas de comunicación pública en general, pero dado el caso, deberían evitar convertirse en lenguas culturales monopolistas. Y cuanto menos dejemos que los poetas echen mano de esas lenguas de comunicación, mejor, porque la poesía fomenta tanto la incomunicabilidad como el nacionalismo lingüístico. Sin embargo, estas lenguas tienden a dejarse dominar por la jerga burocrática o técnica, ya que este es su uso principal. Esto también debe combatirse en aras de la claridad. Dado que el inglés americano ya es una de las lenguas más cargadas de jerga jamás inventada, el peligro es real.

Permítanme concluir con algunas observaciones sobre las que podríamos calificar como lenguas puramente políticas; es decir, lenguas que se han creado específicamente como símbolos de aspiraciones nacionalistas o regionalistas, de manera habitual con fines separatistas o secesionistas. No hay argumentos en su defensa. El ejemplo extremo es el intento de reconstrucción de la lengua de Cornualles, hablada por última vez a mediados del siglo XVIII, lo cual no tiene otro propósito que demarcar Cornualles de Inglaterra. Estas lenguas construidas pueden tener éxito, como el hebreo en Israel; es decir, pueden convertirse en verdaderas lenguas habladas y vivas, o pueden fracasar, como el intento de los poetas nacionalistas en la época de entreguerras de convertir el dialecto escocés (el Lallans) en una lengua literaria, pero el objetivo de esas iniciativas no es ni la comunicación ni la cultura. Estos son casos extremos, pero todas las lenguas tienen elementos de autoafirmación política, porque en una era de secesionismo nacional o regional existe una tendencia natural a complementar la independencia política con el separatismo lingüístico. Podemos ver que esto está sucediendo en Croacia en este momento. Y tiene otra ventaja, como es la de proporcionar un ámbito de empleo privilegiado para un cuerpo de militantes nacionalistas o regionalistas, como sucede en Gales. Vuelvo a repetirlo: lo que hay en el centro de esta manipulación lingüística no es la cultura, sino la política, como han establecido los estudiosos del purismo del lenguaje. El purismo de la lengua checa se dirigió principalmente a la eliminación de elementos alemanes, pero no resistió la enorme influencia de los préstamos del francés o los antiguos préstamos de términos del latín.[5] Es natural. Los rutenos no se definen a sí mismos como una «nación» con una «lengua» en general, sino de forma específica contra los ucranianos.[6] El nacionalismo catalán se dirige exclusivamente contra España, del mismo modo que el nacionalismo lingüístico galés se dirige exclusivamente contra el inglés.

Sin embargo, hoy existe un nuevo elemento que favorece la creación política de las lenguas, como es la regionalización sistemática de los Estados, que asimilaron regiones sin características lingüísticas, étnicas o de otro tipo especiales, a las áreas potencialmente separatistas, por ejemplo, Murcia a Cataluña. Si nos guiamos por España, esto llevará a la creación de lenguas «oficiales» localizadas, que sin duda —como en Cataluña— finalmente exigirán el estatus de monopolio. Lo que hoy es cierto en Valencia puede serlo mañana en Picardía.

Esto hace resurgir el espectro de la balcanización general. Y este es un problema real dada la política de la Unión Europea de favorecer a las regiones frente a los Estados nación existentes, la cual es, *de facto*, una política que favorece al separatismo, como han reconocido rápidamente los nacionalistas escoceses y catalanes. La balcanización no resolverá ningún problema de identidad lingüística y cultural. Seguiremos como antes. Bruselas puede gastar una tercera parte de sus ingresos en traducción e interpretación, y si Europa puede pagarlo, ¿por qué no? Pero los asuntos de la Comunidad no se gestionarán básicamente o en absoluto en portugués o en griego, ni en danés y neerlandés. Lo que la balcanización lingüística hará es multiplicar las ocasiones de conflicto. Si los croatas pueden crear una lengua exclusiva para ellos a partir del serbocroata unificado que construyeron sus antepasados para unificar a los eslavos del sur —sin demasiado éxito— entonces todo el mundo puede. Mientras la lengua no esté tan firmemente separada del Estado como lo estaba la religión en Estados Unidos según su Constitución, será una fuente constante y básicamente artificial de conflictos civiles.

Recordemos la torre de Babel. Quedó inacabada para siempre porque Dios condenó a la raza humana a un conflicto lingüístico eterno.

Capítulo 18

EL DESASTRE DE LAS MALVINAS

> El patriotismo en manos del movimiento obrero es un arma poderosa. El patriotismo en manos de la derecha está plagado de peligros. La guerra de las Malvinas hizo sonar algunas alarmas que la izquierda ignora por su cuenta y riesgo.

Se ha hablado más de las Malvinas que de cualquier otro asunto reciente en la política británica e internacional, y más personas perdieron la cabeza por esto que por casi cualquier otra cosa. No me refiero a la mayoría de la gente, cuyas reacciones, probablemente, fueron menos pasionales o histéricas que las de quienes se dedican a escribir y a formular opiniones. No quiero extenderme mucho sobre los orígenes de la guerra de las Malvinas porque, en realidad, esa guerra tuvo muy poco que ver con las propias islas. Casi nadie sabía nada de ellas. Supongo que el número de personas de este país que tenían alguna relación personal con las Malvinas o que conocían a alguien que la tuviera es mínimo. Las 1.680 personas autóctonas que habitaban estas islas eran prácticamente las únicas que tenían un interés apremiante en ellas, aparte, por supuesto, de la Falkland Island Company, propietaria de gran parte de las islas, los ornitólogos y el Scott Polar Research Institute, ya que las Malvinas son la base de todas las investigaciones que se realizan en la Antártida. Nunca fueron muy importantes, o al menos no lo habían sido desde la primera guerra mundial o quizá justo al comienzo de la segunda. Eran tan insignificantes y estaban tan fuera del centro de interés que el Parlamento dejó la administración de las mismas en manos de unos cuantos de sus miembros, el *lobby* de las Malvinas, que, desde el punto de vista político, era un grupo muy muy heterogéneo. Se les permitió obstaculizar los esfuerzos del Foreign Office, no muy denodados, para resolver el problema de las instalaciones de las islas. Como ni el gobierno ni nadie manifestaba el menor interés por ellas, se pasó por alto lo que suponían para Argentina y, hasta cierto punto, para toda Latinoamérica. Para los argentinos no eran insignificantes en absoluto. Eran un símbolo del nacionalismo argentino, sobre todo desde Perón. Nosotros estábamos convencidos de que podíamos postergar el problema de las Malvinas para siempre, o creíamos que podíamos, pero los argentinos no.

UNA CUESTIÓN DE NEGLIGENCIA

No estoy juzgando la validez de la reivindicación argentina. Como muchas de las reivindicaciones nacionalistas, no puede soportar mucha investigación. Esencialmente, el argumento se basa en lo que podríamos llamar «geografía de secundaria» —todo lo que pertenece a la plataforma continental debería pertenecer al país más cercano— pese a que, en realidad, ningún argentino había vivido allí jamás. Sin embargo, estamos obligados a decir que los argumentos argentinos son, con casi toda certeza, bastante más sólidos que los británicos, y así ha sido considerado internacionalmente. Por ejemplo, los estadounidenses nunca han aceptado las pretensiones británicas, cuya justificación oficial cambiaba de vez en cuando. Pero el meollo de la cuestión no es decidir quién tiene más razón. El tema es que, para el gobierno británico, las Malvinas ocupaban el último lugar en su lista de prioridades. Y desconocía totalmente la postura argentina y latinoamericana, que no solo eran las de la junta sino las de toda América Latina. Como resultado de ello, al retirar el único acorazado, el *Endurance*, que siempre había estado allí, indicando de manera simbólica que las Malvinas no se podían tomar, la junta argentina dedujo que el Reino Unido no opondría resistencia. Los generales argentinos, manifiestamente locos e ineficientes a la par que crueles, decidieron seguir adelante con la invasión. Pero, casi con toda seguridad, si solo hubiera sido por la mala gestión del gobierno del Reino Unido, el gobierno argentino no hubiera decidido invadir. Calcularon mal y nunca debieron haberlo hecho, pero no cabe ninguna duda de que el gobierno británico precipitó la situación, aunque no lo pretendiese. Y así, el 3 de abril, el pueblo británico descubrió que las Malvinas habían sido invadidas y ocupadas. El gobierno debería haber sabido que la invasión era inminente, pero afirmó no saberlo o, en cualquier caso, aun sabiéndolo no tomó ninguna medida.

LA DECADENCIA IRRESISTIBLE

Sin embargo, esta explosión de sentimientos no tenía nada que ver con las Malvinas como tales. Hemos visto que estas islas no eran más que un territorio lejano envuelto en las nieblas del cabo de Hornos, del cual no sabíamos nada y que nos importaba menos aún. Todo lo que pasó tiene que ver con la historia de este país desde 1945 y la visible aceleración de la crisis del capitalismo británico desde la década de 1960 y, concretamente, con la depresión de finales de los años setenta y principios de los ochenta. Mientras persistió el gran auge internacional del capitalismo occidental, durante los años cincuenta y sesenta, incluso la relativamente débil Gran Bretaña fue hasta cierto punto impulsada por la corriente que hizo avanzar a otras economías capitalistas con aún mayor rapidez. Las cosas iban cada vez mejor y no teníamos que preocuparnos demasiado, aunque obviamente en el ambiente flotaba una cierta nostalgia. Y, sin embargo, en cierto momento se hizo evidente que el declive y la crisis de la economía británica estaban alcanzando unas cotas dramáticas. La caída en picado de los años setenta intensificó este sentimiento y, naturalmente, desde 1979 la verdadera depresión, la desindustrialización del período thatcherista y el desempleo masivo pusieron de manifiesto la situación crítica que Gran Bretaña atravesaba. De manera que la reacción visceral que mucha gente experimentó ante las noticias de que Argentina había invadido y ocupado una pequeña porción del territorio británico pudo haberse descrito con las siguientes palabras: «El nuestro es un país que ha ido cuesta abajo durante décadas, los extranjeros se han enriquecido más y están más avanzados que nosotros, todo el mundo nos mira con desprecio y se compadece de nosotros, ya no podemos ganar al fútbol ni a los argentinos ni a nadie, todo va mal en Gran Bretaña, nadie sabe realmente qué hacer al respecto ni cómo solucionarlo. Pero ahora hemos llegado al punto en el que algunos extranjeros creen que pueden simplemente desplegar algunas tropas sobre territorio británico, ocuparlo y apoderarse de él, y piensan que los británicos están tan lejos que nadie hará nada al respecto, que no hay nada que hacer. Pues bien, esta es la gota que colma el vaso, hay que hacer algo. Por Dios, tendremos que demostrarles de veras que no estamos aquí para que nos pisoteen». Tampoco ahora estoy juzgando la validez de este punto de vista, pero creo que, a grandes rasgos, esto es lo que muchas personas sentían en ese momento aunque no intentasen formularlo en palabras.

EL AUGE DEL SENTIMIENTO POPULAR

Pero ¿cuál era la situación en Gran Bretaña cuando estalló la guerra y durante la misma? Intentaré resumirla con la mayor brevedad posible. Lo primero que pasó fue una sensación de indignación casi universal entre muchas personas, la idea de que esto no se podía aceptar sin más, que había que hacer algo. Era un sentimiento que se experimentó en todos los niveles, desde los más altos hasta las bases, y era apolítico en el sentido de que alcanzó indistintamente a todos los partidos, de derechas o de izquierdas. Conozco a mucha gente de izquierdas dentro del movimiento, incluso de extrema izquierda, que tuvo la misma reacción que la gente de derechas. Fue este sentimiento general de indignación y humillación el que se expresó el primer día en el Parlamento, cuando la presión en favor de actuar no provino realmente de

Thatcher y del gobierno, sino de todas partes: la ultraderecha conservadora, los liberales y los laboristas, salvo unas raras excepciones. Creo que este fue un sentimiento público que, en realidad, se podía percibir. Cualquiera que tuviese un mínimo de sensibilidad a las vibraciones sabía lo que pasaba, y cualquier persona de izquierdas que no fuese consciente de este sentimiento de base, y que no era una creación de los medios de comunicación, al menos en esta fase, sino que era un verdadero sentimiento de indignación y humillación, debería reconsiderar seriamente su capacidad para analizar la política. Puede que no fuera un sentimiento especialmente deseable, pero afirmar que no existió resulta muy poco realista.

LA DECADENCIA DEL IMPERIO

Pues bien, de hecho, los de izquierdas siempre habíamos pronosticado que, tarde o temprano, en Gran Bretaña la pérdida del imperio y el declive generalizado desencadenarían una reacción dramática en la política británica. No habíamos contemplado esta reacción en concreto, pero no hay duda de que fue una respuesta al declive del Imperio británico, tal como habíamos anticipado durante mucho tiempo. Y por eso contó con tanto apoyo. En sí misma no era simplemente una cuestión de patrioterismo. Pero, aunque este sentimiento de humillación nacional llegó mucho más allá del simple patriotismo, fue aprovechado y asumido con facilidad por la derecha en la que, en mi opinión, constituyó una operación muy brillante, desde el punto de vista político, de la señora Thatcher y los thatcheristas. Permítanme que cite su declaración clásica acerca de lo que, según ella, había demostrado la guerra de las Malvinas:

> Cuando todo esto empezó, ahí estaban los indecisos y los pusilánimes, los que pensaban que ya no podíamos hacer las grandes cosas que hicimos en el pasado; quienes creían que nuestro declive era irreversible, que nunca más podríamos ser lo que fuimos, que Gran Bretaña ya no era la

> nación que había construido un imperio y gobernado una cuarta parte del mundo. Pues bien, estaban equivocados.

En realidad, la guerra fue meramente simbólica, y no demostró nada de eso. Pero aquí vemos la combinación de alguien que capta cierto sentir popular y lo orienta hacia la derecha —y dudo, pero solo un poco, en decir que lo orienta en una dirección semifascista—. Por eso, desde el punto de vista de la derecha, no solo era fundamental sacar a los argentinos de las Malvinas, lo que hubiera sido perfectamente factible mediante una demostración de fuerza seguida de una negociación, sino librar una dramática guerra victoriosa. Por eso la guerra fue provocada por el lado británico cualquiera que hubiera sido la actitud argentina. No cabe duda de que los argentinos, tan pronto descubrieron que esa era la actitud británica, buscaron una salida a una situación intolerable. Pero Thatcher no estaba dispuesta a permitírselo porque su objetivo no era resolver el asunto en aquel momento, sino demostrar que Gran Bretaña seguía siendo grande, aunque solo fuera de manera simbólica. Prácticamente en todas las fases del conflicto, la política del gobierno británico dentro y fuera de las Naciones Unidas fue de intransigencia total. No quiero decir con ello que la junta facilitase llegar a un acuerdo, pero creo que los historiadores llegarán a la conclusión de que, en verdad, no se podía descartar una retirada negociada de los argentinos. Pero esta vía nunca se intentó seriamente.

UNA NUEVA ALIANZA

Esta política provocativa tenía una doble ventaja. Desde el punto de vista internacional, dio a Gran Bretaña la oportunidad de demostrar su armamento, su determinación y su potencia militar. A nivel nacional, permitió a los thatcheristas dirigir la iniciativa de otras fuerzas políticas dentro y fuera del Partido Conservador; una especie de toma de control por su parte no solo del campo conservador, sino de un gran segmento de la política británica. Curiosamente, el paralelismo más cercano a la política thatcherista durante la guerra de las Malvinas es la política peronista que, por otra parte, había situado a este archipiélago en el centro de la política argentina. Perón, al igual que la señora Thatcher y su pequeño grupo, intentaban dirigirse directamente a las masas empleando los medios de comunicación, prescindiendo de las cabezas pensantes del *establishment*. En nuestro caso, esto incluía al *establishment* conservador y a la oposición. Ella insistió en dirigir su propia guerra. No fue una guerra dirigida por el Parlamento; ni siquiera fue dirigida por el gabinete; fue una contienda librada por la señora Thatcher y un pequeño gabinete de guerra. Al propio tiempo, estableció relaciones transversales directas, que espero no tengan efectos políticos a largo plazo, con los militares. Y esta combinación de una aproximación directa y demagógica a las masas, eludiendo los procesos políticos y el *establishment*, más la creación de un contacto directo transversal con los militares y la burocracia de defensa, es lo que caracteriza la guerra. Ni los costes ni los objetivos contaban, y ni mucho menos las Malvinas, de no ser como prueba simbólica de la virilidad británica, algo que podía ponerse en los titulares. Era el tipo de guerra que existía para producir desfiles de la victoria. Y por eso se movilizaron todos los recursos simbólicos poderosos de la guerra y del imperio, aunque fuese en miniatura. De todos modos el papel de la marina era primordial, si bien tradicionalmente la opinión pública ha invertido mucho capital emocional en él. Las fuerzas enviadas a las Malvinas eran un minimuseo de todo lo que podía dar a la bandera británica una repercusión especial: los guardias, los nuevos hombres fuertes de la tecnología, los SAS (el Servicio Aéreo Especial), los paracaidistas; todos estaban representados, hasta los gurkas. No es que fueran imprescindibles, ni siquiera necesarios, pero tenían que estar solo porque, por así decir, todo esto era una especie de recreación del viejo *durbar* (de la vieja corte imperial), de las procesiones en la muerte o en la coronación de los soberanos británicos.

«CLOCHEMERLE CABALGA DE NUEVO»

En este caso, no podemos citar la famosa frase de Karl Marx según la cual la historia ocurre dos veces: la primera vez como una tragedia, la segunda como una farsa, porque ninguna guerra es una farsa. Ni siquiera una pequeña guerra en la que murieron doscientos cincuenta británicos y dos mil argentinos es cosa de broma. Pero para los extranjeros que no percibieron el papel crucial de la guerra de las Malvinas en la política interna británica, ciertamente la guerra parecía un ejercicio absolutamente incomprensible. En Francia, *Le Monde* la denominó un *Clochemerle* del Atlántico Sur. Quizá recuerden esta famosa novela de 1934, escrita por Gabriel Chevallier, en la cual la derecha y la izquierda de un pequeño pueblo francés llegan a las manos por la ubicación de un urinario público. Simplemente, muchos europeos no podían comprender a qué venía todo este alboroto. No se dieron cuenta de que no se trataba en absoluto de las Malvinas ni del derecho a la autodeterminación. Era una operación que básicamente tenía que ver con la política británica y con el estado de ánimo político británico. Dicho esto, me permitirán que añada, con toda firmeza, que la alternativa no era entre no hacer nada y la guerra de la Thatcher. Creo que, desde el punto de vista político, era absolutamente imposible en ese momento que un gobierno británico, del color que fuera, no hiciera nada. Las alternativas no eran simplemente aceptar la ocupación argentina y pasar la pelota a las Naciones Unidas, que habrían adoptado resoluciones vacías o, por otro lado, el intento de Thatcher de replicar la victoria de Kitchener sobre los sudaneses en Omdurmán en 1898.

La línea pacifista corría a cargo de una minoría pequeña y aislada; una minoría, no obstante, que contaba con una tradición respetable en el movimiento obrero. Pero esta línea no tenía ninguna influencia política. La misma debilidad de las manifestaciones que se organizaron en ese momento lo demostró. Las personas que dijeron que la guerra no tenía sentido, y que nunca debió haber comenzado, tuvieron razón en abstracto, pero no se beneficiaron políticamente de ello y no es probable que se beneficien de haber demostrado que tenían razón.

UNA OPINIÓN PÚBLICA DIVIDIDA

El siguiente punto que comentar es más positivo. Thatcher se apropió de la guerra con la ayuda del *Sun* y ello produjo una profunda división en la opinión pública, pero no una división política en las líneas de los partidos. En términos generales, separó al 80 por ciento que fue arrastrado por una especie de reacción patriótica instintiva y que, por tanto, se identificó con el esfuerzo de guerra, aunque probablemente no de una manera tan estridente como los titulares del *Sun*, de la minoría que reconoció, en términos de política global, que lo que Thatcher estaba haciendo no tenía ningún sentido. En esa minoría se contaban personas de todos los partidos y de ninguno, y muchas que no estaban en contra de enviar una fuerza expedicionaria como tal. No sé si decir que fue una división entre las personas cultivadas y las menos instruidas; aunque no se puede negar que las principales críticas contra el thatcherismo se encontraban en la prensa de calidad, además de, por supuesto, en el *Morning Star*. El *Financial Times*, el *Guardian* y el *Observer* mantuvieron un tono constante de escepticismo sobre todo el asunto. Creo que es más juicioso decir que casi todos los corresponsales políticos del país, desde los conservadores hasta los de izquierdas, pensaban que todo era una locura. Estos eran los «pusilánimes» de los que la señora Thatcher se quejaba. El hecho de que hubiera una cierta polarización pero que la oposición, aunque siguió siendo una minoría bastante pequeña, no se debilitase, ni siquiera en el transcurso de una guerra breve y, en términos técnicos, brillantemente exitosa, resulta significativo. No obstante, la guerra se ganó, por fortuna para la señora Thatcher, con mucha rapidez, con un coste modesto de vidas británicas y con una gran recompensa en forma de popularidad. En consecuencia, el control de Thatcher y los thatcheristas, de la ultraderecha, sobre el partido conservador aumentó enormemente. Mientras tanto, la señora Thatcher estaba en el séptimo cielo y se imaginaba a sí misma como una reencarnación del duque de Wellington, aunque sin ese realismo irlandés que el Duque de Hierro nunca perdió, de Winston Churchill pero sin los puros y —al menos así lo espero— sin el brandi.

EFECTOS A CORTO PLAZO

A continuación me ocuparé de los efectos de la guerra. Aquí solo mencionaré brevemente los efectos a corto plazo; es decir, entre ahora y las elecciones generales. Probablemente, el primero de estos efectos sea el debate sobre quién tiene la culpa.

El segundo tema es el coste de la operación y el gasto posterior y continuo de mantener la presencia británica en las Malvinas. La declaración oficial es que hasta ahora ha costado unos setecientos millones de libras, y mi impresión es que, probablemente, el coste ascenderá a miles de millones. Como es bien sabido, la contabilidad es una forma de escritura creativa, de manera que cómo se calcula exactamente el coste de una operación concreta de este tipo es opcional aunque, en cualquier caso, resultará muy muy costosa. Resulta obvio que la izquierda presionará sobre este tema y es lo que debe hacer. Sin embargo, por desgracia, las cifras son de una magnitud tal que escapan a la comprensión de la mayoría de las personas. Así pues, aunque los números seguirán siendo protagonistas del debate político, sospecho que este tema no será muy relevante ni políticamente efectivo.

La tercera cuestión es la influencia de las Malvinas en la política de guerra —o política de defensa, como a todo el mundo le gusta llamarla— británica. No cabe duda de que la guerra de las Malvinas intensificará el salvaje conflicto interno entre almirantes, mariscales del aire, generales y el Ministerio de Defensa, que ya ha sufrido una baja posterior a las Malvinas, la del propio ministro, John Nott. Está bastante claro que los almirantes utilizaron el asunto de las Malvinas para demostrar que para Gran Bretaña era absolutamente esencial tener una gran armada, capaz de operar en todo el mundo, aunque todos los demás sabemos que no podemos permitirnos ese lujo y que, además, no tiene sentido mantener una armada de ese tamaño para poder abastecer a Port Stanley. Estas discusiones plantearán, sin duda, la cuestión de si Gran Bretaña puede permitirse una armada global y misiles Trident, y cuál es exactamente el papel y la importancia de las armas nucleares británicas independientes. De manera que, en cierta medida, estas discusiones también pueden jugar un papel en el desarrollo de la campaña por el desarme nuclear, que no hay que subestimar. A continuación se planteará el futuro de las propias islas Malvinas. Es probable que, de nuevo, este tema no vuelva a despertar un gran interés general, pues las islas dejarán de ser una cuestión primordial para los británicos. Pero será un enorme dolor de cabeza para los funcionarios civiles, para el Foreign Office y para cualquiera que tenga alguna implicación en ello porque no tenemos ninguna política para el futuro. El objetivo de la guerra no fue resolver los problemas de las Malvinas. Simplemente, volvemos al punto de partida, o más bien al punto de partida menos uno, y tarde o temprano algo habrá que hacer para encontrar una solución permanente a este problema, a no ser que los gobiernos británicos se resignen a mantener un compromiso enormemente costoso y permanente sin ningún objetivo que merezca la pena, ahí abajo, cerca del Polo Sur.

EL PATRIOTISMO Y LA IZQUIERDA

Por último, quisiera abordar una cuestión más seria, como son los efectos a largo plazo. La guerra demostró la fuerza del potencial político del patriotismo o, en este caso, de patrioterismo. Lo cual, tal vez, no debería sorprendernos, aunque a los marxistas no les ha resultado fácil asumir el patriotismo de la clase trabajadora en general y el patriotismo inglés o británico en particular. Digo británico porque el patriotismo de los pueblos no ingleses puede no coincidir con el de los ingleses y, allá donde no coincide, como ocurre a veces en Escocia y Gales, los marxistas han sido más conscientes de la importancia del sentimiento nacionalista o patriótico. Por cierto, sospecho que mientras que los escoceses se sentían más bien británicos respecto de las Malvinas, los galeses no. El único partido parlamentario que, como partido, se opuso a la guerra desde el principio fue el Plaid Cymru y, por supuesto, en lo que respecta a los galeses, «nuestros muchachos» y nuestros «parientes y amigos» no están en las Malvinas, sino en Argentina. Son los galeses de la Patagonia quienes cada año envían una delegación a la celebración de la festividad nacional Eisteddfod, para demostrar que se puede vivir en el otro confín del mundo y seguir siendo galés. Probablemente, en lo que respecta a los galeses, la reacción, el llamamiento thatcherista sobre las Malvinas, el argumento de los «parientes y amigos», no surtió ningún efecto. Ahora bien, hay varias razones por las que a la izquierda, y concretamente a la izquierda marxista, no le ha sido fácil aceptar la cuestión del patriotismo en este país. Hay una determinada concepción histórica del internacionalismo que tiende a excluir el patriotismo nacional. También debemos tener en cuenta la fuerza de la tradición pacifista radical-liberal contraria a la guerra, que es muy potente, y que en cierta medida ha impregnado al movimiento obrero. De ahí el sentimiento de que, de alguna manera, el patriotismo entra en conflicto con la conciencia de clase, como de hecho sucede a menudo, y de que las clases dominantes y hegemónicas tienen una enorme ventaja a la hora de movilizar este patriotismo para sus propios fines, lo cual también es cierto. Quizá también influya el hecho de que algunos de los avances más espectaculares y decisivos de la izquierda en este siglo se lograron en la lucha contra la primera guerra mundial, y que los logró una clase obrera que se sacudió el yugo del patriotismo y del patrioterismo y decidió optar por la lucha de clases, siguiendo a Lenin y dirigiendo su hostilidad contra sus propios opresores en lugar de contra países extranjeros. Al fin y al cabo, lo que hizo naufragar a la Internacional Socialista en 1914 fue precisamente que los obreros no siguieron esa línea. Lo que, en cierto sentido, restauró el alma del movimiento obrero internacional fue que, después de 1917, en todos los países beligerantes los obreros se unieron para luchar contra la guerra, por la paz y por la Revolución rusa.

LA TRADICIÓN BRITÁNICA

Estas son algunas de las razones por las cuales los marxistas no prestaron la debida atención al tema del patriotismo. Como historiador, me permito recordarles que el patriotismo no es un asunto que se pueda descuidar. La clase obrera británica tiene una larga tradición de patriotismo que no siempre se ha considerado incompatible con una conciencia de clase fuerte y militante. En la historia del cartismo y de los grandes movimientos radicales a principios del siglo XIX tendemos a hacer hincapié en la conciencia de clase. Pero cuando en la década de 1860 uno de los pocos trabajadores británicos que escribió sobre la clase obrera, Thomas Wright, el «ingeniero oficial», redactó una guía de la clase obrera británica para los lectores de clase media —porque algunos de estos obreros estaban a punto de obtener el derecho al voto—, ofreció un interesante y resumido esbozo de las diversas generaciones de trabajadores a las que había conocido ejerciendo su profesión de ingeniero cualificado. Cuando llegó a la generación cartista, la de las personas que habían nacido a principios del siglo XIX, advirtió que odiaban todo lo que tuviera que ver con las clases altas y que no confiaban lo más mínimo en ellas. Se negaban a tener algo que ver con lo que podríamos llamar el enemigo de clase. Al mismo tiempo, Wright observó que eran muy patriotas, que estaban totalmente en contra de los extranjeros y, en particular, de los franceses. Eran personas cuya infancia transcurrió en el contexto de las guerras contra Napoleón. Los historiadores acostumbran a subrayar el elemento jacobino del obrerismo británico durante esas guerras y no el elemento antifrancés, que también tuvo raíces populares. Solo digo que el patriotismo no se puede obviar ni siquiera en el período más radical de la clase obrera inglesa. A lo largo del siglo XIX y, en general, la marina era una institución mucho más admirada y popular que el ejército. Esta admiración aún se hace patente en todos los edificios públicos que llevan el nombre de lord Nelson, un personaje verdaderamente popular. La armada y nuestros marineros eran algo de lo que los británicos, y claro está los ingleses, se enorgullecían. Por cierto, gran parte del radicalismo del siglo XIX se basó en un llamamiento no solo a los trabajadores y otros civiles, sino también a los soldados. El *Reynold's News* y los viejos periódicos radicales de la época eran muy leídos por las tropas porque a menudo se hacían eco del descontento de los soldados profesionales. No sé cuándo esto en concreto llegó a su fin, aunque en la segunda guerra mundial el *Daily Mirror* logró una gran difusión en el ejército precisamente por la misma razón. Así pues, tanto la tradición jacobina como la mayoritaria tradición antifrancesa forman parte de la historia de la clase obrera inglesa, pese a que los historiadores del trabajo han subrayado una y minimizado la otra. De nuevo, al principio de la primera guerra mundial, el patriotismo masivo de la clase obrera era absolutamente genuino. No era algo que estuviesen generando los medios de comunicación. Lo cual no excluyó el respeto por el segmento minoritario del movimiento obrero que no lo compartió. Los trabajadores organizados no mandaron al ostracismo a los pacifistas y a los elementos contrarios a la guerra del movimiento obrero. A este respecto hubo una gran diferencia entre la actitud de los trabajadores y la de los patrioteros de la pequeña burguesía. Sin embargo, lo cierto es que el mayor reclutamiento masivo de voluntarios en cualquier ejército fue el de los trabajadores británicos que se alistaron en 1914-1915. Las minas se hubieran quedado vacías de no haber sido porque, al final, el gobierno se dio cuenta de que si no había mineros, en las minas no habría carbón. Tras un par de años muchos trabajadores cambiaron de opinión sobre la guerra, aunque la oleada inicial de patriotismo es algo que no debemos olvidar. No estoy justificando estas cosas, sino que me limito a señalar su existencia y a indicar que, considerando la historia de la clase obrera británica y la realidad actual, debemos aceptar estos hechos, tanto si nos gustan como si no. Los peligros de este patriotismo siempre fueron y siguen siendo obvios, entre otras cosas porque era y es enormemente vulnerable al patrioterismo de la clase dominante, al nacionalismo xenófobo y, por supuesto en nuestros días, al racismo. Estos peligros son especialmente grandes cuando el patriotismo puede separarse de los otros sentimientos y aspiraciones de la clase obrera, o incluso cuando puede contraponerse a ellos: donde el nacionalismo puede contraponerse a la liberación social. La razón por la que nadie presta demasiada atención al, por así decir, patrioterismo de los cartistas, es que este se combinaba con, y quedaba enmascarado por, una enorme y militante conciencia de clase. Cuando ambos se separan —y se les puede separar con facilidad— los peligros obviamente se agudizan. Por el contrario, cuando los dos van de la mano, multiplican no solo la fuerza de la clase obrera, sino su capacidad para situarse a la cabeza de una amplia coalición por el cambio social e incluso le dan la posibilidad de arrebatarle la hegemonía al enemigo de clase.

EL EXTRAORDINARIO 1945

Es por eso que, en el período antifascista de la década de 1930, la Internacional Comunista instó a arrebatar las tradiciones nacionales a la burguesía, a apropiarse de la bandera nacional que durante tanto tiempo había enarbolado la derecha. Así que la izquierda francesa se propuso conquistar, capturar o reconquistar tanto a la tricolor como a Juana de Arco, y hasta cierto punto lo consiguió. En este país no perseguimos exactamente el mismo objetivo, pero logramos hacer algo más importante. Como la guerra antifascista demostró de manera bastante dramática, la combinación de patriotismo en una auténtica guerra popular demostró ser políticamente radicalizadora hasta un extremo sin precedentes. En su momento más triunfal, el predecesor de la señora Thatcher, Winston Churchill, el líder indiscutible de una guerra victoriosa, y mucho más victoriosa que la de las Malvinas, se vio arrinconado, para su enorme sorpresa, porque el pueblo que había librado esa guerra, que la había librado patrióticamente, se había radicalizado. Y la combinación del movimiento de una clase obrera radicalizada y de un movimiento popular que la respaldaba se mostró enormemente efectiva y peligrosa. Se puede culpar a Michael Foot por pensar demasiado en términos de recuerdos «churchillianos»: 1940, Gran Bretaña sola, guerra antifascista y todo lo demás y, obviamente, estos ecos estaban presentes en la reacción de los laboristas ante lo de las Malvinas. Pero no olvidemos que nuestros recuerdos «churchillianos» no solo son de gloria patriótica, sino de victoria contra la reacción tanto en el extranjero como en casa: del triunfo laborista y la derrota de Churchill. Es difícil imaginar todo esto en 1982, pero como historiador quiero recordárselo. Es peligroso dejar al patriotismo exclusivamente a la derecha.

«RULE BRITANNIA»

En la actualidad, es muy difícil para la izquierda recuperar el patriotismo. Una de las lecciones más siniestras de las Malvinas es la facilidad con la que los thatcheristas se apropiaron del fervor patriótico que, inicialmente, no se limitaba de ninguna manera a los conservadores políticos, y ya no digamos a ellos. Recordamos la facilidad con la que los que no compartían ese fervor podían ser etiquetados, si no como antipatriotas, al menos como «blandos con los argentinos»; la facilidad con la que la Union Jack, la bandera del Reino Unido, podía movilizarse tanto contra los enemigos internos como contra los extranjeros. Recordemos la fotografía de los soldados que volvían en los barcos de transporte de tropas, con una bandera que rezaba «Desconvoquen la huelga de trenes o convocaremos una huelga aérea». Aquí radica la importancia a largo plazo de las Malvinas en los asuntos políticos británicos. Es un síntoma de gran peligro. En la actualidad, el patrioterismo es especialmente fuerte porque actúa como una especie de compensación por la sensación de declive, desmoralización e inferioridad que siente la mayoría de la población de este país, incluyendo a muchos trabajadores. Es un sentimiento agudizado por la crisis económica. El patrioterismo simbólico ayuda a las personas a creer que Gran Bretaña no se está hundiendo, que todavía puede hacer y lograr algo, que pueden ser tomadas en serio; que, como dicen, pueden ser «Gran» Bretaña. Es simbólico porque, de hecho, el patrioterismo thatcherista no ha logrado nada práctico, y no puede lograr nada práctico. Una vez más, «Rule Britannia», se ha convertido, y creo que por primera vez desde 1914, en algo parecido a un himno nacional. Merecería la pena estudiar por qué, hasta el período de las Malvinas, «Rule Britannia» había pasado a ser una pieza de arqueología musical y por qué ha dejado de serlo. En el mismo momento en el que, claramente,

Gran Bretaña ya no gobierna ni las olas ni un imperio, esta canción ha reaparecido y sin duda ha tocado alguna fibra a las personas que la cantan. No solo es porque hemos ganado una pequeña guerra, con pocas bajas, que se ha librado muy lejos contra extranjeros a quienes ya no podemos ni vencer al fútbol, y esto ha animado a la gente como si hubiéramos ganado un Campeonato del Mundo con pistolas. Pero, a largo plazo, ¿qué más ha hecho? Es difícil ver que haya logrado o pudiera haber logrado algo más.

EL SALVADOR EN UN CABALLO BLANCO

Sin embargo, existe un peligro. En mi infancia y primera juventud viví unos años muy formativos en la República de Weimar, entre otras personas que se sentían derrotadas, perdidas las antiguas certezas y sus viejos amarres, relegadas en la liga internacional, compadecidas por los extranjeros. Añadamos a esto la depresión y el desempleo masivo y el resultado será Hitler. Ahora no obtendremos el fascismo del viejo estilo. Pero el peligro de una derecha populista y radical, avanzando aún más hacia la derecha, es patente. Es un peligro especialmente grande porque hoy la izquierda está dividida y desmoralizada, y sobre todo porque grandes masas de británicos —o en cualquier caso de ingleses— han perdido la esperanza y la confianza en los procesos políticos y en los políticos: en todos los políticos. La principal baza de la señora Thatcher es que la gente dice que no parece una política. Hoy, con tres millones y medio de parados, el 45 por ciento de los votantes de Northfield y el 65 por ciento de los de Peckham no se molesta en votar. En Peckham, el 41 por ciento del electorado votó a los laboristas en 1974; el 34 por ciento en 1979, y ahora el 19,1 por ciento. No me refiero a los votos emitidos, sino al número total de personas de la circunscripción. En Northfield, que se encuentra en medio de la zona devastada de la industria automovilística británica, el 41 por ciento votó por los laboristas en 1974; el 32 por ciento en 1979 y el 20 por ciento hoy. El peligro principal reside en la despolitización, que refleja la desilusión por la política fruto del sentimiento de impotencia. Lo que vemos hoy no es un aumento sustancial del apoyo a Thatcher y a los thatcheristas. El episodio de las Malvinas puede haber hecho que muchos británicos se sientan mejor temporalmente aunque, casi con toda seguridad, el «factor Malvinas» es un activo a la baja para los conservadores; pero no ha influido mucho en la desesperanza, la apatía y el derrotismo esencial que tantas personas experimentan en este país; la sensación de que no podemos hacer gran cosa por nuestro destino. Si parece que el gobierno mantiene su apoyo mejor de lo que cabría esperar, es porque la gente —bastante erróneamente— no culpa a Thatcher de la miserable situación que en la actualidad atraviesa el país, sino que, más o menos de manera vaga, la atribuye a factores ajenos a ella o al control de cualquier gobierno. Si hasta ahora el laborismo no ha recuperado mucho apoyo —aunque todavía puede hacerlo— no solo se debe a sus divisiones internas, sino también, en gran medida, porque muchos trabajadores ya no creen realmente en los políticos que «prometen» superar la depresión y la crisis a largo plazo de la economía británica. Entonces ¿por qué votar a unos o a otros? Demasiadas personas han perdido la fe en la política y en su propio poder para hacer algo al respecto. Pero qué vamos a hacer, ¿suponer que vendrá un salvador montado en un caballo blanco? Es probable que nadie haga tal cosa, pero ¿y si pensamos en alguien que apelase a las emociones, para hacer fluir esa adrenalina llamando a la movilización contra algunos extranjeros de fuera o de dentro del país, tal vez mediante otra pequeña guerra que, en las circunstancias actuales, podría convertirse en una gran guerra que, como todos sabemos, sería la última? Puede ser. No creo que este salvador vaya a ser la señora Thatcher, y en este sentido puedo terminar con una nota ligeramente optimista. La libre empresa, con la que ella está comprometida, no es ganadora, como la propaganda fascista admitió en la década de 1930. No se puede ganar diciendo: «Que los ricos se hagan más ricos y que los pobres se vayan al diablo». Las perspectivas de Thatcher son menos buenas que las de Hitler, ya que tres años después de que este llegase al poder no quedaba mucho desempleo en

Alemania, mientras que tres años después de la llegada de Thatcher al poder, el desempleo es mayor que antes y es probable que siga aumentando. Ella sigue aparentando fortaleza, aunque todavía puede ser derrotada. Pero ha utilizado el patriotismo y el patrioterismo una vez para cambiar la situación política a su favor y puede volver a utilizarlos. Debemos estar atentos. Los gobiernos de la derecha, si están desesperados, intentarán cualquier cosa.

Capítulo 19

BENEFICIOS DE LA DIÁSPORA JUDÍA*

La mayoría de los trabajos dedicados a la historia judía se ocupan casi invariablemente del enorme impacto del mundo exterior sobre los judíos, que en realidad son una pequeña minoría de la población. Pero mi interés aquí es justo lo contrario: hablaré del impacto de los judíos sobre el resto de la humanidad. Y, en particular, de la explosiva transformación que vivió este impacto en los siglos XIX y XX, es decir, al poco de que, a finales del siglo XVIII, comenzara la emancipación de los judíos.

Entre su expulsión de Palestina (en el siglo I d. C.) y el siglo XIX, los judíos vivieron dentro de la sociedad de los gentiles, cuyas lenguas adoptaron como propias y cuya gastronomía adaptaron a sus propias necesidades rituales; pero solo de forma inusual e intermitente pudieron —y, lo que no viene menos al caso, quisieron— participar en la vida cultural e intelectual de esas sociedades más amplias. En consecuencia, su aportación original a esta vida fue marginal, aunque su contribución como intermediarios entre diversas culturas intelectuales —sobre todo, entre los mundos islámico y cristiano occidental, en la Edad Media (europea)— resultara muy importante. Fue así incluso en campos en los que, desde la emancipación, la contribución judía ha sido indudablemente enorme.

* Originalmente fue una conferencia que tuvo lugar el 10 de mayo de 2005 con motivo del 15.º aniversario del Leo Baeck Institute, titulada «Ilustración y logros: la emancipación del talento judío desde 1800».

Pensemos en un campo donde los logros judíos han sido señeros: las matemáticas. Hasta donde yo sé, hasta el siglo XIX no hay en la matemática moderna innovaciones notables específicamente asociadas con nombres judíos. Tampoco hallaremos —aquí, de nuevo, hablo como un lego que aceptará las correcciones pertinentes— a matemáticos judíos que, trabajando en su propio entorno intelectual, realizaran avances importantes que el mundo matemático más general no descubriera hasta mucho más tarde; lo que por ejemplo sí ocurrió con los matemáticos indios de los siglos XIV a XVI, cuyas obras, escritas en malabar, no se conocieron hasta la segunda mitad del siglo XX. A este respecto, pensemos igualmente en el ajedrez; la autoridad religiosa judía en general —y en particular, Maimónides— lo desaconsejó enérgicamente por suponer una distracción frente al estudio de la Ley. No es de extrañar que el primer ajedrecista judío de gran reputación fuera el francés Aaron Alexandre (1766-1850), cuya vida coincidió con la emancipación.

Bien puede ser que, entre los siglos XIV y XVIII (según el calendario occidental), se diera la culminación de esta segregación o conversión en gueto, tanto impuesta como autoimpuesta, y reforzada, después de 1492, por la expulsión de los judíos no convertidos de los dominios españoles —incluidos, claro está, los de Italia y demás lugares—. Esto redujo las posibilidades de establecer contacto social e intelectual con los no judíos, fuera de las ocasiones derivadas normalmente de las actividades profesionales que los vinculaban con el mundo gentil. De hecho, salvando la única población judía de importancia en el Occidente urbano (la comunidad de Ámsterdam, formada en su mayoría por emigrantes sefardíes), resulta difícil pensar en judíos que, durante este período, estuvieran en posición de mantener contacto intelectual informal con gentiles cultos. Recuérdese que, hasta bien entrado el siglo XIX, o bien la mayoría de los judíos estaba confinada en guetos, o bien se les prohibía asentarse en ciudades grandes.

Como Jacob Katz observó en *Out of the Ghetto* (1973), en aquellos días, «el mundo exterior no ocupaba demasiado el pensamiento judío».[1] De hecho, la compleja codificación de las prácticas de ortodoxia que daba forma a la religión judía en los compendios de la época —en particular, la segregación reforzada por el Shulján Aruj, así como la forma tradicional de la actividad intelectual judía: la exposición homilética de la Biblia y el Talmud, y su aplicación a las contingencias de la vida judía— dejaba poco margen para nada más. A ello se suma que la autoridad rabínica vetaba la filosofía, la ciencia y otras ramas del conocimiento que no eran de origen judío,[2] incluidas, en la Ucrania más cerrada, hasta las lenguas extranjeras.[3] El abismo entre los mundos intelectuales lo ilustra especialmente bien el hecho de que los (raros) pioneros de la emancipación entre los judíos de Oriente sintieron la necesidad de traducir al hebreo obras claramente disponibles para cualquier persona instruida en la cultura impresa gentil, como por ejemplo Euclides y textos de trigonometría, así como libros de geografía y etnografía.[4]

El contraste entre la situación anterior y posterior a la era de la emancipación es asombroso. Tras muchos siglos durante los cuales la historia cultural e intelectual del mundo —más aún, la política— podía escribirse con escasa referencia a la contribución de ningún judío aceptable como tal para la ortodoxia —salvo quizá Maimónides—, entramos casi de inmediato en la era moderna, en la que los nombres judíos están representados de forma desproporcionada. Es como si se hubiera quitado la tapa a una olla a presión de talentos. Sin embargo, la eminencia casi inmediata de tales nombres (Heine, Felix Mendelssohn, Ricardo, Marx, Disraeli) y el floreciente entorno emancipado de judíos cultos y acaudalados en unas pocas ciudades selectas —especialmente Berlín— no debería confundirnos. Al acabar las guerras napoleónicas, el gran grueso de los judíos asquenazíes continuó sin integrarse en la sociedad gentil, probablemente ni siquiera en Alemania, excepto —innovación muy reciente— en lo que tenía que ver con la administración, como súbditos con apellidos civiles. Incluso a las familias más señeras les faltaba camino que recorrer: durante toda su vida, la madre de Karl Marx no se sintió plenamente a gusto con el alto alemán, y las dos primeras generaciones de los Rothschild mantenían correspondencia mutua en *Judendeutsch* y escritura hebrea. Los judíos de las zonas interiores de Centroeuropa, en el Imperio de los Habsburgo, no se vieron afectados por la emancipación hasta, como muy pronto, la década de 1840, cuando empezó a ser posible emigrar a las ciudades; y los de Galitzia y los *shtetls* de Rusia, no hasta mucho más tarde. Con respecto a los judíos estadounidenses, Stephen Thernstrom recoge en *Harvard Encyclopedia of American Ethnic Groups* que «hasta bien entrado el siglo XX, los inmigrantes, en su mayoría, podían recordar una sociedad judía tradicional, cuando no venían directamente de ella».[5] El grueso de los sefardíes también continuaba en el estado segregado tradicional. En realidad, excepto para enclaves pequeños tales como las comunidades de refugiados de Francia y los Países Bajos, y las comunidades antiguas del norte de Italia y del Mediodía francés, dudo que sea posible encontrar, antes de la Revolución francesa, ningún lugar en el cual la totalidad de los judíos —y no solamente la élite— estuviera integrada en la sociedad que los rodeaba: por ejemplo, habitualmente hablaban entre sí la lengua vernácula de los gentiles.

El proceso de la emancipación judía, en consecuencia, no se parece tanto a una fuente que brota de pronto a borbotones como a una corriente diminuta que se transforma con rapidez en un río descomunal. He agrupado por fechas de nacimiento los matemáticos, físicos y químicos mencionados en los respectivos artículos de la *Encyclopaedia Judaica*. Solo uno de ellos, en los tres grupos, nació antes de 1800; 31 nacieron en la primera mitad del siglo XIX; y 162, en la segunda mitad. (La curva análoga para la medicina, campo intelectual en el que ya había judíos antes de la emancipación, es menos radical.) No será preciso añadir que, en este estadio, hablamos en muy buena medida de la rama asquenazí, que formaba una mayoría amplia —y creciente— de la población judía y tuvo que ver, en particular, con su creciente megaurbanización. Así, el número de judíos de Viena, por ejemplo, ascendió de menos de 4.000 en 1848 a 175.000 en vísperas de la primera guerra mundial.

No debemos subestimar el «efecto de demostración», o incluso el impacto real, de las pequeñas élites acomodadas y cultas; por poner un ejemplo, de las 405 familias judías del Berlín de principios del siglo XIX.[6] Las sociedades liberales predemocráticas se construyeron para tales grupos. Así, los judíos italianos, que representaban solo el 0,1 por ciento de la población, bajo la restrictiva legislación electoral del país podían suponer el 10 por ciento del electorado; la elección de Cavour en el reino de Saboya, en 1851, la garantizaron los votos de la comunidad judía de Turín. Esto podría ayudar a explicar la rápida emergencia de los judíos en la escena pública de la Europa central y occidental. Hasta donde yo sé, los judíos apenas tuvieron presencia ni en la Revolución francesa ni entre sus simpatizantes europeos, salvo, como cabría esperar, en el medio burgués de los Países Bajos. En cambio, en la época de las revoluciones de 1830, su participación en política era imposible de soslayar, tanto en Francia —especialmente, en el Mediodía— y Alemania como en el norte de Italia —sobre todo, en torno de Mazzini, cuyo secretario era judío, al igual que varios de sus incondicionales y sus financieros—. Para 1848, la importancia de los judíos ya era, sin duda, asombrosa. El judío Adolphe Crémieux fue ministro en el nuevo gobierno revolucionario francés, mientras que otro, Daniel Manin, se convirtió en el líder de la Venecia revolucionaria. Tres judíos ocuparon puestos destacados en la Asamblea Constituyente de Prusia, y cuatro, en el Parlamento de Fráncfort. Fue un judío quien, tras la disolución de este último, salvó su Gran Sello, que fue devuelto a la República Federal hace unos pocos años, por medio de un descendiente británico. En Viena, fueron estudiantes de la universidad judía los que llamaron a la Revolución de Marzo; y entre las veintinueve firmas del Manifiesto de los Escritores de Viena, ocho eran judías. En Polonia, tan solo unos pocos años después de que la lista de subversivos de la Polonia austríaca (obra de Metternich) no contuviera nombres obviamente judaicos, los judíos expresaron su entusiasmo por la libertad de Polonia, y un rabino, elegido para el Reichstag imperial, se unió al bando polaco. En la Europa predemocrática, la política —incluso la revolucionaria— era cuestión de un pequeño escuadrón de personas instruidas.

En el ánimo de los emancipadores no cabía duda de que, para que el proceso pudiera culminar, debían producirse dos cambios esenciales: se requería una mayor secularización y formación en la lengua nacional, y además, el uso habitual de esta; preferiblemente, aunque no era imprescindible, una lengua aceptada de la cultura escrita. Pensemos, por ejemplo, en la entusiasta magiarización de los judíos de Hungría. Cuando hablo de «secularización», no me refiero necesariamente al abandono de la fe judía —aunque entre los emancipados hubo un auge de las conversiones, ya fueran sinceras o pragmáticas—, sino a reducir la religión del anterior marco vital absoluto, omnipresente y totalizador, a algo que, aun conservando cierta importancia, solo llenara una parte de ese marco vital. Esta clase de secularización debía incluir matrimonios y asociaciones mixtas, de mujeres judías cultas con gentiles, hecho que acabó desempeñando una función relativamente notable en la cultura y, más adelante, en la política (de izquierdas). La relación de la emancipación de las mujeres con la emancipación de los judíos es un tema de gran relevancia.

La educación primaria, necesariamente en lengua vernácula, no se tornó universal hasta el último tercio del siglo XIX, aunque en amplias zonas de Alemania cabe contar ya a mediados de siglo con una alfabetización casi universal. Con posterioridad a 1811, a cualquier niño judío le habría resultado bastante complicado evitar el sistema educativo público, y, desde luego, había dejado de ser virtualmente obligatorio aprender las letras hebreas en una institución religiosa, a diferencia de lo que aún ocurría en el Este. Al oeste de las fronteras de Rusia y la Polonia austríaca, el *jéder* ya no competía con la escuela secular. Sin embargo, la educación secundaria sí continuó siendo muy restringida; osciló entre el mínimo de mediados de siglo, de menos del 0,1 por ciento (en Italia) y un máximo (en Prusia) inferior al 2 por ciento del grupo de edad relevante (entre los diez y los diecinueve años). La educación universitaria estaba aún más circunscrita. A la postre, esto maximizó las oportunidades de los hijos de comunidades reducidas y desproporcionadamente prósperas, tales como las judías, sobre todo teniendo en cuenta el elevado aprecio que sentían por la educación superior. Por ello, la cuota judía en la educación superior prusiana alcanzó su máximo en la década de 1870. Luego declinó porque esta enseñanza empezó su expansión general.[7]

Hablar, leer y escribir la misma lengua que los no judíos cultos era una condición previa a la hora de unirse a la civilización moderna, así como el medio más inmediato para combatir la segregación. Sin embargo, la pasión de los judíos emancipados por las culturas y lenguas nacionales de los gentiles de su país fue tanto más intensa porque, en gran número de casos, no se estaban incorporando, por así decir, a clubs fundados mucho tiempo atrás, sino que podían verse a sí mismos casi como miembros fundadores. Estaban emancipados en el momento de la creación de la literatura clásica alemana, húngara y polaca, así como de las diversas escuelas nacionales de música. ¿Qué podía resultar más próximo a la vanguardia de la literatura alemana que el medio en el que se movía Rahel Varnhagen en el Berlín de principios del siglo XIX? Como escribió Theodor Fontane sobre Karl Emil Franzos, un apasionado emancipador judío: «Solo en la región que él habita hallamos un interés genuino por la literatura alemana» («Ein wirkliches Interesse für deutsche Literatur hat nur die[se] Karl Emil Franzos Gegend»).[8] De un modo muy similar, dos o tres generaciones más tarde, los intelectuales judíos emancipados en Rusia, en palabras de Zeev Jabotinsky, se «enamoraron de un modo demencial y vergonzoso de la cultura rusa». Solo en el Oriente Próximo multilingüe, debido a la ausencia de culturas lingüístico-nacionales, el cambio de lengua devino menos crucial. Allí, gracias a la nueva Alliance Israélite Universelle, de 1860, los judíos que se modernizaron recibieron su educación en francés al tiempo que seguían hablando —aunque ya no escribiendo— en judeoespañol, árabe o turco.

Ahora bien, de todas las lenguas de emancipación, el alemán fue con diferencia la crucial, por dos razones. A lo largo y ancho de media Europa —de Berlín a lo más hondo de la Gran Rusia, de Escandinavia al Adriático y los más remotos Balcanes—, el camino que iba del retraso al progreso, del provincialismo al mundo más extenso, estaba pavimentado con las letras alemanas. Tendemos a olvidar que esto, en otros tiempos, fue así: Alemania fue la puerta de entrada a la modernidad. En ocasión del centenario del nacimiento de Schiller —el poeta que fue la voz clásica de la libertad política y moral para los lectores comunes de alemán en el siglo XIX—, Karl Emil Franzos escribió un relato, *Schiller en Barnow*, que ilustra de maravilla esta cuestión. En este relato, un pequeño y deficientemente impreso volumen de los poemas de Schiller es el medio a través del cual un monje dominico, un joven maestro de escuela ruteno y un pobre chico judío de un *shtetl* de la zona que el autor denomina, acremente, «Medio Asia» (*Halb-Asien*) hallan la liberación que ofrecía la versión decimonónica de la educación y la cultura moderna.[9] El relato culmina con la lectura de la *Oda a la alegría*. En el Este más recóndito, a Schiller se lo tradujo incluso al hebreo. Este papel emancipador de la lengua alemana explica por qué los concejales del centro más judío de Galitzia, la ciudad de Brody (con un 76 por ciento de población judía), insistieron en que la lengua de instrucción de sus escuelas no debía ser otra que el alemán. En 1880 incluso se defendieron con éxito en un juicio celebrado en la corte imperial de Viena, al alegar —de forma netamente inverosímil— que se trataba de una lengua *Landesüblich*, es decir, de uso común en la zona.

No lo era. Casi todos los judíos orientales hablaban yidis, el dialecto alemán que era reliquia de un vínculo pasado con la sociedad en general, pero que en ese momento —como el español sefardí desde 1492— era una señal de separación lingüística. *A priori*, uno habría esperado quizá que el yidis coexistiera como medio oral con la lengua nacional escrita, igual que ocurría con otros dialectos —y sigue sucediendo en la actualidad con el Schweizerdeutsch o alemán de Suiza—; pero, a diferencia de estos, suponía una barrera a la incorporación al mundo moderno, que era preciso eliminar: lingüísticamente y, en tanto que lengua de las comunidades más oscurantistas, también ideológicamente.

Vestir «chaquetas alemanas», así como hablar polaco o alemán, fueron señas de identidad del pequeño grupo de los pioneros de la emancipación en Varsovia.[10] Además, en las escuelas alemanas, los hijos de yidicohablantes se enfrentaban al inconveniente de que sus usos gramaticales eran lo bastante correctos para el yidis, pero les llevaban a cometer errores en alemán escrito. Era aún más probable que los judíos más acomodados, recién llegados a una sociedad ya asentada, abandonaran las huellas visibles y audibles de sus orígenes. Por ello, es típico que, en *Der Weg ins Freie* —en castellano, *Camino a campo abierto,* la novela de Arthur Schnitzler que narra, con perspicacia admirable, los matices de la asimilación judía en la Viena de *fin de siècle*—, el viejo Ehrenberg, rico hombre de negocios, abjure de la vieja esperanza liberal alemana de los judíos vieneses en el salón de su esposa al recaer de forma deliberada, en presencia de la «sociedad» gentil, en una variante lingüística semiyídica: «Vor die Jours im Haus Ehrenberg is mir mieß».[11]

La división entre judíos orientales, yidicohablantes, y judíos occidentales, asimilados, adquirió un carácter fundamental que no se borró hasta que unos y otros perecieron en el mismo Holocausto.[12] Aunque sin duda resultaba familiar en la conversación instruida, esta división parece haberse hecho formalmente, por vez primera, en la Bucovina, desde la década de 1870,[13] donde una clase media orgullosa, distinguida y culta en extremo, se encontró con los primeros partidarios de dar a los judíos una condición nacional por medio de su lengua nacional propia: el yidis; lo defendían así quienes no veían del todo clara la germanización. Para los judíos emancipados de Centroeuropa, «judío oriental» definía lo que no eran y no deseaban ser: un pueblo tan obviamente distinto que casi constituía una especie diferente. Tras escuchar una conversación de adultos, siendo yo un niño, en Viena, recuerdo haberle preguntado a una pariente mayor: «¿Qué clase de nombres tienen esos judíos orientales?». Para ella resultó obviamente embarazoso, pues sabía que nuestra familia, los Grün y Koritschoner, había venido a Viena directamente de la Polonia austríaca, al igual que figuras muy señeras entre los judíos alemanes, como Rudolf Mosse, Heinrich Graetz, Emmanuel Lasker y Arthur Ruppin, vinieron directamente de la Polonia rusa.

Y sin embargo, la emigración masiva de los judíos orientales, desde finales del siglo XIX, fue lo que marcó y ayudó a transformar el impacto de los judíos sobre el mundo moderno. Aunque existe una continuidad obvia, el impacto judío sobre el mundo gentil, en el siglo XX, no es comparable al del siglo XIX. Cuando el siglo de la burguesía liberal cediera el paso al XX, lo haría como «siglo judío», reflejando el título de un libro reciente e importante, *The Jewish Century*.[14] La comunidad judía de Estados Unidos se convirtió en la más extensa, con mucho, de la diáspora occidental. A diferencia de cualquier otra diáspora hacia países desarrollados, constaba en su inmensa mayoría de judíos orientales pobres, y era demasiado cuantiosa como para encajar en el marco judío-alemán ya existente y aculturado en Estados Unidos. También permaneció en una situación de notable marginalidad cultural, salvo quizá en la jurisprudencia, hasta pasada la segunda guerra mundial.[15] La modernización de los judíos en Polonia y Rusia por medio de una concienciación política masiva, reforzada por la Revolución rusa, transformó la naturaleza de la emancipación judía, incluida la versión sionista. Lo mismo hizo la enorme expansión de los trabajos cultos y no manuales —en particular, en la segunda mitad del siglo pasado— en la educación superior. Y lo mismo hicieron también el fascismo, la fundación de Israel y el radical descenso de la discriminación antisemita en Occidente con posterioridad a 1945. La mera escala de la presencia cultural judía habría sido inconcebible antes de la primera e incluso de la segunda guerra mundial. Lo mismo cabe decir, por supuesto, de la mera dimensión del público judío que, consciente de su identidad, compra libros de forma desproporcionada, lo cual es evidente que afectó la forma del mercado literario de masas en cuanto a los temas judíos, primero en la República de Weimar y luego en general. Por todo ello, es preciso hacer una distinción entre los dos períodos.

Desde el principio, la contribución de los judíos emancipados a las sociedades que los recibían había sido desproporcionadamente grande pero, por la naturaleza misma de la emancipación, en lo referente a la cultural carecía de especificidad: simplemente, querían ser franceses, italianos, alemanes e ingleses, sin más adjetivos. A la inversa, incluso teniendo en cuenta lo generalizado de los sentimientos antisemitas, en su fase liberal estas sociedades también dieron la bienvenida a una minoría próspera y culta que reforzaba sus valores políticos, culturales y nacionales.[16] Véase, por ejemplo, hasta la segunda guerra mundial, el campo de los espectáculos populares, que los judíos sin duda dominaban: opereta y musicales tanto en Europa como en Estados Unidos, teatro y, más adelante, el cine; o, a este respecto, la canción popular comercial, a ambos lados del Atlántico. En el siglo XIX, Offenbach era francés, Strauss era austríaco. Incluso en el siglo XX, Irving Berlin era estadounidense. En el gran período de Hollywood —totalmente controlado por judíos—, buscaremos en vano nada que no sea lo que Zukor, Loew y Mayer consideraban valores cien por cien estadounidenses, y tampoco hallaremos estrellas cuyos nombres hagan pensar que tenían orígenes en la inmigración. En la vida pública de la Italia unida, el 0,1 por ciento de los judíos desempeñó una función mucho mayor que en ningún otro Estado: diecisiete de ellos ocuparon puestos en el Senado o ascendieron a posiciones de primer ministro, ministro e incluso general del ejército.[17] Sin embargo, eran tan indistinguibles de los otros italianos que, hasta 1945, no encontramos historiadores que llamen la atención sobre su extraordinario grado de representación.

Así ocurrió también con las artes más excelsas. Los compositores judíos crearon música alemana y francesa. En cierto modo, esto sigue sucediendo con los músicos e intérpretes virtuosos judíos, cuya conquista de los fosos de orquesta y salas de concierto fue el primer signo de emancipación en el Este, más ignorante. Los grandes pianistas y violinistas judíos del siglo XX reforzaron el repertorio de la música clásica occidental, a diferencia de los modestos violinistas gitanos, el *jazz* negro y los músicos latinoamericanos, que extendieron su alcance. Un puñado de escritores irlandeses del Londres decimonónico (Wilde, Shaw, Yeats) ha dejado una huella más honda y reconociblemente «irlandesa» en la literatura inglesa que la impresa por los autores judíos en ninguna literatura europea del siglo XIX. Por otra parte, en el período «modernista», la contribución judía a las literaturas vernáculas y las artes visuales se volvió mucho más identificable, además de influyente. Esto se debió, quizá, a que la innovación modernista en estos campos los hizo más atractivos ante un grupo que veía con incertidumbre su situación en el mundo, así como a los emancipados recién llegados, en particular del Este. Igualmente, quizá se debiera a que la crisis de la sociedad decimonónica desplazó las percepciones de los gentiles hacia la situación inestable de los judíos. El siglo XX imbuyó la cultura occidental de ideas derivadas del padre del psicoanálisis, que tenía plena conciencia de ser judío. Un judío ocupa un lugar central en el *Ulises* de James Joyce al tiempo que Thomas Mann se inquieta por estos temas y Kafka ejerce su enorme y póstumo impacto sobre el siglo XX. A la inversa, cuando nos conmueven los significados —en general estadounidenses, pero quizá universales— de *Muerte de un viajante*, de Arthur Miller, nos cuesta darnos cuenta de que la experiencia en que se basa, según nos ha recordado David Mamet, es reconociblemente judía.

En las artes visuales, una o dos figuras notables que coincidió que eran judías (Liebermann, Pissarro) dieron paso en el siglo XX a una diáspora cosmopolita en la que los judíos no solo eran más numerosos —según parece, se referían a judíos cerca del 20 por ciento de las biografías de «artistas» del catálogo de la gran exhibición Berlín / Moscú 1900-1905—, sino también más eminentes (Modigliani, Pascin, Marcoussis, Chagall, Soutine, Epstein, Lipchitz, Lisitski, Zadkine) y, en ocasiones, más reconociblemente judíos. En fechas recientes, la cultura de los medios de comunicación de masas estadounidenses ha introducido modismos y locuciones del yidis incluso en el inglés corriente de los periodistas gentiles. Si hace cuarenta años casi ningún anglófono gentil comprendía una palabra como *chutzpah* («osadía»), hoy la entiende la mayoría.

La contribución de los judíos en las modernas ciencias naturales aumentó radicalmente después de 1914, según muestra el listado de los galardonados con los premios Nobel relevantes para estas materias. No obstante, solo las ideologías de la derecha radical podrían vincular lo uno con lo otro para hablar de una «ciencia judía». Las ciencias humanas y sociales ofrecían un margen más amplio; de hecho, por razones obvias, la naturaleza, la estructura y las transformaciones de la sociedad en una era de cambio histórico radical atrajeron de una forma desproporcionada a los judíos emancipados, casi desde el principio, tanto en la práctica como en la teoría; es algo que empieza con los saintsimonianos y Marx. Esto encaja con la comprensible proclividad judía a apoyar movimientos partidarios de una transformación mundial revolucionaria, tan llamativa en la época de los movimientos comunista y socialista de inspiración marxista. De hecho, cabría decir que los judíos occidentales de principios del siglo XIX recibieron la emancipación de una ideología no asociada con ellos, mientras que los asquenazíes orientales, en gran medida, se emanciparon a sí mismos mediante una ideología revolucionaria universalista estrechamente asociada con ellos mismos. Esto es cierto incluso en el caso del sionismo original, tan hondamente influenciado por el marxismo, que de hecho construyó el Estado de Israel original.

En correspondencia, en el siglo XX, se desarrollaron ciertos campos —tales como, en determinadas regiones de Europa, la psicología y, en particular, el psicoanálisis— que, en ocasiones, parecían tan desproporcionadamente ocupados por judíos como, digamos, el club internacional de virtuosos del violín. Pero lo que caracterizaba estas ciencias, como todas las otras a las que los judíos contribuyeron de forma tan señera, no era una asociación genética, sino la ausencia de fijación y, por ende, la innovación. En *The Hitler Emigrés* (2002), Daniel Snowman afirma con acierto que, en Gran Bretaña, «el mayor impacto de los exiliados [de Europa central] estuvo probablemente en los campos más nuevos e interdisciplinares (historia del arte, psicología, sociología, criminología, física nuclear, bioquímica) y las profesiones de cambios más acelerados (cine, fotografía, arquitectura, radio y televisión), y no en los campos ya establecidos desde hacía tiempo».[18] Si Einstein se ha transformado en el rostro más conocido de la ciencia del siglo XX no es porque fuera judío, sino porque pudo convertirse en icono de una ciencia en revolución en un siglo de constante convulsión intelectual.

Esto me lleva a una cuestión final, en este repaso «a vista de pájaro» de la aportación de los judíos al mundo general del saber y la cultura occidentales. ¿Por qué esa contribución ha sido mucho más marcada en algunas regiones que en otras? Considérese la diferencia entre los premios Nobel serios de Reino Unido, Rusia, Israel y Sudáfrica. De los 74 premios británicos, once los ganaron judíos, pero, con una sola excepción, ninguno de ellos era británico de nacimiento. De los once premios rusos obtenidos desde 1917, seis o siete son judíos y, parece ser, todos nacieron en la región. Hasta 2004, ningún investigador israelí, establecido en este país o cualquier otro, había obtenido ningún premio Nobel de ciencia, pese a que Israel tiene uno de los índices más elevados de producción de estudios científicos per cápita. En 2004, sin embargo, lo ganaron dos, un científico nacido en Israel y otro de origen húngaro. Por otra parte, desde que Israel se independizó, dos o quizá tres premios han sido otorgados a miembros de la modesta población lituano-judía de Sudáfrica (de unos 150.000 miembros), pero todos, fuera del continente. ¿Cómo podemos explicar una diferencia tan llamativa?

A este respecto, debemos contentarnos con conjeturas. En la ciencia, a todas luces, es crucial el enorme incremento en las profesiones de investigación. Recordemos que el número total de profesores universitarios en Prusia, incluso en 1913, era inferior a los 2.000; el número de profesores de la enseñanza secundaria pública, en Alemania, era de poco más de 4.200.[19] El exiguo número de puestos académicos en este campo, ¿no ayuda a explicar la sorprendente ausencia de judíos en la lista de los economistas teóricos académicos, convencionales y eminentes, antes de la segunda guerra mundial (con la notable excepción de Ricardo)? A la inversa, el hecho de que la química sea el área principal en la que los judíos ganaron los premios Nobel antes de 1918, sin duda, estará relacionado con el hecho de que era el único campo en el que empezó a emplearse a un gran número de especialistas de formación académica: solo entre las tres grandes compañías químicas alemanas ya daban empleo a cerca de un millar.[20] Entre mis siete tíos paternos, el único que pudo desarrollar una carrera profesional antes de 1914 lo hizo como químico.

Pero estos son criterios superficiales, aunque no quepa despreciarlos. Ciertamente, de no haberse abierto las universidades de Estados Unidos a los judíos después de 1948, y sin la vasta expansión de estos centros, la enorme cosecha de premios Nobel de nacionalidad estadounidense posterior a 1970 habría resultado imposible.[21] Un factor más importante fue, a mi modo de ver, la segregación, ya fuera del tipo previo a la emancipación o por nacionalismo genético-territorial. Esto quizá explique que la contribución de Israel resulte, relativamente hablando, no poco decepcionante, en comparación con el vasto porcentaje judío de su población. Se diría que vivir entre gentiles y dirigirse a ellos supone un estímulo para los empeños creativos de mayor calado, al igual que para los chistes, las películas y la música pop. A este respecto, sigue siendo mucho mejor venir de Brooklyn que de Tel Aviv.

Por otro lado, donde se ha concedido —al menos, en teoría— iguales derechos a los judíos, cierto grado de malestar en la relación entre ellos y los gentiles ha demostrado ser históricamente útil. Así ocurrió, con claridad, en los casos de Alemania y el Imperio de los Habsburgo, como también en Estados Unidos hasta por lo menos la segunda guerra mundial. Sin duda, ocurrió así en la primera mitad del siglo XX en Rusia / la URSS,[22] así como en ultramar, en Sudáfrica y Argentina. El importante apoyo que los judíos recibieron de otros grupos que sufrían una discriminación racial oficial, como en Sudáfrica y Estados Unidos, es a todas luces un síntoma de este malestar. No se encuentra en todas las comunidades judías. Yo apuntaría que incluso en los países de tolerancia más completa —la Francia de la Tercera República, el Austria occidental de Francisco José o la Hungría de la asimilación magiar generalizada—, la época de mayor estímulo al talento judío fue, probablemente, aquella en la que los judíos tomaron conciencia de los límites de la asimilación: el momento *fin de siècle* de Proust, que alcanzó la madurez en la década de Dreyfus; la era de Schönberg, Mahler, Freud, Schnitzler y Karl Kraus. ¿Se da la posibilidad de que los judíos de la diáspora lleguen a estar tan integrados que pierdan ese estímulo? Se ha defendido, en ocasiones, que este fue el caso de la comunidad anglojudía asentada en el siglo XIX. En el Reino Unido, desde luego, los judíos fueron menos eminentes en el liderazgo o la escena intelectual de los movimientos socialista y de revolución social, o menos rebeldes que en otros lugares; menos, sin duda, que al este del Rin y al norte de los Alpes. No me siento cualificado para llegar a una conclusión, en un sentido o en otro. Fuera cual fuese la situación hasta los días de Hitler y el Holocausto, tal situación ya no se da.

Pero ¿y el futuro? La paradoja de la era posterior a 1945 es que la mayor de las tragedias de la historia judía ha provocado dos consecuencias completamente distintas. Por un lado, ha concentrado a una minoría importante de la población judía del mundo en un solo Estado nación, Israel, que a su vez fue, en otro tiempo, el fruto de la emancipación judía, con el impulso de entrar en el mismo mundo que el resto de la humanidad. Ha encogido la diáspora, de forma particularmente radical en las regiones islámicas. Por otro lado, en la mayoría de las demás regiones del mundo le ha seguido una era de aceptación pública casi ilimitada de los judíos, por la virtual desaparición del antisemitismo y la discriminación que viví en mi juventud, así como por los logros judíos, sin paralelos ni precedentes, en los campos de la cultura, el intelecto y los asuntos públicos. No hay precedente histórico del triunfo de la *Aufklärung* en la diáspora post-Holocausto. Sin embargo, hay quienes desean alejarse de este triunfo y regresar a la vieja segregación de la ultraortodoxia religiosa y la nueva segregación de una comunidad-Estado genético-étnica aislada. Si tuvieran éxito en su empeño, creo que no redundaría en beneficio ni de los judíos ni del mundo.

Capítulo 20

LOS JUDÍOS Y ALEMANIA*

Hasta finales del siglo XVIII gran parte de la historia mundial hubiera podido escribirse sin más que alguna referencia marginal a los judíos, excepto como un pueblo pequeño que fue pionero de las religiones monoteístas del mundo; una deuda que el islam reconoció, pero que creaba un sinfín de problemas al cristianismo o, mejor dicho, a los judíos que tenían la desgracia de vivir bajo gobernantes cristianos. Prácticamente, toda la historia intelectual del mundo occidental y toda las de las grandes culturas orientales hubieran podido escribirse sin más que unas cuantas notas a pie de página sobre la contribución de los judíos a ellas, aunque no sin dedicar mucha atención al papel de estos como intermediarios y agentes culturales, sobre todo entre la herencia mediterránea clásica, el islam y el Occidente medieval. Lo cual resulta bastante sorprendente si tenemos en cuenta la extraordinaria importancia en la vida cultural, intelectual y pública del siglo XX de los miembros de este pequeño pueblo que, incluso en su apogeo demográfico antes del Holocausto, representaba menos del 1 por ciento de la población mundial.

Dado que la mayor parte de la vida pública les estaba vetada, tal vez era previsible que no aparecieran en la historia anterior a la Revolución francesa. Sin embargo, también está claro que durante la mayor

* Reseñas de *Jews and the German State: The Political History of a Minority, 1848-1933*, de Peter Pulzer, y de *The Jews of Germany: A Historical Portrait*, de Ruth Gay.

parte de los últimos dos milenios, quizá con la excepción de la era helenística, la actividad intelectual judía era más bien autorreferencial. Solo algunos sabios ocasionales entre Filón de Alejandría y Spinoza parecían estar seriamente interesados en el pensamiento no judío, y estos sabios, como Maimónides, nacieron, y no por casualidad, en la civilización abierta de la España musulmana. A los grandes rabinos, cuyos comentarios de los textos sagrados, con toda su sutileza babilonia, siguen siendo el principal objeto de estudio de las academias talmúdicas, no les interesaban las opiniones de los no creyentes. Con la posible excepción de la medicina, donde la reconocida experiencia judía cruzó las fronteras de la comunidad, la enseñanza y los esfuerzos intelectuales judíos se centraron en materias sagradas. El término en yidis para el lugar de culto, la «sinagoga», es la antigua palabra alemana para «escuela».

Es evidente que este enorme yacimiento petrolífero de talento estaba esperando ser explotado por el más admirable de todos los movimientos humanos, la Ilustración del siglo XVIII que, entre sus otros muchos beneficios, trajo consigo la emancipación de los judíos. Cuando pensamos que durante casi un siglo después del Edicto de Tolerancia de José II, promulgado en 1781-1782, la emancipación siguió estando prácticamente limitada a las pequeñas comunidades judías de la Europa occidental y centro-occidental, y que los judíos apenas comenzaban a dejar su huella en algunos de los principales campos de sus logros intelectuales posteriores, la magnitud de la contribución que los judíos empezaron a hacer inmediatamente a la historia del siglo XIX es bastante extraordinaria. ¿Quién podría escribir la historia del mundo sin prestar atención a Ricardo y a Marx, ambos producto del primer medio siglo de emancipación?

Por razones comprensibles, la mayoría de los escritores de historia judía, siendo estos predominantemente judíos, suelen concentrarse en el impacto del mundo exterior en su pueblo y no a la inversa. Ni siquiera la excelente «historia política de una minoría», de Peter Pulzer, escapa a tal introversión. Los dos judíos cuyo impacto en la política alemana fue mayor, los fundadores del movimiento obrero alemán, Marx y Lassalle, apenas aparecen —concretamente, hay tres referencias a Lassalle, una de las cuales tiene que ver con su padre—, y el autor está claramente incómodo con la «disparidad entre el gran número de judíos relevantes en la dirección y en los debates del Partido Socialdemócrata guillermino y el crecimiento más lento de su apoyo electoral entre los judíos», prefiriendo concentrarse en esto último.

Sin embargo, su lúcido análisis, aunque a veces demasiado detallado, evita la mayoría de las tentaciones del separatismo histórico judío. Podemos considerar que *Jews and the German State* es una obra vinculada al trabajo del grupo de historiadores asociados con el Instituto Leo Baeck de Londres, probablemente los últimos supervivientes de la tradición liberal judeoalemana. Tiene la fuerza tranquila y discreta y el equilibrio característico de los estudios sobre el judaísmo que surgieron de esta admirable institución bajo los auspicios de eruditos como Arnold Paucker y Werner Mosse. Al igual que sus colegas, Pulzer comprende lo que, desde Hitler, ha sido casi incomprensible: es decir, por qué los judíos alemanes se sentían profundamente alemanes y, en efecto, por qué «el "cuarto Reich" que se estableció en Hampstead y Washington Heights, en Hollywood y Nahariya, con tomos estropeados de Lessing, Kant y Goethe y discos rayados de Furtwängler y de *La ópera de los tres centavos*, atestigua la tenacidad de las raíces en la *Kulturnation* alemana». En resumen, por qué los judíos emancipados del siglo XIX querían apasionadamente «proclamar que habían dejado el gueto, que habían entrado en la civilización».

Porque «la comunidad judía alemana disfrutaba de una posición intelectual de liderazgo, incluso dominante, entre otras juderías». Pero, en aquella época, la judería emancipada contenía más germanoparlantes que cualquier otra, aunque solo contemos a quienes vivían en lo que se convertiría en el Reich alemán en 1871. Además, como deja claro el esclarecedor y profusamente ilustrado *The Jews of Germany*, de Ruth Gay, pese a que esta obra también pasa por alto a Marx y Lassalle, los judíos alemanes eran abrumadoramente autóctonos, incluso después de que comenzase la migración masiva desde el este y, con la educación escolar, abandonaron el yidis por el habla alemana.

Sin embargo, la *Kulturnation* alemana abarcaba bastante más. El hecho mismo, señalado —pero no subrayado— por Pulzer, de que muchas de las principales figuras intelectuales de la socialdemocracia alemana, incluidos todos menos uno de sus destacados marxistas, trasladaron su campo de actividad a Alemania desde el Imperio de los Habsburgo (Kautsky, Hilferding) o a la Rusia zarista (Luxemburgo, Parvus, incluso Marchlewski y Radek), demuestra que el alemán fue el idioma de la cultura desde las marcas de la Gran Rusia hasta las fronteras francesas. La principal diferencia entre los judíos de Alemania y los judíos emancipados del resto de la zona cultural alemana es que los primeros eran «solo» alemanes, mientras que un número importante de los otros eran multiculturales si no plurilingües. Ellos, y probablemente solo ellos, constituían esa Mitteleuropa en la cual soñaban los disidentes checos y húngaros en la década de 1880, vinculando culturas y pueblos de los imperios multinacionales que de otro modo no se comunicarían.

Además, fueron ellos quienes llevaron, y tal vez incluso consolidaron, la lengua alemana en los asentamientos más remotos del Imperio de los Habsburgo, ya que, siendo el mayor contingente de la clase media culta en esas zonas, fueron las personas que realmente usaron el alemán literario estándar en vez de los dialectos hablados por las diásporas emigrantes del este, como el suabo, el sajón y —como confirmaron los filólogos alemanes, a veces no sin pesar— el yidis. El alemán era el nombre de la libertad y el progreso. Según explica Ruth Gay, estudiantes de una *yeshivá* polaca, como Jakob Fromer, estudiaban alemán en secreto entre comentario y comentario del Talmud, empleando para ello dos diccionarios, ruso-hebreo y alemán-ruso. Schiller trajo la emancipación de lo que otro defensor polaco de la liberación llamó «las cadenas de la superstición y el prejuicio». Es más fácil sentimentalizar los *shtetl* ahora que ya no existen que cuando los hombres y mujeres jóvenes tenían que vivir en ellos.

Los judíos alemanes deseaban con pasión ser alemanes, aunque, como Pulzer observa sagazmente, querían asimilarse «no a la nación alemana, sino a la clase media alemana». Sin embargo, la más común de las críticas a la asimilación, el gran sueño de la movilidad social del siglo XIX, claramente no era aplicable a ellos. La asimilación no implicó una negación de su identidad judía, ni siquiera en el caso muy inusual de conversión. Como Pulzer demuestra, a pesar de la secularización masiva y de su incondicional compromiso de ser alemanes, los judíos alemanes sobrevivieron como un grupo consciente de su judaísmo hasta que Hitler los exterminó. Esto no se debió solo al antisemitismo que, como el autor nos recuerda, era relativamente moderado comparado con el de otros países. Como dijo el físico refugiado sir Rudolf Peierls, «en la Alemania anterior a Hitler, ser judío era una desventaja soportable». No fue el antisemitismo alemán ni el vienés, mucho más palpable, el que convirtió a Herzl al sionismo, sino el caso Dreyfus en Francia.

Sin embargo, uno desearía que Pulzer no hubiera elegido el término «etnicidad» para describir lo que unía a los judíos, ya que el vínculo no se consideraba biológico, sino histórico. No se veían a sí mismos como una comunidad de sangre ni como miembros de una religión ancestral, sino, en palabras de Otto Bauer, como una «comunidad de destino». No obstante, como sea que la llamemos, los judíos emancipados, en conjunto, no se comportaron como no judíos. (Los orientales, por supuesto, se comportaron de una manera muy diferente.) Gran parte del libro de Pulzer se dedica a demostrar la especificidad de su conducta política. No es sorprendente que, como comunidad, estuvieran en la izquierda liberal moderada del espectro político alemán, y en ningún caso en la extrema izquierda. Ni siquiera la caída del liberalismo en los años del ascenso de Hitler les empujó hacia los comunistas, sino hacia los socialdemócratas. A diferencia de los judíos que habitaban las regiones de los Habsburgo y de los zares, sus políticas no eran mesiánicas. Se dice que fueron relativamente pocos los que se unieron o votaron al Partido Comunista y, antes de 1933, los sionistas alemanes, también una pequeña minoría, veían el sionismo como un renacimiento personal pero no como un programa de emigración. A diferencia de los judíos orientales, no se consideraban extranjeros en —por citar a uno de ellos— «la tierra de Walther y Wolfram, Goethe, Kant y Fichte».

En resumidas cuentas, los judíos alemanes estaban a gusto en Alemania. Por lo tanto, la suya fue una doble tragedia. No solo porque iban a destruirlos, sino porque no habían previsto su destino. Pulzer hace todo lo posible para dar sentido al fracaso, al rechazo de los judíos liberales alemanes a admitir lo que Hitler significaba aun después de 1933. Por supuesto, es cierto que nadie, ni siquiera los judíos orientales que vivían entre los que habían masacrado a miles de sus parientes en 1918-1920, podían esperar, o ni tan solo imaginar, lo que finalmente sucedió en Majdanek y Treblinka. Pocos llegaron siquiera a creerlo cuando los primeros informes veraces del genocidio se filtraron a Occidente en 1942. Era algo sin precedentes en la historia humana. No obstante, yo, que el 30 de enero de 1933 iba a la escuela en Berlín, soy testigo de que hubo quienes tenían una visión bastante apocalíptica del régimen de Hitler. Y de hecho, pese a su renuencia a abandonar Alemania, muchos judíos se prepararon para lo peor, aunque lo subestimaron. Al fin y al cabo, casi dos tercios de la población judía en la Alemania de 1933 emigraron durante los seis años siguientes y, por tanto, a diferencia de sus desdichados hermanos polacos, sobrevivieron. Y aun así no se fueron voluntariamente. Hubo quien, como un descendiente del fundador del Deutsche Bank, envió a su mujer y a sus hijos a un lugar seguro, pero él, en vez de abandonar Alemania, se suicidó después de la *Kristallnacht* de 1938.

La tragedia de los supervivientes también fue real. Solo quienes han experimentado la fuerza, la grandeza y la belleza de esa cultura, que hizo que el judío búlgaro Elias Canetti escribiera, en plena segunda guerra mundial, que «la lengua de mi intelecto seguirá siendo el alemán», pueden llegar a comprender lo que supone esta pérdida. Solo aquellos cuyos apellidos aún evocan las aldeas de Hesse, Suabia y Franconia y las pequeñas ciudades de mercado de sus antepasados, conocen el dolor del desarraigo. Su pérdida fue irreparable. Las comunidades judías de la Europa central nunca podrán reconstituirse, y aunque tal cosa fuera posible, la cultura alemana a la que pertenecían ya no es una cultura mundial.

¿Y qué perdió Alemania? Paradójicamente, es probable que menos que los países del antiguo Imperio de los Habsburgo: los judíos de Alemania se habían adaptado a una cultura de clase media ya existente, mientras que los judíos emancipados del Imperio de los Habsburgo crearon nuevas culturas que muchas veces, como en el caso de Viena, eran muy diferentes de la del Reich. Desde el punto de vista cultural, la expulsión o destrucción de los judíos dejó a Alemania más o menos igual, aunque más provinciana y periférica de lo que lo era antes de 1933. Y, no obstante, esto es subestimar lo que Alemania perdió. Para los aspirantes a europeos que viven en las regiones apartadas el alemán ya no es la lengua de la modernidad. Ya no es la lengua de las publicaciones eruditas que cualquier académico, desde Tokio hasta Cambridge, debe ser capaz de leer. Sin duda, esto no es únicamente una consecuencia del éxodo o de la muerte de los judíos. Sin embargo, está claro que su desaparición tuvo al menos un efecto dramático. Desde 1900 hasta 1933, casi el 40 por ciento de los premios Nobel en física y química fueron a Alemania; desde 1933 solo han ido uno de cada diez. La historia nos dice, con trágica ironía o humor negro, que después de 1945 uno de los premios Nobel refugiados insistió en volver a visitar Alemania, debido a su «inextinguible nostalgia por la lengua y el paisaje alemán».

Capítulo 21

ETNICIDAD Y NACIONALISMO

Me dirijo a ustedes no solo como historiador interesado en el desarrollo del nacionalismo y que ha escrito algo sobre él, sino como parte de mi tema. Porque los historiadores somos al nacionalismo lo que los cultivadores de adormidera a los adictos a la heroína: proporcionamos la materia prima esencial para el mercado. Las naciones sin pasado son una contradicción en términos. Lo que hace a una nación es el pasado; lo que justifica a una nación contra otras es el pasado, y los historiadores son las personas que lo producen. De manera que mi profesión, que siempre se ha mezclado en política, se convierte en un componente esencial del nacionalismo. Más aún incluso que los etnógrafos, filólogos u otros proveedores de servicios étnicos y nacionales que normalmente también han sido movilizados. ¿En qué términos discuten armenios y azeríes sobre quién tiene derecho a la montaña de Karabaj, que, les recuerdo, está en Azerbaiyán, pero habitada principalmente por armenios? Pues en términos de discusiones sobre los albaneses caucásicos, un pueblo que ya no existe pero que en la Edad Media habitó la región en disputa. ¿Se parecían o no a los armenios que están allí ahora? En esencia, se trata de un problema para la investigación histórica; en este caso, de uno de esos debates históricos especulativos e interminables. Por desgracia, la historia que quieren los nacionalistas no es la historia que los historiadores académicos profesionales, ni siquiera los comprometidos ideológicamente, deberían proporcionar. Es una mitología retrospectiva. Permítanme repetir una vez más las palabras de Ernest Renan en su famosa conferencia «¿Qué es una nación?», de 1882: «El olvido y, de hecho, el error histórico (*l'erreur historique*), son factores esenciales en la formación de una nación, y ese es el motivo por el que el progreso de la investigación histórica a menudo constituye un peligro para la nacionalidad». De modo que un historiador que escribe sobre etnicidad o nacionalismo no puede dejar de hacer una intervención política o ideológicamente explosiva.

Permítanme comenzar con una consulta semántica. Si actualmente existe algún criterio estándar de lo que constituye una nación con derecho a la autodeterminación, es decir, a la creación de un Estado nación territorial independiente, es el criterio étnico-lingüístico, ya que, siempre que sea posible, se considera que el lenguaje es lo que expresa y simboliza la etnicidad. Pero, por supuesto, a veces no es posible, porque la investigación histórica demuestra de manera concluyente que el tipo de lenguaje escrito estandarizado que se puede emplear para representar la etnicidad o la nacionalidad es una construcción histórica bastante tardía —básicamente del siglo XIX o incluso posterior— y que en cualquier caso muchas veces no existe, como entre serbios y croatas. No obstante, incluso entonces se hace la distinción étnica, sea lo que sea lo que esto pueda significar. Paso mis vacaciones en una casa de campo en Gales, que administrativa y legalmente es menos distinta de Inglaterra que Connecticut del estado de Nueva York. Sin embargo, aunque en la zona en la que estoy no se ha hablado galés durante mucho tiempo y que, de hecho, sus habitantes incluso han olvidado la pronunciación en galés de nuestros topónimos celtas, a mis vecinos no se les pasaría por la cabeza que vivir allí me convierta en galés. Por supuesto, debo añadir que ellos pueden recurrir al concepto de etnicidad, lo cual no sería el caso de mis vecinos si me comprase una casa de campo en Suffolk, a menos que fueran antisemitas. Allí también sería un forastero, pero si sus habitantes quisieran diferenciarse de mí tendrían que definirse como «nativos» frente a un recién llegado, o en términos de clasificación social. Probablemente, esta sería una forma menos eficaz de hacer distinciones colectivas que la «etnicidad», pero no sé muy bien por qué.

Cualquier movimiento separatista europeo en el que pueda pensar ahora se basa en la «etnicidad», lingüística o no; es decir, en el supuesto de que «nosotros» —los vascos, catalanes, escoceses, croatas o georgianos— somos un pueblo diferente de los españoles, los ingleses, los serbios o los rusos, y por tanto no deberíamos vivir en el mismo Estado que ellos. Por cierto, este no es el caso todavía en la mayor parte de Asia, África y las Américas al sur de la frontera canadiense. Volveré a referirme a este punto más adelante. Entonces ¿por qué necesitamos dos palabras, que nos ayudan a distinguir al «nacionalismo» de la etnicidad, aunque ambos parezcan intercambiables? Porque estamos tratando con dos conceptos muy distintos y, de hecho, incomparables.

El «nacionalismo» es un programa político y, en términos históricos, un programa bastante reciente. Sostiene que los grupos definidos como «naciones» tienen derecho a, y por tanto deberían, formar Estados territoriales del mismo tipo que los que han surgido desde la Revolución francesa. Sin este programa, materializado o no, el término «nacionalismo» no tiene sentido. En la práctica, el programa suele significar el ejercicio del control soberano sobre una franja de territorio, a poder ser continua y con fronteras claramente definidas, y habitada por una población homogénea que constituye su cuerpo esencial de ciudadanos. O, según Giuseppe Mazzini, más bien incluye a la totalidad de dicha población: «Cada nación es un Estado y solo un Estado para toda la nación». Dentro de tales Estados, una sola lengua, la de la «nación» en cuestión, es la dominante o más bien la que disfruta de un monopolio o de un estatus privilegiado. Comento de pasada que, si las naciones se definen en términos étnico-lingüísticos, probablemente no más de una docena de las 170 entidades políticas del mundo se ajustan a la primera mitad del programa mazziniano. El nacionalismo, o más bien, por usar la formulación más lúcida del siglo XIX «el principio de nacionalidad», asume «la nación» como algo dado, del mismo modo que la democracia asume «el pueblo» como algo dado. En sí mismo esto no nos dice nada sobre lo que constituye tal nación, aunque desde finales del siglo XIX —y, en general, no antes de esa fecha— se ha definido cada vez más en términos étnico-lingüísticos.

Sin embargo, debo recordarles que las versiones anteriores del principio de nacionalidad, al que en mis *Naciones y nacionalismo desde 1780* describo como «revolucionario-democrático» y «liberal», no parten de esa base, aunque hay solapamientos. Ni la lengua ni la etnicidad son esenciales para el nacionalismo revolucionario original, del cual Estados Unidos es la versión más importante que ha sobrevivido. El nacionalismo liberal clásico del siglo XIX fue lo opuesto a la búsqueda actual de una definición de identidad de grupo que caracteriza al separatismo. El objetivo del nacionalismo liberal clásico era «ampliar» la escala de las unidades sociales, políticas y culturales humanas: unificar y expandir en vez de restringir y separar. Esta es una de las razones por las que los movimientos de liberación nacional del tercer mundo encontraron tan inspiradoras las tradiciones del siglo XIX, tanto las liberales como las revolucionarias democráticas. Los nacionalistas anticoloniales descartaron, o al menos subordinaron, el «tribalismo», el «comunalismo» u otras identidades regionales y sectoriales considerándolas antinacionales y al servicio del consabido interés imperialista del «divide y vencerás». Gandhi y Nehru, Mandela y Mugabe o, para el caso, el fallecido Zulfikhar Bhutto, quien se quejó de la ausencia de un sentimiento de nacionalidad pakistaní, no son ni fueron nacionalistas en el sentido de Vytautas Landsbergis (el primer presidente de Lituania después del fin del comunismo) o de Franjo Tudman (primer presidente de Croacia tras el desmoronamiento de Yugoslavia). Estaban exactamente en la misma onda que Massimo d'Azeglio, quien, después de que Italia se unificase políticamente, dijo: «Hemos hecho Italia; ahora debemos hacer italianos», refiriéndose a los habitantes de la península que tenían todo tipo de identidades, pero ninguna de ellas basada en una lengua que no hablaban ni en un Estado que se había posado sobre sus cabezas. No había nada primordial en la italianidad, como tampoco en la sudafricanidad del CNA.

Por otra parte, la «etnicidad», sea lo que sea, no es programática ni menos aún un concepto político. Puede adquirir funciones políticas en determinadas circunstancias y, por tanto, puede verse asociada a programas, incluidos los nacionalistas y separatistas. Hay muchas y buenas razones por las que el nacionalismo anhela identificarse con la etnicidad, aunque solo sea porque le proporciona el pedigrí histórico del que la «nación», en la gran mayoría de los casos, tan obviamente carece. Al menos lo hace en zonas con una antigua tradición de cultura escrita como Europa, donde los nombres mismos de los grupos étnicos persisten durante largos períodos, aunque puedan describir realidades sociales bastante distintas y mudables. La etnicidad, cualquiera que sea su base, es una forma fácilmente definible de expresar un sentimiento real de identidad grupal que une a los miembros del «nosotros» porque remarca sus diferencias con «ellos». Pero lo que realmente tienen en común, aparte de no ser «ellos», no está tan claro, sobre todo hoy. Este es un punto al que volveré a referirme más adelante. En cualquier caso, la etnicidad es una forma de llenar los contenedores vacíos del nacionalismo. Así, Sabino Arana inventa el nombre de Euskadi para el país del pueblo que durante mucho tiempo se había dado, y al que le habían dado, un nombre colectivo —vascos, gascones o lo que sea—, aunque no sintiese la necesidad del tipo de país, Estado o nación en el que Arana pensaba. En otras palabras, el nacionalismo pertenece a la teoría política; la etnicidad, a la sociología o a la antropología social. El nacionalismo puede adoptar la forma de Estado o de cualquier otra organización política o puede no hacer nada. Si acaba siendo político, no tiene una afinidad especial con la política calificada como étnica. Lo único que necesita es que la etiqueta política, cualquiera que sea, ejerza un atractivo prácticamente irresistible para los miembros del grupo étnico. Un caso extremo de ello es que, durante el período revolucionario, el Partido Bolchevique, apasionadamente no étnico, tuvo gran predicamento entre los habitantes de lo que posteriormente se convertiría en Letonia. La relevancia de algunos nombres letones en los últimos días del comunismo soviético es un recordatorio de esos días en los que los fusileros letones eran para Lenin lo que la guardia suiza es para el papa. En la línea dura encontramos el nombre del coronel Alksnis, y el de Otto Latsis, de Kommunist e Izvestia, por el lado reformista. Si esto es así, ¿por qué entonces se ha producido en Europa esta mutación generalizada de la política étnica en política nacionalista?

Esta mutación adopta dos formas, que poco o nada tienen en común salvo la necesidad o el deseo de controlar la política estatal: la del separatismo nacional y la de la xenofobia nacional; esto es, estar en contra de los extranjeros creando «nuestro» propio Estado, y estar en su contra excluyéndolos de «nuestro» Estado ya existente. La segunda variante me resulta más difícil de explicar que la primera, para la que hoy tenemos explicaciones tanto de carácter específico como de carácter general. Pero antes de intentar responder a estas preguntas, permítanme recordarles una vez más que hay grandes áreas del mundo donde la política étnica, por amarga que sea, no es nacionalista, a veces porque la idea de una población étnicamente homogénea fue abandonada en algún momento en el pasado, o porque nunca existió, como en Estados Unidos, o porque el plan de crear estados territoriales y étnico-lingüísticos separados es irrelevante e impracticable. Estados Unidos vuelve a ser un ejemplo, pero esta situación también se presenta en la mayoría de los Estados descolonizados del tercer mundo. Independientemente de la amargura de los conflictos interétnicos y entre guetos que se producen en Estados Unidos, el separatismo no es una opción seria y no sirve para ningún grupo étnico o de otro tipo.

Volvamos a la cuestión principal. La razón específica de la actual ola de separatismo nacionalista en Europa es histórica. De aquellos polvos de la primera guerra mundial vienen estos lodos. Los problemas que explotaron en 1989-1991 son los que se crearon en Europa y —me siento tentado a añadir— en Oriente Medio, debido al desmoronamiento de los imperios multiétnicos Habsburgo, otomano y ruso en 1917-1918, y de la naturaleza de los acuerdos de paz de la posguerra con respecto a los Estados que los sucedieron. Como recordarán, la esencia de estos acuerdos fue el plan wilsoniano de dividir Europa en Estados territoriales étnico-lingüísticos; un proyecto tan peligroso como impracticable, a no ser a costa de las expulsiones masivas, la coacción y el genocidio, que fue el precio que posteriormente se pagó. Permítanme añadir que la teoría leninista de las naciones, a partir de la cual se construyó posteriormente la URSS —y Yugoslavia— se complementó con el sistema austromarxista de la nacionalidad como elección individual; una elección que todo ciudadano o ciudadana tiene derecho a hacer a la edad de dieciséis años, independientemente de donde provenga. No deseo extenderme documentando mi tesis, pero solo les recordaré que el conflicto eslovaco con los checos y el de los croatas con los serbios no hubieran podido existir antes de 1918, cuando estos pueblos fueron integrados en los mismos Estados. El nacionalismo báltico, que había sido la menor de las preocupaciones políticas del zar y que apenas existía en 1917, se alimentó con la creación de pequeños Estados independientes para que formasen parte de la zona de cuarentena contra la infección bolchevique. Por el contrario, los problemas nacionales que eran graves o incluso explosivos antes de 1914 han amainado: pienso en la famosa «cuestión macedonia», en Ucrania o incluso en la exigencia de restauración de la Polonia histórica. Ucrania —salvo en la antigua parte de los Habsburgo— y Macedonia no mostraron signos de querer separarse hasta que la URSS y Yugoslavia fueron destruidas por otras manos, y consideraron que tenían que emprender alguna acción en defensa propia.

Por tanto, es más importante que nunca rechazar la teoría «primordialista» de la etnicidad, y más aún la de la autodeterminación nacional. Como se trata de una audiencia de antropólogos, espero poder dar por supuesto que esta es una afirmación incontrovertible. Es a los historiadores a quienes les debemos recordar la facilidad con las que las identidades étnicas se pueden cambiar, como demuestra la animosidad nacionalista contra la «asimilación», tan presente en los debates judíos sobre el judaísmo. La Europa de principios del siglo XX estaba llena de hombres y mujeres que, como sus propios nombres indican, habían «elegido» ser alemanes o magiares o franceses o finlandeses, e incluso hoy en día el nombre del presidente Landsbergis y de varios eslovenos destacados sugieren que los padres alemanes optaron por otro identidad colectiva. Por el contrario, un antropólogo alemán, Georg Elwert, nos recuerda que el concepto de *Volksdeutsche* —los alemanes étnicos que tienen un «derecho de retorno» a su patria, garantizado por la Constitución de la República Federal, y que también tienen los judíos en Israel— es un constructo ideológico. Algunos de los retornados, como los menonitas de Europa oriental, no eran en absoluto alemanes de origen —a menos que se cuente entre ellos a todos los hablantes de lenguas alemanas—, sino flamencos o frisones. Y los únicos colonos alemanes de la Europa oriental que, entre otras cosas, se consideraban a sí mismos como alemanes culturales y lingüísticos —hasta el punto de organizar escuelas alemanas que enseñaban la lengua alemana estándar—, no gozan del «derecho al retorno» salvo en Israel. Eran los judíos orientales de clase media y alta, cuya misma elección de apellidos (Deutscher, Ginsburg, Shapiro) evoca unos orígenes que no podían olvidar. Elwert señala incluso que hay pueblos de Transilvania donde el alto alemán —a diferencia de los dialectos teutones realmente hablados— se conocía, antes del período de Hitler, como «Judendaitsch».

Estas son las paradojas de la etnicidad primordial. Y, sin embargo, no se puede negar que las identidades «étnicas» que no tenían ningún significado político o siquiera existencial hasta ayer (por ejemplo, ser «lombardo», como hoy se denominan las ligas xenófobas del norte de Italia) pueden adquirir, de la noche a la mañana, una verdadera influencia como catalizadores de la identidad grupal. En mi *Naciones y nacionalismo desde 1780* sugiero que estos cambios y variaciones de las identidades étnicas constituyen «el ámbito de los estudios nacionales en el que es más necesario y urgente pensar e investigar», y sigo pensando lo mismo. Hay buenas razones por las que la etnicidad —cualquiera que sea— debería politizarse en las sociedades multiétnicas modernas, que básicamente adoptan la forma de una diáspora de guetos, principalmente urbanos, combinada con un fuerte aumento de las ocasiones de fricción entre grupos étnicos. La democracia electoral produce una maquinaria preparada para que los grupos minoritarios luchen con eficacia por una parte de los recursos centrales, una vez han aprendido a actuar como grupo y están suficientemente cohesionados a efectos electorales. Esto mejora mucho la influencia potencial de estos grupos constituidos en guetos. Al mismo tiempo, por razones políticas e ideológicas, y también por los cambios de la organización económica, el mecanismo para desactivar las tensiones interétnicas asignando nichos separados a diferentes grupos se acaba atrofiando. Ahora estos grupos compiten, no por recursos comparables —«separados pero iguales», como decía la frase—, sino por los mismos recursos en el mismo mercado laboral, de vivienda, educativo o de otro tipo. Y en esta competencia, el arma más poderosa de la que disponen los desfavorecidos es la presión grupal por un trato preferencial (la llamada «acción afirmativa» o «discriminación positiva»). Donde, por la razón que sea, la participación en las elecciones es baja, como sucede actualmente en Estados Unidos, o cuando se debilita el tradicional apoyo de las masas, como en los casos del Partido Demócrata estadounidense y del Partido Laborista británico, los políticos prestan aún más atención a las minorías, de las cuales los grupos étnicos son una variante. Incluso podemos ver que se han inventado grupos seudoétnicos con fines políticos, como el intento de algunos miembros de la izquierda británica de tipificar a todos los inmigrantes del tercer mundo como «negros» para darles más influencia dentro del Partido Laborista, al cual votan la mayoría de ellos. Así pues, las «secciones negras» creadas en el partido congregan a bangladesíes, pakistaníes, antillanos, indios y, presumiblemente, a chinos.

Sin embargo, el núcleo de la politización étnica no es instrumental. Lo que vemos hoy de manera muy general es un retroceso de la identidad social en favor de la identidad de grupo. Esto no es algo necesariamente político. Pienso en la nostalgia familiar de las «raíces» que hace que los hijos de los judíos asimilados, secularizados y anglicanizados se sientan reconfortados con los rituales ancestrales e idealicen los recuerdos del *shtetl* que, gracias a Dios, nunca conocieron. A veces, cuando la identidad de grupo se califica a sí misma como política, lo hace solo por innovación semántica, como en la frase «lo personal es político». Sin embargo, de manera inevitable tiene una dimensión política. Pero ¿en qué circunstancias se vuelve políticamente separatista? Miroslav Hroch ha intentado responder a esta pregunta centrándose en la Europa central y oriental contemporáneas y comparándolas con el nacionalismo lingüístico de las naciones pequeñas del siglo XIX. Un elemento que subraya en ambos casos es que son mucho más fáciles de entender las reivindicaciones lingüísticas que la teoría y las instituciones de la democracia y la sociedad constitucional, sobre todo para las personas que no tienen formación ni experiencia política. Pero lo que le parece aún más relevante es la desorientación social:

> En una situación social en la que el antiguo régimen se estaba resquebrajando, en la que las viejas relaciones estaban cambiando y aumentaba la inseguridad general, para los miembros del «grupo étnico no dominante» la comunidad de lengua y cultura era la certeza última, el valor inequívocamente demostrable. Hoy, cuando el sistema o la economía planificada y la seguridad social se derrumban —y la situación vuelve a ser análoga— el lenguaje actúa una vez más como sustituto de los factores de integración en una sociedad que se está desintegrando. Cuando la sociedad fracasa, la nación aparece como la máxima garantía.

La situación en las antiguas sociedades socialistas y especialmente en la antigua URSS está clara. Ahora que el marco material y las rutinas de la vida cotidiana se han derrumbado, ahora que se niegan repentinamente todos los valores establecidos, ¿qué es el ciudadano o ciudadana de la URSS, en qué puede creer? Asumiendo que el pasado es irrecuperable, las posturas alternativas obvias son el origen étnico y la religión, de manera individual o en combinación. Y la etnicidad se convierte en nacionalismo separatista por las mismas razones por las que los movimientos de liberación colonial establecieron sus Estados dentro de las fronteras de los imperios coloniales precedentes. Son las fronteras que existen. Y aún más, porque la propia Constitución soviética había dividido al país en subunidades territoriales teóricamente étnicas, que van desde zonas autónomas hasta repúblicas federales plenas. Suponiendo que la unión se hiciera pedazos, estas eran las líneas de fractura a lo largo de las cuales se rompería de manera natural. Es una broma curiosa de la historia que fuera Stalin quien le dio a Lituania su capital, Vilnius —en el período de entreguerras esta ciudad pertenecía a Polonia—, y que fuera Tito quien, para debilitar el chovinismo de la gran Serbia, creó una

Croacia mucho más grande con una minoría serbia mucho más numerosa.

Sin embargo, de ello no —o todavía no— debemos inferir en todos los casos el nacionalismo de masas a partir de los movimientos separatistas. Hasta ahora, la guerra civil yugoslava ha sido librada principalmente por minorías activistas y profesionales. ¿Se ha convertido ya, se convertirá en una verdadera guerra popular? No lo sabemos, pero hay al menos 2,8 millones de familias yugoslavas, las que produjeron 1,4 millones de matrimonios mixtos, en su mayoría entre serbios y croatas, para quienes la elección de una única identidad étnica puede ser un asunto complejo.

Aunque la desorientación social en los antiguos países socialistas tiene sus raíces en la política étnica, también encontramos esa misma desorientación social en otros lugares y por otras razones. ¿Es casualidad que el separatismo quebequés se convirtiera en una fuerza importante al final de una década durante la cual la tasa de natalidad de Quebec prácticamente se redujo a la mitad y, por primera vez, cayó muy por debajo de la de Canadá?[1]

Las décadas posteriores a la de 1950, los cuarenta años más revolucionarios en la historia de la sociedad humana, deberían llevarnos a esperar una desintegración masiva de los viejos valores, una disolución de las antiguas certezas. La «nación» no es un plan alternativo tan obvio en otros lugares como lo es en aquellas partes del mundo cuyas fronteras se trazaron siguiendo las líneas wilsoniano-leninistas después de 1918, como tampoco lo es la religión de antaño. Pero es una alternativa, y el ejemplo de Europa central y oriental naturalmente la alienta allá donde las condiciones locales le son favorables. No obstante, fuera de la zona exsoviética, el separatismo es excepcional en Europa. La xenofobia nacional transformada en racismo es casi universal. Y plantea un problema que no puedo resolver. ¿Qué es exactamente lo que se está defendiendo contra «el otro», al que se identifica con los extranjeros inmigrantes?

En cambio, quienes constituyen el «nosotros» plantea un problema menor, ya que la definición suele corresponderse con los Estados existentes. «Nosotros» somos franceses, suecos, alemanes o incluso miembros de subunidades políticamente definidas como los lombardos, pero distintos de los «ellos» invasores porque somos los franceses, alemanes o británicos, «auténticos», lo cual se define —normalmente— en función de la ascendencia putativa o por el prolongado tiempo de residencia. Tampoco es difícil saber quiénes son «ellos». «Ellos» son reconocibles porque «no son nosotros», generalmente por su color u otras características físicas, o por su lengua. Cuando estos signos no son obvios, pueden hacerse discriminaciones más sutiles: los quebequeses que se niegan a entender a los anglófonos que hablan con acento canadiense responderán a los anglófonos que hablan con una entonación británica o estadounidense, de la misma manera que los flamencos que afirman no entender el francés hablado con un acento belga entienden el francés «francés». No estoy seguro de hasta qué punto, sin estas marcas visibles o audibles de extrañeza, a «ellos» se les reconocería por las diferencias culturales, aunque en las reacciones racistas se habla mucho de cosas tales como que los buenos franceses se sienten insultados por los olores de la cocina norteafricana, o los buenos británicos por el aroma a curry que emana de sus vecinos.

De hecho, como la expansión global de los restaurantes indios y chinos sugiere, la xenofobia se dirige contra los extranjeros, no contra las importaciones culturales extranjeras. Sería tentador decir que lo que se defiende frente a los forasteros son los trabajos, y hay algo de verdad en esa afirmación. La principal base social de los movimientos racistas europeos, como el Frente Nacional Francés, parece residir en la clase obrera autóctona; los principales activistas de tales movimientos parecen ser hombres jóvenes de clase obrera —cabezas rapadas y similares— que han vivido una larga era de empleo pleno o prácticamente garantizado que terminó en Europa occidental durante la década de 1970, y en Europa central y oriental a finales de la década de 1980. Desde entonces las sociedades europeas están viviendo otra vez una época de desempleo masivo e incertidumbre laboral. Además, como ya he señalado, los mecanismos sociales que asignaban a cada grupo un nicho distinto y no competitivo se están erosionando o son políticamente inaceptables. El relativamente repentino auge de los partidos xenófobos, o de la xenofilia en la política, se debe en gran medida a esto. No obstante, está claro que esto solo es una parte de la respuesta. Lo que se está defendiendo no solo es la posición de los «individuos» del grupo A frente al reto que suponen los extranjeros. Si esto fuera así, no se percibiría el auténtico malestar causado por una afluencia de foráneos —o de influencias externas— que de ninguna manera realista pueden amenazar a los miembros del grupo como individuos; por ejemplo, la insistencia de sectores de ciudadanos estadounidenses en que el inglés —entre todas las lenguas— reciba protección contra las lenguas de los inmigrantes mediante la concesión de un monopolio oficial de uso público.

En cierto sentido, esta es la idea de «nosotros» como un cuerpo de personas unidas por un incontable número de cosas que «nosotros» tenemos en común, una «forma de vida» en el sentido más amplio, un territorio común de existencia en el que vivimos, cuyo paisaje es familiar y reconocible. La existencia de esto es la que se ve amenazada por la afluencia externa. Prácticamente todos los elementos de la lista de lo que «nosotros», como ingleses, franceses, alemanes o checos, supuestamente tenemos en común, pueden ser adquiridos por los inmigrantes que lo deseen, salvo la apariencia física, que es muy distinta de la norma de la población receptora. (Esta es una de las cosas que hacen que el racismo sea tan difícil de erradicar.) Además, algunos de los países en los que la xenofobia ha experimentado una fuerte movilización política, como Francia, son países que en el pasado recibieron, fomentaron y asimilaron con éxito una inmigración masiva en una medida solo comparable en ocasiones a Estados Unidos: italianos, españoles, polacos, incluso norteafricanos. Algunos países que están muy preocupados por el peligro de los extranjeros en realidad tienen muy poca inmigración. De hecho, hacen todo lo posible para no tenerla. Este es el caso de los países escandinavos —pienso concretamente en Finlandia e Islandia—, si bien la ideología liberal imperante en estos países hace que les resulte embarazoso admitir esta forma de intolerancia. Finlandia hace que la inmigración permanente sea prácticamente imposible, aunque hasta el desmoronamiento de la URSS con dificultad podría decirse que esta representase un peligro claro y real. Por el contrario, Finlandia es, y ha sido durante mucho tiempo, un país que ha producido una emigración masiva.

Por supuesto, no niego que puedan existir sociedades dentro de un conjunto específico de habitantes y de formas de vida a las que, entre otras cosas, la inmigración excesiva puede destruir o transformar. Emocionalmente, la mayoría de nosotros podemos comprender los sentimientos de un pequeño pueblo pirenaico que decide clausurar su fuente pública, para que ni siquiera los ciclistas sedientos que recorren la región tengan un incentivo para pasar por ahí. Sería hipócrita, incluso para quienes sostenemos otro punto de vista, fingir que no sabemos qué hizo que un tradicionalista británico inteligente como Enoch Powell pidiera el cese de la inmigración masiva hace unos veinte años, y qué hizo que los gobiernos británicos de ambos partidos siguieran su ejemplo. Es más, todos aplicamos los mismos criterios cuando se trata de salvar nuestros propios entornos favoritos, humanos o no humanos, de que «sean degradados» por la afluencia de demasiadas personas o del tipo de personas equivocadas. La cuestión no es si algunos lugares, o incluso algunas regiones y países, deberían estar, o aún podrían estar, protegidos de las alteraciones por el cambio de su antiguo carácter colectivo, sino si esto es lo que la xenofobia política moderna está intentando hacer en realidad.

De hecho, hoy en día el miedo al forastero rara vez es una defensa nacionalista tradicional de las viejas formas de vida contra el virus extranjero. En realidad, esta forma de xenofobia cultural fue común en la década de 1950, sobre todo en versiones antiestadounidenses; por ejemplo, algunos recordamos la campaña contra la «coca-colonización», pero esa batalla fue olvidada hace mucho tiempo. Culturalmente, las bandas más militantes que golpean a los inmigrantes en nombre de la nación pertenecen a la cultura juvenil internacional y reflejan sus modos y modas, *jeans*, *punk rock*, comida basura y todo eso. De hecho, para la mayoría de los habitantes de los países en los que la xenofobia ahora es una epidemia, las viejas formas de vida han cambiado tan drásticamente desde la década de 1950 que queda muy poco que defender. En realidad, hace falta alguien que haya vivido los últimos cuarenta años como adulto para apreciar hasta qué punto la Inglaterra de los años setenta difería de la Inglaterra de los años cuarenta, y la Francia, Italia o España de los ochenta diferían de las de principios de la década de 1950. Y creo que esta es la clave. Este es el punto de contacto con el separatismo, o con la carrera hacia el fundamentalismo (como, por ejemplo, podemos observar en América Latina). Todo esto es comprensible como síntoma de la desorientación social, del deshilachado, o tal vez la rotura, de los hilos de lo que solía ser la red social que unía a las personas.

La fuerza de esta xenofobia es el miedo a lo desconocido, a la oscuridad en la que podemos sumirnos cuando desaparecen los puntos de referencia que aparentemente nos ofrecen un objetivo, que delimitan de manera permanente y positiva nuestra pertenencia a la comunidad. Y este formar parte de una comunidad, preferiblemente de agrupaciones con credenciales de pertenencia y signos de reconocimiento, es más importante que nunca en las sociedades en las que todo se combina para destruir lo que une a los seres humanos en comunidades.

Un documental reciente, *Paris is Burning* (1990), presenta una población de los individuos más marginados, excluidos y anómicos que imaginarse pueda: *drag queens* negros en Nueva York. Nada es más conmovedor y triste que ver cómo esas personas, repudiadas por todos incluidas sus familias, viven en y para sus «bailes» habituales, donde compiten para disfrazarse y representar, por un momento, los roles que les gustaría desempeñar en la vida real, y sabiendo que no pueden reconstruir sus propios grupos humanos. En estas llamadas «familias», cada uno con un apellido inventado, cada uno con una «madre» sénior que se responsabiliza del resto del grupo, los individuos pueden sentir que no son absolutamente débiles ni están solos del todo. Pero para quienes ya no pueden confiar en pertenecer a ningún otro lugar, existe al menos otra comunidad imaginada de la que pueden formar parte, que es permanente, indestructible y cuya pertenencia es segura. Una vez más «la nación», o el grupo étnico, «aparece como la garantía máxima» cuando la sociedad fracasa. No tienes que hacer nada para pertenecer a él. No te pueden echar. Has nacido en él y te quedas en él.

Como dice Eugeen Roosens en *Creating Ethnicity: The Process of Ethnogenesis* (1989), el libro que, junto con el de Fredrik Barth, *Ethnic Groups and Boundaries. The social organization of culture difference* (1998), me ha sido de gran utilidad: «Al fin y al cabo, nadie puede "cambiar" el pasado del cual uno proviene, y nadie puede dejar de ser quien es». (Bien, naturalmente podemos cambiar, o al menos inventar un pasado, pero ellos no lo saben.) ¿Y cómo los hombres y las mujeres saben que pertenecen a una comunidad? Porque pueden definir a los otros que no pertenecen, que no deberían pertenecer, que nunca pueden pertenecer a ella. En otras palabras, por la xenofobia. Y porque vivimos en una era en la que todas las demás relaciones humanas y todos los demás valores están en crisis, o al menos en algún punto de un viaje hacia destinos desconocidos e inciertos, la xenofobia parece convertirse en la ideología de masas del *fin de siècle* del siglo XX. Lo que mantiene unida a la humanidad hoy en día es la negación de lo que la raza humana tiene en común.

¿Y dónde les deja esto a ustedes, los antropólogos, cuyo propio nombre les compromete a algún tipo de universalismo conceptual? ¿Y a nosotros, los historiadores, a quienes no solo se nos dice que únicamente los negros o los blancos, o los vascos o los croatas pueden comprender correctamente la historia de sus grupos respectivos, sino que tenemos que inventar la historia que quieren «comprender»? Al menos esto nos deja, debería dejarnos, la libertad de ser escépticos. No saldrá nada bueno de ello, pero no durará para siempre.

Capítulo 22

LOS PELIGROS DEL NUEVO NACIONALISMO

En una época en la que las Islas Marshall acaban de ser admitidas en las Naciones Unidas (septiembre de 1991), casi veinte de cuyos miembros tienen una población inferior a 250.000 personas, el argumento de que un territorio es demasiado pequeño para constituir un Estado ya no se puede mantener con convicción. Naturalmente, tales Estados —incluso otros mucho más grandes— no son independientes en ninguna acepción relevante del término. Desde el punto de vista político y militar están indefensos si no cuentan con protección externa, como Kuwait y Croacia nos demuestran. Y aún son más dependientes desde el punto de vista económico. Pocos movimientos separatistas esperan hacerlo solos. Quieren dejar de depender de la economía de un solo Estado para pasar a depender de la Comunidad Europea o de alguna otra unidad más grande que limite la soberanía económica de sus miembros por igual. Sin embargo, si un territorio desea que su bandera ondee en la plaza de la sede de la ONU en Nueva York y adquirir todos los demás beneficios marginales de ser un Estado (un himno nacional, una aerolínea nacional y algunas embajadas en capitales atractivas o políticamente importantes), en la actualidad sus posibilidades son mejores que nunca. Pero ¿por qué alguien querría crear tal Estado, básicamente dividiendo las unidades políticas existentes en Eurasia y África? (Hasta ahora no hay una tendencia significativa en este sentido en las Américas, salvo en Canadá.) La razón habitual que los aspirantes a constructores del Estado dan es que la población del territorio en cuestión ha constituido una «nación» desde el principio de los tiempos, un grupo étnico especial, por lo general con su propio idioma, que no puede vivir bajo el dominio extranjero. Sostienen que el derecho a la autodeterminación implica la existencia de Estados que coincidan con la nación.

Casi todo acerca de este argumento es históricamente incorrecto, pero como señaló Ernest Renan hace más de un siglo: «El olvido y, de hecho, el error histórico, son factores esenciales en la formación de una nación». Sin embargo, lo que nos preocupa no es la historia o la racionalidad, sino la política. Aquí hay que dejar algo muy claro. La creencia nacionalista, expresada por primera vez en el siglo XIX por Giuseppe Mazzini, según la cual cada nación debería constituir un Estado, y que solo debería haber un Estado para cada nación es, y siempre ha sido, bastante impracticable en términos étnico-lingüísticos. Con la excepción de algunos mini-Estados isleños, no hay más de una docena de Estados étnica y lingüísticamente homogéneos entre las alrededor de 170 entidades políticas del mundo, y puede que ninguno que contenga algo parecido a la totalidad de la «nación» que afirman encarnar. La distribución territorial de la raza humana es más antigua que la idea de Estados nación étnico-lingüísticos y por tanto no concuerda con ella. El desarrollo de la economía moderna, puesto que genera grandes movimientos de población, socava constantemente la homogeneidad étnico-lingüística. La multietnicidad y el plurilingüismo son prácticamente inevitables, excepto de manera temporal cuando se recurre a la exclusión de masas, a la asimilación forzosa, a la expulsión masiva o al genocidio; en resumen, a la coerción. Solo cabe esperar un oscuro futuro a un mundo de Estados nación como el nuevo gobierno de Georgia, que quiere negar los derechos de ciudadanía a cualquier habitante que no pueda demostrar que sus ancestros hablaban georgiano y vivían en el territorio antes de 1801. En la actualidad, hay cuatro razones bastante diferentes por las cuales estos sentimientos y su expresión política en el separatismo cuentan con un amplio apoyo.

La primera es que la disolución del sistema comunista, que impuso estabilidad política sobre una gran parte de Europa, ha reabierto las heridas de la primera guerra mundial o, más concretamente, de los erróneos y poco realistas acuerdos de paz que se firmaron tras ella. Los explosivos temas nacionalistas en la Europa central y oriental no son antiguos conflictos étnicos, sino que se gestaron durante la formación de los Estados que sucedieron al desmembramiento de los imperios multiétnicos: el de los Habsburgo, el otomano y el de la Rusia zarista. El separatismo báltico y caucásico, y los conflictos entre serbios y croatas, y checos y eslovacos, no eran ningún problema grave en 1917, o no podría haber existido antes de la creación de Yugoslavia y Checoslovaquia. Lo que ha agudizado estos problemas no es la fuerza del sentimiento nacional, que no era mayor que en países como Gran Bretaña y España, sino la desintegración del poder central, porque esto obligó incluso a las repúblicas soviéticas o yugoslavas que no soñaban con separarse, como Kazajistán y Macedonia, a afirmar la independencia como medio de autoprotección. La caída de los sistemas comunistas ha estimulado enormemente las agitaciones separatistas en otros lugares, pero no tiene una relación directa con ellas. Tal como están las cosas, las perspectivas de independencia para, por ejemplo, Escocia, Quebec, Euskadi o Córcega siguen siendo las mismas que antes. No dependen de lo que pase en el Este.

La segunda razón es más general, aunque probablemente más importante en Occidente que en Oriente. Los movimientos masivos de población de los últimos cuarenta años —dentro y entre países y continentes— han convertido a la xenofobia en un fenómeno político relevante, como en menor medida hicieron las anteriores migraciones masivas de 1880-1920. La xenofobia alienta el nacionalismo étnico, puesto que la esencia de ambos es la hostilidad hacia otros grupos (el «no-nosotros»). El nacionalismo estadounidense es, por origen, totalmente no lingüístico. Solo debido a la inmigración masiva de hispanos hoy se pide, por primera vez, que la lengua oficial de Estados Unidos sea el inglés. Sin embargo, el odio étnico mutuo no produce necesariamente el separatismo, como también demuestra el caso de Estados Unidos.

La tercera razón es que las políticas de identidad de grupo son más fáciles de entender que las demás, sobre todo para pueblos que, después de varios años de dictadura, carecen de formación y experiencia política. Miroslav Hroch, un destacado historiador checo, sostiene que en la Europa central, una vez más, la lengua está sustituyendo a otros conceptos más complejos como las constituciones o los derechos civiles. El nacionalismo forma parte de las creencias más simples e intuitivamente comprensibles que reemplazan a otros programas políticos menos entendibles.

Y la cuarta razón es, quizá, la más fundamental. Citando a Hroch: «Allá donde un antiguo régimen se desintegra, allá donde las viejas relaciones sociales se han desestabilizado, en medio de la creciente inseguridad general, la pertenencia a una lengua y a una cultura común puede llegar a ser la única certidumbre de la sociedad, el único valor que trasciende la ambigüedad y la duda». En los antiguos países comunistas esta inseguridad y desorientación pueden derivar del colapso de la predecible economía planificada y de la seguridad social inherente a ella. En Occidente hay otras formas de desorientación e inseguridad que han ido construyéndose durante las pasadas décadas, en las que el mundo y la humanidad han cambiado más rápida y profundamente que nunca antes en toda la historia humana. ¿Es casualidad que el separatismo quebequés como factor político importante haya surgido al final de una década en la que una comunidad tradicional, católica, piadosa y eclesiástica que había conservado los valores de los campesinos franceses del siglo XVII diera paso de forma repentina a una sociedad en la cual las personas ya no iban a la iglesia y la tasa de natalidad cayera casi en vertical?

Después de dos generaciones, cuando contingentes de campesinos se han convertido en contingentes de habitantes de ciudades, cuando las relaciones entre generaciones, y cada vez más entre sexos se han transformado y la antigua sabiduría parece irrelevante para los problemas actuales, el mundo está lleno de personas que anhelan algo que siga pareciendo una vieja e indiscutible certeza. No sorprende que en estas épocas la gente recurra a la identidad de grupo, de la cual la identidad nacional es una forma, o que la demanda de una unidad política exclusiva para los miembros del grupo, en la forma de Estados nación étnico-lingüísticos, pase a primer plano una vez más.

Sin embargo, aunque podamos comprender las fuerzas que conducen a un renacimiento de la política de la conciencia nacional, e incluso simpatizar con los sentimientos que la inspiran, no debemos hacernos ilusiones. Sumar otras cuantas decenas a los Estados miembros de las Naciones Unidas no les proporcionará a ninguno de ellos ningún control suplementario sobre sus asuntos del que tenían antes de ser independientes. No resolverá ni reducirá los problemas de autonomía cultural o de cualquier otro tipo que hay en el mundo más de lo que lo hizo en 1919. Crear Estados nación sobre el modelo posterior a la primera guerra mundial no es necesariamente un pasaporte para el desastre. Entre los nuevos Estados nación en potencia bien puede haber una o dos futuras Suizas o Países Bajos, bastiones de la tolerancia, la democracia y la civilización. Pero ¿quién, mirando a Serbia y Croacia, a Eslovaquia y Lituania, a Georgia, Quebec y a los demás, podría esperar hoy que muchos de los Estados nación recién separados siguieran esta vía? ¿Y quién esperaría que una Europa con todos estos Estados nuevos fuese una zona de paz?

Capítulo 23

EL REPLANTEAMIENTO DEL NACIONALISMO*

La presente compilación de estudios confirma, pese a algún solapamiento ocasional, la posición de Brubaker como uno de los autores más destacados dentro de la nueva generación de académicos que se dedican al ahora muy amplio campo del nacionalismo. En todo caso, quienes mejor aprecian los méritos de este autor son los historiadores, ya que su análisis siempre se basa, o se documenta, en estudios comparativos de casos. La obra consta de seis ensayos. Al capítulo titulado «Rethinking Nationhood: Nation as Institutionalized Form, Practical Category, Contingent Event» (Repensar la nacionalidad: La nación como forma institucionalizada, categoría práctica y acontecimiento contingente) le siguen estudios sobre el legado nacionalista de la URSS que han heredado sus sucesores, complementados por tres ensayos que desarrollan el tema de la interacción entre «las minorías nacionales, los nuevos Estados nación en los que viven, y las "patrias" externas a las que pertenecen». Estos nuevos Estados nación también se ven ensombrecidos por el problema de la antigua Unión Soviética, el cual se aborda en el último capítulo dedicado a las «Aftermaths of Empire and the Unmixging of Peoples» (Consecuencias del imperio y de la separación de los pueblos), es decir, a la homogeneización étnica mediante la migración y el terror.

Aunque, en teoría, el marco de referencia del autor es mundial, en la práctica los estudios se limitan a la Europa central y oriental y,

* Reseña de *Nationalism Reframed: Nationhood and the National Question in the New Empire*, de Roger Brubaker.

en realidad, a las consecuencias étnico-políticas del desmembramiento de los grandes imperios multiétnicos europeos tras las dos guerras mundiales y después de 1989: el otomano, el de los Habsburgo, el ruso —cuya caída fue pospuesta durante tres cuartos de siglo por la Revolución de Octubre— y del teóricamente monoétnico Imperio alemán, cuyas conquistas lo convirtieron breve y desastrosamente en pluriétnico. En concreto, el libro se centra en Rusia. Es mucho más superficial, aunque excelente, cuando se ocupa de la explosiva zona de los Balcanes.

Por tanto, la obra tiene un enfoque geográfica e históricamente específico. Incluso en Europa, las cuestiones que no pueden encajar en el patrón de los tres grandes colapsos del siglo XX tampoco encajan del todo en la estructura del libro; por ejemplo, el nacionalismo étnico neoseparatista que se ha convertido en un factor político de los antiguos Estados nación occidentales, como Gran Bretaña o incluso Suiza, mucho antes de que este tipo de nacionalismo empezase a devastar la zona comunista.

El enfoque restringido de estos ensayos limita su interés práctico más que teórico. «La tarea analítica que tenemos entre manos —afirma Brubaker— es pensar sobre el nacionalismo sin naciones»; es decir, sin suponer que la «nación» existe como un tipo de entidad real o colectividad sustancial. Siguiendo a Bourdieu, el autor considera que el nacionalismo es algo «producido —o mejor dicho... inducido— por ámbitos políticos de ciertos tipos», y estos, más que las propiedades de las colectividades, gobiernan sus dinámicas. Para entender lo que ha sucedido en la Europa poscomunista, todo lo que los analistas necesitan saber es que «como categoría de visión y división social, la nación ha alcanzado mucha resonancia y está al alcance de todos, aunque de manera desigual» en el mundo moderno. Ciertamente, este es el caso en Europa, y se puede argumentar que, al igual que otras innovaciones occidentales, todavía está conquistando el resto del mundo. Cómo la nación llegó a convertirse en una «categoría práctica» no es inmediatamente relevante para el objetivo que persigue el autor, aunque con claridad es consciente de los complejos debates sobre la forma en que llegó a serlo en la URSS.

Sin embargo, la disponibilidad —tanto práctica como emocional— de la categoría «nación» en su forma occidental clásica no puede darse por supuesta, pese a que la categoría «Estado territorial soberano» sigue ahí y, a través de los censos con clasificaciones étnicas y de los conflictos entre los gobiernos y las selecciones deportivas nacionales, se mantiene viva. ¿Podrían describirse adecuadamente el BJP (Partido Bharatiya Janata) indio, Hamás o los talibanes como un nacionalismo teñido de religión, como el catolicismo de los nacionalistas irlandeses o polacos? Las diásporas étnicas se extienden por todo el mundo; el «nacionalismo de la patria» no. Como señala el propio Brubaker, Estados Unidos, por su estructura, no es adecuado para las «minorías nacionales» del tipo europeo. Su teórico escepticismo global sobre la «nación» no puede ocultar en la práctica una perspectiva eurocéntrica.

Sin embargo, la postura teórica de Brubaker le permite concentrarse en ciertos aspectos generales importantes y desatendidos del problema. El más candente de ellos es «la nacionalidad como un evento, como algo que cristaliza de repente», como se ejemplificó de manera trágica durante el desmoronamiento de Yugoslavia y de la URSS. Es igualmente perceptivo acerca de las peculiaridades del nacionalismo de los «pueblos estatales» en sociedades multinacionales, como los rusos, o para el caso los ingleses, para quienes ser ruso —o inglés— solo era algo que, de manera incidental, los distinguía de los finlandeses o de los escoceses, pero fundamentalmente una identidad superétnica generalizada que, de hecho, se vio reforzada por la diversidad de pueblos que se casaban entre sí y que vivían bajo un zar o una reina. El autor ve la asimetría del discurso nacionalista entre los rusos y otras nacionalidades que se definen contra los rusos como un pueblo distinto. (Como Brubaker señala, a diferencia del inglés, la lengua rusa distingue entre la descripción territorial-política y la etnolingüística de su pueblo.) Solo hoy los rusos, ingleses y españoles se ven obligados a pensar en sí mismos como «naciones» del mismo modo que lo hacen los polacos, escoceses y catalanes. Y no está nada claro cómo lo van a hacer. También, dicho sea de paso, nos recuerda que, sobre todo en los Balcanes, «en el prolongado transcurso de la separación migratoria postimperial, las fases de mayor intensidad han estado en su mayor parte estrechamente vinculadas a la violencia real o amenazada, especialmente durante o inmediatamente después de las guerras». En otras palabras, si usted desea que la injusticia étnica se transforme en expulsión masiva y genocidio, la mejor manera de hacerlo es iniciar una guerra. Por desgracia, en 1999 es demasiado tarde para aprender esta lección.

NOTAS

Introducción

1. Citado en Richard Evans, *Eric Hobsbawm: A Life in History*, Londres, 2019, p. 551.

2. Eric Hobsbawm, *Interesting Times*, Londres, 2002, pp. 55-56. [Hay trad. cast.: *Años interesantes*, Crítica, Barcelona, 2003.]

3. Eric Hobsbawm, *On History*, Londres, 1998, p. 7. [Hay trad. cast.: *Sobre la historia*, Crítica, Barcelona, 1998.]

4. Eric Hobsbawm, *Nations and nationalism since 1780. Programme, Myth, Reality*, 2.ª edición, Cambridge, 1990, pp. 12-13. [Hay trad. cast.: *Naciones y nacionalismo desde 1780,* Crítica, Barcelona, 2000.]

5. *On History*, p. 6.

6. Eric Hobsbawm, *The Age of Capital*, Londres, 1975. [Hay trad. cast.: *La era del capital*, Crítica, Barcelona, 1997.]

7. Mass-producing traditions: Europe, 1870-1914, en *The Invention of Tradition*, Cambridge, 1983.

8. Eric Hobsbawm, *The Age of Empire 1875-1914*, Londres, 1987, p. 159. [Hay trad. cast.: *La era del imperio*, Crítica, Barcelona, 1997.]

9. *The Age of Capital*, p. 106.

10. *On History,* p. 9.

11. *The Age of Capital*, p. 117.

12. Michael Grove: «All pupils will learn our island history», 5 de octubre de 2010, htpp://conservative-speeches.sayit.mysociety.org/speech/601441.

13. J. E. E. D. Acton, «Nationality», en J. N. Figgis y R. V. Laurence (eds.), *The History of Freedom and Other Essays*, Londres, 1907, pp. 270-275.

14. Ernest Renan, *Qu'est-ce qu'une Nation?*, disponible en línea en francés en http://www.rutebeuf.com/textes/renan01.html y en inglés en http://ig.cs.tu-berlin.de/oldstatic/w2001/eu1/dokumente/Basistexte/Renan1882EN.Nation.pdf (el subrayado es mío).

15. *On History*, p. 35.

16. Friedrich Nietzsche, *Thus Spoke Zarathustra*, trad. J. R. Hollingdale, Londres, 2003, p. 75. [Hay trad. cast.: *Así habló Zaratustra*, Alianza, Madrid, 1972.]

17. «The Wisdom of Life», *The Essays of Arthur Schopenhauer*, 1890, cap. 4.

18. *The Age of Empire*, pp. 153-154. [Hay trad. cast.: *La era del imperio*, Crítica, Barcelona, 1997.]

19. *Ibid*, p. 155.

20. Philip Gabriel Eidelberg, *The Great Rumanian Peasant Revolt of 1907. Origins of a Modern Jacquerie*, Leiden, 1974, p. 204; Daniel Chirot, *Social Change in a Peripheral Society. The Creation of a Balkan Colony,* Nueva York, 1976, p. 150; Keith Hitchins, *Rumania. 1866-1947*, Oxford 1994, p. 178; Catherine Durandin, *Histoire des Roumains*, París, p. 192.

21. *Nations and Nationalism since 1780*, p. 192. [Hay trad. cast.: *Naciones y nacionalismo desde 1780*, Crítica, Barcelona, 2000.]

22. *The Age of Capital,* p. 120.

23. Eric Hobsbawm, «Socialism and Nationalism: Some Reflections on "The Break-up of Britain"», *New Left Review*, 105, 1977, pp. 3-23.

24. Benedict Anderson, *Imagined Communities: Reflections on the Origin and Spread of Nationalism*, Londres, 1991, p. 7. [Hay trad. cast.: *Comunidades imaginadas*, FCE, México, 1993.]

25. «Are All Tongues Equal?», pp. 261-275. «¿Todas las lenguas son iguales?», en esta compilación, cap. 17.

26. *Nations and Nationalism since 1780*, p. 112.

27. Véase Yakov M. Rabkin, «Language and Nationalism: Modern Hebrew in the Zionist Project», *Holy Land Studies*, 9:2, 2010, pp. 129-145.

28. *The Age of Empire*, p. 147.

Capítulo 2. El nacionalismo en la era de la revolución

1. Hoffmann von Fallersleben, «Der Deutsche Zollverein», en *Unpolitische Lieder.*

2. G. Weill, *L'énseignement sécondaire en France 1802-1920*, 1921, p. 72.

3. E. de Laveleye, *L 'instruction du peuple,* 1872, p. 278.

4. F. Paulsen, *Geschichte des Gelehrten Unterrichts,* 1897, II, p. 703; A. Daumard, «Les élèves de l'École polytechnique 1815-1848», *Revue d'Histoire Moderne et Contemporaine,* V., 1958. El número total de estudiantes alemanes y belgas en un semestre de los primeros años de la década 1840-1850 era de unos 14.000. J. Conrad, «Die Frequenzverhältnisse der Universitäten der hauptsächlichen Kulturländer», *Jahrbücher für Nationalökonomie und Statistik,* LVI, 1895, pp. 376 y ss.

5. L. Liard, *L'énseignement supérieur en France 1789-1889,* 1888, pp. 11 y ss.

6. Paulsen, *op. cit.*, II, pp. 690-691.

7. *Handwörterbuch d. Staatswissenschaften,* 2.ª ed., artículo «Buchhandel».

8. Laveleye, *op. cit.*, p. 264.

9. W. Wachsmuth, *Europäische Sittengeschichte,* V, 2 (1839), pp. 807-808.

10. El movimiento sij sigue siendo *sui generis* hasta la fecha. La tradición de combativa resistencia hindú en Maharastra hizo de esta región un primitivo centro de nacionalismo indio y suministró algunos de sus primeros —y muy tradicionalistas— líderes, de los que el más importante fue B. G. Tilak; pero esto era un matiz regional y no predominante en el movimiento. Algo como el nacionalismo maratha puede existir hoy todavía, pero su base social es la resistencia de la gran masa de trabajadores y de la más modesta clase media a los gujaratis, hasta hace muy poco dominantes económica y lingüísticamente.

11. Es significativo que el actual régimen yugoslavo haya fraccionado la que acostumbraba a llamarse nación serbia en las repúblicas subnacionales y unidades —mucho más realistas— de Serbia, Montenegro, Macedonia y Kosovo Metohija. Para los patrones lingüísticos del nacionalismo decimonónico, la mayor parte de estos territorios pertenecían a un solo pueblo «serbio», salvo los macedonios, que estaban más cerca de los búlgaros, y la minoría albanesa en Kosmet. Pero, de hecho, nunca constituyeron un solo nacionalismo serbio.

12. J. Sigmann, «Les radicaux badois et l'idée nationale allemande en 1848», *Études d'Histoire Moderne et Contemporaine,* II, 1943, pp. 213-214.

13. J. Miskolczy, *Ungarn und die Habsburger-Monarchie,* 1959, p. 85.

Capítulo 3. La construcción de naciones en la era del capital

1. Walter Bagehot, *Physics and Politics,* Londres, 1873, pp. 20-21.

2. Ningún inglés, francés o alemán contemporáneo puede leer las obras literarias del siglo XIV escritas en sus países sin aprender gran parte de un idioma distinto; sin embargo, todos los italianos cultos pueden leer hoy a Dante con menos dificultad que los hablantes de inglés moderno pueden leer a Shakespeare.

3. Citado en D. Mack Smith, *Il Risorgimento Italiano,* Bari, 1968, p. 422.

4. Debemos diferenciar esta actitud de la de los revolucionarios sociales que, al menos en nuestro período, no dieron ningún gran significado al nacionalismo, y por lo mismo tuvieron de él una visión puramente funcional. Para Marx, el nacionalismo húngaro y polaco de 1848 era bueno porque se movilizó en el bando de la revolución, y el nacionalismo checo y croata malo porque objetivamente se promovió en el partido de la contrarrevolución. Sin embargo, no podemos negar que existía un elemento de nacionalismo de gran nación en tales actitudes, aspecto que fue muy evidente en los revolucionarios franceses de elevado chovinismo (sobre todo en los blanquistas), y de difícil negación incluso en Friedrich Engels.

5. Tullio de Mauro, *Storia linguistica dell'Italia unita*, Bari, 1963.

6. El sionismo, debido al extremismo de sus pretensiones, ilustra esto con claridad, ya que implicó la conquista de un territorio y la invención de una lengua y la secularización de las estructuras políticas de un pueblo cuya unidad histórica consistió exclusivamente en la práctica de una religión común.

7. J. Kořalka, «Social problems in the Czech and Slovak national movements», en Commission Internationale d'Histoire des Mouvements Sociaux et des Structures Sociales, *Mouvements Nationaux d'lndépendance et Classes Populaires,* París, 1971, I, p. 62.

8. J. Conrad, «Die Frequenzverhältnisse der Universitäten der hauptsächlichsten Kulturländer», *Jahrbücher für Nationalökonomie und Statistik,* 3.ª ser., I, 1891, pp. 376 y ss.

Capítulo 4. Banderas al viento en la era del Imperio

1. Véase Georges Haupt, Michel Lowy y Claude Weill, *Les Marxistes et la question nationale 1848-1914: études et textes*, París, 1974.

2. E. Brix, *Die Umgangsprachen in Altösterreich zwischen Agitation und Assimilation: Die Sprachenstatistik in den zisleithanischen Volkszählungen 1880-1910*, Viena, Colonia y Graz, 1982, p. 97.

3. H. Roos, *A History of Modern Poland*, Londres, 1966, p. 48.

4. Lluís García i Sevilla, «Llengua, nació i estat al diccionari de la Reial Academia Espanyola», *L'Avenç,* Barcelona (16 de mayo de 1979), pp. 50-55.

5. Hugh Seton-Watson, *Nation and States*, Londres, 1977, p. 85.

6. *Harvard Encyclopedia of American Ethnic Groups*, «Naturalization and Citizenship», p. 747.

7. Benedict Anderson, *Imagined Communities: Reflections on the Origins and Spread of Nationalism*, Londres, 1983, pp. 107-108. [Hay trad. cast.: *Comunidades imaginadas*, FDC, México, 2007.]

8. C. Bobinska y Andrzej Pilch (eds.), *Employment-seeking Emigrations of the Poles World-Wide XIX and XX* C, Cracovia, 1975, pp. 124-126.

9. Wolfgang J. Mommsen, *Max Weber and German Politics 1890-1920,* Chicago, 1984, pp. 54 y ss.

10. Lonn Taylor e Ingrid Maar, *The American Cowboy*, Washington D. C., 1983, pp. 96-98.

11. Hans Mommsen, *Nationalitätenfrage und Arbeiterbewegung*, Schriften aus dem Karl-Marx-Haus, Tréveris, 1971, pp. 18-19.

12. *History of the Hungarian Labour Movement. Guide to the Permanent Exhibition of the Museum of the Hungarian Labour Movement*, Budapest, 1983, pp. 31 y ss.

13. Marianne Heiberg, «Insiders/Outsiders; Basque Nationalism», *Archives Européennes de Sociologie*, XVI, 1975, pp. 169-193.

14. A. Zolberg, «The Making of Flemings and Walloons: Belgium 1830-1914», *Journal of Interdisciplinary History*, V (1974), pp. 179-235; H.-J. Puhle, «Baskischer Nationalismus im spanischen Kontext», en H. A. Winkler (ed.), *Nationalismus in der Welt von Heute,* Gotinga, 1982, especialmente pp. 60-65.

15. Enciclopedia Italiana, «Nazionalismo».

16. Peter Hanak, «Die Volksmeinung während den letzten Kriegsjahren in Österreich-Ungarn», en R. G. Plaschka y K. H. Mack, eds., *Die Auflösung des Habsburgerreiches: Zusammenbruch und Neuorientierung im Donauraum,* Viena, 1970, pp. 58-67.

Capítulo 6. La invención de las tradiciones nacionales

1. Véase por ejemplo G. Tihon, «Les religieuses en Belgique du XVIIIe au XXe siècle: Approche Statistique», *Belgisch Tijdschrift* v. *Nieuwste Geschiedenis/ Revue Belge d'Histoire Contemporaine,* VII, 1976, pp. 1-54.

2. Karsten Bahnson, *Akademische Auszüge aus deustschen Universitäts und Hochschulorten*, Saarbrücken, 1973.

3. Se registran diecisiete éxodos durante el siglo xviii, cincuenta en el período 1800-1848, pero solo seis de 1848 a 1973.

4. Rudolf Braun, *Sozialer und kultureller Wandel in einem ländlichen Industriegebiet im 19. und 20. Jahrhundert*, cap. 6, Erlenbach-Zúrich, 1965.

5. Rudolf Braun, *op. cit.,* pp. 336-337.

6. A. L. Lloyd, *Folk Song in England*, Londres, 1969, pp. 134-138.

7. Hay que distinguir este caso del renacimiento de la tradición destinada a objetivos que realmente demuestran estar en crisis. «La recuperación del viejo vestido regional de los campesinos (hacia 1900), de sus danzas populares y de rituales similares para las ocasiones festivas no fue un hecho burgués ni tradicionalista. A simple vista se podría ver como añoranza nostálgica de la vieja cultura que estaba desapareciendo rápidamente, pero en realidad era la demostración de una identidad de clase por medio de la cual los campesinos prósperos podían distanciarse a sí mismos en sentido horizontal con relación a los ciudadanos y en sentido vertical de los arrendatarios, los artesanos y los trabajadores rurales.» Palle Ove Christiansen, «Peasant Adaptation to Bourgeois Culture? Class Formation and Cultural Redefinition in the Danish Countryside», *Ethnologia Scandinavica*, 1978, p. 128. Véase también G. Lewis, «The Peasantry, Rural Change and Conservative Agrarianism: Lower Austria at the Tura of the Century», *Past & Present*, 81, 1978, pp. 119-143.

8. Patrick Joyce, «The Factory Politics of Lancashire in the Later Nineteenth Century», *Historical Journal,* XVIII, 1965, pp. 525-553.

9. Helmut Hartwig, «Plaketten zum 1. Mai 1934-39», *Aesthelik und Kommunikation,* VII, 26, 1976, pp. 56-59.

10. P. H. J. H. Gosden, *The Friendly Societies in England, 1815-1875,* Manchester, 1961, pp. 123, 119.

11. J. E. C. Bodley, *The Coronation of Edward the VIIth: A Chapter of European and Imperial History*, Londres, 1903, pp. 201, 204.

12. Comentario del gobierno oficial indio, citado en R. Firth, *Symbols, Public and Private*, Londres, 1973, p. 341.

13. Frederick Marshall, *Curiosities of Ceremonials, Titles, Decorations and Forms of International Vanities*, Londres, 1880, p. 20.

14. Por no mencionar la transformación de los rituales de larga duración y los signos de uniformidad y cohesión en modas de cambio rápido, en el vestido, el lenguaje, las prácticas sociales, etc., como en las jóvenes culturas de los países industrializados.

15. John W. Cole y Eric Wolf, *The Hidden Frontier: Ecology and Ethnicity in an Alpine Valley*, Nueva York y Londres, 1974, p. 55.

16. Para la popularidad de libros sobre este tema y otras materias históricas militantes en las librerías de los obreros alemanes, véase H.-J. Steinberg, *Sozialismus und deutsche Sozialdemokratie. Zur Ideologie der Partei vor dem ersten Weltrieg*, Hannover, 1967, pp. 131-133.

17. Hay razones bien firmes de por qué los participantes en los niveles más bajos no suelen contemplar los acontecimientos históricos que viven como los niveles más altos o los historiadores. Se podría llamar a esto (siguiendo al protagonista de *La Cartuja de Parma* de Stendhal) «el síndrome Fabrice».

18. Por ejemplo, Alice Gérard, *La Révolution Française: Mythes et Interprétations, 1789-1970*, París, 1970.

Capítulo 7. La producción de las tradiciones «nacionales»

1. G. L. Mosse, «Caesarism, Circuses and Moements», *Journal of Contemporary History*, VI, n.º 2 (1971), pp. 167-82; G. L. Mosse, *The Nationalisation of the Masses: Political Symbolism and Mass Movements in Germany from the Napoleonic Wars through the 3rd Reich*, Nueva York, 1975; T. Nipperdey, «Nationalidee und Nationaldenkmal in Deutschland im 19, Jahrhundert», *Historische Zeitschrift* (junio 1968), pp. 529-585, especialmente notas 543 y 579.

2. Eugen Weber, *Peasants into Frenchmen: The Modernization of Rural France, 1870-1914*, Stanford, 1976.

3. Esto se demostró de modo conclusivo en 1914 cuando los partidos socialistas de la Segunda Internacional, que no solo reivindicaban ser esencialmente internacionales en su ámbito, sino que, de hecho, muchas veces se consideraban a sí mismos

oficialmente nada más que como secciones nacionales de un movimiento global («Section Française de l'International Ouvrière»).

4. Graham Wallas, *Human Nature in Politics*, Londres, 1908, p. 21.

5. Émile Durkheim, *The Elementary Forms of the Religious Life*, Londres, 1976. Publicado por primera vez en francés en 1912.

6. J. G. Frazer, *The Golden Bough*, 3.ª edición, Londres, 1907-1930; F. M. Corford, *From Religion to Philosophy: A Study of the Origins of Western Speculation*, Londres, 1912.

7. Jean Touchard, *La Gauche en France depuis 1900*, París, 1977, p. 50.

8. M. Agulhon, «Esquisse pour une Archéologie de la République; l'Allégorie Civique Féminine», *Annales ESC*, XXVIII (1973), pp. 5-34; M. Agulhon, *Marianne au Combat: l'Imagerie et la Symbolique Républicaines de 1789 à 1880,* París, 1979.

9. Sanford H. Elwitt, *The Makin of the 3rd Republic: Class and Politics in France, 1868-84*, Baton Rouge, 1975.

10. Georges Duveau, *Les Instiuteurs*, París, 1957; J. Ozouf (ed.), *Nous les Maîtres d'École: Autobiographies d'Instituteurs de la Belle Époque*, París, 1967.

11. Alice Gérard, *La Révolution Française: Mythes et Intérpretations, 1789-1970*, París, 1970, cap. 4.

12. Charles Rearick, «Festivals in Modern France: The Experience of the 3rd Republic», *Journal of Contemporary History,* XII, núm. 3 (julio 1977), pp. 435-460; Rosemonde Sanson, *Les 14 Juillet, Fête et Conscience Nationale, 1789-1975*, París, 1976, con bibliografía.

13. Para las intenciones políticas del año 1889, véase Debora L. Silverman, «The 1889 Exhibition: The Crisis of Bourgeois Individualism», *Oppositions, A Journal for Ideas and Criticism in Architecture* (primavera, 1977), pp. 71-91.

14. M. Agulhon, «La Statuomanie et l'Historie», *Ethnologie Française,* núms. 3-4 (1978), pp. 3-4.

15. M. Agulhon, «Esquisse pour une Archéologie de la République; l'Allégorie Civique Féminine», *Annales ESC*, XXVIII (1973), pp. 5-34.

16. Whitney Smith, *Flags through the Ages*, Nueva York, 1975, pp. 116-118. La bandera nacionalista negra-roja-dorada parece haber surgido del movimiento estudiantil del período posnapoleónico, pero se estableció claramente como la bandera del movimiento nacional en 1848. La resistencia a la República de Weimar redujo su bandera nacional a una bandera de partido —de hecho, los militantes del partido socialdemócrata la tomaron como su bandera «Reichsbanner», a pesar de que la derecha antirrepublicana estaba dividida entre la bandera imperial y la nacionalsocialista, que había abandonado el tradicional diseño tricolor, posiblemente a causa de que se asociaba con el liberalismo decimonónico, o posiblemente porque no era suficientemente indicativa de la ruptura radical con el pasado—. Sin embargo, mantuvo el esquema básico de los colores del Imperio bismarckiano (negro-blanco-rojo), aunque acentuaba el rojo, símbolo de los movimientos laborales y socialistas. La Repú-

blica Federal y la Democrática volvieron a los colores de 1848, la primera sin añadidos, la segunda con un adecuado emblema adaptado del modelo básico del martillo y la hoz comunista y soviético.

17. Hans-Georg John, *Politik und Turnen: die deutsche Turnerschaft als nationale Bewegung im deutschen Kaiserreich von 1871-1914*, Ahrensberg bei Hamburg, 1976, pp. 41 y ss.

18. «El destino determina que, contra su naturaleza, debería convertirse en un monumental escultor, que celebraría la idea imperial de Guillermo II en monumentos gigantes de piedra y de bronce, en un lenguaje de imaginería y *pathos* sobredramatizado», Ulrich Thieme y Felix Becker, *Allgemeines Lexikon der bildenen Künstler von der Anlike bis zur Gegenwart*, Leipzig, 1907-1950, III, p. 185. Véase también, en general, las entradas Begas, Schilling, Scmitz.

19. John, *Politik und Turnen...*, Nipperdey, «Nationalidee», pp. 577 y ss.

20. J. Surel, «La Première Image de John Bull, Bourgeois Radical, Anglais Loyaliste (1779-1815)», *Le Mouvemente Social,* CVI (Enero-Marzo, 1979), pp. 65-84, Herbert M. Atherton, *Political Prints in the Age of Hogarth*, Oxford, 1974, pp. 97-100.

21. Heinz Stallmann, *Das Prinz-Heinrichs-Gymnasium zu Schöneberg, 1890-1945. Geschichte einer Schule*, Berlín, *S.f.,* 1965.

22. H.-U. Wehler, *Das deutsche Kaiserreich, 1871-1918*, Gotinga, 1973, pp. 107-110.

23. Aún hay que escribir la historia de estas festividades, pero parece claro que se institucionalizó a escala nacional en el último tercio del siglo XIX. G. W. Douglas, *American Book of Days*, Nueva York, 1937; Elizabeth Hough Sechrist, *Red Letter Days. A Book of Holiday Customs*, Filadelfia, 1940.

24. R. Firth, *Symbols, Public and Private, Londres*, 1973, pp. 358-359; W. E. Davies, *Patriotism on Parade: The Story of Veterans and Hereditary Organisations in America 1783-1900*, Cambridge, Mass., 1955, pp. 218-222; Douglas, *American Book of Days*, pp. 326-327.

25. El «jubileo», excepto en su sentido bíblico, era anteriormente solo el 50.º aniversario. No hay ninguna evidencia anterior al siglo XIX de que los centenarios, únicos o múltiples, mucho menos los aniversarios de menos de cincuenta años, fuesen ocasión de celebración pública. El *New English Dictionary* (1901) observa en la entrada «jubileo» que fue «especialmente frecuente en las dos últimas décadas del siglo XIX en referencia a dos "jubileos" de la reina Victoria en 1887 y en 1897, el jubileo suizo de la Unión Postal en 1900 y otras celebraciones», p. 615.

26. John, *Politik und Turnen...*, p. 107 y ss.

27. W. F. Mandle, «Sport as Politics. The Gaelic Athletic Association 1884-1916», en R. Cashman y M. McKernan (eds.), *Sport in History*, Queensland U. P., St Lucia, 1979.

28. John Roselli, «The Self-Image of Effeteness: Physical Education and Nationalism in 19th Century Bengal», *Past and Present,* 86 (1980), pp. 121-148.

29. Sería interesante, en países cuya lengua permita la distinción, investigar los cambios en el uso social común de la segunda persona del singular, símbolo de la fraternidad social además de la intimidad personal. En las clases más altas, es habitual su uso entre los compañeros de escuela (y, como en el caso de los estudiantes politécnicos franceses, entre exalumnos), los colegas de oficina y casos similares. Leo Uhen, *Gruppenbewusstsein und informelle Gruppenbildung bei deutschen Arbeitern im Jahrhundert der Industrialisierung* (Berlín, 1964), pp. 106-107. Los movimientos proletarios lo institucionalizaron entre sus miembros («Dear Sir and Brother»).

30. Richard Price, *An Imperial War and the British Working-Class: Working-Class Attitudes and Reactions to the Boer War, 1899-1902*, Londres, 1972, pp. 72-73.

31. Hay que hacer notar que en Alemania, las Korps estudiantiles elitistas se resistieron a los principios antisemitas, no como las asociaciones no elitistas, a pesar de que de hecho los aplicaban (Grieswelle, «Die Soziologie...», p. 353). De un modo similar, el antisemitismo se impuso en el movimiento gimnasta alemán por medio de la presión desde abajo, en contra de la resistencia del liderazgo burgués-nacional del movimiento (John, *Politik und Turnen...*, p. 65).

32. *Ibid.,* p. 37.

33. El más brillante de estos uniformes parece haber sido las camisas azules y las corbatas rojas de los movimientos de juventudes socialistas. No conozco ningún caso de camisas rojas, naranjas o amarillas, o de una vestimenta ceremonial auténticamente multicolor.

34. Véase *Wasmuth's Lexikon der Baukunst*, Berlín, 1932, IV: «Stadthalle», W. Sharau-Wils, *Gebäude und Gelände für Gymnastik, Spiel und Sport*, Berlín, 1925, D. R. Knight, *The Exhibitions: Great White City*, Shepherds Bush, Londres, 1978.

35. Carl Schorske, *Fin de Siècle Vienna: Politics and Culture*, Nueva York, 1980, cap. 2.

36. Véase Alastari Service, *Edwardian Architecture: A Handbook to Building Design in Britain, 1890-1914*, Londres, 1977.

37. El profesionalismo implicaba un nivel de especialización ocupacional y un «mercado» a duras penas disponible, si es que había alguno, entre la población rural establecida. Los deportistas profesionales eran criados o proveedores de las clases más altas (jinetes, guías de montaña) o bien eran adscritos a las competiciones *amateurs* de las clases altas (profesionales del críquet). La diferencia más sorprendente entre los juegos de clase alta y los de clase media no era económica —aunque algunos cazadores furtivos vivían de ello— sino legal. Así lo expresaban las «Reglas del Juego».

38. Se ha observado una correlación weberiana entre el deporte y el protestantismo en Alemania hasta 1960. G. Lúschen, «The Interdependence of Sport and Culture», en M. Hart (ed.), *Sport in the Sociocultural Process*, Dubuque, 1976.

39. Véase Blas Matamoro, *La ciudad del tango*, Tango Histórico y Sociedad, Buenos Aires, 1969.

40. Geoffrey Eley, *Re-Shaping the German Right*, Yale U. P, Londres y New Haven, 1980.

Capítulo 9. El internacionalismo de la clase obrera

1. Friedrich Engels, «The Civil War in Switzerland, (1847)», en Karl Marx y Friedrich Engels, *Collected Works*, vol. 6, Moscú, 1976, pp. 367-374, p. 372.

2. Karl Marx y Friedrich Engels, «Manifesto of the Communist Party», en Marx y Engels, *Collected Works*, pp. 419-477, 488. [Hay trad. cast.: *Manifiesto comunista*, Ayuso, Madrid, 1974.]

3. Engels, *op. cit.*, p. 373.

4. Marx y Engels, *op. cit.*, pp. 495, 502, 503.

5. *Ibid.*, p. 503.

6. Friedrich Engels, «The Festival of Nations in London (To Celebrate the Establishment of the French Republic, September 22, 1792)», 1845, en Marx y Engels, *Collected Works*, vol. 6, pp. 3-14.

Capítulo 10. Los problemas de definición del nacionalismo

1. Dankwart Rustow, «Nation», en la *International Encyclopedia of the Social Sciences*, vol. 2, Nueva York, 1968.

2. Mazzini contemplaba: (1) Una península ibérica unida compuesta por España y Portugal; (2) una península escandinava unida compuesta por Noruega, Suecia y Dinamarca; (3) un Reino Unido de Inglaterra, Escocia e Irlanda; (4) Italia; (5) una «Confederación Alpina» uniendo Suiza con Saboya, el Tirol alemán, Carintia y Eslovenia (¡!); (6) una confederación de los pueblos balcánicos bajo la presidencia de Grecia, con capital en Constantinopla, que incluiría a Grecia, Albania, Macedonia, Rumelia, Bosnia, Serbia y Bulgaria; (7) una federación danubiana de Hungría, la raza rumana —entre la cual aparentemente incluyó a los habitantes de Herzegovina— y Bohemia; (8) Alemania, incluyendo Holanda y Flandes; (9) Francia, incluyendo la Bélgica valona; (10) Rusia y (11) Polonia, dividiéndose entre ellas «el resto» y asociadas la una con la otra. Véase Denis Mack Smith, *Il Risorgimento*, Bari, 1968, p. 422.

3. Podemos ilustrar este punto con un ejemplo real de conflicto entre ambos. En 1914 un barón báltico, procedente de una familia asentada en Curlandia desde el siglo XV, se encontró, como alemán, dando clases en una universidad alemana.

Como al mismo tiempo era oficial en la reserva de un regimiento de la caballería imperial rusa, volvió a San Petersburgo sin dudarlo un momento para combatir y matar a sus compatriotas, basándose en que «la lealtad al señor es más importante que la lealtad a la sangre». El argumento, totalmente convincente para un noble feudal, resulta inconcebible para un nacionalista. Lo importante del asunto es que un hombre suficientemente «nacional» para considerar a Alemania y a todos los alemanes como sus «parientes», simplemente no aceptase que su nacionalidad tenía las implicaciones políticas que el nacionalismo da por descontadas. Por el contrario, en 1940, el gobierno británico, al internar a todos los inmigrantes alemanes (incluyendo a judíos y a refugiados políticos) en masa, actuó a partir del supuesto puramente «nacionalista» según el cual a menos que hubiera pruebas irrefutables de lo contrario, debía presumirse que «todo» alemán era primordialmente leal a «su» Estado nación.

4. Reinhard Bendix, *Nation-Building and Citizenship*, Londres, 1964.

5. El federalismo no invalida la argumentación. En el caso de que Europa occidental constituyese una federación, lo cual es improbable, los nacionalismos locales serían sustituidos por —o subordinados a— un «europeísmo» más amplio, del mismo modo que las poderosas lealtades regionales de los habitantes de Texas lo han sido en favor del «americanismo», la lealtad a Estados Unidos. Pero esto dejaría de ser real o potencialmente nacionalista solo si hubiera una federación global.

6. Stein Rokkan, «Centre Formation, Nation-Building and Cultural Diversity: Report on a symposium organized by UNESCO», *Social Science Information*, 8:1, 1969, pp. 85-99.

7. A efectos coloquiales domésticos fue empleado por primera vez por el sionista socialista Ysrael Bar Yehuda (nacido Ysrael Idelson), quien, según la tradición, inventó el término hebreo para «nacionalismo» durante su viaje de emigración a Palestina.

8. Que, dada su universalidad, este lema se preste fácilmente a fines imperialistas o expansionistas no debería inducirnos a error. Ni siquiera el criterio más reduccionista de nacionalismo y «destino nacional» ha impedido nunca que se generasen aspiraciones y lemas expansionistas.

9. La mayor parte de los materiales útiles sobre Europa proceden de dos regiones: Escandinavia y la zona central del sureste europeo; es decir, los Estados básicamente socialistas que sucedieron a los imperios multinacionales decimonónicos de nuestro continente.

10. Miroslav Hroch, *Die Vorkaempfer der nationalen Bewegung bei der kleinen Voelkern Europas*, Praga, 1968; traducción al inglés *Social Preconditions of National Revival in Europe. A Comparative Analysis of the Social Composition of Patriotic Groups among the Smaller European Nations*, Cambridge, 1985.

11. Eric Wolf, *Peasant Wars of the Twentieth Century*, Nueva York, 1969.

12. Hroch, *op. cit.*, p. 160.

13. Como Hroch señala, todo esto implica un mayor grado que el actual de «comunicación social» en el sentido en que lo indica Deutsch (Karl Deutsch, *Nationalism and Social Communication*, Nueva York, 1953), tanto entre activistas «nacionales» y en regiones «nacionales». Pero acertadamente, en mi opinión, se niega a detener el análisis en este punto. Hroch, *op. cit.*, pp. 167-170.

14. Este no parece ser tanto el caso de Noruega, Finlandia y, tal vez, Flandes.

15. Hroch, *op.cit.*

16. Lo cual no les impide actuar como canales de difusión de nuevas ideas y métodos políticos que pueden influir en tales movimientos.

17. Los tres grandes imperios multinacionales (el zarista, el austrohúngaro y el otomano), contra los que se dirigía el grueso de los movimientos nacionales europeos hasta 1918, eran notorios anacronismos.

18. En general, «la nación» sustituye simbólicamente a las viejas estructuras comunitarias. Donde realmente llena el vacío tiende a hacerlo a un coste social desproporcionado. Como sabía muy bien el fascismo, los ejemplos más efectivos de una *Volksgemeinschaft* en funcionamiento ocurren cuando los miembros de una «nación» se movilizan en hostilidad común hacia los extranjeros, como en la guerra.

19. Ya sea que tales unidades se vuelvan dependientes *de facto* de una economía capitalista importante (neocolonialismo) o se fusionen en alguna unidad mayor de actividad económica, es probable que se infrinja su soberanía. Las excepciones que ocurren no invalidan esta generalización.

20. La mayoría de ellos daba por supuesto que el resto de las potenciales «naciones» se contentarían con ser asimiladas a los Estados nación, o con algo menos que la autonomía soberana, o estaban destinadas por el progreso histórico a desvanecerse. La discusión seria sobre la «cuestión nacional» empezó cuando estuvo claro que, por lo general, esto no sucedía.

21. Este ya es el caso de clasificaciones muy amplias de color (raza), cultura e historia, como el panafricanismo, el paneslavismo y el panlatinoamericanismo, que son reales pero que no tienen las implicaciones políticas de los nacionalismos tradicionales. Hasta el momento, todos los intentos de emplear tales clasificaciones como base para la formación de Estados han fracasado.

Capítulo 11. Estado, etnicidad y religión

1. Jonathan Spencer, *A Sinhala Village in a Time of Trouble: Politics and Change in Rural Sri Lanka*, Oxford, 1990.

CAPÍTULO 12. LA FRANJA CELTA

1. Excepto entre la cada vez más pequeña minoría de habitantes de las Highlands de habla gaélica, la lengua de la cultura y la administración ha sido durante mucho tiempo el inglés; el idioma coloquial, también utilizado hasta cierto punto en las *belles lettres*, pero sin ningún otro propósito literario, es un dialecto del inglés que no se diferencia claramente del idioma oficial más de lo que se diferencian la mayoría de los dialectos alemanes del alemán culto.

2. Así, en los valles de Rhondda, menos del 10 por ciento de la población no era galesa de nacimiento incluso en 1911; pero ya en 1901, el 35 por ciento era exclusivamente de habla inglesa (una cifra no muy diferente de las estadísticas menos completas disponibles para 1891), mientras que entre 1901 y 1911 el porcentaje de hablantes monolingües de la lengua galesa cayó del 11 a poco más del 4 por ciento.

3. Puede que no sea casualidad que la única parte industrializada de Irlanda, el noreste, no se uniera al resto del país en su demanda de independencia y siga siendo parte del Reino Unido.

4. De los 34 escaños en Gales y Monmouthshire, 31 fueron para los liberales, y de los 72 escaños de los escoceses, 51.

5. Es una cuestión a la que ahora (1968) podemos responder. Desde 1966, la desilusión causada por el gobierno laborista ha convertido tanto al nacionalismo escocés como al galés en grandes fuerzas electorales por primera vez en la historia.

6. En 1918, el laborismo obtuvo 10 escaños galeses; en 1922, 18; en 1925 obtuvo 25 de 35. En Escocia, la mayor oscilación —un producto combinado de la transferencia de votos irlandeses después de la independencia, la depresión y la memoria de la militancia de la época de la guerra— se produjo en 1922. En 1929, el partido ocupaba 37 de los 70 escaños, y su dominio de las tierras bajas industriales era bastante mayor. Ambas naciones siguieron siendo básicamente laboristas incluso en los períodos de triunfo conservador en Inglaterra.

7. J. Ramsay MacDonald fue, en una fase muy temprana de su carrera, secretario de una asociación Home Rule escocesa en Londres, pero esto fue antes de hacerse un nombre en la política británica.

CAPÍTULO 17. ¿TODAS LAS LENGUAS SON IGUALES?

1. Citado en Elie Kedourie, *Nationalism*, Londres, 1960, p. 76.

2. S. Thernstrom *et al.* (eds.), *Harvard Encyclopedia of American Ethnic Groups*, Cambridge, Mass., 1980, p. 632.

3. Rolf Wörsdörfer, «Etnizitaet» und Entnationalisierung», *Oester reichische Zeitschrift fur Geschichtswissenschaften*, 5, Jg 2/1994, p. 206.

4. Joshua Fishman, «Language Maintenance», en S. Thernstrom *et al.* (eds.), *op. cit.*, p. 636.

5. Björn Jernudd y Michael Saphiro (eds.), *The Politics of Language Purism*, Berlín, 1989, p. 218.

6. Paul Robert Magocsi, «The Birth of a New Nation or the Return of an Old Problem? The Rusyns of East Central Europe», *Canadian Slavonic Papers/Revue canadienne des slavistes*, 34:3, 1992, pp. 199-223.

Capítulo 19. Beneficios de la diáspora judía

1. Jacob Katz, *Out of the Ghetto: the social background of Jewish emancipation 1770-1870*, Harvard University Press, Cambridge, Mass., 1973, p. 26.

2. Katz, *Out of the Ghetto*, p. 34.

3. Simon Dubnow, *Die neueste Geschichte des jüdischen Volkes*, vol. IX, Jüdischer Verlag, Berlín, 1929, pp. 253 y ss.

4. Dubnow, *Die neueste Geschichte des jüdischen Volkes*, vol. VIII, Jüdischer Verlag, Berlín, 1930, p. 402; vol. IX, pp. 170 y ss.

5. Stephan Thernstrom (ed.), *Harvard Encyclopaedia of American Ethnic Groups art*, Belknap Press, Cambridge, Mass., 1980, lema «Jews», p. 573ii.

6. Dubnow, *Neueste Geschichte*, vol. VIII, pp. 263-264.

7. Peter Pukzer, «What about the Jewish non-intellectuals in Germany?», en S. Feiner (ed.), *Braun Lectures in the History of the Jews in Prussia*, Ramat Gan, Bar-Ilan University Press, 2001, n.º 7, p. 10.

8. Oskar Ansull citando a Fontane en *Ossietzky. Zweiwochenschrift* 24, Oldenburg, 2004.

9. Karl Emil Franzos, *Vom Don zur Donau*, Rütten & Loening, Berlín, 1970, pp. 383-395.

10. Dubnow, *Neueste Geschichte*, vol. VIII, p. 405.

11. Arthur Schnitzler, *Gesammelte Werke: Erzählende Schriften Band III*, Berlín, 1918, p. 82. [Hay trad. cast. de Paula Sánchez de Muniain: *Camino a campo abierto*, El Olivo Azul, Sevilla, 2007; y de Miguel Ángel Vega, *En busca de horizontes*, Cátedra, Madrid, 2009.]

12. Shulamit Volkov, «The dynamics of dissimilation: Ostjuden and German Jews», en J. Reinharz y W. Schatzberg (eds.), *The Jewish Response to German Culture from the Enlightenment to the Second World War*, University Press of New England, Hanover [N. Hamps.] y Londres, 1985. Para un buen ejemplo (las relaciones entre los emigrados alemanes y Hollywood), véase Michael Kater, «Die vertriebenen Musen», en H. Lehmann y O. G. Oexle (eds.), *Nationalsozialismus in den Kulturwissenschaften*, vol. 2, Vandenhoek & Ruprecht, Gotinga, 2004, pp. 505-506.

13. Gerald Stourzh, «Galten die Juden als Nationalität Altösterreichs?», en *Studia Judaica Austriaca X*, Eisenstadt, 1984, pp. 83-85, esp. 84. Véase también la nota 29, p. 94.

14. Yuri Slezkine, *The Jewish Century*, Princeton University Press, Princeton, 2004.

15. Una lista de trescientos estadounidenses eminentes, redactada en 1953 (Richard B. Morris, *Encyclopaedia of American History*, Nueva York, Harper, incluye a doce judíos (4 por ciento), pero todos ellos, salvo tres (marcados con un asterisco), pertenecen a la inmigración anterior a la década de 1880. Se trata de cuatro científicos (Boas, Cohn*, Michelson, Rabi*), dos juristas (Brandeis, Cardozo), dos editores de prensa (Ochs, Pulitzer), un «educador» (Flexner), un jefe sindicalista (Gompers), un magnate de los negocios (Guggenheim) y un compositor (Gershwin*). Una lista de esta clase, cincuenta años después, ¿habría omitido a todos los judíos de la lista de políticos, funcionarios, escritores y artistas?

16. Cf. Dr. A. von Guttry, *Galizien: Land und Leute*, Múnich y Leipzig: G. Müller, 1916, p. 93: «Die jüdische Intelligenz ist völlig im Polentum aufgegangen, ist von der polnischen Gesellschaft aufgenommen worden und gehört heute zum grossen Teil zu den geachtesten Mitgliedern derselben».

17. Corrado Vivanti (ed.), *Einaudi Storia d'Italia, Annali 11, Gli ebrei in Italia*, Grandi Opere, Turín, 1997, vol. II, pp. 1190 y 1625.

18. Daniel Snowman, *The Hitler émigrés: The Cultural Impact on Britain of Refugees from Nazism*, Pimlico, Londres, 2002, p. 326.

19. Gerd Hohorst, Jürgen Kocka y Gerhard A. Ritter, *Sozialgeschichtliches Arbeitsbuch: Materialien zur Statistik des Kaiserreichs 1870-1914*, Beck, Múnich, 1975, p. 164. Hans-Ulrich Wehler, *Deutsche Sozialgeschichte, Band 3, 1849-1914*, Beck, Múnich, 1995, p. 419.

20. Wehler, *Deutsche Sozialgeschichte*, p. 615.

21. Antes de ese momento, solo había siete en física y química, frente a los entre 25 y 30 de los treinta años siguientes.

22. La discriminación educativa *(numerus clausus)* se abandonó en la práctica tras la Revolución de 1905; pero, incluso antes, el 13,4 por ciento de los estudiantes de la Universidad de Kiev y el 14,5 por ciento de la de Odesa, eran judíos. G. L. Shetilina, en *Istoriya SSSR*, 1979, 5, p. 114.

Capítulo 21. Etnicidad y nacionalismo

1. Véase Gérald Bemier, Robert Boily *et al.*, *Le Québec en chiffres de 1850 à nos jours*, Montreal, 1986, p. 28.

FECHAS Y FUENTES DE LAS PUBLICACIONES ORIGINALES

CAPÍTULO 1. DENTRO Y FUERA DE LA HISTORIA. Conferencia inaugural del año académico 1993-1994 en la Universidad Central Europea de Bucarest. Publicada como «The New Threat to History», *New York Review of Books*, 16 de diciembre de 1992, y traducida en diversos países. Reimpresa en *On History*, Weidenfeld & Nicholson, Londres, 1997, cap. 1.

CAPÍTULO 2. EL NACIONALISMO EN LA ERA DE LA REVOLUCIÓN. De *The Age of Revolution: Europe 1789-1848*, Weidenfeld & Nicholson, Londres, 1962, cap. 7.

CAPÍTULO 3. LA CONSTRUCCIÓN DE NACIONES EN LA ERA DEL CAPITAL. De *The Age of Capital: 1848-1875*, Weidenfeld & Nicholson, Londres, 1975, cap. 5.

CAPÍTULO 4. BANDERAS AL VIENTO EN LA ERA DEL IMPERIO. De *The Age of Empire: 1875-1914*, Weidenfeld & Nicholson, Londres, 1987, cap. 6.

CAPÍTULO 5. ¿CUÁL ES EL PAÍS DE LOS TRABAJADORES? De *Worlds of Labour: Further Studies in the History of Labour*, Weidenfeld & Nicholson, Londres, 1984, cap. 4.

CAPÍTULO 6. LA INVENCIÓN DE LAS TRADICIONES NACIONALES. De Eric Hobsbawm y Terence Ranger (eds.), *The Invention of Tradition*, Cambridge University Press, Cambridge, 1983, introducción.

CAPÍTULO 7. LA PRODUCCIÓN DE LAS TRADICIONES «NACIONALES». Extractos de «Mass-producing traditions: Europe, 1870-1914», en Eric Hobsbawm y Terence Ranger (eds.), *The Invention of Tradition*, Cambridge University Press, Cambridge, 1983, cap. 7.

Capítulo 8. Etnicidad, migración y el Estado nación. «Ethnicity, Migration and the Validity of the Nation-State», en Michael Walzer (ed.), *Toward a Global Civil Society*, Berghahn Books, Oxford, 1995, cap. 20.

Capítulo 9. El internacionalismo de la clase obrera. Publicado por primera vez en Frits L. van Holthoon y Marcel van der Linden (eds.), *Internationalism in the Labour Movement, 1830-1940*, E. J. Brill, Leiden, 1988.

Capítulo 10. Los problemas de definición del nacionalismo. «Some Reflections on Nationalism», en T. J. Nossiter, A. H. Hanson y S. Rokkan (eds.), *Imagination and Precision in the Social Sciences. Essays in memory of Peter Nettl*, Faber & Faber, Londres, 1972.

Capítulo 11. Estado, etnicidad y religión. «Nation, State, Ethnicity, Religion: Transformation of Identity», en J. G. Beramendi, R. Máiz y X. M. Núñez (eds.), *Nationalism in Europe Past and Present*, Universidade de Santiago de Compostela Press, Santiago de Compostela, 1994.

Capítulo 12. La franja celta. «The Attitude of Popular Classes Towards National Movements for Independence: Great Britain: The Celtic Fringe», en Ernest Labrousse (ed.), *Mouvement Nationaux d'Indépendance et Classes Populaires aux xixe et xxe Siècles en Occident et en Orient*, 2 vol., Armand Colin, París, 1971.

Capítulo 13. Los límites del nacionalismo. *New Society*, 2 de octubre de 1969.

Capítulo 14. La torre de Babel. *New Society*, 19 de febrero de 1970.

Capítulo 15. La poco convincente «sociobiología» del nacionalismo. Publicado como «Lynn and Nationalism», *New Society*, 8 de julio de 1976.

Capítulo 16. El estado de las naciones. *New Society*, 2 de febrero de 1978.

Capítulo 17. ¿Todas las lenguas son iguales? Publicado como «Are all tongues equal? Language, Culture, and National Identity», *Social Research*, 63:4, invierno de 1996.

Capítulo 18. El desastre de las Malvinas. *Marxism Today*, enero de 1983.

Capítulo 19. Beneficios de la diáspora judía. *London Review of Books* 27:20, octubre de 2005. Reimpreso en *Fractured Times*, Little, Brown, Londres, 2013.

CAPÍTULO 20. LOS JUDÍOS Y ALEMANIA. Publicado como «Homesickness», *London Review of Books*, 7, 8 de abril de 1993.

CAPÍTULO 21. ETNICIDAD Y NACIONALISMO. Conferencia plenaria a la American Anthropological Association, publicado como «Ethnicity and Nationalism in Europe Today», *Anthropology Today*, 8:1, febrero de 1992.

CAPÍTULO 22. LOS PELIGROS DEL NUEVO NACIONALISMO. *The Nation*, 4 de noviembre de 1991.

CAPÍTULO 23. EL REPLANTEAMIENTO DEL NACIONALISMO. *American Journal of Sociology*, 105:3, noviembre de 1999.

ÍNDICE ALFABÉTICO

ÍNDICE